KB240733

韓國의 知識人

고 은 지음

명문당

韓國의 知識人

차　　례

自　　序

　글로 20년이 가깝다. 그러나 언제 글다운 글을 쓸 수 있을까 아득할 따름이다.

　이 책은 최근의 내 심정적 만용의 소산이다. 마땅히 책의 기조로서의 서론이 있을 법하나 그것을 1백 장이나 쓴 다음 제외했다. 다음 기회에 첨가할 것만은 다짐한다. 어떤 의미에서 이 책의 서론은 모든 지식인의 마음속에 산재하리라는 생각도 들지 않는 바는 아니다.

　나는 박지원(朴趾源)이 〈원사(原士)〉에서 사(士) ──지식인을 초계급적인 것으로 말한 자기 도취를 따르지는 않으나 지식인을 최선의 관계자라고 믿고 있다.

　지식인론들은 흔히 서구 자본주의의 산물이라고 말한다. 또한 지성은 지성이 개입되기를 싫어하는 현실에 있어서 행동의 대립 개념이라고도 한다. 이러한 주장들을 그대로 접속해서 한국의 지식인들을 그 틀 안에 집어넣을 수는 없다. 그러므로 나는, 봉건사회의 자취이기는 하지만 한국 지식인들이 그들의 시대를 어떻게 살았는가에서 체험적 정의가 퍽 중요하다고 생각된다.

　글을 아는 사람(黃玹), 글을 쓰는 사람(롤랑 바르트)을 궁극적으로 지식인이라고 한다면 오랜 시대와 사회에서 지식인은 민중과 달리 지배계층에 자리잡는다.

　말하자면 그들은 봉건체제의 정치적·경제적 특혜를 독점하며 사회적 존칭의 대상이 되며 그 체제의 사상(事象)들을 원칙적으로 책임지는 것이다. 그러나 그들의 의식은 반드시 최하위의 저변 사회까지 망라되는 진실 위에서 이루어져야 하는 양심의 광역(廣域)일 경우, 사회의 전현상에 총체적으로 관계된다.

　저 혼자 폐호(閉戶)의 독서인으로 만족하며 저 혼자 고매한 의식의 유희에 사로잡히며 저 혼자 높은 벼슬을 하는 일들은 개인으로서의 학문과 인격, 사회에 대한 가치표현과 행동을 통해서 비로소 지식인의 역할을 얻는 것이다.

오늘날 지식인은 독립된 계층이 아니라 그 계층을 지양함으로써 현실의 공동논리를 만드는 사람이다. 그들을 최선의 관계자라고 할 때 만약 그 관계가 역사와의 관계라면, 이를테면 사마천(司馬遷)의 절실한 역사의식과 같은 신념의 축적이며, 사회의 모순·고민과의 관계라면 사회가치의 핵심에 대한 예언자적 상황의식의 점화이며, 자기 자신과의 관계라면 무한한 회의에 의한 철학적 자아의식으로서의 관계자인 것이다.

그러나 오늘의 지식인은 어떤 방법으로든지 사회체제에 편입되는 일을 거부할 수 없다. 이와 함께 지식인은 그런 현실 위에서 그들의 내재적 요청과 행동을 선택할 권리가 봉쇄당하는 것을 방지할 권리는 남아 있기를 바란다.

나는 지식인의 이름이 역사에 정당하게 등록될 수 있는가를 깊이 생각한다. 이 책은 그런 질문과 무관하지 않다. 역사와 관련되는 일은 지식인이 지성의 도전과 방법을 그것이 필요한 사회에 역사의 의식주체로서 공급하는 일에 귀결되지 않으면 안 된다. 지식인은 현실에 등록되지 않고 역사와 역사 가능성의 미래에 등록되어야 한다. 그것은 현실에 대한 그들의 창조적인 관계에 의해서만 가능하다. 말하자면 지식인은 역사·현실·미래에 대한 끊임없는 관계자인 것이다.

요 2, 3년 동안 실로 몇백 병의 소주를 마셨다. 이 책은 그런 광태에 대한 회한을 담고 있다. 또한 나의 동시대가 보여준 열정이 마감된 뒤의 뼈저린 성찰조차도 깃들여 있는 셈이다.

그러나 나는 이 책으로 부끄러움을 배울 따름이다.

이 책을 쓰는 동안 소중한 자료와 참고도서들을 빌려준 벗들과 자주 격려해준 벗들의 은혜는 길이 잊을 수 없다. 또한 많은 연구들의 업적에 크나큰 도움을 받았다. 여기서는 그분들의 이름이나 자료들을 누누이 밝히는 일은 억제한다. 이 책은 무엇보다도 자랑할 만한 연구문서가 아니기 때문이다.

명문당 편집실 벗들에게 흐르는 물을 세워 감사한다.

1976년　가을

高　銀

秋燈掩卷懷千古
難作人間識字人

　　　　　　梅　　泉

가을 등잔 아래 책 덮고
옛일을 생각하매
사람 가운데
글자 아는 사람 되기 어렵구나.

1. 잃어버린 요원(遼原)의 의식

잃어버린 것을 남겨져 있는 것과 함께 문화의 부(富)로 충당할 수 있다면 얼마나 행복할 것인가. 신지(神誌)의 단군 신지보장(神誌寶藏)이 불에 타고 고구려 초기의 유기(留記) 1백 권을 개수(改修)한 영양왕 11년 이문진(李文眞)의 유기 신집(新集) 다섯 권이 당나라 이세적(李世勣)의 평양 침략으로 말미암아 잿더미가 되었다. 백제 근초고왕조(近肖古王朝) 고흥(高興)의 서기(書記)가 소정방의 침략으로 불타 버리고 그밖의 백제기(百濟紀)·백제본기(百濟本紀)·백제신찬(百濟新撰) 등의 서술이 이름만을 전하고 있다.

또한 궁예·견훤의 사변으로 삼국고기(三國古記)가 사라졌으며, 신라 진흥왕 6년 거칠부(居漆夫)의 거공천(居恭天) 신라고기(新羅古記)가 없어지고, 발해의 이백팔십년사(二百八十年史), 그리고 구삼국사(舊三國史)·선사(仙史)·화랑사(花郎史)와 여러 고사들이 그렇고, 고려 당대의 고려사(高麗史)가 몽골 침략으로 몰수되었다.

그뿐이 아니다. 16세기 임진왜란에 의해서 한반도는 철저하게 초토가 되고 궁중의 서운관(書雲觀) 비사(秘史)가 잿더미로 돌아갔다. 이와 함께 모든 유적, 고비(古碑)들도 자취가 없어진 것이다. 임진왜란은 이 땅에 역사 정통성의 이름을 불살라 침략자가 조작한 훨씬 뒤의 식민지 사관의 근원을 이루고 있다. 그 이전까지는 재난으로부터 보호된 역사가 유교 사대주의 정치이념으로부터 파묻혀서 궁중의 사고(史庫)에서나마 어떤 가능성에 대비하고 있었으나 그것이 다 없어지고 말았다.

이러한 큰 손실에 값하는 또 하나의 존화양이(尊華攘夷)의 유교 의존 지식인 김부식(金富軾)에 의해서 한국사 적원(敵源)인 동부 아시아의 대륙 부여가 버려지고 삼국의 대립은 배타적으로 서술되어 민족사의 일체감이 무너진 것이다. 거기에는 발해도 없고 고대 불교의 위대한 지도자도 없으며 광개토대왕의 대륙 정복도, 심지어 공동체 사회나 개국의 신화들이 가지는 상징으로서의 신성성(神聖性)도 말살되고 있다. 조선 후기의 안정복(安鼎福)이 이익(李瀷)의 영향으로 서술한 동사강목(東史綱目) 역시 이러한 김부식 극복의 주체적 실학정신에도 불구하고 역사를 민족의 정당성에 결합하는 일은 할 수 없었다. 여기에 지식인 추적의 폐허가 이루어진다.

지식인이란 많은 지식인론의 상례대로 먼저 지식인의 개념을 제시한다. 개념들의 갖가지 압박은 지식인을 근대적 지식인으로만 제기시킨다. 그러나 여기서는 그런 명명(命名)의 개념을 벗어나서 지식인은 모든 역사 서술과 함께 살고 있다는 바를 강조한다. 그것은 지식인이 역사의 장식이 아니라 지식인의 값과 역사의 값이 일치한다는 생각 때문이다.

우리는 최근 지식인의 값이 과연 역사에 정당하게 등록된 일이 있는가에 대해서는 깊은 회의를 낳는 경험을 안고 있다. 지식인이란 어떤 경우에 이르러서는 역사운동의 주체로부터 끊임없이 거절당하고 있다는 현실 설정까지도 받아들일 경우도 있다.

주어진 현실이 그렇다고는 하더라도 역사는 사실과 진실 사이에서 무한한 서술의 공간을 지식인의 관계 개념으로 공급하고 있다. 역사는 행·불행의 대상으로 삼을 수 없다. 그것은 '독사료성패(讀史料成敗)'의 말대로 다만 값으로 문제삼는 것이다. 그러므로 지식인의 의식은 늘 투철한 역사 인식의 방법을 삶의 분모로 놓으면서 그것이 자아와 현실에 대한 갈등을 일으키는 것이다.

이런 사실에 의해서 우리는 한국 역사가 너무나 중요한 것으로부터 멀리 격리되었다는 것을 깨닫는다. 그것은 오늘날 분단 시대의 특수성 따위를 더 넘어서는 이미지의 실조(失調)를 뜻한다. 앞서 말한 대로 이 땅은 이 땅에서 가장 중요한 것들을 역사 서술로부터 잃어버린 것이다.

서술은 역사운동에 대한 최선의 추체험(追體驗)이다. 그것을 잃어버렸을 때 지식인의 소재는 늘 정당하지 못하다.

우리는 잃어버린 이미지의 공간을 찾아야 한다. 그것이 인식의 단계가 아니라 다만 심정적인 것이라 하더라도 그렇다. 부여 이후 고구려·발해의 역사를 찾는 일은 그만큼 자아의 한계를 역사의 의식공간으로 확대시키는 일이다. 그렇게 함으로써 우리는 사라져 버린 것으로부터 민족 전체상의 연원(淵源)을 알 수 있는 것과 함께 역사가 지식인의 총량(總量)을 회복하게 된다. 문화는 만들어지는 것만이 아니다. 남겨진 것에 대한 용기와 잃어버린 것에 대한 추리까지도 포함한 발견이 문화의 활력이다.

그것을 가지기 위해서 우리는 잃어버린 넓은 고장과 잃어버린 강렬한 옛 영도적 지식인의 일을 회복하지 않으면 안 된다. 역사가 자아를 주제로 삼지 못한 것이 역사 지식인의 범죄라면 그런 역사에 종속해온 여러 시대의 지식인들의 용기가 더 많은 용기를 잃어버린 사실 역시 범죄다. 그것은 역사를 이해하거나 역사에 관련되는 지식인에게 있어서 가장 괄목할 만한 불의의 기회가 되고 있다.

이런 점에서 김부식의 의식은 고국 신라에 대한 향수에 천착하고 현실적으로는 소중화주의(小中華主義)의 모화(慕華)의 필법으로 '필즉필(筆則筆)' '삭즉삭(削則削)'에 여념이 없던 그의 자아분열은 최대한 관용할 수 없다.

嗚呼라 我國이 鴨綠以西를 棄하여 敵國에 讓함이 何時로 自하였느냐. 曰 金富軾이 三國史를 編纂하던 時로 自함이라 하노라……

아아, 우리나라가 압록강 서쪽을 버려 적국에 물려주었음이 언제부터였느냐. 김부식이 삼국역사를 편찬하던 때로 시작하였다 하겠노라 ……

라고 신채호(申采浩)의 《독사신론(讀史新論)》은 부르짖는다.

그의 의식이 뭉쳐진 민족 자강론(自強論)은 이러한 잃어버린 북방의 공간에 대한 뜨거운 집착에 부합한다.

아마도 일본이 고대로부터 간악하게 한반도 침략의 논리를 그들의 정략체계로 일관한 야망에 대해서 이 땅의 오랜 북벌론(北伐論)이 추구한 고토(故土) 회복의 열정은 비교될 수 없게 신성한 의무가 되리라.

고려 중기 이전까지의 북진책이나 칭제건원파(稱帝建元派)들의 의식, 그리고 그 이후의 북벌정책들은 그 자체가 좌절되었다 하더라도 그것이 민족의식의 확대에 이바지한 자취는 큰 것이다. 이런 사실이 최치원의 북조(北朝) 발해에 대한 질투와 김부식이 묘청(妙淸)의 주체의식을 해체시킨 다음 서술한 삼국사기에 의해서 식민지 시대의 일제 관학(官學)의 어용 역사서술에까지 끈질기게 공헌한다.

우리는 여기서 다시 한번 그렇게 해서 잃어버린 공간의 주역을 발굴하는 것이다. 역사를 서술하는 것은 지식인이 역사가치와 현실가치를 어떻게 담당했느냐에 따라서 곧 지식인 자신을 서술하는 공공(公共)의 자전이 된다.

김부식이 영세금기(永世禁忌)를 주장한 여러 사료도 김위비(金謂碑)가 내각에서 몰래본 신지(神誌)로 비사십구(秘史十句)를 짓고 이규보(李奎報)가 상국(相國) 벼슬이 되어 구삼국사의 동명왕본기(本紀)를 훔쳐본 다음 《동명왕편(東明王篇)》을 썼다고 스스로 말하고 있다. 백성에게는 김부식의 역사를 반포하고 내각에는 따로 비사(秘史)가 감춰져서 그것을 맡은 관리들만이 겨우 볼 수 있었다. 끝내 이것도 임진왜란과 함께 없어지고 만 것이다.

그러나 역사 서술의 의지는 지식인이 현실의 모순을 비판하려 할 때 또는 현실의 기존질서에 대하여 다른 전위(前衛)체계를 설정할 때마다 그들의 용기에 의해서 역사의 결손을 추리하고 언제나 역사는 그것을 정당하게 표현하기 위해서 다시 씌어지는 계기를 만든다.

그렇다면 잃어버린 상고시대의 지식인은 과연 어떤 얼굴이었는가를 알아볼 필요가 있다. 그것은 고주몽(高朱蒙)이나 대조영(大祚榮) 또는 명림답부(明臨答夫)·을파소(乙巴素)·창조리(倉助

利)·을지문덕·연개소문 따위의 전설화로 방치할 수 없다.
　고구려의 고대국가 사회는 이미 부족사회 시대의 지도계층으로부터 한학(漢學)을 받아들였다.

　　乃知守成君
　　集蔘戒小毖
　　守位以寬仁
　　化民由禮義
　　永永傳子孫
　　御國多年紀

　　이제 알겠나니 수성하는 임금은
　　고달픈 곳에 처하여 작은 일에 조심하며
　　그 자리 너그럽고 어질게 하여
　　백성을 예와 의로 화하나니
　　길이 길이 자손에 전하여
　　오랜 세월 나라를 다스리나니

　《동명왕편(東明王篇)》의 끄트머리는 이렇게 맺고 있다. 여기서 고주몽은 원시공동체사회의 한 5부족 계루부(桂婁部) 대가(大加) 족장이라기보다 정치의 기교와 연맹사회의 민주적 지도자였음을 알 수 있다. 위의 노래에서 특히 '계(戒)'와 '예(禮)' '의(義)'는 그것이 《동명왕편》의 수사에 지나지 않다고는 말할 수 없는 비사(秘史)를 읽은 뒤의 문화에 대한 지시에 걸맞다.
　이같이 고구려의 건국은 부여의 수렵·목축의 부족사회에서 망명한 한 상고시대의 정치 지도자가 졸본(卒本)지역에 정착해서 많은 부족들을 통솔하면서 한문화를 지식의 수단으로 삼고 한사군(漢四郡)의 피압박 민중과 함께 중국의 정치·군사·경제에 커다란 위협으로 등장한 것이다.
　고구려는 한나라의 정치체제를 받아들이면서도 그것을 그대로 모방하지 않고 고구려적인 체제를 만들 수 있었다. 그것은 일차적으로 어떤 형태의 지식인의 정치의식이나 자아의식 없이는 불가능한 것이다. 그들의 발생은 반드시 한족과의 투쟁 과정에서 가능했으므로 사회는 군사(軍事) 중심으로 형성되었다. 또한 그들이 북부여로부터의 망명집단인만큼 저항적인 혁명의지를 갖추게 됨으로써 그들이 넓혀간 토지와 인구, 목축물 따위도 전쟁에 의해서만 얻어질 수밖에 없었다.

아직 농경사회를 실현하기 전에는 그들의 정착사회는 산업을 침략으로 얻어진 공간에서 개발하는 일은 당연하다. 요하 유역, 송화강 유역 그리고 대동강 유역의 들판은 그때까지만 해도 한나라의 도호권(都護圈)이다. 고구려가 고대 식민지의 마지막 고장인 낙랑군(樂浪郡)에서 한족을 쫓아내기까지 그들의 군사집단은 성장한 것이다.

그러나 이러한 고구려 사회가 활과 창과 칼 그리고 도전자로서의 기마상(騎馬像)으로만 잘못 보여져서는 안 된다. 그들의 상황이나 여러 시대를 이해한다면 군사적인 수단은 삶의 바탕이다. 거기서는 싸우지 않고는 살아남을 수 없다. 또한 싸우지 않고는 그들의 고대 국가를 일으켜 세우거나 지속시킬 수 없다.

그렇다고 고구려 사회의 많은 전략적·정치적 지도자를 무력 집단이라고 단정하면 오류가 된다. 그것은 문무(文武)의 기능이 분리된 중세 이후의 한 편견에 지나지 않는다.

고구려는 이미 4세기 소수림왕 2년에 국가의 태학(太學)을 세운다. 여기서 오경(五經)과 사기(史記)·한서(漢書) 따위의 역사와 사서(辭書) 그리고 문선(文選) 따위의 문예를 가르친 사실이 밝혀진다. 광개토대왕의 웅장한 문체로 된 기념비문의 문화가 그런 사실을 뒷받침하고 있다.

서울의 태학 기관과 함께 여러 지방에서는 경당(扃堂)을 세워 자라나는 세대에게 독서생활을 장려하여 교육에 힘썼다. 이러한 미혼의 세대는 그러나 그런 지식에만 전념시킨 것은 아니다. 그런 인문(人文)과 함께 반드시 무예로서의 궁사(弓射)와 마술(馬

術)을 익혀서 아무리 문화를 떠맡은 계층일지라도 일단 무장하면 무서운 전투원이 될 수 있었던 것이다.

한문화뿐 아니라 불교가 들어와서 전진(前秦)·동진(東晋)의 성숙한 문화와 함께 그것은 고구려 사회를 부족적 상징의 분열로부터 하나로 통일하는 정신운동으로 지배하는 기능을 맡았다.

그리하여 그들은 상고 시대에 가장 완벽하게 발달한 불교 사상을 그들의 삶과 의식에 수용함으로써 문화국가의 형태로 급속하게 진화한 것이다. 불교는 신라가 그것을 정치이념으로 발전시켜서 국가를 부위한다는 왕권사상에 이바지한 것과는 다르게 문화와 생활을 세련되게 한다. 원시부족사회에서 그대로 이어받은 혼백설을 불교의 전생사상으로 발전시키고 왕실에서도 그것을 숭상했으나 그것으로 국가의 정치적 지도이념을 장식했다고는 볼 수 없다.

그것은 이미 그들의 의식내용에 이른바 '비아(非我)'와의 투쟁의식이 고조되어 있기 때문이다. 지식인의 소재가 문약자(文弱者)의 추수주의(追隨主義)에 떨어지는 폐습을 극복하기 위해서는 이런 문무 쌍전의 지식인상은 일단 이상적이라 할 수 있다. 특히 한국사가 강자에 의한 시련의 역사일 경우 그것은 민족 분위기의 위생이 된다. 다만 그런 의식으로 굳어질 때 문화담당자로서의 다양성을 결제(缺除)하게 된다면 거기에 한문화와 불교가 그것을 보완했다. 이를테면 을지문덕의 위대성에는 16세기의 조선 이순신의 위대성과 함께 그가 아시아 전역을 통한 정복국가적 영웅이라는 사실과 함께 놀랍게도 그가 훌륭한 문사(文士)였다는 사실이 꼭 따르게 된다. 아마도 을지문덕은 고구려 최선의 지식인이었던 것 같다.

그는 이름 없는 하호(下戶) 계층의 낮은 신분에서 태어나 왕족 건무(建武)의 모욕도 받았다. 그러나 그는 진지한 동맹(東盟) 잔치의 제정(祭政)에 자신의 신념을 뿌리박고 아무도 따를 수 없는 지혜와 용기의 무인이자 곧 문인이었던 것이다.

고구려가 대륙의 혼란을 진압한 수나라를 멸망케 한 여수전쟁

16

(麗隋戰爭)으로부터 승리한 명예는 그들이 한군(漢郡)의 세력, 후한의 공손씨(公孫氏), 위의 관구검(毋丘儉), 선비족의 모용씨(慕容氏) 세력과의 싸움에서 이겨낸 의미와는 전혀 다르다.

그것은 환웅족(桓雄族)의 승리이며 한국사 전체에 점철되어 온 중화 귀속주의의 원초적 극복이다. 그런 일을 고구려의 지도자 을지문덕이 성취한 것이다. 그는 건무나 연개소문과 같은 패자(霸者)가 아니며, 금으로 옷을 덮고 귀인이 엎드린 것을 밟고 말에 올라타는 일도 없으며, 지나가면 백성들이 숨어 버리지도 않았다. 그는 늘 민중의 진실과 온갖 괴로움과의 동조자였다. 그러므로 그가 개선하는 광장은 늘 백성들의 환호로 가득찼던 것이다. 30만, 1백만의 수군을 다 없애 버려서 겨우 2천7백 명의 패잔병을 남길 만큼 무서운 무인이 일단 그런 전쟁으로부터 돌아올 때는 그 자신 민중의 의식단위로서 민중을 대표하는 사람이 된 것이다.

그리하여 모든 고구려 사람들에게 그는 그들 자신의 희망과 시련을 통해 쌓아올린 한 상징의 산물로서 을지문덕을 그들의 표상으로 삼을 수 있었다.

이런 지식인이 남긴 문화적 업적은 그의 군사적인 공적에 가려서 또는 그가 이겨낸 사실이 중국에 위압당해서 숨긴 역사 서술이 남겨지지 않았다는 부끄러움은 그러나 그를 지식인으로 이해하려는 입장을 부끄럽게 하지는 못한다.

이런 무신(武臣) 이전의 고구려 초기에 재야(在野)의 지식인 을파소(乙巴素)가 있다. 그는 건국 2대 유리왕조의 연맹 부족국가에서 중신 대로(對盧) 벼슬을 한 을소(乙素)의 손자다. '세상에서 쓰지 않으므로 전경(田耕)에 힘쓰며 자급하고 있는 이름 없는 은자'였다.

고국천왕은 왕비 세도정치로 어비류(於卑留), 좌가려(左可慮)들이 권세를 전단(專斷)하여 고민했고 백성의 사정이 크게 동요되었다. 토지와 인신을 마구 약탈하고 겁탈함으로써 기층사회(基層社會)의 생존권을 잃게 하는 등 악명이 높았다. 왕이 그들을 제거하려 하자, 모반의 무리는 왕도를 공략했으나 그들은 평정했다.

그때 심각한 각 부족장 회의에서 4부가 추천하는 사람을 등용케 한 왕은 동부(東部)의 안류(晏留)에게 국정쇄신의 국상(國相)을 맡기려 했다. 그러나 그는 숨은 을파소를 추천했다.

을파소는 압록강 기슭의 좌물촌(左勿村)에 은둔하면서 유교와 도교를 두루 섭렵하면서 자적(自適)하고 있다가 왕의 사자를 맞이한 것이다. 그는 자신의 힘이 미치지 못한다고 고사했다. 처음에는 우태(于台=左議政에 해당) 벼슬을 제수하려 했다. 그것을 거절하자 국상 벼슬을 내놓고 을파소를 불러들였다.

그 당시 을파소는 정치가 어지러운 세태에 대하여 아무리 그 자신의 경륜이 높다 하더라도 정치에 참가하려는 의도가 희박했다. 그는 압록강 기슭의 지혜 있는 평민으로서 만족하는 지식인이기 때문이다.

고국천왕은 드물게 그가 다스리는 백성에 연민하는 자비를 가진 사람이다. 이런 자비 때문에 한동안 왕후 우소(于素)의 딸에게 왕권을 넘겨주는 폐단도 생겼다. 그가 을파소를 얻은 기쁨은 컸다.

을파소의 정치는 취임 직후부터 척신과 구신파(舊臣派)의 조신들이 그가 왕과 여러 신하 사이를 이간시킨다는 모함에 부닥친다. 심지어 그를 암살하려는 조신의 하수인까지 나타났다.

그러나 왕의 강력한 옹호로 그는 그때까지 어지럽혀진 내치를 광정(匡正)하고 백성 계층의 원성을 모은 조세와 부역의 부담을 격감시키고 정부 양곡대여를 백성의 생활에 맞게 시행하며 상벌제도에 권위를 부여했다.

논하건대 옛날 선철(先哲), 성왕(聖王)이 현자(賢者)에 대하여서는 거리낌 없이 등용하고 모든 일에 의심하지 아니하였는데 이는 은고종(殷高宗)의 전설과 촉한(蜀漢) 유비(劉備)의 공명(孔明)과 진(秦) 부견(符堅)의 왕맹(王猛)들과 같은 것이니 그런 뒤에야 현자는 제자리를 바로 지키고 능자(能者)는 그 직책으로 정교(政敎)를 밝게 닦으며 따라서 나라는 잘 보전되는 법이다. 지금 왕은 결연히 을파소를 해빈(海濱)에서 뽑아 뭇사람들의 말에 흔들리지 않고, 백관(百官) 위에 두고 그를 천거한 자에게 상을 내리니 가히 선왕의 법도를 바로잡은 것이라 할 만하다.

라고 삼국사기 고구려 본기(本紀) 고국천왕조는 말하고 있다.

을파소는 고국천왕조 6년, 산산왕조 6년 동안의 국상을 연임하면서 고구려 초기의 투쟁이나 훨씬 뒤의 수·당과의 대전 사이의 태평성대를 누릴 수 있었다. 그는 본디 정치를 기피했다. 유리왕조의 여러 갈등을 맡았던 조부를 통해서 어린 시절로부터 학문에만 힘을 기울였던 것이다. 그가 정치에 참가해서 고구려 왕권을 전쟁과 권력쟁탈에 시달린 민중에게 정치권력의 내부로부터 개혁의 업적을 베풀었다는 사실은 초야(草野)의 지식인으로서, 권력을 장악한 법제정자로서, 그 법의 시행자로서의 관인(官人)으로 출사(出仕)한 사실은 그의 의식과 사상을 그의 꿈에 머물지 않게 한 것이다.

현실로부터 유리된 경험은 그의 경우 현실을 정정(訂正)하는 정의실현의 경험과 함께 지식인이란 결코 조용한 지식인은 지식인이 아니라는 사실로 정의할 수 있게 한다.

만약 그가 연개소문·막리지 시대의 독재시대의 고난 가운데서 살았다면 어떤 을파소가 되었을 것인가라는 가정을 통하면 그는 아마도 지식인의 희생 또는 지식인의 비판기능을 보여주었을지도 모른다.

고대 지식인은 일단 지식인 자체의 직능적(職能的) 독립이 불가능하므로 통치자의 범주는 벗어나지 않는다. 그곳으로부터 벗어난다는 사실은 방축(放逐)을 당하거나 제거당하는 도리밖에 없다. 왜냐하면 그들에게는 공공의 지배권력에 충직한 주변자의 의무라는 굴레가 씌워졌기 때문이다.

자유란 군주의 지배사회에서는 외설이다. 그것을 싸워서 얻으며 그것으로 지배자와 대립될 수 있을 때 자유는 용망의 권력에 대한 희망의 권력을 이루는 것이다. 을파소는 고대적 이미지의 은

자로서 재상과 문사로 권력의 핵심을 얻은 동양 정치사의 한 전설적인 유형을 그런 전설 이전에 만든 것이다.

우리는 이제까지 몇 사람의 권력을 장악한 지식인들의 얼굴을 비쳐보았으나 그것은 고대의 북방사회에 웅장하게 일으킨 문화의 여러 주역들과 거기에서 활동한 많은 지식인을 구체화시킬 수 없다. 바로 그것을 잃어버린 것이다.

그러나 중요한 것은 우리는 역사 서술에 있어서 잃어버린 것을 완성하지 못한 지식인의 공통된 자책에 이르는 일이다. 로마가 멸망한 뒤의 1천 년이 지나서 로마의 폐허 기슭에서 저녁 종소리를 듣는 적막한 체험 때문에 기본은 로마사(史)의 크나큰 업적을 남겼다. 바로 그 로마사를 읽고 나서 '무정신(無精神)의 역사는 무정신의 민족'이라는 단재(丹齋) 명제(命題)의 소름끼치는 주체사관이 시작된 것도 우연이 아니다.

지식인의 가장 큰 불행과 비굴은 바로 역사를 자기 자신의 것으로 쓰지 못하는 공동(空洞)의 기간을, 현실을 빼앗은 자가 역사까지도 빼앗아가는 기간으로 양도했다는 사실에 있다. 다시 말하지만 지식인은 그의 당대의 삶을 사는 실존의식자이며 동시의 현실관계자이며, 그런 일이 부합해서 역사 가운데 산다는 것을 발견하는 사람들이다. 그들은 거기에 살 뿐 아니라 현실을 끊임없이 역사에 반사시키고 언제나 현실이 고착되려 할 때 그것을 막는 불안의 창조행위를 일으키는 것이 곧 그들이 맡는 몫이라고 깨달아야 한다.

사람은 역사나 제 앞의 상황이나 그것을 잃어버릴 때 그 망각으로부터 잃어버린 것을 인양하여 미래의 방향 제기에 그것을 동원해야 한다. 특히 지식인이 사명으로부터 좌절할 때 그들이 승리하는 일은 역사적 상상력까지 포기하지 않을 때에만 가능하다. 잃어버린 시대의 옛 선각의 자취를 구성하는 것은 지식인에게 있어서 일생을 걸어볼 만한 방향지(方向知)의 권리인 것이다.

요하 유역, 그리고 부르면 부르는 소리가 얼어붙는 송화강 유역은 인식에 있어서는 이미 잃어버린 공간이다. 그러나 그곳은 지난 날의 온갖 민족 소장(消長)의 비극을 파묻은 여러 시대의 옛 지식 인들이 파묻힌 향수의 폐허인 것이다. 왜 우리는 거기서 얼어붙었 다가 녹아서 들려오는 우렁찬 목소리들을 들을 수 없는가.

2. 제정의식(祭政意識)의 행방

고대국가의 추축(樞軸) 시대는 고구려의 5부 대가(大加) 족장 회의와 신라의 6부 귀족들이 중앙 정청(政廳)인 남당(南堂)에 모이는 화백회의로서 나라의 큰일과 전쟁 따위를 만장일치로 결의했다. 그것은 그들의 정치집단이 처음으로 만들어낸 기구라기보다는 그 이전의 원시 집회소에 기원을 두고 있다.

고대인의 의식은 사람의 생사 또는 선악, 자연현상들을 지배하는 것은 하늘이라고 믿는다. 그뿐 아니라 자연의 사물이 저마다 사물의 정령(精靈)을 가지고 있다고 믿고 있다. 말하자면 그들은 타력자(他力者)에 대한 두려움을 표현함으로써 사물을 의식하기 시작한 것이다.

부여의 영고(迎鼓), 고구려의 동맹(東盟), 예의 무천(舞天), 마한의 오월제·시월제가 그런 궁극적이며 현실적인 지배자인 하늘에 대한 복종과 기원 그리고 그들 자신이 기뻐함으로써 지배자를 기쁘게 하는 오신(娛神)의 잔치를 베푸는 제례의식을 이룬다.

따라서 통치자는 언제나 하늘의 아들이거나 하늘과 결탁한 신화 대상자로서 정치를 신성한 것으로 도호한다. 물론 고대의 건국왕조는 그것을 국가 발상의 신성성이나 왕권의 권위를 인정하지 않을 경우 한낱 황량한 강자에 지나지 않았으리라. 그러나 그런 강자라 하더라도 일단 지배사회를 획득하면, 그 능력이 하늘의 사물(賜物)이라는 생각에 쉽사리 죄우된다. 또한 신라나 고대인의 의식이 주로 지배자 중심의 공동체적 사유(思惟)에서 이루어진 사실을 밝혀준다. 이런 사실은 정치가 아닌 종교의 경우에서도 석가가 헤아릴 수 없는 고불(古佛)의 세계를 말하고 예수가 하느님의 전지전능을 의지한 사실로도 알게 된다.

고대정치는 그것이 정치라기보다는 정치와 종교 그리고 생활 전체를 원시적으로 종합한 것이다. 그러므로 지배자가 곧 무자(巫者)가 된다. 이런 제정일치시대의 흔적이 조선시대의 활인서(活人署)의 치병(治病) 기구에까지 내려온다.

그러나 이런 하늘이나 '붉' 사상의 순수한 원시신앙은 차츰 왕실 또는 국가의 기본 상징에 대한 의장(意匠)이 되기 시작한다. 고구려의 동맹 잔치만 하더라도 수신(隧神)은 하백녀(河伯女)와 국조 동명신(東明神)을 섬기는 왕권 신수설(神授說)이거나 고주몽의 어머니나 고주몽 자신을 하늘의 자리에 올려서 섬기는 정치적 수단의 표적이 되고 있다.

신라 불교가 이차돈(異次頓)의 희생으로 받아들여진 사실에서도 우리는 제정일치의 원시신앙과의 충돌을 통해서 그 원시시대 이래의 사상이 얼마나 뿌리깊은 것인가를 알게 된다.

이기백(李基白)의 《불교의 수용과 고유 신앙》은 이차돈이 전불(前佛) 가섭불(迦葉佛) 전설이 지정한 일곱 절터 가운데의 하나인 천경림(天鏡林) 숲에 절을 세우는 일을 이미 불교에 은밀히 귀의한 법흥왕과의 밀약으로 시작했다고 말한다.

그것은 신라의 중요 정책의 결정권을 가진 화백회의의 절차를 거치지 않은 독단적인 처사였다. 귀족들은 불교를 완강하게 반대했다. 왜냐하면 그것은 그들이 전승한 고유 무격신앙의 성소(聖所)에 대한 의식이 깊었기 때문이다. 이러한 고신도(古神道)의 귀족에게 이차돈은 특히 외람된 일을 한 것이다.

법흥왕은 이차돈에게 그 일을 전가시켰고 이차돈은 책임 전가를 무릅쓰고 목을 치는 형을 감수한다. 유사(遺事)는 이차돈의 흰 피가 잘라진 목에서 솟아오른 신이(神異)를 말하고 있으나 그의 순교로 곧 불교가 받아들여진 것은 사실이 아니라, 8년 뒤에 절이 세워진 기록은 그동안 이차돈의 처형에도 불구하고 왕권과 화백회의의 불화(不和)가 짐작된다. 또한 그동안에 화백회의의 의장인 상대등(上大等)이 설치된 것도 그런 왕과 귀족 사이의 불화·갈등의 극복에 의미가 되는 듯하다.

각부 지성소(至聖所)였기 때문에 거기에 이교의 사원을 짓는다는 사실에 귀족 족장들이 크게 분노를 일으킨 것이다. 이런 사실로 미루어 본다면 제정일치시대의 무자의 권위는 처음에는 왕자(王者)의 그것이며 점차 왕자의 그것에 상응하는 권위를 그대로 보유한 사실을 알게 된다.

우리는 고대인들의 이러한 제정일치의 사상을 샤머니즘으로서
처리하고 있다. 그것은 고대의 영광스러운 부족사회, 국가사회의
근본 틀이 되었으나 그것을 근대 지식인의 의식에서는 업신여기
는 바가 뚜렷하다. 그러나 여기서 그것에 다시 한번 논리를 부여
할 필요가 있다.

고대의 무자는 정치적으로 왕권을 가진 신성한 지배자이기는
하지만 그것에 종교적 관심을 기울인다면 사제자(司祭者)이며 의
무(醫巫)이며 예언자의 기능을 가진 사실을 알 수 있다. 신라의
제2대 남해 차차웅(南解次次雄)을 이런 무격으로서 자윤(慈允)이
라고 부른 사실도 그런 기능을 다 갖춘 왕자를 뜻한다.

그러나 왕이 늘 하늘의 의사를 깨달아 제례를 베풀고 병자를 주
술(呪術)로 치료하여 악귀를 퇴치할 수는 없다. 또한 정치·군사
그리고 생업이나 불안에 대한 예감이나 복술(卜術)로 길흉화복을
예언하는 일도 점점 분리되기 시작한다. 그것이 제정 분리라고 못
박아 말할 수는 없으나 왕은 그의 너무 방대한 통치권 때문에 그
런 일은 왕의 협조자들에게 맡기기 시작한다.

여기서 고대의 예언자와 사제자로서의 지성이 발생한 것이다.
예언자는 구약 시대와 마찬가지로 현실을 비판하고 현실 부정적
인 신념을 갖는다. 그것은 정치가 지혜나 정의와 힘의 결합으로
얻어지지 않고 힘이 불의(不義)로서의 지배자 우상화나 지배욕과
만날 때마다 그것을 비판한다.

예언자는 다만 점쟁이에 지나지 않는다. 그는 현실의 악과 부도
덕을 진리로써 탄핵한다. 고구려 7대 차대왕(次大王)이 평유원(平
儒原)에서 사냥할 때 흰 여우가 나타났다. 그것을 쏘았으나 맞지
않았다. 그는 화가 난 나머지 사무(師巫)를 불러서 물었다. 사무
는 "여우는 요수(妖獸)이며 더욱이 흰색은 괴할 일이니 생각건대
하늘이 요괴를 시켜서 왕으로 하여금 수덕(修德)할 것을 권한 것
인즉 왕이 덕을 닦으면 — 차대왕은 학정(虐政)의 왕 — 전화위복
하리라"고 말해서 사형을 당했다.

또한 백제 의자왕 20년에 잡귀가 사자성 궁내에 들어와서 "백제는 망한다. 백제는 망한다"고 외치고 땅속으로 들어갔다. 땅을 팠을 때 거기에 거북 한 마리가 등에 보름달과 초승달이 그려진 채 있었다. 향락과 백성 착취를 일삼은 의자왕은 충성스러운 간신(諫臣)을 다 물리친 폭군이다. 무자(巫者)가 보름달은 커도 곧 이지러들고 초승달은 작아도 곧 커진다, 보름달은 백제이며 초승달은 신라다, 라고 풀이했다. 왕은 그를 죽였다. 그밖의 신사(神思)를 암유한 많은 첨문(讖文)이나 이변의 징후가 이미 백제가 망한다는 사실을 예시한다.

오늘에 있어서 이러한 예언자들이 서술된 것이 없으므로 그들이 용감하게 왕권의 악을 비판하고 그 비판으로 하늘의 신성한 의지를 회복하려던 제정일치시대의 위대한 지식인임을 유감 없이 알 수 있는 일은 불가능하다. 그러나 그들이야말로 혁명적이며 부정적인 지식인의 전형을 역사 서술의 무기명을 통해서나마 남겨주고 있는 것이다. 대체로 《사기(史記)》는 이런 사실을 유교적인 해석으로 몹시 희화화(戲畫化)시키고 있는 듯하다.

이런 흔적에서 제정 지성(祭政知性)의 예언자적 기능이 발생한 것 이상으로 그들이 제 목숨을 걸고 표현한 비판과 지사적인 행위는 지성이 무엇인가를 새삼 환기시키고 있다.

이와 함께 제정일치시대의 지도적 지성은 예언자의 기능 밖에도 사제(司祭)의 기능으로 더 많이 구성된 사실을 알아볼 필요가 있다. 사제의 지성은 예언자의 그것과는 달리 아래로부터 위로 백성들을 하늘에 이끌어가는 기능이다. 현실을 탄핵하기보다는 현실의 죄악에 즉응(卽應)하여 희생으로써 정화시키려는 지성이다. 그들은 예언자의 기능을 가진 지성과는 달리 현실에 대한 체제내적(體制內的) 타협자가 된다. 그럼으로써 현실을 이상에 이끌어 올리는 타당성을 상실한다. 심지어는 이상을 현실의 정치수단에 종속시키는 일까지도 한다.

그럼에도 불구하고 이러한 사제로서의 기능이 남긴 업적은 표기되어서 역사운동과 문화의 피임자(被任者)로서 그들이 사는 시대의 현실을 체제 안에서 강화하고 개혁하는 방향에 진지한 고문자(顧問者)가 된 것이다. 이런 기능은 반드시 고대의 여러 정책입안의 지식인에만 머물지 않고 직접 국통(國統), 대국통, 왕사(王師), 국사(國師)의 역할을 맡은 왕권 불교의 승려들에게 그 계보가 이어져 발달한다.

신라의 자장(慈藏)이야말로 그런 현실 즉응의 중요한 지식인이다. 삼국사기는 물론 자장에 대한 언급이 없다. 유사(遺事)와 당 고승전(唐高僧傳)들에 의하면 그는 선덕여왕 5년 정관(貞觀) 10년에 입당, 오대산에서 문수보살의 수기(授記)를 받는다. 또한 태화(太和) 못가에서 신인(神人)을 만나서 "……지금 그대 나라는 여자를 왕으로 삼아 덕은 있으되 위엄이 없으므로 이웃 나라들이 도모하려는바니 속히 본국으로 돌아가라"

"황룡사 호법룡(護法龍)은 곧 내 큰아들로 범천(梵天)의 분부를 받아 그 절을 보호하고 있으니 돌아가 그 절에 9층탑을 이룩하면 이웃이 항복하고 구한(九韓)이 와 조공(朝貢)을 하여 왕업의 길이 태평할 것이요, 탑을 세운 뒤에 팔관회(八關會)를 베풀고 죄인을 사(赦)하면 외적이 해하지 못할 것이며 다시 나를 위하여 경기 남쪽에 한 정사(情舍)를 짓고 함께 내 복을 빌면 나도 또한 덕을 갚으리라" 하는 말을 들었다.

그는 석가의 탄신과 같이 초파일생(生)으로서 본래 진한(辰韓) 진골(眞骨)의 소판(蘇判) 귀족 김무림(金茂林)의 아들이다. 일찍 부모를 잃은 그는 산에 들어가 근본불교적인 고골관(枯骨觀)으로 수행하고 또한 고행도 무릅써서 심전(心田)을 밝혔다. 진평왕조(眞平王朝)도 그의 귀족 신분과 이름을 떨친 수행으로 대신(大臣) 자리를 주었으나 몇 번이나 불리어 나가도 출사하지 않고 수도승으로만 머물렀다.

그가 고대 불교에 있어서 백제의 겸익(謙益)과 함께 계율(戒律)의 상징이 된 사실은 목을 벤다는 취임 강요에 대하여 "내 차라리 하루를 계를 가지고 죽을지언정 백 년을 파계하고 살기를 원치 않겠다(吾寧一日持戒而死 不願百年破戒而生)"라고 결연하게 대답함으로써 그의 출가생활이 왕권의 힘으로도 허물어지지 않았던 것으로 이미 표현된 것이다. 그뒤로 그는 누구보다도 엄격한 율사로서 많은 수계(授戒)를 하게 된다.

당나라 유학 3년 뒤에 대장경, 불구(佛具)들을 모시고 돌아와서 거국적인 환영을 받는다.

그가 계율을 내리면 가뭄에 단비가 내리고 구름이 자장율종(慈藏律宗)의 통도사 계단(戒壇)에 모여들기도 했다. 그렇게 계율을 엄격히 지킴으로써 백성의 외경감을 일으켰다. 그때까지의 고승이 국통(國統)이었으나 선덕여왕은 그에게 대국통(大國統)의 계칙(啓勅)을 내리기까지 했다.

이윽고 그는 신화를 둘러싼 일본, 중화, 오월(吳越), 탁라(托羅), 응유(膺遊), 말갈, 단국(丹國), 여적(女狄), 예맥의 조공을 받을 상징으로서 9층탑을 건의하여 세웠으며, 오대산을 문수보살의 연토(緣土)로 삼았다. 백고좌강회(百高座講會)·팔관회(八關會)도 베풀었다.

이런 일들이 불교를 신라의 정치이념으로 수용함으로써 이를테면 황룡사가, 백제의 왕흥사(王興寺)가 그런 것처럼 국가의 안태를 빌고 왕실의 복을 비는 의식을 맡은 것과 함께 이른바 호국불교에 그 목적이 있다.

신라는 불교의 세계관을 그들의 영토 안에서 현실적으로 실현하는 신념으로 왕권의 바탕을 삼는다. 선덕여왕이 죽을 때 서라벌 남산을 욕계(欲界) 제2천 도리천(切利天)으로 설정하고 거기에 태어나기 위해서 남산에 묻으라는 유언을 남기는 일이나 불국사의 아미타불 회상(會上)으로서 신라를 아미타불이 주세(主世)하는 서방정토 극락세계로 현실화한 것 따위에서 불교가 왕실의 이념에 얼마나 밀착되었는가를 알 수 있다.

이런 일은 불교를 받아들인 직후의 화랑 세속오계와 걸사표(乞師表)를 남긴 원광(圓光)에 이어 자장은 불교를 신라와 일치시키는 커다란 체제내적인 업적을 쌓는다. 이런 일이 원칙(原測)·의상(義湘)에 이어진다.

자장은 왕실과 백성이 똑같이 존중하는 신라의 이념주체가 된다. 그가 계율을 지킴으로써 위엄을 표현하고 모든 백성에게 감동을 주면서 그것을 수단으로 불교정치의 이념에 백성 전체를 통일시킬 수 있었다. 또한 왕실은 인왕호국반야바라밀경(仁王護國般若波羅密經)의 왕권사상을 큰 위안으로 삼게 된 것이다.

다시 말하면 그는 불교와 정치를 일치시킴으로써 고신도의 제정일치를 발달시킨 것이다. 이런 사실은 유교가 정치체제를 짜는 수단이 되었다가 조선시대에 이르러 정치의 이념이 된 것과 함께 제정일치주의의 지배자 형이상학(形而上學)을 이룬다.

자장은 고문정치가로서보다도 직접 정치에 큰 영향력을 던지는 정치현실을 통해서 그의 불교를 실천한 것이다. 그는 실지로 왕이나 대아찬(大阿湌)보다도 상위에 있으면서 왕에 대한 정신적 선왕(先王)의 역할을 한 것이다. 그럼으로써 그는 각 주통(州統)·군통(郡統)의 승려 관료를 다스렸다.

지성이 체제에 참여하느냐, 현실의 예외자로서 사느냐에 대한 기준은 어리석다. 그러나 자장이 보인 제정(祭政)의 권위에 이어지는 사제의 계보는 지식인을 관료나 순응 계층으로 만든다. 아마도 이런 줄기가 중세의 협력자, 타협자, 근세 초기의 공신(功臣) 당쟁(黨爭), 명분(名分) 허무주의와 식민지 지식인의 변절에까지 이어진다고 할 수 있다.

자장이 아무리 백성의 숭앙을 받은 사람이라고는 하지만 그는 백성이 고개를 숙이는 것밖에는 다른 관계를 백성과 맺지 못했다. 무엇보다도 그는 왕권을 왕과 거의 나누어 가질 만큼 가진 권위자였고 백성의 종교와 생활을 감독하는 승관의 최고 상사(上司)였다. 그러므로 그는 신라사회 상층부의 한계를 벗어날 수 없었다. 민중은 그에게 절하는 대신 그를 사랑할 수 없었다.

그것은 신라의 왕실불교 또는 호국불교가 관료적인 조작으로 민중을 압도했다는 사실도 말하는 성싶다. 원시시대의 씨족회의가 진골(眞骨)의 귀족 화백회의가 되고, 황룡사를 중심으로 현란하게 펼쳐진 불교가 왕실에게 최선의 지배사상을 낳아서 9층탑의

9층이 말하는 이웃이 북만주, 중국대륙, 남부대륙 그리고 동해 밖의 세계로까지 크게 원주(圓周)를 삼을 만큼 완벽해진 것은 그것 자체가 신라사회 전체에 대한 진실이기보다는 지배계층의 자존심 확대에 이바지한 점이 더 뚜렷하다. 자장은 여기에서 그의 입장이 굳어진다. 그는 또 하나의 위대한 무자(巫者)인 것이다.

그는 다만 이런 그의 특수성을 그의 지계(持戒) 청규(淸規) 실천으로서만 순수한 승려임을 자위했다. 그의 사제적인 기능이 늘 정당화되는 곳에서만 발휘되고 따라서 그는 권력을 정당화하는 기교로서 현실을 선택할 수밖에 없었다. 그러므로 그의 신념은 이상(理想)을 결론으로서 이미 제안하고 있다.

아마도 그의 위대성이 신라 귀족사회에 뿌리를 내린 신분 때문에 그의 일생은 귀족적 우대의 환경만으로 채워진 것인지도 모른다. 그는 한 이름 없는 국내의 중견 승려로서도, 당나라 유학승으로서도 귀국한 이후의 대국통으로서도 늘 최고위의 권위가 떠나지 않는다. 천인(天人)으로부터 오계를 받고 왕으로부터 대신 자리를 제수받고 유학의 항로(航路)에서도 상좌 승실(僧實) 등 10여 인이 수행하고 당 태종의 국빈이 되고, 그가 돌아와서는 말할 것도 없다.

그러나 그의 만년은 태백산 석남원(石南院＝淨岩寺)의 고독을 체험함으로써 실로 오랜만에 그는 왕실과 귀족사회로부터 떠날 수 있었던 것이다. 그는 상징으로서 현실을 떠났을 때 처음으로 그가 현실을 지배하지 않았더라도 누군가가 지배했으리라는 무상관(無常觀)·무아관(無我觀)을 깨달았다. 비록 왕가의 끊임없는 배려로 산과 사회가 연결되기는 했지만 그는 그의 업적이 현세의 정치사회가 추앙하는 것과는 달리 허망하다는 것을 깨달았을 때 거기에 고대의 순수한 지성으로서의 자장이 태어난 것이다.

거기서는 관인(官人)의 복장을 당제(唐制)로 고치거나 당 고종의 영휘 연호(永徽年號)를 신라에서 사용케 하는 따위의 친당(親唐)주의가 끝난 것이다.

그는 지배계층을 충족시키고 그 자신 국가사회를 체제 안에서 강화하는 일을 맡아왔지만 그것이 그의 불교가 현실에 매몰된 사실을 알았을 때의 고독과 함께 늙을 수밖에 없다. 그러므로 그의 첫 입산과 끝의 입산이야말로 그를 현실, 아무리 거기에 당위를 주입시킨다 하더라도 당위가 되지 못하는 현실로부터 구제한 것이다.

거기서 현실에 과거의 현실을 이념으로 장식한 사실, 진평왕의 휘(諱) 백정(白淨)이 석가의 아버지 백정왕에게서 취하고 왕비 이름도 석가의 어머니 마야 부인을 그대로 마야 부인이라 부르며 왕실을 그대로 석가족의 가비라 왕실의 의제(擬制)로 만든 일, 왕즉불(王卽佛)의 사상은 끝내 불교 자체에서는 허망한 것임을 알 수 있다.

불교의 평등론은 신라에 와서 왕실의 신성가족의 배경이 되었다. 그 일을 자장이 해낸 것이다. 신라 불교를 통치의 구심점으로 삼을 때의 위대성은 과연 그대로 승인될 수 있는가. 신라의 삼국 통일이 불교를 통일원리로 삼았다면 그 통일의 규모가 남북조 시대의 분단에 지나지 않았다는 사실을 어떻게 설명할 수 있는가. 통일이 고대 동(東)아시아 국제관계에서의 통일정신이 아니라 침략의 기교로 이루어진 사실을 그 정신의 극치였던 자장에게 어떤 해답을 요구할 것인가.

자장과 그를 추종한 승관(僧官) 지식인들의 계율이 엄격한 것과 함께 다른 현실가치에 대한 탄압의 배타작용이 적지 않았다. 아마도 원효들이 민중 저변에서 미타사상(彌陀思想)을 일으켰다는 사실은 그런 관료적 탄압을 반증하는 것 같다.

고대사회의 큰 행운을 누린 제정 지식인 자장으로부터 왕권에 대한 부정적 예언을 발견할 수 없는 사실은 그러나 그뒤의 서술 때문인지 모른다. 왜냐하면 그의 대승적(大乘的)인 고민이 현실적으로 관련된 것은 겨우 한반도 남부의 왕조에 지나지 않았기 때문이다.

우리는 신라의 자장을 통해서 근세 초기의 황희(黃喜)를 내려다 볼 수 있는 사실에는 큰 위안을 얻는다.

3. 문화이식자(文化移植者)와 문화수용

고대의 북방사회는 고조선 멸망 이전부터 대륙과 교섭해온 지역이다. 그러나 그들의 독자적인 철기문화 체험이나 뚜렷한 자주성의 동맹의식이 그 교섭 때문에 허물어질 수 없었던 것이다. 고구려의 한민족과의 교섭은 정치·군사적으로는 외적의 침략을 막는 민족의 울타리 역할도 포함된다.

만약 거기에서 고구려의 삶의 의지가 고조선의 그것처럼 취약한 것이었다면 아마도 고구려 자체뿐 아니라 고대의 한반도 사회는 아주 신속하게 대륙민족의 식민지 사회 또는 고대 중국의 직접적인 속지(屬地)가 되었을 것이다.

이같이 고구려는 부족연맹체 국가에서 그 완강한 왕권체제가 국가 보위(保衛)의 절실한 환경에서 아주 일찍부터 실현됨으로써 그들이 타자의 침략세력에 대해서 민족의 자주세력으로 대립될 수 있었다. 고구려에서 나뉘어져 만들어진 백제 역시 그러한 북방 사회의 선진(先進)체제에 처음부터 숙달되었던 것도 사실이다.

이기백(李基白)은 그것을 왕권 중심의 집권주의 국가체제와 중국문화에 대한 일찍부터의 친숙으로 지적한다. 특히 불교와 같은 완벽한 종교를 그들은 국가에 수용함으로써 이제까지의 부족연맹의 원시 이데올로기를 더욱 발전시킬 수 있었던 것이다.

정치적으로 고구려가 대륙과 대립하고 있었으나 그들이 현도군(玄菟郡)의 식민지를 민족 원주민의 저항으로 무너뜨리는 일 따위를 제외하면 무조건 대항한 것만은 아니다. 유목·수렵의 생활자들은 침략을 항상 유격전으로밖에 막을 수 없으므로 그러한 조직의 결핍 때문에 대륙의 대규모 침략 전쟁에 패잔해온 오랜 아픔을 극복할 국가체제로 발달한 것은 당연하다. 거기에 불교의 국가사회적 초복피화(招福避禍)의 교리가 고대 유목민의 신앙과 마찰하지 않고 습합(褶合)했다. 이어서 불교는 왕권국가의 사회적 바탕이 된 것이다.

불교를 받아들인 소수림왕조는 이미 그 이전에 들어온 불교를 정당화한 것과 함께 그러한 북방사회의 희망인 집권국가 체제의 완성을 특기(特記)한다.

고구려가 대륙 북방의 선비(鮮卑)에 대해서는 단호하게 도전적이었으나 그들을 방위하기 위해서 전진(前秦)과는 정치 교섭이 선린(善隣)정책으로 이루어졌다. 그들 두 나라는 서로 친선 사절단이 왕래했다. 그런 사절단에 수행해서 전진의 부견왕(符堅王)은 노장철학을 매개로 한 격의불교(格義佛敎)·인과불교(因果佛敎)를 순도(順度)·아도(阿道)를 통해서 전달하고 있다.

백제 역시 전진의 호승(胡僧) 마라난타(摩羅難陀) 사절단 수행자의 내조(來朝)로 불교가 한강 기슭의 위례성에 받아들여진 것이다.

이 두 나라는 불교를 수용하는 일과 함께 왕권사상이 발달함으로써 고대의 선진국가가 될 수 있었다. 순도·아도에 이어 담시(曇始)가 왔다. 불상과 경전 그리고 율장(律藏)은 곧 국찰 초문사(肖文寺)·이불란사(伊弗蘭寺)를 중심으로 왕실과 사회에 보급된다. 백제도 마라난타 이후 도승(度僧) 10인이 남한산의 절에서 이른바 백제 불교의 첫 개산(開山)을 베풀었다.

불교가 지배자의 통치원리에 부응하는 것과 함께 고대의 불교 문화를 수용·발전시키는 일에서도 크게 괄목할 만하다. 고구려 불교는 그것이 전진의 도교사상과 떼어놓을 수 없다고 하더라도 그들이 받아들인 불교 문화를 그들이 방위하는 자주성의 이념으로 정착시킨 사실은 흔들리지 않는다. 그뿐 아니라 대륙의 초전불교(初傳佛敎)에서 이미 성숙한 사변철학(思辨哲學)을 수용한 사실은 고대사회 불교 지식인의 수준을 드높이고 있다.

그러한 고구려 불교는 비정치적인 교섭으로 신라에 들어간다. 훨씬 뒤의 신라의 첫 승통(僧統)을 고구려 혜량(惠亮)으로 추대한 것도 그것을 짐작케 한다. 오늘날 고구려·백제의 불교 활동을 알 수 있는 것은 그들이 남긴 불상, 불사(佛寺), 고분의 벽화, 몇 가지의 번역·논술에 근거한다. 그러나 그것은 그들의 철학으로까지 성장하는 과정에서 신라 또는 일본으로 동류(東流)하는 문화

이식자의 역할로 변모된다. 아마도 고구려의 노장사상이 불교의 쇠퇴를 초래한 사실 역시 고구려 지식인들이 불교를 정착하는 대신 그것을 전달하는 일에 힘을 기울여 버린 데서 그 원인을 찾아낼 수 있는 것 같다.

이것을 고대의 북방사회가 자주성이 약하기 때문이라는 주장이 있으나 그것은 오류다. 다만 그들의 이런 문화 전달행위와 대조되는 신라의 불교 수용과 차이가 생기는 것은 그들은 이미 대조될 수 없게 앞선 시대에 불교를 받아들인 사실이다.

또 하나는 그들은 문화를 수용하는 일보다는 언제나 대륙국과 30만 또는 1백만 대군과 싸워서 한반도의 공간을 지키는 엄청난 민족 방위사업에 그들의 열정을 소모하지 않을 수 없었기 때문이다.

말하자면 북방사회는 문화이식자로서의 역할이 한정된다. 승랑(僧郎)의 삼론학(三論學＝中觀論・十二門論・百論)이나 바야(波若)의 천태(天台), 지황(智晃)의 열반의 철학적 교학(敎學)들이나 용강(龍岡)・통구(通溝)의 벽화 또는 불상들이 없는 것은 아니나 그것들은 고구려 불교가 전달한 불교문화의 이식 전파의 크기에 비하면 그 의미가 강요될 필요는 없다.

그것들보다 고구려・백제의 불교가 신라와 일본에 전달된 문화전달운동이 큰 업적이다. 문화는 쉽사리 수용되고 정착하는 것이 아니다. 말하자면 불교문화에서도 신앙 실천이나 예술적인 재능을 제외하면 그것을 자기 자신의 것으로 만든 사상은 원효사상 하나라고 할 때 거기서 문화 정착의 모범이 나타난다.

고구려 혜변(惠便)이 일본의 첫 이승(尼僧) 선신니(善信尼) 등 3인을 낳고 그뒤의 여러 고구려 중은 일본 불교의 안내 지도자가 되었다. 혜자(惠慈)는 백제의 혜총(惠聰)과 더불어 일본의 성덕태자(聖德太子)의 스승이 되어 삼론을 비롯하여 법화・열반・승만경을 전달한다. 담징의 법륭사 벽화는 물론 혜관(慧灌)의 귀화(歸化)로서 승정(僧正)이 되고 일본 삼론종의 종조(宗祖)가 된 사실과 함께 특히 백제의 불교 지식인들이 일본을 불교 통치국가로 만든 바탕이 된 것은 주목된다. 백제 성왕(聖王)은 일본에 불교 교화승단을 파견해서 임기제로 주재시키고 귀조시켰다.

고구려·백제가 불교를 타자에게 전달하는 일을 왕권으로 도모한 것은 그것으로 외교를 성취한다는 의도를 드러낸다. 그것에 상응해서 중국문화나 불교문화가 눈부시게 전파되는 문화이식 운동의 기간이 열린 것이다. 그런 때에는 누구나 받은 것을 비축하지 않고 이식시키는 운동에 뛰어든다. 문화사는 그런 기간을 중요한 문화의 매듭으로 서술하고 있다.

고구려·백제로서는 그러나 불교의 경우 거의 중국과 동시적 수용이다. 그것은 그들이 이렇다 할 갈등이나 배타적인 의사를 남기지 않고 받아들였으므로 그것을 정치이념에 전용하는 일을 제외하면 정착하기 전에 타자와의 관계에 이용한 것이다. 담징이 수양제의 1백만 대군을 국내 수도 깊숙이 끌어들여 싸우는 전쟁이 일어났을 때 신라에 머물다가 일본으로 건너간 것은 고구려 불교 전달에 대한 상징적 사건이 된다. 그가 벽화 관음상을 완성할 무렵 고국의 승리를 알아서 더욱 그 그림이 찬란하게 완성되었다는 전설을 그냥 믿어둔다고 하더라도 고구려의 불교는 고구려의 것이 아니라 타자에게 전달되어야 하는 이식과정이 강조된다.

그것을 받아들일 때의 체제는 대체로 큰 전쟁이 없던 외교 시대였으나 받아들인 뒤의 큰 전쟁은 일단 받아들인 것에 대한 문화수용 과정을 획득하지 못하게 했다. 전쟁만이 국가의 가장 큰 행사였기 때문이다. 이런 곳에서는 문화가 정착의 의지에 연결되지 않고 흘러나가기 마련이다.

고대의 문화가 이식된 것은 이런 정세가 그 배경을 이룬다. 따라서 그들의 불교문화 및 중국문화를 전달하는 이식자들은 벌써부터 문화의 보편성에 침윤되어서 왕권이 그것을 외교의 수단으로 삼는 것과는 달리 전달자의 사명감이 발달할 수 있었다. 백제의 아직기(阿直岐) 왕자나 박사(博士) 왕인(王仁), 오경박사(五經博士) 단양이(段揚爾), 고안무(高安茂) 들의 유교 지도자 역시 문화이동기의 사명에 더 감염된 인상이 분명하다.

여기서 밝혀야 할 것은, 문화는 늘 이식되거나 전파된다고 말할 경우 그렇게 되면 본디 그 문화가 있던 자리에 현실적으로 공동(空洞)이 만들어진다. 가장 대표적인 문화지도자만이 문화가 타자에게 영향을 주게 한다고 가정하면 위의 고대 전도승이나 유교 지도계층이 떠났을 때의 본국 문화는 당연히 삭막해지게 마련이다. 그것은 그리스 문명이 로마로 이식된 다음의 그리스나 이집트의 파라오 문명이 정착지에서 해체되었을 때의 이집트를 상상하면 된다.

그러나 고대의 종교 지식인들의 전달행위는 반드시 민족 고유성에만 구애되어서 이해한다면 우스꽝스럽게 된다. 이런 점에서 기독교 문명의 신약 시대가 구약의 민족문화를 극복하고 세계를 지향했다는 것은 문화운동의 대변혁이라고 할 수 있다. 마찬가지로 고대의 종교인들이 그들의 종교와 문화를 타자에게 이식시켰다는 사실은 문화가 과거에의 종속 장치가 아니라 일단 그것을 정치나 생활에 기본 신념으로 심은 이상 미래 지향의 세계에 이식시켜야 하는 사명을 낳는 일이 바람직하다. 그것이 신라 불교의 완전 정착에 이바지한 사실도, 그러므로 신라 중심사관으로만 본다면 우매한 일이다.

불교는 그것을 기원론(起源論)으로만 천착하면 고대에 있어서는 아주 먼 곳의 이단사상(異端思想)이다. 그러나 그것이 오래 전부터 체험해온 중국문화로 유착되었다가 문화 변용물(變容物)로서 고구려·백제에 건너왔을 때 그것은 불교 자체가 원융(圓隔)의 사상으로서 현지의 고유신앙과 화쟁(和諍)하는 기능을 가졌다면 더욱 낯선 것이 아니라 친숙한 수용 과정을 만들어내게 된다. 신라 불교는 적어도 고구려·백제의 불교가 그런 문화적 전임(前任)을 맡았다는 의미를 머리에 쓰고 있는 것이다.

고대 동북아시아의 불교문화는 고구려·백제의 종교 지식인의 힘에 의해서 이러한 동양사상의 보편성 형성에 크게 기여했다는 것으로 명예를 빼앗기지 않는다. 여기에 덧붙일 것은 한반도는 오랫동안 중국문화의 끊임없는 간섭을 받으면서도 자국 특유의 창조 문화를 형성한 반면 문화사의 지리로 본다면 문화의 통과지역인 것이다. 그러므로 문화수용 과정 이래의 보존기능이 구조적으로 이루어지지 않고 언제나 문화가 지나가는 과도공간(過渡空間)으로 제공된 흔적도 부인할 수 없다.

문화란 문화의 추억이 아니라, 문화는 그것을 단절시키지 않고 변용하고 정착시키는 행위에 의해서 존속된다. 한반도의 문화가 문화의 흔적으로 남겨졌다는 통설은 그것이 보존의 기능을 갖추지 못했기 때문이다. 임진왜란 이후 겨우 영조(英祖) 왕조에 규장각이 세워진 것을 보면 알 수 있다.

이런 문화에 대한 지속적 위기는 문화가 늘 정치체제의 수단이 되었기 때문에 문화 자체의 힘이 위축되어서 그 정치체제에 변동이 올 때마다 문화도 해체된다. 이런 사실의 위에 우리는 문화이식자로서의 지식인들의 궤적을 가진 위안은 크다. 그들에 의해서 우리는 문화의 정체성, 폐쇄성, 독선성을 지양하는 개방자가 될 수 있었다. 개방이란 전달뿐 아니라 수용하는 데서도 또는 정착하는 데서도 크나큰 창조의 충동을 기여하는 것이다. 고구려의 담징이나 백제의 왕인이 고대문화의 중요한 이식자인 것과 함께 그들이 원초적으로 한국 문화에 있어서의 특별한 긍지가 되고 있다는 것도 그 때문이다.

4. 고대의 야인들

고대사회의 원시신앙은 정치·산업에 직접 관련되었을 뿐만 아니라 경건한 유산사상(遊山思想)을 낳았다. 신라가 고구려·백제의 집권국가 형성 이후에도 기껏 한 고을 정도의 사로국(斯盧國) 부족 통솔에 지나지 않았을 때 그들의 고신도(古神道) 신앙은 최치원이 말한 대로 '현묘의 도(玄妙之道)'를 실현하기 위한 입산 수행의 풍속이 있었다. 이것은 그뒤 원효가 고구려 보덕(普德)으로부터 열반경을 배우기 전의 젊은 시절 일단 고신도 수행을 한 사실에서도 드러난다.

이런 수행은 산악을 신성시함으로써 국토를 호위하는 신앙으로 삼는 일뿐 아니라 천인상응(天人相應)의 초인적인 체험을 장려하게 된다. 화랑도도 그것이 유·불·선을 제합한 신라 청년문화이기는 하지만 그 바탕은 이러한 초인 체험의 고신도 원시신앙을 바탕으로 삼는다. 화랑도 자체가 부족연맹체의 유제(遺制)이며 골품제나 화백제(和白制) 따위도 고대의 후진지역 신라의 씨족사회 유물임에 틀림없다.

이런 유산사상은 씨족사회로부터 있었던 7개의 신산(神山)이나 훨씬 뒤의 5악의 영험이 깃들인 명산의 의식을 낳는다. 그런 산의 수행과 함께 사회를 포기하는 사상도 생겨난 사실이 퍽 중요하다. 말하자면 수행을 집단의 욕망을 위해서 장려하는 것을 거부하고 세속적인 관련으로부터 자유분방하게 일탈하는 현상이 그것이다.

사회가 공동체사회 또는 왕권지배사회로 변모할 때 그런 사회는 거의가 왕권에 관련되거나 그것을 중심으로 살아가게 된다. 이런 현실을 등지는 일은 그만큼 어려운 일이 된다. 때로는 사회집단으로부터 배신자 또는 폐인의 낙인이 찍히는 경우도 무릅써야 하기 때문이다.

이런 어려움이 고신도의 유산사상에 의존하다가 불교 전래로 출가승(出家僧)의 문화에 편승해서 역사 기록이 남긴 출사(出仕) 지식인, 귀족 지식인의 양(量)에 거의 버금하는 초야에 묻힌 지식인을 상정할 수 있다.

사기(史記)가 남겨 놓은 백결(百結)의 일사(逸事)는 그러한 비세속적인 지식인의 한 꼴을 말하고 있다. 5세기 자비왕조의 백결은 서울 낭산(狼山) 기슭의 초막에서 옷을 1백 군데나 기워 입는 누더기 생활로 묻혀 살았기 때문에 동리(東里) 백결사마라 불렸다. 그는 높은 학문에도 불구하고 극빈자로서 고대 박(朴) 석(昔)의 평화로운 시대를 동경하는 야인 생활에 파묻힌다. 그는 거문고로 그런 생활의 희로애락을 울리면서 사회 표층으로부터 자기 자신을 숨긴다. 그믐밤 새해를 맞이할 떡쌀이 없는 아내가 백결에게 떡방아 소리를 내지 못하는 것을 슬퍼할 때 그는 "……오는 것을 막지 못하고 가는 것을 쫓을 수 없는데 그대는 어이 이에 상심하느뇨(其來也不可拒其往也不可追汝傷乎)"라고 탄식하고 생사와 욕망에 대한 무위를 강조한다.

이런 야인의 흐름은 불교가 들어온 뒤 다채로워진다. 백제의 승려 혜현(惠現)은 법화경, 삼론(三論)의 철학에 깊은 학승으로서 그가 백제 북부 수덕사에 머물러 있을 때 문밖에 신발이 가득할 만큼 많은 숭배자들이 모여들었다. 그는 그당시의 승려사회에서 유행된 도당구법(渡唐求法)을 하지 않고 신라의 원효와 방불하게 혼자 법화행자(法華行者)가 되고 혼자 중론(中論)의 권위자로서 당대의 강단(講壇)을 주름잡았다.

그러나 그는 끝내 왕실의 불교나 세속의 욕망, 갈등과 얽혀 있는 불교로부터 도피하여 가장 고요한 곳을 찾아 험한 산을 넘고 넘었다. 그곳이 강남 달라산(達拏山)이다. 오늘의 전북 고산(高山) 또는 진산(珍山)이라고 추측된다. 그는 당나라에 가지 않고 당나라의 고승 열전에 이름을 떨친 둔세(遁世)의 불교 지도자다. 그는 달라산의 고독 58세로 죽어서 시체는 짐승의 먹이로 공양을 했다.

신라 혜숙(惠宿)은 진평왕대의 많은 승려들이 대사원(大寺院)에서 귀족생활을 하고 있었으나 그런 세속에서 떠나서 여러 시골 촌락을 떠돌면서 정토신앙(淨土信仰)을 펼치는 대중불교의 위대한 지도자가 된다. 그것은 왕실 불교에 대한 그의 반항이자 불교를 '개유불성(皆有佛性)'의 평등의식에 입각해서 빈민 계층 또는 피압박 계층, 무식(無識) 계층의 대중에게 접촉시킨 그의 대승적 실천인 것이다.

선덕여왕, 진덕여왕대의 귀족 불교에 대하여 세속 가항(街巷)의 술에 만취하여 노래를 불러대는 부개사(夫蓋寺) 광승(狂僧) 혜공(惠호)은 도리어 국통(國統)의 승려 관료들도 삼태기를 등에 진 그의 행태를 막지 못할 만큼 반귀족적인 위력을 나타냈다. 신라 중기까지만 하더라도 행형(行刑)의 기구는 없었다. 다만 부족 계열의 귀족집단 사이의 저촉(抵觸)이나 국사 범죄는 귀족회의나 병부(兵部)에서 관장하고 그밖의 서민·부곡민(部曲民) 노예는 지역 족장의 관습형(慣習刑)으로 처리했기 때문이다. 신라사회가 골품제로 이루어진 사실은 동시에 노예제를 뜻한다. 당서(唐書) 동이전(東夷傳)·신라조(新羅條)는 가동(家僮=노예)이 3천, 갑병(甲兵=무장한 사병)이 있다고 말하고 있다. 한 귀족이 3천 명의 노예와 많은 병사를 두고 백성들도 곡식 고리채 때문에 노예로 만들었다. 귀족 이외에는 성(姓)이 없고 임시로 부르는 이름밖에 없다.

이런 사회에서 왕권에 추종하는 불교 지식인의 향락을 박차고 재야의 서민사회 지성으로서 백성의 여러 고난과 함께 파묻힌다는 것은 어려운 일이다. 그러나 그런 최하위의 진실에 천착한 지도자가 의외로 많았던 것은 귀족 사회의 권한이 보여주는 횡포에 대한 환멸 때문이다.

훨씬 뒤의 통일신라 형정(刑政)의 본산 좌리방(左理方) 관료들이 귀족 사이의 반란이나 지방 백성 계층의 반란에 대한 눈코 뜰 사이 없는 극형 역시 그 바닥에는 피지배자에 대한 가혹한 원시 형벌을 자행한 바를 암시한다. 생명, 재산 그리고 사상에 대한 기본권이 없는 사회에서 그 사회에 뛰어들어 사람의 평등의식과 인권을 개발하는 불교적 계몽 행위는 신라 사회 문화사의 중요한 부분을 이룬다.

원효가 깊이 존숭했던 누더기 걸승 대안(大安)도 혜숙·혜공에 이어서 그러한 민중 지식인으로서 불교를 관존(官尊)의 신앙으로부터 평민의 신앙으로 개혁한 실천자다.

상층의 불교가 왕권을 호도하는 정치적 지배이념을 충족시켰다면 이러한 재야 승려들의 불교는 정토신앙을 크게 떨쳤다. 그것은 정토신앙, 즉 미타주의(彌陀主義)는 현재의 삶이 아무리 고달퍼도 곧 극락의 삶을 누릴 수 있다는 확신을 가지게 하고 결정적인 기회는 현실에서 바로 서방정토가 실현된다는 치열한 현실주의를 지향하기 때문이다. 이것은 중세나 근세의 미륵신앙 또는 도참사상이 하층사회에 큰 구원의식을 베푼 것과 일치한다.

신라 자체를 불국토(佛國土), 신라 지배계층을 불보살(佛菩薩)로 주장한 사실은 그만큼 그 지배 세력의 이념이 지배대상의 민중이나 타자에 대한 무서운 억압을 표상하고 있다.

이런 사회에서 늙은 대안은 "헤헤 대안! 대안!" 하고 말하고 집집마다 거리마다 나타나서 나무아미타불을 염불하게 하고 그들을 위로한 뒤 저녁 무렵에는 술집에 가서 술과 계집을 화장세계(華藏世界)라고 즐기는 무애(無碍) 실천을 한 것은 놀라운 일이다.

이러한 재야 불교 지도자는 하나같이 왕권의 위엄에 기여한 엄격한 계율을 지키기보다 도리어 그런 계율을 파괴하고 제멋대로 놀아나는 형태를 보임으로써 계율의 권위에 대한 저항을 도모했다. 그것은 곧 왕권의 권위에 대한 간접적 저항인 것이다. 이런 파계자를 통해서 백성들은 그들과 같은 호흡, 같은 의식을 가지게 되어 불교가 호권(護權)의 공포 신앙이 아니라 자비신앙, 평등신앙임을 자각하게 만든 것이다.

광덕(廣德) 엄장(嚴莊)이 분황사 서쪽마을 변방에 은거해서 안양행(安養行＝極樂行)을 서로 이루기를 맹세해서 원효의 왕생사상(往生思想)과 관련되는 것이나 신라 유교의 초기 지도자 강수(强首)가 비천한 술집 계집을 끝까지 조강지처로 삼는 집념을 보인 것도 그런 사실을 밝히고 있다.

이러한 고대 야인들은 그러나 현실의 모순이나 악과 대립하기보다는 그것을 벗어나는 초월자의 목적을 가진 것이 특색이다. 그들의 정신사가 이어지면서 한국 예외자(例外者)로서의 지성을 형성한 것은 지배문화의 다양한 형식과 함께 그 위대성을 잊어버려서는 안 된다.

월명(月明)·융천(融天)과 같은 향가 승려가 왕실과 관련되기는 하지만 반드시 그들의 재야 정신을 잃지 않고 표현한 자유 실천자가 된 것이나 충담(忠談)이 '……이땅을 버리고 어디로 가랴. 나라를 지닐 줄 알지어다(此地肹捨遺只於冬是去於丁爲尸知國惡支持以)'라고 노래하고 '임금답게 신하답게 백성답게 하면 나라 태평하리라(君如臣多支民隱如爲內尸等焉國惡太平恨音叱如)'라고 지배자와 피지배자의 윤리를 강조한 사실, 왕이 왕사(王師)를 위촉해도 끝내 그 자리를 사양하고 사라져버린 사실이 왕실 귀족사회에 대한 간극을 적대시하지 않고 그것과 하층사회의 현실을 함께 더 높은 자리에서 융화시키는 의도 역시 고대의 재야 지식인의 덕성을 이해시키는 것이다.

그러나 그들은 철저하게 원광(圓光)·자장(慈藏)과 상치된다. 이것이 고대의 재야 불교의 주조를 이루고 있다.

5. 원효의 자유

유사(遺事)는 원효의 뜻이 시단(始旦)을 말하고 초지(初地)라고 일컬어진다고 말한다. 이러한 '시작'과 '근원'에 이어 광명(光明)·보편(普遍)이나 한마음의 뜻도 된다.

원효는 그의 이름의 의미 자체의 화신이라고 말할 수 있다. 그만큼 그는 한국 불교의 최초이자 최대의 사상과 실천의 주역을 맡은 것이다. 사람이 사회나 정신의 역사와 크기가 같을 수 있다면 그런 사람이 곧 원효다.

신라 불교의 초기에 원광(圓光)이 고구려 승랑(僧郞)과 신라 각덕(覺德)·의신(義信)·안홍(安弘)·혜초(慧超) 들의 대륙 체험과 함께 그가 수나라에 들어가 22년의 유학을 마치고 견수(遣隋) 사신들과 돌아온 일은 그뒤로 신라의 젊은 승려들이 당나라에 건너가는 첫걸음을 이룬다. 그는 세속오계의 창시자이며 신라를 괴롭히는 고구려를 침략해 달라고 수양제에게 탄원하는 왕명(王命)의 걸사표(乞師表)를 써보낸 왕실 고문이다. 황룡사에서 득도(得道), 죽을 때도 그곳에서 죽었다. 그것은 그가 화랑도의 지주가 된 것과 함께 왕실 어용(御用)의 지도자였다는 것을 밝힌다. 황룡사는 또 하나의 왕실이었기 때문이다. 그의 계보를 크게 이어받은 자장(慈藏)도 귀족으로서 왕실의 정복사업(征服事業)의 정신을 지도한 것이다.

원효가 법화경의 삼회귀일(三會歸一) 사상으로 삼국통일의 이념을 만든 것도 그런 정신과 동떨어지지 않는다. 그러나 원효는 하층 지방관리 설담날(薛談捺)의 아들이다. 고향 자인(慈仁) 마을 부근의 밤실(栗谷) 골짜기 산길에서 그는 태어났다. 진덕여왕이 원효 때문에 사랑으로 괴로워한 사실도 있다. 평민이나 하층 관료의 신분은 승려가 됨으로써 거의 진골·성골의 최고 왕족사회와 대등할 만큼 관련을 맺을 수 있다. 원효의 위풍당당한 풍모나 높은 지혜와 정서는 신라 상층사회 여인들로부터 매혹의 대상이 되기도 했다.

진덕여왕 4년에 8세 아래인 의상(義湘)과 육로로 입당하다가 고구려 요동에서 간첩 혐의로 검거되었다 석방되어서 제1차 유학 여행은 실패했다. 그로부터 11년 뒤 문무왕 원년에 다시 사형제(師兄弟)의 의를 맺은 아우 의상과 멸망 직후의 백제 당진(唐津)에서 풍우를 만나 고분인 줄도 모르고 고분에 들어가서 밤을 새우다가 해골에 괸 물로 갈증을 달랬다. 다음날 그는 해골의 물을 마신 것에 놀라는 일로 크게 깨달았다. 그의 입당은 끝내 포기되었다.

마음이 있으므로 가지가지 법이 있고 마음이 없어지므로 감(龕)과 분(墳)이 둘이 아니로다. 또한 삼계는 오직 마음뿐이고 만 가지 법도 오직 식(識)이라 마음밖에 법이 없으며 어찌 따로 찾으랴. 나는 당에 건너가지 않으리라(則心生故種種法生心滅故龕墳不二 又三界唯心萬法唯識心外無法胡用別求 我不入唐).

그는 의상만을 바다를 건너게 하고 고국으로 돌아왔다. 이미 중년이다. 그가 돌아온 직후까지만 해도 황룡사, 분황사의 왕실 국찰에 머물렀다. 20대의 출가 이후 무사승(無師僧)이었으나 그가 법장(法藏)·보덕(普德)을 은·법(恩法)의 스승으로 삼았다는 기록(請席製作目錄·大覺國師文集)이 있다. 그는 귀국 이후 99부(部) 2백40여 권의 방대한 저술을 하고 강경(講經)도 쉬지 않았다. 그의 학덕은 신라 조야는 물론 중국, 일본에 미쳐 해동 성조(聖祖)로서 추앙받고 당나라 화엄종 제3조 법장(法藏)이나 일본의 화엄종 응연(凝然)과 선주(善珠)·상등(常騰) 들이 그의 저술을 봉독할 정도였다.

여기까지는 대체로 왕실 불교의 지도자였다. 그러나 그는 결혼 3일 만에 남편 거진랑(擧眞郎)을 백제와의 전투에서 잃은 10년 수절의 요석궁(瑤石宮) 공주에게 파계를 함으로써 그당시의 국찰 승관들의 비난을 무릅쓰고 소성거사(小性居士)라 자칭하여 결연히 백성의 거리로 나가 버린 것이다. 여기서 원효 불교는 민중과 연대되고 국가의 정치이념으로서의 불교를 지양하는 화쟁(和諍) 사상으로 크게 발전한다. 이미 그는 그 이론을 마명(馬鳴)·용수 (龍樹)·무착(無着)·세친(世親)이나 수·당의 여러 논장(論藏) 에 이어서 당당하게 남겨놓았다. 이제 그는 그 사상을 실천하지 않으면 안 되었다.

그의 타매는 근본적으로 타매가 아니다. 이미 계율의 권위를 초 극했으며 또한 그 타매를 타매로 단정하는 상층사회의 통속권으 로부터 철저하게 해방되고 격리되어서 그 자신의 사상에 치열한 고독을 부여하기 위한 수단이다. 사회로부터 비난과 단죄를 무릅 쓴 고독을 통해서 그는 제2의 원효 불교를 완성하기 시작한 것이 다.

원효는 대담무쌍했다. 완강한 관료제의 승려사회로부터 그 사 회의 핵심인 계율의 위력을 일거에 사상(捨象)해 버리고 동시에 그 자신의 위계조차 팽개쳐 버린 비렁뱅이가 된다. 그리하여 천민 부랑자 사복(蛇福)의 친구가 되어 어머니를 암소라고 불러대며 웃어대는 그와 함께 그 어머니의 썩은 시체를 메어다가 장사지내 주며 '태어나지 말지어다. 죽음이 괴롭도다. 죽지 말지어다. 그 태어남이 괴롭도다(莫生兮其死也苦莫死兮其生也苦)'라고 노래한다. 사복은 그 노래가 너무 번거롭다 해서 '생사가 다 괴롭도다(死生 苦兮)'라 고쳐서 노래한다. 그들은 이런 노래를 부르면서도 미친 사람처럼 웃어댔다. 당대의 큰 중과 천민은 완전히 일체가 되어 자유를 누리는 것이다.

또한 광승(狂僧) 혜공(惠空)과 함께 형산강 기슭으로 내려가서 물고기를 날것으로 잡아먹었다. 법흥왕 이래의 살생금령(殺生禁 令)이나 불교 계율로 본다면 엄청난 타락이다. 실컷 먹은 다음 그 들은 냇물에 오줌을 누었다. 오줌에서 두 마리의 물고기가 나와 하나는 내려가고 하나는 거슬러 올라간다. 그들은 서로 거슬러 올 라가는 고기를 제가 먹은 고기라고 우기다가 부여안고 가가대소 (呵呵大笑)했다. 거슬러 올라가는 고기가 그들이 근원을 향해서 괴로움을 무릅쓰고 추구하는 사실을 표상한 것이다.

원효는 하루아침에 인도의 부파불교(部派佛敎)나 중국의 종파불교 그리고 그당시 신라의 소승불교, 반야파(般若派)·유식파(惟識派) 따위를 이설십문(異說十門)으로 인식해서 그것을 총화시키는 원융 무애의 야인이 되었다. 그와 하룻밤으로 헤어진 요석궁의 사랑에도 신라 조야 그리고 교계에도 충격을 안겨주었으나 원효는 이윽고 신라가 받아온 불교를 다시 당나라나 일본에 베푸는 자로서의 학덕을 가장 낮은 계층의 중생에 대한 사랑에 적용하기 시작했다. 여기서는 진속(眞俗)이 일여(一如)하며 불(佛)도 중생도 다 사라져 버린다.

그가 살고 있는 시대는 현실적으로 신라사(新羅史)의 중대한 분수령을 이룬다. 이런 시대를 그는 고대의 천진난만한 야인들의 깊은 정신과 함께 떠돌이로 민중의 진실을 명명(命名)한다.

이미 그는 환속자(還俗者)로서 치의(緇衣)와 가사를 벗어 버렸다. 사복이나 혜공의 누더기, 대안의 누더기로 떠돌았다. 요석공주가 보내오는 비단옷도 술집에 잡혀 술을 콸콸 마셔 댄다. 그런가 하면 벼랑 위에 올라가서 깊은 정려(靜慮)의 삼매(三昧)에 빠지기도 한다. 지나가다가 장시 바닥의 군중들에게 설법 경강도 한다. 무애방만(無碍放漫)의 교화 편력은 전국 각 지방 이름 없는 마을도 마다하지 않는다. 멸망한 백제사회의 피폐한 곳에도 그의 발길이 닿았다.

유랑 패거리 배우가 큰 표주박을 희롱하면서 춤추는 것을 보고 그 모양을 화엄경(華嚴經) '일체에 걸림 없는 사람이라야 큰길에 나가 생사를 벗어난다(一切無碍人一道出生死)'는 뜻을 붙여 무애라(無碍瓠) 표주박을 희롱하는 무애무(無碍舞)를 추고 돌아다니기도 했다. 그런 춤으로 민중들에게 그들의 가난과 재앙·탄압·부역, 가렴주구의 괴로움으로부터 벗어나서 민중의 이상인 극락세계를 확신시키는 것이다. '나무아미타불'을 선창하면 군중들이 그것을 따라 외치면서 그들의 행복과 위안을 얻고 세계가 그들을 버리지 않았다고 자각을 갖게 되는 것이다.

 '……일찍이 경상북도 성주읍에 갔을 때 마침 여름철 보리 타작을 할 때였다. 그곳 농부들이 보리 타작을 하면서 부르는 노래의 후렴에 이상한 언구가 들어서 자세히 들어보니 "에 해미타불! 에 해미타불!" 하고 여러 사람이 공창(共唱)하는 것이었다. 이것은 곧 다름 아닌 나무아미타불의 와전 속창인 것임에 틀림없을 것이다. 즉 원효대사의 이와 같은 그당시 민간 교화의 여습이 지금까지 전해오는 것이 아닐까 생각된다'라고 김동화(金東華)는 《원효론》에서 말하고 있다.

 이러한 세속 순례에 의해서 후세는 어디 가나 원효암, 원효대, 원효굴 따위의 이름을 붙인 사찰이나 불교 유적지가 즐비한 것이다. 원효는 승려사회의 가혹한 저주는 물론 왕실 중심의 귀족사회에서도 타락한 파계승으로 지탄받는 것을 잘 알고 있다. 그는 지배체제로부터 제적된 것이다.

 그리하여 고구려 귀화승 혜량(惠亮)을 초대 승통으로 하여 원광(圓光)을 거쳐 확립된 백고좌회(百高座會)의 회주(會主)를 시키려는 일부 원효 숭배자가 가차없이 비판받기도 했다. 황룡사의 백고좌회는 불상, 보살상, 나한상(羅漢像)을 각각 1백 좌씩 안치하고 1백 개의 등을 밝히고 1백의 청정비구(淸淨比丘)를 초빙 열좌시켜서 왕 및 왕실 귀족들이 모이는 안보(安保) 대법회인 것이다. 인왕경은 진호국가삼부경(鎭護國家三部經)의 하나로서 그것은 왕권을 강화하고 외적을 물리치는 것을 내용으로 한다. 팔관회(八關會)는 세속 사람들이 팔계(八戒)를 받는 법회이며 7일 동안의 전몰장병 위령제로서 백고좌회와 함께 국가의 모든 의범(儀範)과 권위가 총동원되는 의식이다.

 원효가 끝내 이 백고좌회를 마지막으로 주관한 일이 있다. 문무왕후의 난치병과 얽힌 금강삼매경 때문에 그가 법주(法主)가 될 수 있었다. 금강삼매경은 본디 불설(佛說)이 아니고 원효 자신이 만든 위경(僞經)으로서 그 소략(疏略)도 자작 경전에 대한 수기라고 할 수 있다. 이런 경을 다른 강사들이 함부로 강경할 수 없으므로 부득이 떠도는 나그네 원효를 불러들여서 백고좌회를 베풀었던 것이다. 오랜만에 그는 법위(法威)를 갖췄다. 그를 따를 사람이 없다. 청법자들의 감동은 그를 비판·저주해온 바를 다 씻어냈다.

그때 그는 "석일(昔日)에 백연(百椽＝百法師)을 채(採)할 때에는 비록 예회(預會)하지 못하였으나 오늘 아침 일동(一棟)을 가로놓는 곳에는 오직 나홀로 능(能)하도다!" 하고 그동안의 상투적인 법회를 탄핵했다. 그것은 그를 비난하던 상류사회 전체에 대한 반격이다. 거기에 모인 1백 비구는 낯을 들 수 없었다. 그는 다시 황룡사, 분황사에서 며칠을 지내고 어느날 새벽에 입었던 귀족 승려의 법의를 뱀 허물처럼 벗어놓고 자취를 감춰 버렸다.

고대사회의 예외자적 지성은 비로소 원효에 이르러서 예언자의 자각을 실현하는 단계에 온다. 그는 아마도 고대 야인들의 정수(精髓)를 한몸에 합일시켜서 그것을 현실 중심주의의 체제내적 권위를 정신적으로 압도하기에 이르는 것이다.

그러나 원효는 그와 함께 살아오는 야인이나 예외자 또는 민중 연대자와 달리 상층집단과도 결코 이반(離反)하지 않는 정치적·사회문화적 화평의 주체를 완성한다. 그것은 그에게 요석공주를 만나게 해준 김춘추(金春秋)가 고대 초유의 독재정권을 완성하는데 대한 재야의식이 싹텄기 때문인지도 모른다. 김춘추는 연개소문과 함께 고대의 독재자임에 틀림없다. 원효는 의상(義湘)과 함께 왕실의 시호(諡號)도 없는 소외자이기는 하지만 그런 사실과는 달리 실지로 왕실이나 민중의 삶에 대한 가장 깊은 영향을 동시에 준다.

이러한 재야 실천의 운동으로써 그는 완전히 고대 민중의 진실과 하나가 되고 원효는 그런 진실이 만들어 낸 하나의 정신이라고 할 수 있다. 그러나 그의 사상은 완벽하다. 그것은 마치 근본 불교 시대의 석가 불교가 어떻게 그런 완성된 사상체계로 이루어졌는가를 믿기 어려운 것처럼 믿기 어려운 정신의 구축물(構築物)인 것이다.

위에서 말한 것처럼 그는 화엄경소(華嚴經疏)를 짓다가 포기한다. 그것은 오늘의 승단이 그를 화엄종 계열의 초조(初祖)로 삼는 오류에 관련되다가 그를 특정한 종파로 보지 못하게 하는 광범위의 경·율·론 십종(十宗)을 망라하는 저술을 남긴다. 그러므로 그를 각각 특정한 종파에서 종조로 섬기게 하기도 한다. 화엄·법화·열반·열불·율(律)·유식·섭론(攝論)·삼론·성실(成實)·비담(毘曇)에 걸친 그의 사상 대망(大網)은 중국 천태학(天台學) 지자(智者)도 화엄학 현수(賢首)도 그들의 종파 주제에만 한정된 사실에 비춘다면 실로 석사 이래의 장광설(長廣舌)이다.

금강삼매경은 원효의 대표 논장이다. 그것은 그의 기신론소(起信論疎)와 함께 원효의 독창적인 본각(本覺)·시각(始覺)의 이론을 육화시킨 원효사상의 주제라고 할 수 있다.

이기영(李箕永)은 그의 ≪원효사상≫에서 다음과 같이 말하고 있다.

'……훌륭한 사람(摩訶薩)이 되는 첫걸음은 자기의 잘못 투성이의 현실을 뼈저리게 뉘우치는 일로부터 시작된다고 그는 보았다. 이것을 시각의 제1위라고 말한다…… 그러나 아직도 그는 온전히 깨닫지 못하고 있으므로 그 위를 불각(不覺)의 위라고 말한다. 그러한 깨달음은 한층더 내면화되어 그 자신의 마음속에 깃들인 탐견치견(貪瞋痴見)의 독소(毒素)를 자각하고 그것을 극복하는 노력으로 나타나야 한다. 이것을 일컬어 원효는 시각의 제2위, 즉 상사각(相似覺)이라 부른다. 우리가 흔히 생각하기는 상당히 깊은 자각이라고 보겠지마는 아직도 제거해야 할 자기 중심의 생각, 사심의 뿌리가 그대로 남아 있다. ……이 단계에 온 사람들은 훌륭한 인간의 길, 보살의 지위에 이미 들어선 사람으로 보아 십지(十地)로 나눈 보살의 지위 첫단계에 들어선 사람으로 본다. 셋째 단계는 수분각(隨分覺)이다. 즉 우리 마음속에 상당히 깊숙이 자리잡고 우리 각자의 자아의식을 이루는 제7식(第七識)의 제어(制御)를 위해 싸우는 사람은 한푼 한푼 십지의 계단들을 올라가는 사람이기 때문에 수분각의 지위에 있는 사람이라 한다. 이를 원효는 법신보살(法身菩薩)이라고 한다. 이 자리에 온 사람의 행위는 이미 세상에서 말하는 평범한 선악의 개념 따위에 사로잡히지 않는 사람이다. ……악은 이미 떠난 지 오래다. ……그리하여 세상이 말하는 선행에 열을 올리고 보람을 느끼고 있기도 한다. 그러나 그의 고민은 아직도 그 선행이 사심에 바탕을 두고 이루어지고 있다는 사실이다. ……원효는 이와 같은 고민을 많이 체험했고 그것을 극복하려고 피나는 수행을 거듭한 사람이다. 그의 《보살계본지범요기(菩薩戒本持犯要記)》를 보면 그 사실을 충분히 납득할 수 있다. 그리하여 마침내 이 자아의식의 가지들을 치고 그 근본을 제거하는 마지막 노력에 들어간다. ……근본무명(根本無名)의 업력(業力)을 조복(助伏)했을 때 각(覺)은 온전해지며 이미 그때에는 시각(始覺)의 싸움이 끝난 구경각(究竟覺)의 단계에 도달한다. 도달하고 보니 남들이 그를 불(佛)이라고 부르고 온전한 지혜와 자비를 만족시켰지만, 사실은 거기가 새로운 낯선 고장이 아니라 본래의 자기 자신의 위치인 것임을 알게 된다. 시각의 제4위로 꼽힌 구경각은 사실은 본각(本覺)인 것이다.'

이러한 본각 회향(本覺回向)의 체계는 그것이 '한마음밖에 다시 따로 법이 없으니 다만 무명으로 한마음이 잘못 헤매임으로 여러 물결이 일어나고 육도를 떠도느니라(一心之外 更無別法但有 無明 迷自一心 起諸波浪 流轉六途)'라는 말에서 한마음의 근원성·보편성·총화성의 실현에 목적이 있다.

원효는 이미 불교 경전을 체험한 뒤 그것을 선택하고 비판하는 입장으로서 중국이 불전을 받아들일 때 고대 인도의 사상까지는 받아들이지 않은 것처럼 원효 불교의 대승정신에 뒤지는 것들에는 수순하지 않을 만큼 도저했다.

여기서는 원효사상을 총체적으로 이해할 여지는 없으나 그의 사상이 시각(始覺) 이전의 파벌이나 배타주의에 침윤된 당시의 집단으로부터 무소속(無所屬) 무주보살(無住菩薩)의 실천자 원효가 "너는 어느 문중이냐?"는 물음에 "나는 어디에 들지도 어디에 기대지도 않는다"고 말한 것에 "땡초 원효!"라고 빈정거림을 받는 데서 그의 자유는 소승 집단의 질서를 벗어나는 바를 명시한다.

그뿐 아니라 그의 사상과 자유 무애의 교화 방랑은 이미 우주와 자아의 완전 일체화 실현의 한마음(一心)이므로 그러한 초절적인 우주의 주체에 대해서 국가주의·왕권주의의 소승 지배계층의 용적(容積)으로는 감당할 수 없다. 그가 상류사회의 영화를 박차버리고 거리와 산야로 나온 것은 그러한 소승자(小乘者)와의 불화 때문이다. 그러나 그 불화는 원효의 커다란 평화주의에 용해되고 마는 것이다.

그의 실천에 있어서 하층 대중사회와 그의 만남을 다시 한번 밝혀볼 필요가 있다. 그는 그가 가장 안타깝게 생각하는 것이 무명(無明) 범부(凡夫)의 무리다. 왕실이나 승려사회의 배타적이고 이기적인 무리도 거기에 포함되지만 민중의 무명 역시 그에게는 부정(否定)의 대상이다.

그러기 때문에 그가 민중의 현실에 그대로 매몰된 행위가 아니라 그러한 민중에게 무한한 가능성을 자극하고 민중사회 전체를 무명(無明)으로부터 창조의 장(場)으로 삼게 하려는 목적이 전제된다. 원효는 모든 사람을, 왕이나 백성이나 이교도나 불교도나 뭣이나를 막론하고 그들은 무량공덕의 씨(無量功德藏)라고 믿는다. 그 가운데서도 그는 민중사회에 큰 희망을 부여하여 두고 있다.

원효가 화엄·법화·열반·기신·금강삼매 들을 집대성한 원효 원리로서 신라 전역에 걸친 미타신앙은 그것이 민중에게 가장 알맞은 자각과 신앙 효능이기 때문이다. '만약 마음의 고요함을 얻으면 이곳이 곧 극락이다(如得寂靜即足極樂)'라고 그는 말하고 있다. 그것은 민중의 여러 물결을 한마음으로 돌아가게 함으로써 그들에게 현실을 이겨나가게 하기 위한 현세 극락론이기도 하다.

아마도 이러한 투철한 사상 없이 한 지식인의 힘이 민중에게 관련될 때는 대체로 혹세무민(惑世誣民)의 악이 이루어지기 쉽다. 그것은 진실과 진실 사이의 만남이 아니라 한쪽의 악을 방치하는 일이 되기 때문이다. 만약 그가 그의 사상이 없이 그렇게 떠돌았다면 그는 민중을 사술(詐術)에 의해서 모이고 흩어지게 했을 것이다. 그러나 그는 그런 허위의 수습을 혁명하기 위해서 화자(化者)가 된 것이다.

그는 떠돌다가 분황사의 한 방에 머물게 될 때 자라난 아들 총(聰)이 요석공주가 지은 옷을 가지고 오는 것을 맞았다. 틀림없는 아들이다. 그는 아들에게 뜰을 쓸게 했다. 가을 은행잎이 뜰에 쌓였기 때문이다. 쓸었다. 다시 쓸게 했다. 다시 쓸고 쓸었다고 아뢰자 "이놈아, 가을 마당은 이렇게 쓰는 법이란다" 하고 잎새 하나 없는 뜰에 은행나무를 흔들어 잎새가 어느 정도 흩어져 있게 했다. 이런 일은 단순한 멋뿐이 아니다. 또한 총이 원효의 말 "선을 행하지 말라"에 그렇다면 악을 행하라는 것이냐고 반문했을 때 "이놈아! 선을 행하지 말라 했거늘 하물며 어찌 악을 행한단 말이냐!" 하고 호통을 친 것 역시 선악의 경계를 벗어나는 원효사상의 관행을 드러낸다.

아마도 원효는 원효의 자유와 그의 크나큰 사상 실천의 업적으로 본다면 그것은 신라를 벗어난다. 그는 고대 지식인 가운데서 최초로 완성자의 모습을 우리에게 남기고 있는 것이다. 그가 만년에 아들 총의 집 곁의 이름 없는 혈사(穴寺)에서 70세 일생을 완료하는 한 무명의 늙은 극빈자였다는 사실은 그의 사상의 부(富)가 많은 사람들에게 베풀어졌다는 것도 상징한다.

6. 세계체험과 자기 소외

불교는 그것을 받아들이는 고대 사람의 심정으로서는 형이상학의 대상이다. 6세기 고구려 말기 평원왕(平原王), 국상(國相) 왕고덕(王高德)이 불교를 깊이 깨닫고자 했으나 그 연유를 알 수 없는 상태이므로 고구려 의연(義淵)을 위도(魏都)에 파견해서 법상(法上) 문하(門下)에 가서 석가모니불이 열반한 뒤로 몇 해나 되는가? 천축(天竺)에서 몇 해나 보내고 한지(漢地)에 왔는가? 처음 어느 제왕 때, 그 연호(年號)는 무엇인가? 제·진대(齊陣代) 어느 제왕이 먼저 귀의했으며 몇 해나 되는가? 십지·지도·지지·금강·반야(十地 智度 持地 金剛 般若) 등은 본래 누가 지었으며 그 연기와 영서소유(靈瑞所由)와 전기(傳記)의 유무 등을 알아오라고 했다. 고구려 말기라면 이미 불교가 크게 보급되었을 때이므로 이러한 문의는 치졸하기까지 하다. 대륙과의 접속 지역인 고구려 지배사회에서조차 그런 정도라면 그밖의 지역에서는 불교에 대해서 지극히 신화적인 또는 형이상학적인 실정이었으리라는 사실이 밝혀진다.

설사 서천축(西天竺)의 세계가 불교의 여러 기록에서 전해지기는 했으나 그곳은 아마도 서방정토만큼이나 아득한 곳으로 생각했을 것이다. 이러한 실정에서 시작된 불교 지식인들의 중국 유학은 그 여행 자체가 이미 세계와의 새로운 접촉이며 한반도 지역의 시야가 크게 변혁을 일으키는 인식의 발전인 것이다.

특히 중국은 천자(天子) 지배체제로서 그들 자신의 광대한 공간을 세계의 중심지라고 자인하고 있는 중화의식(中華意識)이 팽대하고 있다. 그런 중심사회에 진출하는 일은 고대 변방국가의 젊은 지식인으로서는 생사를 건 모험이다. 이미 북방 사회에서 이런 대륙 유학의 구도자들이 적지 않았다는 것을 말한 바 있으나 신라에서는 원광을 비롯해서 지덕(知德)·성덕왕 제3왕자·무상(無相)·김선사(金禪師)·무루(無漏)·지장(地藏)·가지(迦智)·충언(忠彦)·각체(覺體)·도균(道均)·국청(國清)·청원(清院)·와

52

룡(臥龍)·서엄(瑞嚴)·원측(圓測)·의상(義湘)·도륜(道倫)·신방(神昉)·승장(勝莊) 들이 있다. 또한 아리야발마(阿離耶跋摩)가 인도에 들어가 고령으로 죽고 혜업(慧業)·현각(玄恪)·현태(玄太)·혜륜(惠輪) 들도 서역에까지 탐방, 대범(大梵)·원표(元表) 그리고 혜초(慧超) 들이 고대 인도와 중국 대륙의 크기를 체험했다. 이밖에도 많다.

이들 가운데는 현지에서 돌아오지 않고 일생을 마친 사람도 있으나 대부분은 돌아와서 고국의 불교에 혁신적인 자극이 된다. 당나라 산동반도나 강소성(江蘇省) 지역에는 신라방(新羅坊)이 설치되어 거류민들이 절을 지어 신라원(新羅院)이 있게 되고 장보고(張保皐)가 산동 적산촌(赤山村)에 법화원(法華院)을 지어 나당(羅唐) 교역의 항해에 관한 안전을 빌고 불법을 떨쳐서 내륙의 유학승들에게 연락 기구가 되기도 했다. 이런 일은 신라나 당에서 똑같이 장려하는 국비 유학제도 실현이었으므로 신라의 젊은 승려나 화랑 계층의 지식인의 당 유학은 선택받은 자의 자부심을 촉발시켰다.

그들이 돌아오면 귀족사회의 환영을 받고, 그들 역시 세련된 이론과 견문·체험을 가지고 상류사회가 요청하는 역할을 맡아서 체제 안의 우수한 기능 지식인이 된다. 또한 그들은 사회적 선량(選良)으로서 마치 통일신라 직후 전사자나 부상당한 화랑이 귀공자로 우대받는 정도로 융숭한 환경에 파묻힐 수 있었다.

신라 말기의 중류계층 이하의 변방 소외 사회에서 태어난 도당(渡唐) 유학 지식인들이 신라체제를 파괴하고 고려에게 투항 귀속된 사실과는 다르게 그들은 고국의 보수적인 권위를 그대로 승인하고 거기에 충성을 바친 것이다.

불교뿐 아니라 태종의 문화정치로 유교가 크게 발달한 당나라에 신라의 최고급 유교 지식인의 유학이 범람했다. 성덕왕의 아우 김사종(金嗣宗)의 당 태학(太學) 입학이나 애장왕대의 숙위학생(宿衛學生) 양열(梁悅), 헌덕왕의 왕자 김흔(金昕), 최이정(崔利貞), 김숙정(金淑貞), 박계업(朴季業), 김윤부(金尤夫), 김입지(金

立之) 등 몇백 사람과 김소유(金紹遊), 김무선(金茂先), 양영(楊穎), 최어(崔漁), 최광유(崔匡裕), 최신지(崔愼之) 들이 있고, 태학 유학 이외에도 빈공과(賓貢科) 급제자가 58인이나 되고, 현지에서 관직에 피임된 김운경(金雲卿), 김가기(金可紀) 그리고 말기의 최치원에 이르기까지 적지않다.

그들은 대체로 신라에 돌아와서 당의 체제를 따르는 문화 정치에 힘을 기울였던 것이다. 그들이 국내 지식계층과의 충돌로 인해서 사회문제의 대상이 된 일도 많다. 어떤 의미에서 그들은 존화주의(尊華主義)의 기원이 된다.

아무튼 이러한 불교·유교 지식인들의 유학은 국가의 장려에 의한 것이므로 그들이 현란한 학덕을 가지고 돌아왔을 때의 기대는 적지않았다. 이러한 불교 지식인 가운데서 문화사 서술의 중요성을 가진 의상(義湘)과 원측(圓測)·혜초(慧超)를 통해서 고대 신라의 정황이 지식인에게 어떻게 관련되는가를 알 필요가 있다. 그것은 많은 유교 유학자들이 행정관료가 됨으로써 현실에 직접 뛰어들었기 때문에 지식인의 독자적인 얼굴을 남겨놓을 수 없었던 일을 참작한다. 그것은 진덕여왕이 태평송(太平頌)을 지어 당 고종에게 비단에 싸 보내는 따위의 문학보다는 관료의 길이 더 넓게 열려 있었다. 기본유교나 시문 이외의 이론은 당의 지배를 지지했기 때문에 유교 지식인이 관료 지식인이 된 것은 당연하다. 여기에 비해서 불교의 출가자에게는 현실에 관용(慣用)되는 의무로부터 벗어나는 기회가 주어지고 있다. 그러므로 거기에 고대 유학 지식인의 고민이나 위치가 보존될 수 있는 것이다. 특히 원측은 다시 당으로 건너가 버린 망명 승려다.

원측은 신라 모량리(牟梁里) 출신의 왕족 후예로 진평왕조 34년에 태어났다. 원효보다 5세를 앞섰고 의상보다 13년 전에 태어난 것이다. 3세에 출가라고 전하는데 그것은 잘 알 수 없다. 소년 15세에 입당하여 섭론종(攝論宗)의 법상(法常) 승변(僧辨)으로부터 강론을 듣고 태종으로부터 당나라 도첩(度牒)을 받았다. 또한 현장(玄奘)이 인도에서 돌아오자 그의 문인이 되어 현장의 역장

(譯場)에 참가하여 증의(證義)를 맡았다. 원측은 천부의 어학 재능으로 범어(梵語), 중국어, 서역어 등 6개 국어를 통달해서 중년 이후 측천무후(則天武后)는 인도의 고승을 초빙할 때마다 그를 영접 법사로 지정하기까지 했다.

당에 들어가서 의해(義解)의 선장(選場=불교 교학 시험장)에서 역경관으로 추앙을 받고 부진(簿塵)·영변(靈辨)·가상(嘉尙) 등의 당대 고승과 역장의 증사까지 될 수 있었다. 반야부(般若部)·화엄부(華嚴部)의 소(疎)가 있고 유식론의 방대한 저술이 있다고 전하지만 현존하는 것은 많지 않다.

태종은 6백57부의 대장경을 직접 가지고 온 현장을 맞아 새로 대자은사(大慈恩寺)를 지어 번경원(飜經院)으로 삼았다. 원측은 이러한 현장의 법계를 이어받고 서명사(西明寺) 대덕으로 임명된다. 여기서 그의 소(疎)는 저술되고 그는 이른바 서명학파(西明學派)의 종조가 된다.

현장은 무상유식파(無相惟識派)인 인도 호법파(護法派)를 이어서 그것을 제자 규기(窺基)에게 전수한다. 그러나 현장과 규기의 파벌적인 번역 때문에 인도 안혜(安慧)들의 유상유식(有相惟識) 이론은 파묻혀 버린다. 원측은 이에 그의 신라 원융불교의 입장으로 유상유식까지 세상에 드러내어 유식(惟識)의 철학을 그 진의(眞義)로 제창하여 자은사파(慈恩寺派)가 내세우는 팔식(八識)을 일체(一體)라고 하는 주장에 대해서 원측은 세친(世親)의 논리를 들어 제8식인 아뢰야식(阿賴耶識)은 따로 존재하는 별체(別體)로서 제6식은 일체, 제7식·제8식은 별체로 주장하는 성유식론(成惟識論)의 진수를 말함으로써 자은사 규기와의 논적(論敵)이 된다. 그것은 종파 계보를 초월하려는 원측의 보편주의 때문이다. 규기의 모략은 헤아릴 수 없다. 그러나 그는 신라의 무애사상을 그대로 실현해서 그러한 모략을 초극했다. 현장도 규기도 세상을 떠나자 서명학파의 원측만이 당대 전당적(全唐的) 국제불교 지식인을 대표하고 있었다. 측천무후는 신라 신문왕 조정이 원측을 돌아오라고 하자 완강하게 반대해서 그는 거기에 머물렀다. 그러나 그의 계보는 자은 규기파의 증오를 벗어나기 위해서 끊어 버리고 멀리 돈황(敦惶)불교에 큰 자극을 준다. 그당시 그곳은 왕권 반대자 또는 자유 지식인들이 모여드는 서역 불교의 요충이기 때문이다.

측천무후가 그를 본국으로 송환하지 못하도록 한 사실은 그 이전에 원측이 귀국했다가 그의 고향 모량리 관리가 부정 착복을 일삼는 일로 인해서 모량리 출신을 승려사회에서 추방하고 관료에 등용시키지도 않는 사실 때문에 다시 그의 학문적 망명이 이루어진 것이다. 그러나 원측이 남긴 신라 유식철학은 불교사상에서 큰 기둥을 이룬다.

원측이나 의상보다 약 1세기 뒤의 혜초(慧超) 역시 본국에 돌아오지 않고 30대의 의지로 성공한 천축국 순례를 마치고 그 뒤의 50여 년 동안을 당의 장안(長安) 천복사(薦福寺)에서 인도승의 문인으로 마친다. 그가 왜 돌아오지 않았는가는 알 수 없으나, 원측이나 혜초가 다같이 세계 체험을 한 고도의 지성을 가졌을 때 그들이 신라사회의 어떤 지역성, 편집성(偏執性)에 대한 환멸을 일으킨 듯하다. 말하자면 고대 코즈머폴리턴 지식인의 전형을 이룬다.

지식인은 현실체제와 갈등의 가능성이 심화될 때 거기서 만들어지는 지식인의 한 전형이 세계 지향성의 무국적 자유의 향유자가 되게 한다. 원측의 본국 원융주의나 혜초가 남겼다고 하는 인도 입국 직전의 내륙에서 읊은 감상주의 시(詩)가 그들의 고국을 의식하게 하지만 그런 정도는 의식이 아니라 향수나 본능의 단편일지도 모른다.

이러한 유형에 대해서 의상은 고대 신라 지식인 가운데서 가장 침착하고 내면적 적막(寂寞)을 누구보다 많이 경험한 이성(理性)의 지식인이다. 그의 차가우리만큼 침착한 태도는 그가 수도 출신의 안정된 귀족 출신이기 때문인지도 모른다. 20대에 출가, 30대에 원효와 함께 입당을 결의, 원효가 극적으로 입당을 중단하자 그는 조용히 황해를 건너간다.

등주(登州) 청신사의 미모의 딸 선묘(善妙)와의 사랑이 당나라에 도착하자마자 시작된다. 그는 그녀를 설복시킨다. 그녀는 의상의 옷과 그밖의 용품을 대주는 세속 시봉이 되어 따른다. 의상은 종남산(終南山) 지상사(至相寺)의 화엄대가(華嚴大家) 지엄(智儼)의 문인이 된다. 지엄과 초탈승(超脫僧) 도선(道宣)으로부터 인가를 받고 그는 현수법장(賢首法藏)과 함께 지엄의 2대 제자가 된다. 그의 학풍은 당의 화엄종에 크게 자리잡았을 뿐 아니라 그가 해동 화엄종 제1조인 사실에서도 의상의 화엄학을 짐작할 수 있다. 특히 그의 화엄일승법계도(華嚴一乘法界圖＝法性偈)의 화엄가(華嚴歌)는 지엄화상이 승복할 수준이 학문적 절정을 이룬다. 화엄학이 신라 귀족사회의 전유물이기는 했으나 이른바 불교에서의 화엄학은 머리에 놓이는 고답적 사상이기 때문이다.

그는 신라가 백제·고구려를 당과의 연합군으로 멸망시킨 공간을 당이 독자적으로 지배하며 신라까지 무너뜨리려 할 때 당에 있었다. 신라 사절 김흠순(金欽純)·김인문(金仁問)이 감금되어서 그에게 본국에 이 사실을 알리기를 밀통하자 그는 분연히 당을 탈출한다. 연인 선묘도 만날 겨를이 없었다. 선묘는 용이 되어 풍랑의 위기를 만난 의상을 구출하기도 한다.

의상이 돌아왔을 때 그는 신라 조야에 당의 동정을 알린 다음 바로 동해 낙산사로 간다. 그것은 자장율사가 귀국 후 오대산에 가서 문수보살의 도량(道場)을 개산하는 것과 유사하지만 자장이 문수보살을 신라의 보살로 정착시키는 일과는 다르다.

의상은 그 자신이 귀족 신분이고 상류사회와 연결되어 있기는 하지만 그런 사회에 뛰어드는 일은 극도로 피했다. 그는 왕실불교도 대중불교도 거기에서 다같이 허상을 발견한다. 민중을 지향하는 재야 승려들의 불교에서 그는 불교의 깊은 인식 결여를 알게 되고 민중의 정체를 파악할 때 그것이 지식인과 민중 사이의 정당한 관계를 얻을 수 없다고 판단한다. 그렇다고 그는 왕실에 추종하기는 더욱 싫다.

물론 고대 왕조의 노예지배 시대라면 아니 그 이후의 귀족사회,

봉건사회에 있어서도 크게는 그 지배 영역에 모든 것이 소속된다. 의상도 그런 개연성에는 따르고 있다.

그러나 의상은 그 두 가지의 극점, 권력과 피지배자를 함께 지양함으로써 그 자신의 침착한 고독을 건설한다. 그가 귀국 직후 거의 도망치다시피 해서 동해 낙산사의 바다 앞에 관음 기도를 했다는 사실은 고대 지식인의 양심이 반드시 현실보다도 먼저 고독을 만나야 한다는 감동을 낳는다. 낙산사는 원효가 그곳에 갔을 때, 마실 물을 우물가의 여인들에게 청했을 때 서답 빤 더러운 물을 주었을 만큼 모욕을 받은 곳이다. 그곳의 관음(觀音)이 너같이 해골 물로 도를 통한 작자는 이런 밑구멍 핏물을 먹고 그 도를 내버려라 하는 뜻을 보인 것이다.

이 전설은 원효의 떠들썩한 명예보다 의상과 같은 조용한 지성과 동해 관세음보살의 일치를 알려준다. 의상은 혜공, 혜숙, 대안, 원효의 세속화에도 위화(違和)되고 그렇다고 왕실의 자장 불교, 황룡사 백고좌 불교에도 그 순수성을 부여하지 않았다.

그는 낙산사의 고독 이후 곧 태백산 기슭에 부석사를 지어 그 자신의 화엄도량을 세운다. 그때 당의 연인 선묘의 화신이 나타나서 도량 창건에 협조한다. 일본 고산사(高山寺)의 〈화엄조사회전(華嚴祖師繪傳)〉은 의상의 이지적인 승려의 성태(聖態)와 아름다운 선묘의 자태가 어울려서 마치 그것이 2백10자의 법성성계에 대한 해인삼매(海印三昧)를 나타낸 것 같다.

그러나 그는 평생 한 벌의 옷, 한 개의 병, 한 벌의 발우(鉢盂)밖에 가지지 않았다. 문무왕이 의상의 교법 교화에 감명을 받고 전장(田莊)과 사노(寺奴)를 주었으나 받지 않았다. "불법은 평등하여 높고 낮음이 없고 귀천이 똑같은데 어찌 종이 필요하며 또 재물이 필요 없는데 전장은 무엇에 쓰리오. 소승은 법계(法界)를 집으로 하고 바리때(발우)로써 농사지으며 살아가니……"라고 그는 왕을 일깨웠다. 그런 일은 그가 전후(戰後)에도 부질없는 축성(築城) 부역에 지친 백성의 참상을 보고 '임금의 다스림이 밝으면 풀 언덕에 금을 긋고 성으로 삼아도 사람이 감히 그곳을 넘나들지 않고 태평을 누리지만 임금의 다스림이 어두우면 장성 철성(鐵城)을 쌓더라도 재앙이 끊이지 않으리이다'라는 상주(上奏) 글월을 통일신라를 이룬 위풍당당한 문무왕에게 바쳐서 그 부역을 중단시킨 것에 이어진다.

그러나 그는 끝내 화엄종 이외의 일에 손을 떼고 그의 조용하고 내적인 학덕과 교화에만 힘을 기울였다. 법성계의 구조가 얼마나 완벽한가로서 그의 이지와 지성이 확연하게 밝혀진다. 그의 삶을 통해서 우리는 추운 겨울의 맑은 날씨처럼 냉연하게 한 시대를 바라보는 지식인의 전율적인 시력(視力)에 접근할 수 있다.

7. 복구의식(復舊意識)의 패배와 승리

패망은 패망 이전의 깊은 모순과 패망의 원인을 여지없이 드러낸다. 백제·고구려의 패망도 그렇다. 그와 반면, 그 패망을 디디고 위압하는 승리자에게도 승리가 환희의 잔치를 이루는 배후에서 그것이 어떤 의미를 가지는가에 따라서 쉽사리 수긍할 수 없는 회의를 낳는다. 신라가 승리했다는 사실을 무조건 삼국통일의 완성이라고 예찬한다면 그것은 역사를 보는 눈이 아니다. 일제 관학(官學)이 고구려를 한국사 영역에서 제외시키려는 끈덕진 식민지 사관을 뿌리 박은 이래 아직까지도 그런 주장이 없어지지 않고 있는 것도 신라의 삼국통일이 한국사에서 북방의 광대한 고구려 영토를 영원히 소멸시킨 사실에 그 주장 이유를 두고 있는 것이다.

'나는 재앙이 닥쳐왔을 때에 태어나서 나라가 망하였음을 애통하였는데 이미 죽지 못하고 있다가 마침내 도망하게 되었다. 경술년 모월 모일 아침에 서울을 떠나 저녁에 압록강을 건너 다시 북안을 거슬러 올라가 위례성을 바라보며 멈추었다. 예와 지금을 아래위로 살펴보니 공허한 느낌이 더하여 머리를 숙이고 거닐며 연연하여 오랫동안 떠나지를 못하였다. ……천지가 비록 크지만 이 욕(辱)을 짊어지고 어디로 가리오. 때에 혼하(渾河)의 가을이 저물어 쑥이 꺾어지고 풀이 마르고 원숭이가 슬퍼하고 부엉이가 운다. 내가 울면서 고향을 떠나 아직 눈물이 마르지도 아니하였는데 이런 모습들을 보니 슬픔이 더하여 견딜 수가 없다.'(원문 생략)

박은식(朴殷植)의 《한국통사(韓國痛史)》 서언은 한말 망국의 망명자로서 옛 조상의 나라가 없어진 땅에서 그의 깊은 우수를 이렇게 표현하고 있다.

그만큼 신라는 그들의 승리를 위해서 역사의 주체인 민족의 한계를 북방의 길림(吉林) 간도(間島) 백두산 관동지역과 드넓은 요동지역으로부터 철수시켜 버린 자기 부정을 무릅쓰고 있다. 신라의 통일정복사업은 통일이라기보다 그들의 욕망을 실현한 것에 지나지 않다는 비판을 따르게 한다. 통일 이후 서울은 귀족의 호화, 사치의 소비도시로 전락하고 특정한 부의 축적에 사로잡혀 신라 영토에 귀속된 백제·고구려 지역은 기아·투도(偸盜)·난동 따위로 경제위기를 만난다. 통일 이전의 상투적인 신라 체제의 폐쇄성 그대로 통일 이후의 사회를 지배할 때 그것은 정신적으로 신라 원시 공동체에 지나지 않게 된다. 요컨대 통일은 통일의 철학을 가지지 않았다. 경주·울산의 귀족 경제만 이른바 사절유택(四節遊宅)이나 35 금입택(金入宅)의 부유층으로 제한되고 그 번영을 통일정신의 실현에 보편화시키지 못한 것이다.

이런 통일신라의 이성부재, 의식부재가 원광의 세속오계 또는 회삼귀일(會三歸一)의 불법의 통일 사상화, 불교의 이상세계의 현실화 따위로 호도될 수 없는 현실이 드러난다. 아마도 신라 불교가 귀족사회의 자가적(自家的) 지배장치가 되었을 뿐 그것이 신라 전체의 중심적 의식장치가 되지 않았다는 것을 거기에서 알게 되는 듯하다.

신라는 응당 새로운 신라의 전환기를 감당할 정치적·문화적 지성을 확보했어야 한다.

그것은 태종 다음의 젊은 문무왕의 등극으로만 해결될 수 없는 것이다. 신라에는 그런 지식인의 작용에 의한 통일신라의 논리를 가지지 못한 것이다.

신라의 여러 종파 불교가 실지로 당나라의 종파를 그대로 승계한 것에 지나지 않는다는 사실은 조선 정주학이 아무런 저항 없이 송학(宋學)을 그대로 모셔온 것에 지나지 않는 사실과 연결되는 한국 지식인의 자존심 파산이다.

이런 승리에 지리멸렬로 패망한 백제·고구려의 내부 부패는 또 무엇인가. 태자 시절을 해동의 증자(曾子)라고 칭송받았던 의자왕은 초기의 선정(善政)을 남기고는 황음(荒淫)에 사로잡히며, 백성을 돌보지 않는 환락에 사로잡힌다.

많은 지식인들은 그러한 왕조를 등지고 일본의 이민자가 되어 버렸다. 상층문화가 이러한 지식인의 사회의식을 포함하지 않았을 때 좌평(佐平) 성충(成忠)의 충간이 아무런 진실의 압력이 되

지 못하고 도리어 투옥되어 버리는 공포 분위기만이 고대 국제정
세의 풍운으로부터 백제가 고립되는 과정을 재촉한다. 성충뿐 아
니라 홍수(興首)조차 고마미지현(古馬彌知懸)에 유배시킨다. 이
러한 최고 관료들의 예언자적 희생 뒤에 남는 것은 의직(義直)이
나 상영(常永) 따위의 이론(異論) 제기로 그것이 아무런 결단도
되지 못한 채 항복하는 일이었다. 백마강 기슭의 요새 없는 왕도
는 당의 도호정치(都護政治)에 짓밟히고 말았다.

그러나 여기서 백제 유민사회는 국가 부흥운동에 뛰어들어서
사비성(泗沘城) 함락의 비극을 극복하려는 의지가 그뒤 4년 동안
이나 끈질기게 이어진다. 승려 도침(道琛)은 왕족 복신(福信)과
함께 그러한 운동을 주도한다. 또한 흑치상지(黑齒常之)가 거느리
는 의병, 패잔 관군의 3만 병력으로 남부 임존성(任存城)을 중심
으로 한때는 빼앗긴 사비성까지 재탈환할 정도였다. 이러한 저항
운동은 반드시 몇 사람의 패잔 지휘 군관만으로는 가능하지 않았
다. 거기에는 의자왕이 30명의 왕자에게 각각 식읍(食邑)을 줄 정
도로 백성을 도탄에 빠뜨리는 등의 학정을 냉철하게 비판해온 지
식인들의 분노에 찬 궐기가 주축을 이룬다. 이러한 부흥운동의 무
장 봉기는 그것이 한말 의병사에도 그대로 그 정신이 이어진다고
할 수 있다. 이런 무장독립운동은 언제나 민중과 지식인의 동지적
접합의식으로 가능하다. 백제의 부흥운동이 얼마나 치열한 것인
가를 알아보려 할 때 그 운동 의지에 왕조 비판세력의 정신이 포
함된다.

고구려 역시 고대의 가장 무자비한 독재자 개소문(蓋蘇文)이
죽자, 건국 이래 한(漢)·수(隋)·당(唐)·신라·거란(契丹)과의
전쟁사로 역사를 채워온 국력 소모의 노쇠한 무능을 드러냈다. 개
소문의 아들이 서로 불화를 극대화하고 흉년이 계속되는 비참한
현실은 고구려를 무너뜨린다. 나당 연합 전선에게 놓칠 수 없는
기회가 된다. 고구려 평양성은 그 위대한 북방의 정복국가의 권위
를 잃고 함락된 것이다.

고구려 망국에 분연히 일어난 부흥운동은 그 광대한 지역의 여

러 곳에서 정복자를 당황하게 만들었다. 특히 검모잠(劍牟岑)의 활동은 서북지방 일대에서 당의 점령군에 타격을 주고 한때 임시 정부까지 세운 바 있다. 그의 규모는 고구려의 명분에 부합할 만큼 대규모였다.

대체로 그 운동의 주력은 중산계층과 청소년들이었다. 《자치통감(資治通鑑)》은 당나라가 고구려 유민을 그들의 추호정책(抽戶政策)에 의해서 강제 이민시킨 사실, 빈약한 백성들은 도호부(都護府) 체제의 본토에 남기고 중산 계층의 의식분자(意識分子)들을 본토의 저항운동과 격리시키기 위해서 당나라 지방에 이치시켜서 생산력에 동원시킨 사실을 알려준다.

이러한 강제 이민에 의해서 요동지역에 살고 있던 고구려 유민 대조영(大祚榮)이 고구려 부흥의 활력을 대형화시킨 강대국 발해의 건국 시조가 된 것은 고대사가 고구려 멸망으로 북부 대륙을 민족으로부터 영원히 격리시킨 최대의 불행을 다시 한번 벗어나게 한다. 대조영은 아직도 고구려 지역 성새(城塞)가 투항하지 않고 말갈족과 할거하고 있는 동부 대륙을 배경으로 영주(營州=朝陽)의 색외민족(塞外民族) 통솔기지로부터 해방될 수 있었다. 그는 많은 고구려 유민을 이끌고 길림 동모산(東牟山)에 진출해서 진국(震國)을 세운다.

그의 영토는 고구려의 서부 요동이 당에게 점유된 나머지를 차지했다. 발해의 2백여 년은 건국시대와는 달리 당나라와의 문화 교류가 고구려의 대륙 접촉보다 더 빈번했다. 5경(京) 15부(府)의 판도는 고구려의 5부 제도 또는 그 이전의 부여 4출도(出道)를 전통적으로 발전시킨 것이며, 그들이 받아들인 성당문화(盛唐文化)는 고구려 계열의 지배계층에 난숙한 문화 체험을 자극했다. 당의 빈공과에 급제한 지식인이 2백여 명이나 되는 것도 발해사회의 문화수준을 돋보이게 한다. 최치원이 발해의 오사도(烏斯度)가 빈공과 장원급제를 하고 차석(次席)으로 신라 유생이 급제한 것을 큰 수치로 여기고 그가 발해를 헐뜯는 일을 계속한 것은 발해 문화가 신라의 질투를 일으킬 만큼 훌륭한 바를 증명한다. 당은

극동의 남북조(南北朝) 신라와 발해와 등거리(等距離) 외교관계
를 수립했다. 산동반도의 무역항 등주(登州)에는 신라관과 발해
관을 설치하여 문물을 교역한 것이다.

　그러나 박은식·신채호가 개탄한 것처럼 발해의 역사문화나 지
식인의 기록이 남아 있지 않았다는 것, 아니 발해사 자체가 역사
가 아니라 고고학의 대상이라는 사실은 끝내 북부 대륙을 민족의
공간으로 지속시키지 못한 것과 함께 커다란 공허를 우리에게 더
하고 있다.

8. 최치원의 한계

퇴계(退溪)는 최치원을 망불자(妄佛者)라고 극평하여 유자(儒者)의 문묘 배향(文廟配享)을 반대했다. 율곡(栗谷) 역시 '문묘에 종사(從祀) 된 이 중에 설총, 최치원……은 도학에 상관없다'고 잘라 말했다. 그러나 고려의 유교 지도자들은 태조가 신앙은 불교에 두고, 정치이념은 유교로 삼은 것과 함께 불교와 깊이 관련되고 있다.

이런 유·불 습합의 풍조는 불교국가 신라가 통일 이후 당의 유교체제를 채용해서 7세기 신문왕 때 국학을 세워 임강수(任强首), 설총(薛聰)이 그러한 유교를 중심으로 신라 유학을 창시한 이래의 맥락에 근거를 둔다. 신라의 원시사상도 훨씬 뒤에 그것을 한 문화로 설명할 때 유·불이 혼용되며 화랑도를 유·불·선의 습합정신으로 말하는 것도 신라가 문화를 수단 중심으로 받아들인 근본 태도를 보이고 있다.

이런 유교 수용의 고대사회를 마지막으로 장식하는 신라 거유(巨儒) 최치원은 원효의 불교가 동아시아 국제사회에서 커다란 자리를 차지하는 것과 함께 고운(孤雲) 유교의 큰 자리를 차지한다. 원효가 불교국가의 산물이라면 최치원은 그 이후의 유교체제의 산물이다. 그만큼 최치원의 유교적 지성은 그가 고려 초기정권의 신라 지식인들의 지도자였기 때문에 지나치게 추앙받기 시작한 사실과 함께 이른바 고대 유교의 위대성을 이룬 것이다.

8세기 선덕왕(宣德王)으로부터 시작되는 신라 하대(下代) 1백 50년 동안은 왕이 20번이나 즉위하는 불안한 기간이고, 그런 왕들의 상당한 수가 귀족 파벌의 내란으로 참살당했던 것이다. 이런 왕권 쟁탈의 시초는 선덕왕 선대 혜공왕조로부터 일어나고 있다. 이른바 대공(大恭)의 난(亂)은 각간(角干) 진골 96인이 서로 난투하는 참상을 빚었다. 그뒤로 헌덕왕 일파는 끊임없는 정변을 막아내야 했다. 혜공왕이 바로 헌덕왕에게 시해되고 내물왕계(奈勿王系)의 정권획득으로 태종 왕계는 끝난다.

  그러한 헌덕왕도 태종 왕계의 정권이 따로 만들어지는 큰 반동에 부딪치면서 귀족사회의 극심한 분열을 초래한다. 통일 이후 축적된 경제력으로 귀족들은 노예를 사병(私兵)으로 양성하여 왕을 쫓아내거나 죽이고 다시 쫓겨나는 일이 적지않게 일어났다. 장보고의 해군을 비는 일까지도, 암살사건까지도 생겼다. 귀족사회는 이미 고대의 이상적인 화백 이념으로부터 멀리 떠나버린 것이다.

  중앙 지배계층의 이러한 싸움은 지방 호족의 세력을 상대적으로 강화한다. 신라 불교가 왕실의 특혜로 사찰을 여기저기 창건한 것이 그런 호족의 발상지가 된다. 통일 전의 사원은 도성 안에 많았으나 통일 후에는 산간으로 불어났다. 그런 사실은 노예와 함께 많은 전장(田庄)으로 장원불교(莊園佛敎)를 이루었던 것이다.

  여기가 곧 지방세력의 무대이며 이와 함께 해안지대의 실력이 팽대하기 시작한다. 지방 성주에게도 왕실에도 조세를 바쳐야 하는 백성은 우선 직접 좌우되는 지방 성주나 호족에게 납세역역(力役)으로 충성할 수밖에 없었다. 진성여왕조의 납세 독촉이 그런 예를 밝힌다.

  왕실이 타락하고 호족이 세력을 확보해서 백성을 토색하므로 하층사회는 도탄에 빠진다. 그리하여 근거지를 유리하여 떠도는 유랑자로서 호족의 사병이 되거나 도둑이 되어 내란이 일어난다. 귀족사회의 내란과 함께 지방사회의 내란 역시 수습할 수 없는 참상을 이룬다. 사회의 안정이 이룩되지 않고 사람들은 임시적으로 살 수밖에 없는 불안에서 그 불안을 더 확대시켰던 것이다.

  이런 혼란기에 최치원은 그의 당나라 유학과 관료 생활로 익힌 높은 자존심의 권위를 가지고 돌아온 것이다. 그러나 그의 권위는 육두품(六頭品)의 신분 때문에 그의 도학적 관료적 경륜을 실천할 만한 정치참여의 기회를 얻지 못하고 좌절된다. 아마도 그가 만당(晩唐)의 말기적인 대륙사회의 혼란이 없었던들 그곳에서 돌아오지 않았을지도 모른다. 당나라도 신라와 마찬가지로 말기의 정치적 혼란으로 뒤흔들리고 있었다.

  그는 젊은 숙위(宿衛) 지식인의 야망을 가지고 귀국하여 왕실의 시독(侍讀) 겸 한림학사(翰林學士)로 인준되지만 귀족사회의 토착, 지식인들의 시기에 말려 버린다. 그는 지방 관료를 자원해서 서울의 지배계층에서 맛본 환멸과 굴욕으로부터 벗어난다. 태인, 서산, 함양의 변두리 태수로 떠돌았던 것이다.

겨우 여왕의 하정사(賀正使)가 되어 당나라에 새해 문안을 드리러 다녀온 것밖에는 그에게는 어떤 정치적 희망도 안겨지지 않았다. 그는 도적과 반란으로 사절 여행을 취소했다가 다시 한 것이다. 그는 귀국 후 여왕에게 시무책(時務策) 10여 조를 상주하여 국정을 광정하려 했으나 그의 정책 건의는 일단 거부되지 않고 당나라에 다녀온 여세로 아찬(阿湌) 6품으로 채용, 집사성 전대등(典大等)이 되었으나 귀족 상대등(上大等)이나 중시(中侍)의 권한, 여러 파벌의 지방세력으로 좌절되어 그의 국책론(國策論)은 실현되지 못한다. 시무책은 국정 전반에 관한 것이며 그의 하공사 사절 여행을 취소했을 때 목격한 백성의 도탄, 민심혼란을 수습하는 문제들을 포함한다. 그는 그의 능력 밖에 있는 현실에 패배한 것이다.

그의 좌절은 6두품의 신분에도 원인이 있으나 그 당시의 정치적 변동을 그가 감당할 수 없는데 그 원인이 있다. 이제 최치원에게 남은 것은 그의 학문과 고독뿐이다.

최치원의 사상은 당 말기의 유행 사상인 삼교합일론(三敎合一論)의 유·불·도 종합사상의 범주였음에 틀림없다.

대저 도(道)는 사람에게서 멀지 않고 사람은 나라를 따지지 않는다. 그러므로 동쪽사람의 자제가 중이 되거나 선비가 되려면 반드시 서쪽으로 바다를 건너 통역을 거듭해 가며 학문에 종사한다. ……지혜의 횃불은 빛이 오승(五乘=불교의 聲聞乘·緣覺乘·菩薩乘·人乘·佛乘)을 녹였고 아름다운 먹음새는 맛이 육적(六籍=유교의 易經·書經·詩經·春秋·禮記·樂記)에 배불렀다. 다투어 1천 문도를 선(善=불교에서 말하는 것)에 들게 하고 장하게도 한 나라로 인(仁=유교에서 말하는 것)을 일으키게 하였다. 학자가 말하

기를 천축(天竺=인도)과 궐리(闕里=공자가 자란 마을)의 교를 설
치함에 유파가 갈라졌고 체통이 달랐으며 둥근 구멍에 모난 자루
였고 서로가 모순되며 한 귀퉁이씩 고집하였다고 하였으나 이제
시험삼아 말하자면 시(詩)를 말하는 이 글로써 말을 해치지 않고
말로써 뜻을 해치지 않는다 하였으며 예(禮)에 이르기를 말이 어
찌 한 갈래뿐이랴 제각기 맞는 바가 있다고 하였다. 그러므로 여
산(廬山)의 혜원(惠遠=晋의 高僧)이 말하기를 여래(如來)와 주공
(周公)·공자(孔子)의 발치(發致)함은 다르나 귀결은 하나이며
극치를 터득함을 겸하지 못했음은 물(物)이 능히 아울러 받지 못
한 까닭이다.

심약(沈約=梁 詩人)이 말하기를 공자는 그 단서(端緖)를 발명
했고, 여래는 그 극치를 터득하였다 하였으니 실로 그 대체를 아
는 자로서 비로소 함께 지도(至道)를 말할 수 있다 하였다.……옛
적에 공자가 제자에게 말하기를 내 말하지 않으련다, 하늘이 무슨
말을 하더냐 하였는데 바로 저 정명(淨名=維摩詰)은 문수(文殊)
에게 묵언(默言)으로 응대하고 선서(善逝=佛)는 가섭(迦葉)에게
가만히 전할 즈음 혀끝도 안 놀리고 마음에 찍었다. 하늘도 말
이 없었으니 이 길을 두고 무엇하랴.(원문 생략)

최치원의 〈유당신라국고강주지리산쌍계사교일진감선사비명병
서(有唐新羅國故康州智異山雙溪寺教謚眞鑑禪師碑銘幷序)〉는 이렇게
말하고 있다. 여기에서 이해되는 것은 그가 유·불의 궁극적 일치
를 주장하고 있음을 명료하게 밝혀준다.

사기에 의하면 그는 12세에 혼자 바다를 건너서 입당한다. 그
의 학문에 대한 열정을 알 만하다. 18세에 빈공과 금방(金榜)의
장원에 급제해서 당의 조정을 놀라게 한다. 곧 선주(宣州)의 표수
현위(漂水縣尉)로 부임한다. 이어서 승무랑시어사내공봉(承務郎
侍御史內供奉)의 관직에 승진, 황제로부터 자금어대(紫金魚袋)를
받는다. 황소(黃巢)의 반란이 일어나자 제도행영병마도통(諸道行
營兵馬都統) 고병(高騈)의 종사관이 되어 황소 토벌에 나간다.

12세 소년이 떠날 때 "10년 안으로 급제하지 않으면 내 아들이 아니다"라고 강경하게 격려한 그의 아버지의 희망은 당나라에서 이미 희망 이상으로 이루어진 것이다. 특히 그의 《토황소격문(討黃巢檄文)》은 대륙에 그의 문명을 떨치는 계기가 되었다. '다만 천하의 사람만이 (너희를) 다 죽이기를 생각할 뿐 아니라 또한 땅속의 귀신들도 이미 (너희를) 죽이기를 의논하였다(不唯天下之人皆思顯戮抑亦地中之鬼已議陰誅)'와 같은 격월한 그의 격문에 황소 반란자들을 유감없이 서늘하게 한 것이다. 그러나 그는 유배당한 일도 있고 암살을 가까스로 모면한 일도 있다.

그러나 그는 희종(僖宗) 어전에 나가 귀국의 뜻을 말한다. 황제는 신라 헌덕왕에게 시독·한림학사들의 벼슬을 황제 조서(詔書)로 지정한다. 신라는 당의 황제가 지정한 벼슬로 최치원을 맞는다. 16년 만의 귀국이다.

그는 신라 유교가 문사(文詞) 중심의 유교일 수밖에 없는 사정과 맞는 듯이 육조(六朝) 병려체(騈儷體)의 화사한 아름다움을 그의 시에 도입했다. 그러나 그것은 육조시(六朝詩)에 빠진 것이 아니라 도리어 한위시(漢魏詩)를 잇는 당음(唐音)으로부터 동떨어진 것이 아니다. 그의 과거 장원급제의 시가 통과되려면 이미 그런 병려체만으로는 어림없다는 사실도 그의 시풍의 근원에 바탕이 되고 있다.

그는 당이나 신라로부터 그의 정치적 포부를 더 이상 현실에 표현할 수 없다는 것을 알았을 때는 한 방랑자가 된다. 그러한 방랑 과정에서도 출사(出仕)할 뜻이 전혀 사라진 것은 아니지만 그에게 그 기회는 전혀 오지 않았다. 그는 가족과 함께 가야산 해인사로 들어가 버린다.

물이 미친 듯 휩쓸어 가매
지척에서도 말소리 듣기 어렵네
그러나 사람의 시비는 귀에 들리니
끝까지 흐르는 물에서 배워야겠네

狂噴疊石吼重巒　人語難分咫尺間
常恐是非聲到耳　故教流水盡籠山

　가야산 홍류동(紅流洞) 농산정(籠山亭)에서 읊은 최치원의 이 시는 그가 세속사회의 환멸을 확인하면서 그의 고독을 자위하고 있음을 드러낸다.

　고대 유교 또는 한문화를 이 땅에 완성시킨 그는 끝내 현실 이탈자로서의 삶으로 끝나지만 그가 얼마나 지식인으로서 숭앙을 받았는가는 이른바 많은 고운(孤雲)의 전설이 말하고 있다. 그는 현실에서 패배한 대신 그를 주인공으로 한 많은 전설에서 승리했다. 또한 그는 《계원필경집(桂苑筆耕集)》과 시가를 남겨서 '오직 최고운에 이르러 문체가 갖추어져서 드디어 동방문학의 개조가 되었다'는 소화시평(小華詩評)의 찬사를 통해서 사후에 승리한 것이다.

　그가 신라 말기의 가장 완벽한 혁명가 왕건(王建)에게 '계림은 낙엽이요, 송악은 푸른 솔이다(鷄林慶州黃葉鵠嶺松岳靑松)'라는 밀서를 보냈다는 사실이 믿을 만하다면 그는 이미 신라의 멸망을 알고 있었던 것 같다. 그러나 그것은 그뿐 아니라 누구나 알 수 있을 만큼 신라왕조는 기울어져 가고 있었던 것이다.

　만약 그가 그런 고국의 멸망에 그 자신의 운명을 동의해서 입산하지 않았다면 그는 경주 3최(三崔)로서 당연히 고려왕권에 중임자(重任者)가 되었을 것이다. 그러나 정치에 대한 그의 욕망은 현실과의 타협으로 일관하려 했지만 그의 지성은 다른 왕도를 추종할 수 없었던 것이다. 그의 입산은 그러므로 고대의 거대한 지식인이 그의 현실을 획득하지 못한 비극이다.

　그러나 그는 너무나 당에 의존했고 너무나 신라에만 천착했다. 그가 강한 고구려 의식을 휴대한 왕건에게는 승복하면서 북방의 발해를 가차없이 비난한 것은 학문의 높이와는 달리 지나치게 남방의 한계본능에 사로잡힌 사실을 숨겨둘 수 없다. 신라 말기를 장식하기에는 아까운 지식인이 그 시대를 우울하게 장식한 것으로 끝난 무용론(無用論)은 그 뒤의 유교 지식인들의 여러 갈등과 소외까지도 동방의 개조로써 예기(預記)하고 있다.

그러나 그의 종합 유교는 그것이 당나라의 것이기는 하지만 근세 유교의 극단적인 사대주의 주자학에 대한 큰 유훈(遺訓)이 된다.

9. 신라말기 도당파(渡唐派)의 방황

고대국가들이 조공(朝貢)외교로써 대륙의 강대국과 교섭하는 질서는 당대에 이르러서 숙위(宿衛) 외교로 바뀐다. 물론 그 때문에 조공 진상이 없어진 것은 아니다.

숙위는 본래 수도 경비를 맡은 수비대나 궁중 호위병이다. 거기에 중국의 주변국가 왕자들이 편입되어 그들의 중화사상의 왕도 정치에 충성하는 명분을 다한다. 태종무열왕의 왕자 문왕(文王)으로부터 신라 말기의 왕자 김인(金因)에 이르기까지 무려 16명의 왕자가 조공 사절의 이름으로 당나라 조정에 들어가서 그곳에서 직책을 받았던 것도 이러한 왕족 인질에 의한 약소국가의 자기 확보를 위한 것이다.

그러나 그들을 통해서 당의 개방적인 왕조 문화에 대한 동질성의 가치를 얻을 수 있었으며 강대국과의 외교 정상화에 그러한 숙위 외교가 기여한 바는 크다. 이러한 숙위 제도는 도서 구입비는 본국에서, 숙식은 당에서 관비로 지급하고 태학(太學)에서 이른바 성현지풍(聖賢之風)과 예의를 받는다고는 하나 그 이전의 원시시대나 야만집단이 인질을 잡아 결정적인 이익을 얻는 것의 문화적인 표현에 지나지 않는다.

통일 이후 많은 유학생은 숙위 학생으로서 앞의 숙위 왕자와는 다르다. 숙위와 달리 숙위 학생은 몰락한 귀족출신이거나 6두품 출신이다. 그들은 숙위 왕자처럼 황제의 시위자나 측근으로 일하는 것이 아니라, 태학 입학 또는 도학이 높은 학자를 사사(師事)하는 학생에 지나지 않는다.

그들이 빈공과에 급제하여 현지에서 피임(被任)된 관직을 두고 돌아오면 통일 이전부터 살벌하게 주어진 신분제 때문에 도리어 당의 관직보다도 낮은 사말(些末) 직책밖에는 관료에 참여할 수 없다.

그러나 이러한 숙위 유학생들은 당대의 우수한 지식인이므로 현실에 대한 명료한 비판이 가능하다. 낡은 골품제 귀족사회에 이러한 지식인 계층의 대두는 반드시 충돌이 일어나기 쉽게 된다. 그들은 왜 현실을 실력이나 기능으로 발전시키지 않고 골품제 등용만으로 채우는가에 대하여 날카롭게 부정한다. 심지어 신라 말기의 유학생은 중앙사회가 아닌 변방이나 해안 지역의 젊은이들까지 다수로 증가된다.

그들이 갖춰온 우수한 학문이나 사고력 또는 이상은 고국에 돌아와서 쓰일 기회는 절망적이다. 여기에서 그들은 반국가적인 의식이 부식(扶植)되고 특히 왕권의 권위가 해체된 귀족사회의 혼란, 하층사회의 참상을 경험하는 그들로서는 새로운 꿈을 꾸지 않을 수 없다. 최치원의 우울한 자기 학대나 현실 도피도 6두품 신분의 대표 지식인인 그에게 현실가치의 응답이 없는 데서 비롯된 것이다.

김운경(金雲卿)이 헌덕왕 13년에 빈공과에 급제한 이래 약 60명의 급제자를 내고 있다. 이런 급제등과자 외에도 훨씬 많은 유학 지식인이 있었던 것이다. 그러나 그들은 고대 세계에서 가장 우월한 개방교육에 의해서 터득한 것이 그들이 돌아온 현실에서 사회적 소외자로 만들 때 거기에 대한 적의가 생기는 것은 당연하다. 이들은 끝내 고려의 건국이념을 이루어 주는 이념제정의 배후를 맡게 된다.

이러한 숙위 지식인이 고도의 유교와 중국 사상을 가지고 있는 것에 비하여 국내 국학 이수자들은 기본유교의 수준을 넘지 못한다.

7세기의 국학 설립으로 이 유교 총림은 정부 예부(禮部)에 속하게 하고 경(卿)을 두어 그것을 총재했다. 8세기 초의 성덕왕 16년에 왕자 수충(守忠)이 당에서 돌아오면서 공자와 10철(哲) 72제자의 화상(畫像)을 가지고 와서 국학에 봉안했다. 경덕왕조에 박사와 조교(助敎)를 두었다.

여기서 배우는 것은 3과로 분류되고 논어·효경은 교양과목이며 예기(禮記)·주역(周易)이 1과, 좌전(左傳)·모시(毛詩＝詩經)가 1과, 상서(尙書)·문선(文選)이 1과가 된다. 그 뒤로 독서삼품과(讀書三品科)를 정해서 당의 과거에 준거함으로써 그 출신을 관리에 채용했다.

그러나 이런 수준으로는 유교사상을 본격적으로 수용했다고 할 수 없다. 그것은 신라가 국방력과 기예(技藝)에 청소년들을 동원하고 있으므로 유교는 중국의 지식개념으로만 배우는 기본교양이 되어 일반적으로 기본 도서 하나, 둘만 보아도 관리에 채용되는 자격을 가진다.

그러므로 이런 국내 유학에 대해서 숙위 지식인의 학문은 비교할 수 없는 높은 수준인 것이다. 이런 고도의 유교사상을 체험한 그들이지만 그러나 신라 유교는 괄목할 만한 것으로 성황을 이루지 못한다.

성낙훈(成樂薰)은 《한국유교사》에서 '신라통일 이후에 유교가 장족의 발전을 보지 못한 것은…… 민족 고유의 정신·습속·무술·기예 등이 아직 주(主)가 되고 불교의 신앙이 극성하여 고승이 연달아 났으므로 계속 탑사(塔寺)의 불교예술에 전 정력(精力)을 쏟았고, 유교는 우리의 생활에 도움될 만한 기본적인 것만 약간 취하고 훈고학(訓詁學)이나 사상적인 깊은 연구의 필요가 없었던 것이다. 그리고 인국(隣國)인 당이 국내의 혼란 때문에 유학의 발달이 점차 저조하였으므로 신라의 유교 문화에 자극적 영향을 주지 못하였고 통일 후 평화 안일의 생활에 빠져 학문연구의 기풍이 일어날 겨를이 없었으므로 유입된 지 수백 년밖에 되지 않은 유교문화는 깊은 뿌리와 찬란한 꽃을 피우지 못하였다. 그것은 당시의 유교가 신앙적인 불교처럼 일반 민중을 끌 만한 힘이 없었던 것이다'라고 선명하게 분석하고 있다.

신라의 기본유교가 이와 같은 원인으로 완벽하게 정착하지 못한 실정은 다음과 같은 현상을 초래한다. 첫째, 유교는 송학(宋學)이 정치이념이 되는 것처럼 정치의 지배원리로 되기 전에는 신라의 원시신앙인 고신도(古神道)가 불교와 습합하여 상층 불교, 대중 불교에 각각 적응하는 설득력을 가지지 못함으로써 범신라적인 생활 형이상학이 될 수 없었던 것이다. 거기에 신라의 정신적 지도자는 언제나 불교 쪽에서 군림하고 있게 되므로 유교의 활동가치가 탈색할 수밖에 없었다.

둘째, 신라는 그들의 관제나 행정기구의 기능이 당제를 닮고 있고 친당(親唐) 노선을 유지하는 한 외교명분으로 유교를 받아들이고 당의 숙위제에 순종했다는 사실이다. 그러므로 당의 말기 그곳의 체제가 안정되지 못할 때는 신라에서도 유교적인 기능이 무명화(無名化)된 것이다. 어떤 의미에서 신라는 유교를 수용하는 목적 뒤의 진정한 목적은 당나라에 대한 비위 맞춤이었을 것이다.

이런 현상은 신라 말기의 숙위 지식인에게는 말할 수 없는 공허감을 안겨준다. 말하자면 그들의 높은 학문과 체험은 현실에서 활발하게 쓰이는 효능을 얻지 못하고 그들 자신의 의식에만 축적되어진 것일 뿐이다.

여기서 그들의 실의와 체제에 대한 부정이 발단되어서 그것이 중세 직전의 지식인에게 변수(變數) 지향성을 밑받침한다. 이런 사실을 신라의 지배계층은 주의해볼 겨를이 없었던 것이다. 그것은 신라로서는 큰 불행이다. 요컨대 왕실의 권위가 말살된 왕권쟁탈 사태는 결국 원시시대로 돌아가는 씨족 조상숭배 본능만을 노출하고 있었다. 그들은 불우한 고급 지식인이 차지하는 중요성을 인식하기에는 너무나 미치지 않는 이성의 문맹자들이었다.

다시 말하면 지식인의 창조적 중간집단이 상층의 지배문화와 기층문화(基層文化) 사이의 가치교섭에 얼마나 중요한 의식 집산의 자장(磁場)인가를 몰랐던 것이다. 만약 통일신라답게 골품제를 개혁하고 이러한 실력과 포부의 소유자들을 대담하게 개방 등용시켰다면, 왕실과 지방 호족의 민중지배 사이는 악화되지 않았을 것이다. 또한 이러한 지식인이 체제 안에서 개혁의 기능을 맡을 수 있었다면 하층의 질서사회를 강제가 아니라 민중 중심의 자발성으로 달성할 수 있었으리라. 거기에서 체제는 지방 호족의 발호를 허세(虛勢)로 돌아가게 할 수 있는 길이 열리는 것이다. 그러나 신라는 궁예(弓裔)가 절규한 것처럼 '멸도(滅都)!'의 신라로 내닫고 있었다. 그러한 멸망의 전야(前夜)는 어떤 힘도 그것을 막지 못하는 멸망의 힘에 몰려가게 마련이다.

여기에서 도당(渡唐) 지식인은 그들의 퇴영적인 변모를 보인다. 그들의 위기의식은 국가사회의 그것이 아니라 개인의 그것에서 머물렀다.

내물왕계로부터 몰락한 태종왕계 김유신계의 김씨나 6두품 귀족의 최씨, 그밖의 주변사회를 망라하는 유학 지식인 가운데서 김씨와 최씨가 가장 탁월하고 그 수도 압도적이다.

김운경(金雲卿)은 10년 숙위를 초과하여 20년 뒤에 외교 사절의 자격으로 돌아와서 당의 관직 장사(長史)보다 낮은 본국의 말직 제수(制守)에 임명된다. 그는 이런 홀대와 함께 신라 말기의 불교 선종(禪宗)에 귀의, 체징(體澄)을 절을 지어 모시고 귀의한다. 그당시의 고급 지식인이라면 아직 그것의 정체가 밝혀지지 않은 기이한 선종보다는 논리와 학문적 깊이의 교판(敎判)의 여러 교학에 기울어져야 했지만, 그의 지성은 여기서부터 신라 현실에 의한 손상을 입고 비의적(秘義的)인 경향에 떨어진다.

신라의 귀족사회에 대한 탈출을 시도하는 이런 방황은 실지로 문성왕 2년에는 당의 국학에서 수학한 숙위 학생 1백5명이 귀국을 거부하다가 당으로부터 추방되는 불상사까지 생긴다.

그런 지식인들이 돌아와서 일종의 반정부적 동지체(同志體)를 만들었다. 3최(崔) 최치원·최승우(崔承祐)·최신지(崔愼之) 들도 그런 지식인 동맹이며, 김이어(金夷魚)·김가기(金可紀)는 선술(仙術)에 빠지고 심지어 김가기는 도교의 도복을 입고 다시 입당해 버린다.

최승우는 그의 높은 지성에도 불구하고 잔악한 견훤(甄萱)의 참모가 되고 박인범(朴仁範)은 도선(道詵)의 풍수도참에 기울어졌다. 최신지는 뒤에 왕건에게 귀화하여 태조의 사부(師傅)가 된다. 이밖에도 선종이나 비술 또는 비지식인적 요행을 기대하는 암담한 환각에 사로잡힌다. 그것은 그들의 지성이 그동안 축적한 지식 체험을 바탕으로 이루어지지 못했기 때문이다.

그들이 당나라에 가서 공부한 것은 관료의 영예를 누리기 위한 것이며 당나라에서 그런 영예가 손에 잡힐 듯한 착각에 길들여진 흔적으로 현실을 설정한 것이다. 그러나 그들은 현실을 얻지 못한다.

여기서 그들끼리의 우울한 동인회(同人會)를 만들지만 3최나 김씨들이 그런 것처럼 또 하나의 씨족 파벌을 이룬 것이다. 그것이 불우한 주변에서의 일이기 때문에 간과되지만, 만약 그들이 현란한 고급 관인으로 임용되었을 때 그렇게 된 것이라면 바로 그것이 또 하나의 숭조주의(崇祖主義) 파벌이 되었을 것이다.

말하자면 그들은 우수한 관료 지망자에 지나지 않았다. 당의 과거제가 침윤시킨 등과(登科) 출세주의자에 다름 없었다. 이러한 도당 유학 지식인들의 사장(死藏)은 신라사회 자체의 현실적인 손실일 뿐 아니라 한국 문화사에서의 애석한 공허인 것이다.

그들은 신라의 기본유학을 좀더 높은 것으로 발전시킬 수 있었다. 그리하여 고대사회의 정신사(精神史)에 크나큰 업적을 남길 수도 있었던 것이다.

그들이 관료적인 희망으로부터 거부당했다면, 능히 그들 자신의 사상 체험에 더욱 치열할 수 있었다면 그것은 당조문화(唐朝文化)의 진수를 이 땅에 발화시키는 큰 계기를 만들었을지도 모른다.

또 하나 그들의 지식인적 패배는 신라에도 고려에도 적극적으로 뛰어들 수 있는 용기를 갖추지 못한 점이다. 그것은 그들이 전통적으로 속해온 사회에서 다른 사회로 이행하는 일이 얼마나 어려운가를 말한다.

이를테면 그들은 중세로부터 근세의 출발점이 된 정도전(鄭道傳)의 기능은 없었다.

그러나 그들의 좌절과 방황 그리고 해체야말로 지식인이 현실에 대해서 어떤 현실을 설정할 수 있는가, 지식인은 현실과 이상으로부터 어떻게 배반당하는가 하는 질문을 만들어준다. 거기에 숙위 지식인의 특수성과 결함이 함께 자리잡고 있는 것이다.

아마도 역사운동은 어떤 시대의 단층(斷層)에 이런 무모한 패

배를 삽입시켜서 그것들이 확보하고 있는 무상성(無償性)에 역사
의 음화(陰畫)를 남겨주는지도 모른다. 그 음화를 현상하는 시대
를 그러나 역사는 맹세하지 않는다. 여기에 신라 말기의 유학 지
식인들의 허상이 자리잡는다.

10. 중세 이념의 고문계층(顧問階層)

　고려는 태조 18년 신라 경순왕의 자진 항복으로 자연스럽게 통일경략(統一經略)을 완료한다. 후삼국 시대는 한국사 최대의 혼란기였다. 그것은 신라의 통일사업이 18년 동안이나 백제·고구려를 멸망시킨 뒤 당의 한반도 점령의 야욕과 싸워서 이긴 통일의지의 흐름에도 불구하고 그 통일을 전민족(全民族)의 당위로 제고시키지 못한 지역 우월감의 점령자 의식에서 비롯된다.

　여기서 궁예의 악명 높은 전제 군사정치가 백성의 기대를 버리자 그의 평민 부장(部將)인 왕건이 무혈 역성혁명(易姓革命)으로 정권을 잡는다. 그뒤 후백제도 투항하고 이어서 후백제투항에 자극을 받은 신라는 1천 년래의 최후의 화백회의에서 경순왕의 결단만으로 왕건에게 귀속을 결정한다. 그는 만추(晩秋)의 비통한 여행으로 신라 서울에서 고려 개경(開京)으로 가서 군신의 예절을 스스로 택하여 정견(庭見)의 예를 행한다.

　고려는 극적으로 통일국가를 이루지 않고 이렇듯 하나하나 점진적으로 통일을 수행한 것이다. 그것은 천재적인 난세 정략가 왕건의 개성과도 일치한다. 그는 신라 왕족 궁예처럼 떠버리 악덕배도 아니고 견훤처럼 포석정에서 노니는 왕을 자살하게 하고 왕후를 강간하며 귀족들을 짐승처럼 기어다니게 만들지도 않았다. 이어서 견훤의 아들이 아버지로부터 빼앗은 정권을 토벌했다. 지방 호족들의 아들을 인질로 삼는 상수리제인 '기인(其人)'제를 설치하여 항복할 때의 신라 영토가 한 고을만 할 때 반대로 각처의 확장된 호족지역을 왕권에 귀속시키기 시작했다.

　'통일사업이 이렇게 순조롭게 달성된 것은 물론 고려의 지정학적 조건이라든지 대륙 방면의 혼돈한 정세라든지 태조를 둘러싼 문무의 책사(策士), 그리고 잘 조직 훈련된 군대의 힘에도 기인한 바가 많지만 만일 태조 왕건과 같은 위대한 인격과 도량과 수완의 사람이 총지휘자의 지위에 있지 아니하였다면 문제는 확실히 달

라졌을 것이다. ……그의 원대한 포부, 관홍(寬洪)한 도량, 교묘
한 정책, 위대한 통솔력 등이 결국 그를 성공케 하여 궁예의 정권
이 먼저 몰락되고 견훤이 내부(來附)하고 신라가 국토를 바치게
되었던 것이다.'

라고 이병도(李丙燾)는 《한국사》에서 말하고 있다. 이처럼 왕
건은 상황을, 권력을, 민중을 묘용(妙用)했다. 그런 기교는 그러
나 그가 무엇보다도 그의 동시대를 투철하게 또는 음험하게 인식
할 수 있기 때문이다. 그는 광개토대왕이나 진흥왕으로부터 배웠
고 을지문덕에게도 배웠다. 그리하여 그의 국가는 상고시대의 건
국자들이 망명으로 나라를 세우거나 연맹체의 지도력으로 세운
것과는 달리 그의 건국은 장기간의 냉철한 인식과 열정에 의해서
쌓아올린 건물이다. 왕건은, 건국은 그러므로 중세의 정략적 이성
(理性)에 의한 옛 고구려의 의지와 신라의 집념을 통합시킨 한국
사상 최초의 통일국가였던 것이다.
　이러한 태조 왕건의 정치이념은 이미 그가 하나하나 양도받는
정치권력의 누적적(累積的) 포용 행위에서 드러난다. 그의 서울
개경은 그러므로 정복자의 중심지가 아니라 신라 귀족이나 유민
들의 사회이며 발해 지식인과 유민들의 사회이자 왕건의 훈요십
조(訓要十條)의 풍수도참사상으로 백제의 토착 유민만이 소외된
사회였다. 그는 국가를 독립한 것이 아니라 국가를 완성한 것이
다. 이러한 왕건의 다채로운 왕도(王道)사상에 의해서 고려 초기
의 지식인들은 창업사회(創業社會)의 이념을 구성하는 단위가 된
다. 그러나 그들이 이념의 고문으로 출발해서 왕건의 이념을 추인
(追認)하는 것으로 끝남으로써 그들 지식인은 지배자에 대한 독
립성을 가지지 못하는 이념의 실업자(失業者)가 되고 만다. 왕건
의 통일 경영은 그뒤의 고국 복권운동 집단이 나타나지 않은 것으
로도 그것이 덕(德)의 기술에 입각한 포섭정책의 크기를 알게 한
다. 신라사람에게는 신라를 옮겨다 놓은 것처럼 믿게 하고 그 자
신 고구려에 대한 후속자(後續者)가 되어 고구려 지역을 확보했

다. 야만인 여진족까지도 변방부대로 편성하는 포섭이 그것이다.

고대의 당과 신라가 거의 같은 무렵에 망하고 대륙의 오대(五代)와 한반도의 후삼국 내란시대가 같은 무렵이다. 여기에 고려와 송이 거의 같은 무렵에 일어난다. 고려는 불교와 풍수도참사상을 국교로 삼고 유교를 정치이념으로 삼아서 승려가 유학에 관심을 갖고 유자가 불교와 깊이 관련되는 현상까지 빚는다.

또한 신라 도선(道詵)이 당에 들어가서 가지고 온 일행지리법(一行地理法)의 풍수도참사상은 왕건의 생가와 탄생에 깊은 영향을 주면서 고려사(高麗史) 세계(世系)를 장황하게 채울 만큼 고려 건국의 배후를 이룬다.

고려의 문치(文治), 봉건귀족체제는 그대로 신라 문화를 옮겨다 놓은 인상이었다. 법경(法鏡), 대경(大鏡), 진철(眞澈), 진공(眞空) 들의 태조 왕사들에 의해 태조가 통일 이후의 신라 불교사회를 귀속시키는 힘이 되는 한편 그 자신의 깊은 신앙으로 신인공락(神人共樂)의 팔관회·연등회의 잔치를 베풀었다. 이러한 국가 제전과 함께 풍수도참사상으로 자연의 초인간적인 힘을 얻으려 했으며 그것이 유교와 합쳐져서 그의 훈요(訓要)가 구성된 것이다. 그것은 고려 왕가의 헌장(憲章)으로서 역대의 정책 결정에 바탕이 된다. 불교의 선·교(禪敎) 양종 설치, 풍수도참으로 비보사찰(裨補寺刹) 이외에 함부로 절을 짓는 것을 경계하고, 왕위 계승, 고려의 전통과 주체성, 서경의 풍수적·국방적 중요성, 연등회·팔관회, 백성을 위한 정치, 차현(車峴) 이남 출신 등용금지, 봉급과 방심하지 말 것과 기타, 안정 기간의 경고(警告) 들이 그런 내용이다.

왕건은 불교 지도자와 거기에 포함된 도참 사상가와 도선이나 최지몽(崔知夢)과 함께 신라 말기의 숙위 지식인들을 귀족 사회에 대담하게 개방함으로써 유교의 과거제와 학교 국자감(國子監)을 설치하여 관학(官學)을 발흥시킨다.

최신지(崔愼之)는 최치원의 제종(弟從)으로서 신라계 지식인으로 왕건의 정책입안에 최고 고문관직의 주역으로 간여한다. 고려의 관제나 정책 또는 여러 내치 방법은 거의 그가 유학에서 배운 세련된 당제도를 채용한 것이다.

　그러나 태조 연대의 이러한 유·불·풍수이론의 지도자가 함께 국가이념에 참여한 것은 독창성을 강조할 수 없다. 그런 것들은 그당시에는 장엄한 체제 분위기에 기여한 바 있다 하더라도 선종(禪宗)이 비과학적인 혹세무민의 풍수도참사상과 밀접하고, 유교가 혼합 유교로 해이되는 따위의 혼란을 가져온다. 그것은 왕건의 지나친 타협주의에 의해서 문화의 이질성을 인정할 수 없는 지적(知的) 혼란을 불러일으킨다. 그들은 그렇기 때문에 현실의 표면에 나오는 일보다 권력의 밀실이나 배후에서 무기명의 향락자로 도태될 수밖에 없었다. 태조가 죽자 그들은 호족의 주장이나 만들어주는 안이한 서생으로 전락한다.

　이러한 경향을 뿌리치고 과감하게 나타난 것이 최승로(崔承老)이며 그뒤로 선종·교종의 간극을 메우려 한 의천(義天)이 나타난다. 최승로는 신라 6두품 계열에서 신라 멸망 직전에 태어났다. 그는 새로운 왕조의 개경에 옮겨와서 12세에 태조 어전에 나가 논어를 암송함으로써 고려 조정의 정치지도자로 출발한다. 늙은 왕은 그를 고애(顧愛)하다가 죽는다. 최승로는 태조를 비롯해서 혜종·정종·광종·경종·성종의 6대 왕실에서 국가의 원로로서 또는 중신(重臣)으로 섬겨진다.

　고려 초기의 토호세력, 척족(戚族)세력, 왕자의 난(亂)들로 왕위는 곧 불안한 정치 암흑의 자리가 되고 말았다. 3대 정종은 극단적으로 풍수지리에 빠져 서울을 서경으로 옮기는 부역과 세금으로 백성의 원성을 산다. 그뒤로 광종은 왕권을 강화하고 호족·척족을 거세시키고 널리 재야 지식인들을 불러들여서 그의 왕권을 강화한다. 그때 후삼국 이래의 호족 노예들 중 양민 출신은 해방시키고 귀족신분이 아니더라도 실력 위주로 관료에 임명하는 혁신정책을 수행한다.

　최승로는 예리한 불교사회 비판자로서 고대 중국의 이상정치를 실현하려는 체제 지식인으로 봉사문(封事文) 시무(時務) 28조를 젊은 경종에게 제출한다. 그것은 당의 오긍(吳兢)이 당태종과 군신의 정책 40가지를 정관정요(貞觀政要)로 엮어서 당 현종애게 바친 일과 비슷하다. 이미 태조가 귀의한 국교인 불교의 폐단을 비판하고 봉건 전제국가의 실상을 찾기 위한 집요한 노력은 그가 고려 초기의 여러 모순들에 대한 유교정치의 개혁만이 고려가 정치적·사회적 질서를 확보하는 일임을 강조하는 것에 다름아니다.

아마도 최승로의 오랜 관료생활과 그가 배운 유교의 입장에서 보면 불교나 도참사상은 정치문화가 아니라는 합리주의에 이르렀던 것 같다. 왜냐하면 유교는 곧 정치사상 자체이기 때문이다. 주역(周易)도 예학(禮學)도 정치의 원리인 것이다. 그런 유교로 중국 강대국가가 만들어진 것이다.

그러나 불교가 아무리 호국이념의 경전을 보급하고 도참사상이 태조가 말한 대로 산수와 지덕(地德)에 의해서 나라를 세웠다는 국가 보위(保衛)의 연기(延基) 신앙을 가지고 있다 하더라도 그것이 정치 자체의 실질이 아니라는 생각이 최승로의 현실주의를 일'깨웠던 것이다. 말하자면 그는 정치를 신비주의나 혹세무민의 비술의 대상이 아니라 무실(務實)의 질서행태로 파악한다.

그러므로 그가 고려 초기의 우렁찬 유교 지도자이기는 하지만 학문적 업적은 그의 탁월한 정책에 비해서 열등한 수준이다. 물론 고려의 초기 유학이 당의 유학을 이어받은 오랜 신라 숙위 유학자들을 거느리고 있으나 아직 기본유학의 소박성 때문에 그럴 수밖에 없었다.

아무튼 그는 철저하게 정치 실천윤리로서의 유교를 내세운다. 여기에서는 불교의 기복신앙(祈福信仰)·인과론·내세사상 따위가 정치현실에서 어떤 논리도 직접 만들지 못한다. 태조의 비술적(秘術的) 포섭주의는 정치기능의 합리화에 따르는 현실의 논리를 해치는 것이다. 그는 이미 늙은 재상으로서 광종(光宗)이 태조와 함께 나라를 세운 건국훈공 무신의 여러 숙장(宿將)들을 호족 진압책이나 척족 해체를 위해서 단호히 투옥시킨 것처럼 건국이념의 불교를 현실적으로 비판한다.

그러나 그의 고독은 호족사회의 안락과 부패, 세력확장과 함께 세력이 강화된 불교사회에 대한 무모한 적개심은 보이지 않는다. 그의 불교 비판은 호족의 횡포, 부호(富豪)견제, 신분차별, 관복제정, 시위병 감소, 왕실 경비삭감, 대의무역, 도서지역의 공물감소, 개국공신 후예등용, 승려의 행패제거, 불교억제, 유교발흥, 미신타파들의 정책 시무(時務)는 쇄신정치에서 어느 것 하나 누락될 수 없다.

그는 이 정책이 다 실현되지 않는 체험을 하면서 고려 초기의 사회위기를 극복하려는 그의 의식이 무의미한 것이 아님을 자각하면서 늙는다. 그는 고려지방 자치적 기구인 12목(牧) 설치나 그 밖의 집권적 지배체제와 백성과의 간극을 구조적으로 밀착시키는 일을 실현하고 그것에 이어지는 3성(省) 10도제(道制)의 모체를 대강 완성한 것이다.

이러한 절실한 정치 실무자이며 유교 관학(官學)의 권위를 함께 가진 최승로에 대해서 우리는 최승로 이후의 불교의 권위자 의천(義天)을 살펴볼 필요가 있다.

의천은 고려 문종의 왕자로 태어나서 13왕자 가운데서 세 왕자가 승려가 될 때 그가 포함된다. 이자의(李資義) 척족이 왕실에 개입하여 시국을 안정시키지 않을 때였다. 11세에 삭발, 13세에는 교종으로 최고위 우세승통(祐世僧統)이 된다. 몇 번의 도송(渡宋) 구법을 기도하지만 북부 거란의 위험이나, 왕자를 멀리 보내지 않으려는 부왕 그리고 두 형인 신왕들에게 저지된다. 그는 31세로 송나라 무역선을 타고 도망쳤다. 둘째형 선왕은 그를 추적해서 데려오라고 했으나 의천은 그렇게도 동경했던 송나라에 상륙할 수 있었다.

송은 신종 연대의 왕안석(王安石) 정치가 대개혁을 추진하고 있었다. 소동파(蘇東坡)의 안내로 송의 여러 고승 선덕과 교판(敎判)을 담론하고 어릴 때부터 멀리 사숙한 76세의 정원(淨源)을 친견할 수 있었다. 그는 본국 왕실에서 모후(母后)의 병환 위독의 전갈을 받는다. 1년 4개월 안에 화엄종·천태학·선종·율종 등의 50여 고승을 만났으며 정원의 법을 이어받고 천태종 지자(智者)의 탑 앞에서 천태종의 법을 펼치겠다는 발원을 올린다.

신라 불교를 그대로 승계한 고려의 국교인 불교는 신라 말기의 승려 계보를 그대로 발전시키지만 그 때문에 오교(五敎) 구산(九山)의 교·선(敎禪)이 극단적으로 대립하는 우울한 사정에 놓인다. 승려의 세속권이 폐단으로 드러나고 서로 자기 주장에 강경하다. 이런 때 왕족 출신의 의천이 통일 이데올로기로서의 선종·교종을 두루 용해시키는 천태종(天台宗)을 내세움으로써 이른바 교관이문(敎官二門)으로서의 교선합일(敎禪合一) 교관쌍수(敎官雙修)의 사상을 실현한다. 선종이 천태관법(天台觀法)으로 교학과 타협하고 교종이 거기에 흡수된다. 그 이전의 천태학은 다른 종파의 하나에 지나지 않았다. 그것이 통합 불교로 모든 부파 불교를 포용함으로써 한국 불교사의 일원론적 계기를 이룬 것이다.

천태종은 천태 지자(智者)의 교학으로 불교 경전을 법화경의 교판(敎判)에 의해서 5시(時) 8교(敎)로 편성하고 삼제원융(三諦圓融)의 원리로 성불하는 것을 목적으로 삼는다. 의천은 화엄종과 선종의 깊은 불화를 제거, 규봉(圭峰)의 통일론을 이어받는 통일을 성취한다. 그의 이러한 업적은 그가 왕자 출신의 승려라는 사실이 크게 바탕이 된다.

그는 이른바 신편제종교장총록(新編諸宗敎藏總錄)의 간행으로 불교문화를 송·거란에서 받아들여 다시 그의 집성으로 송·요·일본에까지 전파시킨다. 또한 그의 삼국사(三國史)는 인멸되지 않았다면 일연(一然)의 삼국유사와 함께 삼국사기의 사대주의를 극복케 했을 것이다.

그는 신라의 원효사상을 그 자신에 의해서 고려에 재현하는 것을 최고의 사명으로 실천한다. 그의 〈제분황사효성문(祭芬皇寺曉聖文)〉은 다음과 같이 절실한 원효 숭앙의 진실을 나타낸다.

'삼가 생각하오면 이치는 교로 말미암아 나타나고 또는 사람에 의해 퍼지나이다. 풍속이 야박하고 시대가 어지러움에 이르자 사람은 떠나고 도는 멸해졌나이다. 스승이 이미 그 종(宗)의 습관을 봉해 버리며 제자들은 서로 그 보고 들음을 고집하였나이다. 그리하여 저 자은(慈恩)의 백본(百本)의 이야기도 오직 이름과 모양에 얽매였고 태령(台嶺)의 구순(九旬)의 설명도 다만 이관(理觀)만 숭상하였나이다. 그래서 법칙을 본뜨는 글이라고는 할 수 있으나 사방에 통하는 교훈이라고는 할 수 없나이다. 그런데 오직 우리 해동 보살께서는 성상(性相)을 융통해 밝히고 고금(古今)을 세밀히 감싸면서 백가(百家)들의 다투는 실마리를 화합시켰으니 일대의 지극히 공정한 논이었거늘 하물며 헤아릴 수 없는 신통과 생각하기 어려운 묘용(妙用)이었겠나이까. 티끌과 어울렸으나 그 진심을 더럽히지 않았고 빛을 섞었으나 그 본체는 변하지 않으셨나이다. 그러므로 자비스러운 교화는 저승과 이승을 감쌌으니 그 덕을 찬양하려면 진실로 헤아리거나 말할 수 없나이다.' (원문 생략)

송(宋)의 교선 일치나 유·불의 상호교류 또는 시선(詩禪) 일치 따위의 사상적 화합현상은 의천의 통일 지도력에 의해서 고려에도 그대로 반영된다. 아마도 그는 고대의 원효를 섬김으로써 그 자신 고려의 원효를 자인했는지 모른다.

고려 건국의 불교적 이념 형성의 측면은 도선들이 풍수도참으로 국토의 신성성이나 왕실의 권위에 기여한 바가 있는 대신 지배계층이나 민중사회에 의식의 미망(迷妄), 배타주의 그리고 명당(明堂)에 대한 허황한 의타주의를 유발시켰다면 이러한 불교와 풍수사상의 혼란 때문에 불교가 왕권 배후의 장식이 된 것과는 달리 의천의 천태사상은 불교 자체의 커다란 정화(淨化) 혁명이었다.

이러한 최승로의 실용주의 유학과 의천의 통일주의 불교사상에 의해서 비로소 고려의 정치문화 또는 사상이 정립될 수 있었다. 여기에 병치(並置)해야 할 것은 최승로의 관학 유교, 정치 유교와 함께 최충(崔冲)의 거대한 사학(私學)이 고려 중기 이후의 대표적 유교 지식인을 양성해 놓은 업적이다.

11. 사학문화(私學文化)의 선량(選良)

중세 초기의 유학은 최승로나 의천의, 유·불 내외설(內外說)이나 유·불 일원론(一源論)이 있었던 것으로 보아도 신라 유학승과 숙위 지식인의 신분이 비슷했고 의식이 같았기 때문에 그것이 태조의 유·불 병행 정치에 힘입어 서로 단절되지 않았던 것이다.

호족세력을 탄압한 광종 연대에 과거제가 실시되자 유교의 정치실천에 의해서 그뒤로 정배걸(鄭倍傑)·김정준(金廷俊)·이자연(李子淵)·김현(金顯)·김행경(金行瓊)·조패(趙霸)·최석(崔奭)·문정(文正)·노단(盧旦)·김화숭(金化崇)·최유선(崔惟善)·이정공(李靖恭)·이성미(李成美)·정유산(鄭惟產)·이영간(李令幹) 들의 석학(碩學) 고시관들이 당대의 장엄한 유교 지식인 계층의 수준을 만들었다.

그러나 그들이 유교의 본격적인 철학인 경학(經學)을 추구한 것은 아니다. 그러한 이론 대신 과거제도가 명경과(明經科)의 경학보다 제술과(製述科)의 문학을 중요시했기 때문이다. 남송(南宋)의 정주학(程朱學)이 중심 사상을 이루기 전이므로 이론의 개척보다는 사장(詞章)으로써 화려하게 표현하는 일이 훨씬 즐거웠던 문사 기질에 호응할 수 있었다. 당·송(唐宋)의 시가와 산문, 특히 소동파(蘇東坡)주의가 현저했던 사실이 그렇다.

고려 관학으로서의 유교가 이런 행운 위에서 발달할 때 그런 발달조차도 위압해 버린 사학(私學)은 중세 유교의 특장(特長)을 이루고 있다. 이러한 사학은 물론 국학의 국자감의 학문수준이 상투적이었기 때문에 일어난 것이라고 할 수 있으나 광종이 중국인 쌍기(雙冀)를 유교체제의 고문에 위촉해서 무자비하게 탄압한 호족세력을 그러나 완전히 절멸(絶滅)시킬 수는 없었다. 그만큼 고려 초기의 지배계층에 뿌리를 박고 있는 호족사회는 집요한 상류사회의 외척집단인 것이다. 그런데 이러한 호족세력이 정치의 표면에서 왕위 계승이나 정책을 좌우하는 일을 지나서는 관료정치의 근거가 되는 유교 학습을 사학화(私學化)하는 경향을 나타낸다.

그러나 최충(崔沖)의 위대한 사학은 사학이 이런 경향에서 생기기 전에 그의 순수한 귀거래사적(歸去來辭的)인 유교 지식인의 교학적 향수로부터 비롯된다. 최충은 최승로가 죽을 무렵에 태어난다. 그리하여 최승로의 경륜에 상당히 다채로운 관직을 역임한다. 해주 최씨라면 인주 이씨를 비롯해서 경주 김씨, 박씨, 윤씨 들의 척족과 함께 호족에 속한다. 유신(儒臣) 최유선이 최충의 아버지인 것으로도 그가 상류의 신분으로 태어난 것을 알 수 있다.

그는 20세에 최항(崔沆)에 의한 갑과(甲科) 급제로 초직 우습유(右拾遺)로부터 국상 문하시중(門下侍中) 상주국치사(上柱國致仕)의 최고 관직까지의 54년을 현종·덕종·정종·문종의 4왕조 정치 연대기로 채운다.

거란 침입으로 없어진 초기 《7대 실록》을 재편수하고 이어서 《현종실록》을 편찬, 율령(律令) 교정으로 중세 형법을 완성한다. 그를 출장입상(出將入相)이라고 부를 만큼, 나가서는 판서북로병마사(判四北路兵馬事)로 북경(北境) 수비 성벽을 쌓고 들어와서는 국무를 총리했다.

그러나 그가 85세로 죽기까지의 10여 년은 치사퇴로(致仕退老)로 관직을 물러나서 관학의 교육이 해이한 것에 유의하여 그의 가산을 사숙(私塾) 설치에 바친다. 국자감 출신의 급제자보다 그의 사학 출신이 압도적으로 급제하기 시작하고 최충의 학덕을 중심으로 뜰에 신발이 가득찰 만큼 유학 참구자(參究者)들이 모여들었다.

최충의 구재학당(九齋學堂)은 낙성재(樂聖齋)를 비롯, 대중(大中)·성명(誠明)·경업(敬業)·조도(造道)·솔성(率性)·진덕(進德)·대화(大和)·시빙(侍聘) 들의 9재로서 5경(經) 9사(史)와 시가 사장(詞章)으로 망라되는 과학적인 교육기구로 편성된 것이다. 거기에 입학하는 젊은 세대는 대체로 상류사회의 신분이다. 국학의 학교들이 유명무실해지자 과거를 위한 예비 수학(修學)으로서 또는 풍류 문사의 자유 분위기로써 그의 학당은 사회에 대한 긍지를 발휘할 수 있었다. 여름의 하과(夏課) 강습회는 귀법사(歸法寺) 승방을 빌어서 급제자들로 하여금 강의를 하게 하고 자작시 발표를 시켜서 최충 자신이 젊은이들과 술을 나누고 함께 시를 읊었던 것이다.

'선비는 세력으로 벼슬하면 끝을 잘 마시는 자가 드무나 글로써 세상에 나가면 경사가 돌아오는 것이다. 나는 다행히 글로써 현달하였고 깨끗한 지조로 삼가 세상을 마치려 한다.'

라고 최충은 말한다. 그는 사문(斯文)의 문장 덕행뿐 아니라 불교에도 해박했다. 그뒤의 청연(淸讌)·보문(寶文)의 연구소 지식인에 이어져 급제자 14인이나 배출한 그의 사학은 김인존(金仁存)·김부식(金富軾)·윤언이(尹彦頤)·정지상(鄭知常) 들의 최고급 지식인들을 망라하고 있다.

이러한 최충의 9재학당을 추종해서 11개의 사학이 발흥한다. 개경 지식인 사회는 비단 최충이나 11개 사학 이외에도 많은 군소 학당이 급증했다. 이러한 사학 유행은 호족과 척족 사이의 관계에 의해서 관료 진출에 큰 영향을 미치기 때문이다. 이에 대한 관학은 고려 초기의 거란 침략 때문에 예산 책정이 없고 거기에 따라서 교육자나 교육시설이 저조했다. 11공도(公徒) 정배걸(鄭倍傑), 노단(盧旦), 김상빈(金常賓), 김무체(金無滯), 은정(殷鼎), 김의진(金義珍), 황영(黃瑩), 유감(柳監), 문정(文正), 서석(徐碩)과 함께 최충의 최공도(崔公徒)를 합해서 12공도의 사학은 그뒤로 숙종조에 국자감을 최충의 9재를 본받아 7재를 설치하여 주역(周易)의 여택재(麗澤齋), 상서(尙書)의 시빙재(侍聘齋), 모시(毛詩)의 경덕재(經德齋), 주례(周禮)의 구인재(求仁齋), 대례(戴禮)의 복응재(服膺齋), 춘추(春秋)의 양정재(養正齋), 무학(武學)의 강예재(講藝齋)를 망라했다. 그러나 이 문·무 양학의 7재는 최충들의 사학이 쌓은 엄청난 권위에 미치지 못하고 만다. 이러한 관학은 문·무 일치주의의 고구려 교육제도를 재현한 것이기도 하지만 그당시 여진 정벌의 사정과도 밀접해 있다. 그것은 최충과 같은 거유(巨儒)가 북방에 나가서는 무장(武將)이 되는 것과 마찬가지로 문사(文士), 문신(文臣)의 문·무 겸전을 목적으로 한 것이다.

滿庭月色無煙燭
人座山光不連賓
更有松絃彈譜外
只堪珍重未傳人

뜰 가득히 달빛뿐
산빛에 못 떠나는 나그네
또한 솔바람 소리소리 밖의 소리라
다 못 아껴서 남에게 안 보내리

이 7언시는 그의 '절구(絕句)'다.

최충이 죽은 다음 예종왕조는 궁궐 안에 청연각, 보문각을 두어 청연각에서는 경·사·자·집(經史子集)의 4부 전적(典籍)을 갖추고 보문각에서는 학사들의 숙직·회강(會講)·휴게를 하게 했다. 이런 시설은 왕립학술원으로 쟁쟁한 유교 지도자들을 거기서 배출한다. 위계정(魏繼廷)·김인존·박승중(朴昇中)·최약(崔瀹)·곽여(郭輿)·정극공(鄭克恭)·홍관(洪灌)·김부일(金富佾)·김부식·윤언이·정지상·정항(鄭沆)·권적(權適)·이인실(李仁實) 들이 최충과 청연각에 이어진다.

그것은 왕 자신이 시인으로서 음풍농월의 취향이 있으므로 그런 문사 중심의 기구를 만들었던 것이다. 그러나 이런 시회(詩會)가 2대 후 왕조의 무신난(武臣亂)의 비극을 초래하는 우문정책의 유락(遊樂)이나 문서 우대의 결함을 길러낸다.

최충은 무신정권 시대의 패관문학(稗官文學)을 거쳐서 안유(安裕)를 비롯한 백이정(白頤正)·이제현(李祭賢)으로부터 연원된 고려 말기의 이숭인(李崇仁)·이색(李穡)·정몽주(鄭夢周)·길재

(吉再)와 정도전(鄭道傳)·권근(權近)의 주자학(朱子學)에 이르는 한국 유학사상의 도입부에 자리잡고 있다.

그러나 최충의 사학이나 그뒤의 청연파 지식인들의 유교는 그것이 철저하게 왕권과 고려 귀족의 공동지배체제를 지향한 귀족사회의 지배문화였다는 사실을 부인할 수 없다. 신라 말기 숙위 사류(士類)들이 그렇게도 진골 귀족을 비판한 것과는 달리 그들의 계보가 고려사회에서 신흥귀족으로 정착하자 그들이 먼저 그렇게 열망한 바 있는 후주인(後周人) 쌍기의 고문정치와 과거제로써 평민을 등용하고 호족을 탄압하는 광종을 격렬하게 비판하는 최승로로 대표되는 이기주의 계층이 되어 그러한 사실을 드러낸다.

아마도 그것은 오랫동안 불우했던 지식인들이 일단 지배집단에 참가하자 그들의 불우했던 흔적을 보상받으려는 정치심리 때문에 그들의 정치적 집념이 고려 호족사회의 욕망에 작용했을 것이다.

집안에 장물이 없으나
오직 한 가지 보배 전하니
문장은 비단이요 덕행은 구슬이라
오늘 분부한 바를
후일에 감히 잊지 않을진대
낭묘에 좋게 쓰이고
대대로 더욱 흥창하리라

家世無長物　　惟傳至寶藏
文章爲錦繡　　德行是珪璋
今日相分付　　他年莫敢忘
好支廊廟用　　世世益興昌

이 시는 최충이 그의 자손에게 교훈으로 남겼으나 다 일실해 버리고 남아 있는 교훈시다. 이것을 문장이나 덕행을 중심으로 이해한다면 고절(高絶)의 유교 석학이 흔히 말하는 기본교양을 뜻한다. 그러나 낭묘(廊廟＝政廳과 社稷)의 관직에 오르는 것을 목적으로 삼고 그 관직으로 대대의 가계가 홍창하기를 바라는 의도가 이 시의 주제를 이룬다. 그렇다면 최승로의 호족 관료주의에 이어서 아무리 사학의 조종으로 사회의 존숭을 한몸에 받았던 국가의 정치·사상의 원로 최충이라 하지만 그에게도 고려 호족 지식인과 왕실의 동질성이나 동시 병존의 공리적인 의식이 차 있다는 것은 부인하지 못한다.

또한 최충은 호족 계층의 영달을 세력으로 도모하지 않고 문행(文行)으로 지향해야 한다는 주장으로서 그가 살고 있는 시대의 호족세력이 얼마나 악덕의 지배욕으로 서로 충돌 난립하고 있는가를 반증하고 있다. 거기에 그의 고민이 누설된다.

이러한 호족 지식인의 세력 확보와 함께 왕권 역시 안정되지 않았다. 왜냐하면 왕건의 포섭주의 이래 지방 호족의 세력이나 정권과 정권 사이의 과도기에 만들어진 사회적 단층(斷層)에 도사리고 있는 혼란 때문에 왕권은 확고한 집권의 장치를 가지지 못한다. 왕권은 언제나 송도(松都) 호족 또는 지방 호족과의 상대적인 한계에서만 지속된 것이다.

이러한 한계에 적의를 나타낸 광종이 건국의 자존심을 집약하고 있는 개국공신의 호족에 눈을 딱 감고 철퇴를 가한 것은 왕권의 고민의 표현이자 호족 세력의 팽창을 반증하고 있다.

이런 상황에서는 지식인의 업적으로서는 지식 그 자체로서의 교학사상에 있지 않고 그들이 국가의 중책에 어떤 피임자(被任者)가 되느냐로 말해질 수밖에 없다. 최승로·최충의 많은 글들이 보존되지 못한 이유의 하나로서는 아마도 그 자손들이 글보다 현직에 더 정신이 팔렸기 때문인 듯하다. 또한 현직에 있는 동안 문장이나 시가 또는 교학의 이론을 쌓아 둘 만한 창조적 정적(靜寂)을 누리는 일을 도외시했기 때문이다.

고려사의 한 비극은 중세 체제가 초기의 왕조에서 몇 번 추진한 정치적 개혁에도 불구하고 무신난 이후에야 신라이식적(新羅移植

的)인 전습체제로부터 완전히 떠날 수 있었던 점이다. 실질적으로는 무신난 이전은 중세가 아닌 셈이다.

왕건의 원만한 정치기능의 폭은 그 자신의 일로써만 말할 때는 위대성이 인정되지만 그가 남긴 포섭주의의 임시적인 경륜은 이미 왕조로부터 심각한 시련에 부딪친 것으로 본다면 고려 왕조의 지배 전통 위에서는 그 중세 개막의 위대성이 급격하게 감소될 따름이다.

이런 사회에서는 지식인이 창조자로서 남겨지기 어렵다. 그들은 그동안 못 먹었던 좋은 음식과 벼슬을 실컷 먹고 쓰는 것에 급급한 것이다. 여기에 중세 초기를 채우고 있는 상류 지식인 계층의 음서제(蔭敍制) 선량(選良)의 모순이 있다. 그들은 5품 이상의 가벌 자손이 실직(實職)에 대비한 동정직(同正職)의 예비 관료까지 부여받았다. 송도의 화려한 사위(四圍)의 성(城)은 그안에서 호족이 마음놓고 살기 위한 것에 지나지 않았다. 민중은 그런 일에 비참한 강제 노동과 대토지 소유자의 노예로 혹사되었다. 고려 사회의 인신 노예의 값이 소 반마리 값도 못될 때가 있었던 것이다. 그것은 정치가 정치의 대상을 방기해 버린 반역사적인 타락 때문이다.

왕권이 분권화된다는 것은 호족세력의 정치 지식인들이 왕권을 실질적으로 분배받으려는 의미가 된다. 그러므로 고려 초기의 지식인은 그 자체가 신분·의식·행동 그리고 정치적 이념에서 정권 담당자로서의 문벌귀족의 흔적 이외에는 아무것도 발견할 수 없었다.

그것은 왕자 승려인 의천이 천민 출신의 향가 승려 균여(均如)의 불교를 극단적으로 허용하지 않은 점으로도 불교사회 역시 이러한 귀족세력이 개입한 점을 밝힌다.

최충 이후의 사학이나 국학에서 배출된 선택받은 청년 지식인들이 무신난 이전에 이미 갈등을 보인 사실은 그들 역시 이자겸(李資謙)이나 김부식의 권력쟁탈전 밖에 있는 사람들이 아니게 하고 있다.

그들에게는 그들만이 정치적으로 또는 대토지 소유자로서 안정
된다면 그것을 국가사회 전체의 안정이라고 믿는 고려 귀족의 독
선에 확집되어 있다. 그런 점에서 중세 사학이 남긴 업적은 문무
차별로 무신을 소외시킴으로써 중세의 무단(武斷) 독재주의의 세
습정권을 낳는 동기를 만들어 낸 것이다.

그러나 고려 사학 12공도의 지식인에 의해서 우리는 역사에 학
교와 시(詩)와 문학 지식인의 위상이 만들어진 것을 잊을 수 없
다.

12. 묘청(妙淸) 그룹

　西京戰役의 兩便 兵力이 각 數萬에 不過하며 戰役의 首尾가 兩
個年에 不滿하였지만 그 戰役의 결과가 朝鮮社會에 영향을 끼침
은 西京戰役 이전에 高句麗의 後裔요 北方의 大國인 渤海 滅亡의
戰役보다도, 西京戰役 이후 高麗 대 蒙古의 六○年 戰役보다도 몇
갑절이나 突過하였으니 대개 高麗 至 李朝 一千年間에 西京戰役
에 지날 大事件이 없을 것이다. 西京戰役을 歷代의 史家들이 다만
王師가 反戰을 친 戰役으로 알았을 뿐이었으나 이는 近視眼의 관
찰이다. 그 실상은 이 戰役이 즉 郞·佛 兩家 대 儒家의 戰이며 國
風派 대 漢學派의 戰이며 獨立黨 대 事大黨의 戰이며 進取思想 대
保守思想의 戰이니 妙淸은 곧 前者의 代表요 金富軾은 곧 後者의
代表이었던 것이다. 이 戰役에 妙淸 등이 敗하고 金富軾이 勝하였
으므로 朝鮮史가 事大的·保守的·束縛的 思想 — 儒敎思想에 征
服되고 말았거니와 만일 이와 반대로 金富軾이 敗하고 妙淸 등이
勝하였더면 朝鮮史가 獨立的·進取的 방면으로 진전하였을 것이
니 이 戰役을 어찌 一千年來 第一大事件이라 하지 않으랴?

라고 신채호의 〈조선역사 1천년래 제1대 사건〉의 서론에서 통분
하고 있다.

　이 진술은 단재 사관(丹齋史觀)이 주장하는 주체 영토의 과감한
회복의식이기는 하지만 묘청의 승리를 가정했다는 것은 그만큼
역사를 가정할 수 없다는 원칙에 대한 감정적 차원이다. 그것은
일제 식민지 시대를 온몸으로 극복하려는 의식의 도전임에는 틀
림없으나 만약 묘청이 승리해서 서경 천도(遷都)가 가능했다 하
더라도 그뒤의 가정도 생겨난다. 몽골 침략을 고구려가 수·당을
무찌르듯이 격퇴시킬 수 있어야 묘청 정권이 신채호가 말한 주체
영토의 고조선을 확보할 수 있었을 것이다. 과연 그럴 수 있는냐
는 질문에는 착잡해진다.

　다만 묘청 일당의 서북(西北) 정치 지식인이 점차 이 땅에 한문

화의 사대유교가 뿌리를 내리는 일에 날카로운 반응을 보임으로
써 광종·성종 왕조들의 유교에 강렬한 저항세력을 길러 온 것은
주체적 생존권을 크게 의식한 일이다. 중세 유교권이나 조선 유학
사회에서 묘청을 요승(妖僧)으로 단죄하고 있는 것은 그것이 대
륙 숭배의 논리에 어긋나기 때문이다.

정치 승려 묘청과 그의 이념적 동료로서는 귀족 전성시대의 부
정·부패·착취·특권의 횡포에 대한 혁신사상을 가진 정지상(鄭
知常)·백수한(白壽翰)·윤언이(尹彦頤=尹瑾의 아들)·김안(金
安)·홍이서(洪彝敍)·이중부(李仲孚)·문공인(文公仁)·임경청
(林景淸)과 서경(西京)의 조광(趙匡)·유담(柳旵)·조창언(趙昌
言)·윤섬(尹瞻)·최영(崔永) 들은 서경 지방의 연고자들이 대부
분이지만 그밖에도 묘청의 강렬한 추진력에 희망을 건 부류 또는
그들이 살고 있는 시대의 혼란을 극복하려는 혁신적인 신념을 가
진 사람들이다. 특히 정지상은 최충의 사학이나 청연각 출신으로
윤언이와 함께 당대의 천재적 문사이다.

묘청의 정치적 반동의 궤적은 그당시의 사정과 관련된다. 이자
겸(李資謙)의 귀족세력은 한안인(韓安仁) 일파의 척족과의 암투
에서 한씨와 관련된 대방공(帶方公) 보(俌)를 무고로 유배시키고
이긴다. 이것은 귀족사회가 몰락하는 첫 과정이다.

이자겸은 그의 누이를 순종 왕비로 하고 그의 2녀를 예종의 왕
비에, 3녀·4녀를 예종의 아들 인종에게 진납하여 왕비를 만든
다. 그러므로 그는 예종의 부원군이자 그 다음 인종의 장인이기도
하다. 이렇게 집요하게 왕실과 밀착된 세력으로 왕권을 지배하는
것도 모자라서 요직을 가족 일색으로 하고 그 자신 '십 팔자의 참
(十八字―李―之讖)'을 믿어 스스로 왕이 되려고 인종을 독살하
려 하나 그의 4녀인 왕비의 지략으로 죽음을 모면한다.

이자겸은 동료 척준경(拓俊京)에 배신당해서 이씨 일문을 제거
한다. 이러한 이자겸의 횡포로 화려한 개경은 거란 침략 이후 다
시 한번 폐허가 된다.

고려의 귀족사회는 이미 왕실과도 절연되었지만 오랫동안 하층

사회나 지방사회에서는 원한의 표적이 되어 왔다. 이런 민중의 폭발적인 원한이 명종~고종 왕조 사이의 60년을 전국 각지의 민란으로 번지게 한다. 서울 송도는 처참하게 귀족 이자겸의 잔악한 폭력으로 모든 건물들이 잔해만 남겼다. 거기에 민심은 흉흉하여 왕실이나 상류사회를 이반(離反)할 수밖에 없다. 이러한 정치적·사회적 절망 가운데서 고려 민중에게 뿌리 깊은 풍수도참사상을 내걸고 폐허 서울로부터 서경 천도를 주장하는 묘청의 설득력은 왕실과 민중에게 엄청난 신념을 주게 된다.

고려 개국의 정신적 원점이었던 도선의 비기(秘記)가 태조의 지배자 의식을 사로잡은 것처럼 도선의 법을 받은 강정화(康靖和)를 그의 법사로 삼은 묘청의 '태일옥 장보법(太一玉帳步法)은 정지상의 추천으로 왕실과 연결된다. 이러한 음양 도참설은 동시에 역대 고려사회의 민심을 지배하여 오는 마술의 철학이기도 하다. 묘청은 그것을 그의 대륙 점유의 의지에 확고부동하게 접착시킨 것이다.

이미 소실되어 버린 개경의 만월대(滿月臺)를 재건하게 할 때 그것을 중단하게 할 만큼 그는 조정의 신임을 얻는다. 정지상은 여·조(麗朝) 문학을 대표하는 10인 중의 하나일 만큼 탁월한 시인이다. 그는 도참사상과는 관련이 없다. 그러나 그는 서경의 빈민계층에서 태어나서 묘청들의 서경 천도론에는 그의 정치적 혁신사상의 실현 때문에 적극 동조하게 된다. 왕실 경연(經筵)에 진강하고 척준경을 탄핵 유비시켰으며 그의 시가(詩歌)는 인종의 고애를 받았다. 그의 주청(奏請)은 이자겸의 변란으로 상심한 왕을 통해서 끝내 실현된다.

왕이 서경에 행행(行幸)하여 묘청·백수한의 뜻대로 15조(條)의 중흥정책을 반포한다. 평양은 건국 이래 서경으로서 왕실의 번화한 문물이 중심을 이룬 곳이다. 거기에 풍수 지덕(地德)의 대화세(大花勢)를 따라 대화궁(大花宮)을 짓게 된다. 그리하여 대화궁을 중심으로 8성지(聖地)를 일으켜서 8성의 본체·묘용의 덕을 찬미하는 고신도 낭도사상(郎道思想)에 이어지는 우렁찬 서경 천도의 첫걸음을 내디디게 된다.

그 운동은 여기에서 머물지 않는다. 이른바 묘청주의의 핵심인 칭제건원(稱帝建元)을 주장하여 외적에 대한 주체의 권위를 드날리도록 종용한다. 김부식 집단은 물론 묘청이 왕실에 개입할 때부터 완강하게 반대하고 있다. 칭제건원이 금(金)나라를 격노시키는 북벌(北伐) 선언이라 해서 그것도 반대한다.

이런 반대론은 묘청의 풍수도참에 의한 8성지 제전에도 불구하고 자연의 재난이 도리어 거듭되었다. 심지어 인종의 서행(西幸) 도중 폭풍우가 휩쓸어 행차하던 인마(人馬)가 사상(死傷)되는 불상사까지 일어난다. 그 뒤로 김부식·정항(鄭沆)·임원개(任元敱)·임완(林完)·이중(李中)·이공유(李公裕) 들의 반대로 만월대 재건을 막지 못하고 왕의 서경 행행도 중지된다.

여기서 묘청은 그 자신이 칭제건원을 선포하고 나라를 대위(大爲)라 하고 연호를 천개(天開)라 하고 그의 추종 병력을 천견충의(天遣忠義)라 하여 서북지역의 사람들로 구성된 양부(兩府) 주군(州郡)까지 편성한다. 그것은 고려 왕조에 대한 분명한 반동이다. 왕은 그러한 묘청에 대한 사랑이 아직도 사라지지 않았으므로 내시를 보내어 설득하기도 했다.

그러나 묘청은 "주상께서 이 도읍에 옮겨 오시기를 복망하나이다. 그렇지 않으면 반드시 변고가 있으리이다(伏望主上移御此都 不然必有變)." 하고 강경하게 맞섰다.

일찍이 묘청을 옹호하면서 "서울의 기업(基業)이 이미 쇠하였고 궁궐이 다 타버려 남음이 없는데 서경에는 왕기(王氣)가 있으니 마땅히 그곳으로 이어하여 서울로 삼아야 한다", "묘청은 성인(聖人)이요 백수한도 그 버금이니 나라의 일을 일일이 자문한 뒤에 행하고 그의 진청(陣請)을 받아들이면 정사가 이루어지고 나라를 보전할 수 있다"고 서경의 현화지세(玄華之勢)를 그대로 주장하던 정지상은 백수한·김안과 함께 묘청 토벌의 사령관이 된 시적(詩敵) 김부식에게 가차없는 주살(誅殺)을 당한다. 김부식이 그를 죽인 것이 토벌전에 출전하기 전이며 그것을 보고한 것은 훨씬 뒤라는 사실에 주의할 필요가 있다.

김부식은 이때야말로 그의 오랜 시기심의 대상인 정지상을 제거할 기회를 얻었기 때문이다.

이규보(李奎報)의 《백운소설(白雲小說)》은 다음과 같이 쓰고 있다.

'시중(侍中) 김부식과 학사(學士) 정지상은 문장으로 한때 같이 명성이 있었는데 두 사람은 다투고 서로 양보하지 않았다. 전하는 말에는 지상의 시에 '임궁(琳宮)에서는 범어(梵語) 끝나고 하늘색 깨끗하기가 유리(琉璃)로다'라는 구절이 있었는데 부식은 이 구절을 좋아해서 정(鄭)을 찾아가 그것을 자기의 시로 하려고 해보았으나 정은 끝내 허락하지 않았다는 것이다. 그후에 지상은 부식의 손에 죽어서 음귀(陰鬼)가 되었다. ……그후 어떤 절에서 우연히 변소에 올랐는데 정귀신이 뒤에서 불알을 잡고 물었다. ……정귀신은 불알을 더욱 세게 쥐어 부식은 마침내 변소에서 죽었다.'

(원문 생략)

정지상, 윤언이 들은 예종이 궐내에 설치한 청연각·보문각 시대부터 김부식들과 함께 어전에서 시문을 다투는 청년 문사들이다. 김부식은 윤언이로부터도 그의 시를 혹평받음으로써 모욕을 당한 일이 있다. 이런 문사사회에서 정지상은 하늘이 준 시인이라고 왕이나 여러 유학 기숙(耆宿)들의 감탄에 둘러싸였다. 이것을 극도로 시기해온 김부식이 묘청의 반란을 기회삼아 정지상들을 죽인 것은 거의 사실이다. 또한 정지상이나 윤언이는 김부식의 무조건 존화주의나 그당시 송·거란의 말단관리가 와도 그들과 대화해서 학문을 자랑하는 일이 지식인 관료 사이에서 우스꽝스러운 풍조를 자아냈다. 김부식은 주로 그런 국제지향성, 사대주의에 만족하여 그가 국내 문사사회에서 얻지 못하는 기쁨을 그런 사소한 외교 대화에서 누릴 수 있었다.

그러나 정지상은 그의 천재적 자만심이 그런 중국의 이름 없는

관리 따위와 수작하는 김부식과는 점점 어울려지지 않게 되고 그
것이 정책입안에서 국수적인 주체의식의 정과 사대적 종속주의의
김의 갈등이 확대된 것이다.

정지상 역시 서경천도를 실현함으로써 이자겸 이후에 득세한
김부식 일파의 부패정치를 제거하려는 의도는 틀림없이 가지고
있었다. 이러한 정지상·백수한·김안은 서경에 웅거하고 있던
묘청과의 전략적 연결이 갑자기 두절됨으로써 개경에서 서경 전
략의 전위(前衛)를 맡고 있다가 희생된 것이다.

여기에서 신채호가 지적한 대로 묘청의 성급하고 경박한 독선
이 드러난다. 묘청은 급진주의자다. 그런 급진적 노선은 그가 아
직 엄청난 압제로서의 화이론(華夷論) 세력이 정착하지 않을 때
이므로 먼저 그의 혁신세력을 공고하게 만든 다음에 추진할 일이
다.

묘청의 서경 거사(擧事)에 윤언이나 정지상이 참가할 수 없고
묘청의 참모 백수한조차도 송도에서 묘청과는 연결이 되지 않았
다. 그의 임시적인 성정(性情)은 이제까지 그가 냉철·예리하게
정치상황이나 국제정세를 판단한 것 같은 침착성을 잃게 했다. 그
의 막강한 이념적 동료 또는 추종자를 개경에 방치한 채 서경지역
의 관료 중심으로 봉기한 것이다.

윤언이, 정지상이 그들의 자주적 지성이나 국내의 부패를 극복
하려는 의식이 서경천도를 목적으로 한 것은 사실이지만 칭제북
벌론(稱帝北伐論)은 어디까지나 왕조를 그대로 승인하는 한계를
지킨 것이다. 그러므로 묘청의 자진 칭제를 허용한 것은 아니다.
그가 비록 조정회의에서 묘청을 성인(聖人)이라고 추앙하기는 했
으나 그가 그 충성을 맹세한 묘청 도당임을 뜻하지는 않는다. 그
들은 고사하고 문공인(文公仁)조차도 묘청의 거사를 거짓이라고
믿을 정도였다.

김부식은 정지상에 대한 개인적 시기심과 함께 정지상의 설득
력이 강한 북벌론의 논리가 더 널리 파급되는 것에 대한 사대주의
적인 위기의식에서 정지상들을 죽인 것이다. 그러나 김부식의 묘

청 토벌은 전혀 성과를 얻지 못하고 2년이나 걸리는 우열한 작전이었다. 묘청의 동조자이기는 했으나 그의 반란에 분노한 윤언이를 전혀 시기심으로 제거했기 때문이다. 결국 김부식의 승리는 실지로 작전 수행에서는 허명(虛名)이었다.

만약 묘청의 반란이 패배로 끝나지 않았다면, 그 토벌전이 끝난 뒤에도 구태의연하게 김부식 일파를 중심으로 한 자각 불가능의 귀족사회가 보이는 사치·안일·부박(浮薄)의 퇴폐현상은 극복되었을 것이다.

인종 다음의 의종은 왕 자신이 유흥·오락으로만 기울어지다가 무신난의 비극을 만나게 된다.

묘청이 처참하게 죽고 정지상·김안 들이 죽은 다음 그들의 의식주체가 반증되는 것은 김부식의 지배체제였다.

특히 김부식의 《삼국사기》는 반묘청(反妙淸)·척정지상(斥鄭知常)의 극단적인 사대주의의 충성에 의해서 집필된다. 그는 그 이전의 고대사 지성(知性)이 남긴 역사 서술의 가치들을 김부식 사대사상의 잔악한 틀에서 말살한다. 그의 첫 주제는 한국 역사를 한반도 남부에 한정시켜서 중국의 동이론(東夷論)에 권위를 부여한 것이다. 그러므로 발해사도 없고 한민족이 중국 민족에게 가한 통절한 승전의 기록이 완전히 누락되었다. 한국사를 중국 역사의 주변사로, 한국사 서술을 중국역사 서술의 춘추필법으로 김부식은 삼국사기를 아무도 대립할 수 없는 전제적인 행운으로 서술했다.

그리하여 삼국사기 이외의 어떤 것도 사장시켜 버린 것이다. 그것은 특정한 정권 어용의 역사이며 이 땅에서 묘청의 국풍(國風), 고신도의 낭가(郎家)와 불가(佛家)를 영원히 격리시켜 버린 유교적 배타주의에 의해서 군림한 위사(僞史)인 것이다.

묘청 그룹의 절멸은 그러나 그 사상까지 절멸한 것은 아니다. 변태섭(邊太燮)은 '묘청의 칭제건원과 정금론(征金論)의 주장은 실현되지 못하고 반란도 평정됨으로써 그들의 자주사상은 결실을 거두지 못하였다. 그러나 그들의 혁신적인 자주사상은 우리 민족의 주체성을 각성케 하고 역사의 추진력의 역할을 담당하였다'라고《묘청의 자주사상》에서 역설한다.

우리는 이러한 묘청 그룹의 주체 지성을 그들의 풍수도참설이 내걸고 있는 8성지나 대화궁의 서경지덕(西京地德) 이론을 그것이 사회 저변의 혹세무민에 역할한다는 사실만으로 폄하할 수 없다.

대체로 고대 이후 국가는 이러한 신성성을 배경으로 통치의 권위를 장식하고 그것은 오늘날의 정치지배자들에게도 국가·민족에 대한 신성성 부여와 간단 없이 승계되고 있다. 이러한 신성성의 결여 때문에 도리어 지배자의 강제가 발달하고 하층의 민중사회가 집약할 수 있는 민중적 지성의 귀결에 도달하기 어렵게 된 것이다.

이런 민족주체의 의식에 의해서 묘청의 북방대륙의 한국화와 중세 지성의 심각한 도전이 일어난 것이다. 그것을 대동강의 엉터리 무지개빛 서기(瑞氣) 조작 따위로 비웃게 되지 못한다.

雨歇長堤草色多　送君南浦動悲歌
大同江水伺時盡　別淚年年添綠波

비 머문 기인 둑 풀에는 봄빛
임 보내는 남포에 슬픈 노래만
대동강 물 언제나 마르랴
해마다 강물에 눈물만 더하네

紫陌春風細雨過　經塵不動柳絲斜
錄窓朱戶笙歌咽　盡是梨園弟子家

밭머리 봄바람 보슬비 내려
먼지 하나 없이 실버들 기우네
생가소리 들리는 울긋불긋한 곳
저기가 다 기생들이 있는 집이네

이것들은 정지상의 〈대동강 송인(送人)〉〈서도(西都)〉다. 이 시를 지은 것은 물론 묘청의 반란이 있기 전에 인종 행행(行幸) 때 수행했거나 묘청을 만나러 갔거나 가난한 어머니를 급제 후에 뵈오러 갔거나 했을 때 지은 것이리라. 아니 어린 시절의 정서를 청연각 시회(詩會)에서 즉흥한 것인지도 모른다.

그는 예종·인종 양대에 왕의 장원정(長源亭) 행행에 따라가 즉흥시로 명성을 날리고 왕태자 책봉의 어연(御宴)에서 경축의 율시(律詩)를 지어 바치기도 했다. 서경 기린각(麒麟閣)에서 서경(書經) 무일편(無逸篇)을 진강하고 그곳의 유신(儒臣) 25인과 함께 왕의 은총을 입는다.

고려 문사사회는 시문에 관한 한 졸렬한 현상을 면치 못했다. 김부식들의 사대주의는 중국의 이름 없는 말단 외교관리나 상인까지도 숭배하여 그들과 대화하고 시를 창화(唱和)하는 것을 큰 보람으로 믿었다. 이와 함께 시인이 어떤 업적을 남겼느냐는 객관적인 평가보다 요절한 시인의 시문을 무조건 높이 평가하고 조숙한 재능에만 갈채를 보냈다. 그리하여 시문이 얼마나 훌륭한가보다 얼마나 빨리 즉석에서 만들어지느냐에 더 관심을 두는 것이다.

후세의 신광수(申光洙)가 고려의 시문에서 오직 정지상을 당시(唐詩)에 버금할 뿐이라고 극찬한 것도 그러한 고려 문인사회의 폐습을 뛰어넘은 천재적인 정지상을 발견했기 때문이다.

그가 다만 서경의 묘청 호족세력에 편승한 것이 아니라 이러한 문학적 재능이 갖는 국가에 대한 큰 꿈을 가진 혁신적인 지성의 소유자임은 두말할 나위가 없다.

위의 시가 서경천도의 이상이 좌절된 고혹적인 비애를 예시하는 것도 그의 여러 시와 함께 정지상의 소재를 밝히고 있다. 정지상의 비극과 함께 김부식의 집요한 시기심의 대상인 윤언이가 유배지에서 자살하면서 남긴 시 역시 고려 묘청 그룹의 비극적 지성의 아픔을 일깨우고 있다.

13. 무신난(武臣亂) 이후의 서기관 계층

어느 시대나 지식인의 증대는 집권사회를 중심으로 이루어진다. 특히 고대·중세사회에 있어서 지방 지식인이란 거의 존재하지 않는다. 고려 초기 이래의 지방 호족세력이 지식인을 망라하지 않은 것은 아니나 그 세력의 절정은 언제나 개경 귀족사회에 집중되었을 때 나타난 것이다. 문종~의종 연간의 귀족 지식인들이 문신 중심으로 그 세력이 엄청나게 강화될 때 거기에 상반된 무인 계층은 마치 문신들의 노예나 다름없이 굴욕과 천대를 받는다.

무신난의 주동자인 대장군 정중부(鄭仲夫)가 인종왕대에 금군(禁軍)의 대정(隊正)으로 있을 때 김부식의 아들 김돈중(金敦中)에게 잡희(雜戲)를 하다가 그의 수염이 촛불에 탄 모욕을 당하고 또한 무신난 직전에 대장군 이소응(李紹膺)이 어전에서 당수(唐手)놀이를 하다가 상대방에게 패하여 달아나다가 문신 한뢰(韓賴)에게 "이 바보녀석 같으니라구!" 하고 뺨을 얻어 맞아 계단 밑으로 굴러떨어지는 일이 일어난 것도 그런 예의 대표가 된다. 젊은 문신이 늙은 무장을 왕과 문신들의 문사(文詞) 유흥이나 수행 호위하는 역할을 시키고 그들의 그러한 격무와 빈핍은 무인 계층의 깊은 원한을 쌓아올리게 했다. 고려 초기 현종 연대에 경군(京軍)의 영업전(永業田) 문제로 궐기하여 상장군(上將軍) 김훈(金訓)·최질(崔質)이 호위군을 지휘하여 문신에 대한 반란을 일으킨 일은 잊어버린지 오래지만 무인계층에서는 그 이후의 혁명 잠재력을 키워오고 있었다.

의종의 타락한 풍류에 날뛰는 한뢰를 비롯, 임종식(林宗植)·이복기(李復基) 들과 환관(宦官), 술객(術客)들은 의종의 막대한 경비와 인력을 탕진하는 유흥 여행을 충동하기를 헤아릴 수 없게 했다.

의종 24년 여름, 장단(長湍) 보현원(普賢院)으로 왕 일행은 또 시주(詩酒) 환락을 베풀기 위해서 갔다. 그 이전에 화평재(和平齋)에서 흥청을 떠는 것을 보다못한 굶주리고 지친 호종(扈從) 간부 이의방(李義方)·이고(李高) 들이 정중부와 함께 거사를 일으켰다. 한뢰와 이세통·이당주 들의 내관들과 여러 문신, 환관, 술객이 한꺼번에 시체로 쌓이게 되고 개경으로 달려가 문신 50여 인도 학살했다. 개경사회는 피의 사회가 되고 왕은 거제도로 보냈다가 이어서 죽인다. 그러나 이 무신반란은 하루아침의 사건은 아니다. 그것은 도리어 오랜 무신계층의 세력이 확대되어 왔다는 증거를 가지고 있다.

정중부·이의방·이고의 혁명 3자는 어제까지의 문신귀족의 영달을 제것으로 하고 도리어 문신들보다 더 호화로운 탐욕을 보였다. 이러한 반역의 바탕은 그들 3자의 무력임에 틀림없으나 그 무력을 구성하는 무인들은 대부분 농민 출신이거나 극빈자 계층이므로 그들의 상류 지배사회에 대한 원한이 큰 힘이 된 것이다.

그러나 김철준(金哲埈)이 《고려시대 문화의 변천》에서 지적한 대로 '왕실을 호위하는 무인들에 의해서 일으킨 무신난은 지방사회와 하층의 계층들과 유리되어 있는 중앙 귀족들을 타도하는 것은 용이한 일이었다. 그러나 초기 무신들은 단순히 중앙 문신귀족들에 대한 반발로 일어났던 것이지 그들 자체가 어떤 경륜이 있었던 것도 아니었고 지방세력의 이익을 대변하는 것도 아니었다'라고 말하고 있다.

이런 무신난 3자는 다만 권력은 칼에서 나온다는 단순한 폭력의 차원으로 그들의 중방정치(重房政治) 쿠데타를 일으킨 것이다. 중방은 중앙의 무반(武班) 양반인 2군(軍)과 6위(衛)의 최고위 지도 무관인 상장군·대장군의 집 처소이지만 거사 뒤로는 그곳이 권력 핵심기관이 되어 왕실 감시, 왕실과의 연락을 지휘하는 무신난 막부(幕府)가 된다.

그들이 고려사의 표현으로는 문신 또는 문사와 '무릇 문관(文冠)을 쓴 자는 비록 말단 서리(胥吏)라 하더라도 그 자손까지 모조리 죽여 버려라'라는 명령과 함께 헤아릴 수 없는 살육을 감행했다. 그러나 무신난 초기부터도 '무릇 문신은 일체 주륙하라(凡文臣一切誅戮)'의 대학살은 모든 문신 관인을 목표로 한 것은 아니다.

정중부·이의방은 혁명동료 이고(李高)·그리고 채원(蔡元)·김보당(金甫當)의 복벽운동(復辟運動)의 모반을 진압하고 다시 한번 문신들의 대숙청 작업을 벌인 것은 사실이다. 그러한 문신 숙청과 함께 무신사회의 자가 숙청도 처절했다. 이의방이 정중부의 아들에 의해 암살되고 정중부가 경대승(慶大升)에게 멸망되자 다시 이의민(李義旼) 정권이 섰다가 이윽고 최충헌(崔忠獻) 형제의 혁명완성에 이르게 된다.

무신난 초기부터 무인정권은 먼저 그들의 권력 기구에 필요한 것이 서기(書記)였다. 그들의 행정기능이나 문서관리 체험이 없이 무신의 집권은 불가능하기 때문에 잔존한 문신, 덕망 있는 문신들을 재임시킬 수밖에 없었다.

최충헌이 그의 아우 충수(忠粹)와의 싸움에서 이긴 다음 이른바 혁구도신(革舊圖新)의 유신혁명 정책으로 문·무 양반 사회의 부패와 대토지 소유자의 부동산 국가 환납, 조부(租賦)의 공정, 관제정비로 용관(冗官) 제거, 서민계층에 대한 권세층의 침해 엄금, 왕실의 경비·의례의 축소, 승려의 왕실 출입금지, 주군(州郡) 지방관리의 관기숙정(官紀肅正), 조신들의 청렴, 비보사찰(裨補寺刹) 이외의 것을 삭거하는 등의 정책을 썼다.

최충헌은 그가 옹립한 괴뢰 왕 신종(神宗)으로부터 '은문상국(恩門相國)'이라는 은인으로 섬겨지고 왕은 최충헌을 신례(臣禮) 이상으로 대하게 된다. 이같은 최충헌 절대주의는 그의 도방(都房) 정치로 시작하여 도방은 문·무 관리나 한인(閑人) 계층, 병졸에 이르기까지 힘센 자들만을 발탁하여 그의 권력을 호위하고 금의(琴儀)·이규보(李奎報)·이공로(李公老)·최자(崔滋)와 같은 문호들을 그의 문하에 출입하게 했다. 그들은 최충헌의 집에 출입하는 것을 용문(龍門)에 오르는 것으로 믿고 최충헌에게 수많은 충성과잉의 헌시(獻詩)를 써 바친 것이다.

이러한 신흥사대부가 정치현실의 표면에 부각된 것은 사실이나 그것이 바로 관료·관인 중심의 체제는 아니었다. 고려의 귀족사회는 무신난을 계기로 일단 해체되는 듯이 보였으나 의연히 귀족 관료사회는 과거 등용의 개방과 함께 이원적으로 지속된 것이다.

최충헌 정권이나 그의 세습정권의 문객(門客) 지식인 이규보는 그의 포괄적인 문학과 함께 고려 지성을 대표하는 관인이다. 그를 '벼슬 하나에 시 한 수, 시 한 수에 벼슬 하나'라고 비난하게 만든 현실에 대한 집요한 애착이 그의 일생을 지배한 것은 사실이다.

이규보로서는 최씨 무신정권의 시대를 성대(聖代)로 인식하고 특히 최충헌에 대해서는 '경천위지(經天緯地)하는 인물로서 정책 (定策)한 국로(國老)는 좌명(佐命)의 대신'이라고 추앙했다.

그는 40대에 들어서야 그렇게도 열망한 관직에 등용될 수 있었 다. 그리하여 30여 년 동안 한 번의 좌천, 단기 유배생활을 제외하 고는 영달이 연속된 것이다. 최충헌의 《모정기(茅亭記)》를 쓰고 한림(翰林) 벼슬을 얻고 최충헌 앞에서 《공작(孔雀)》을 써서 사재 승(司宰丞) 벼슬을 얻고 이윽고 관직을 애걸하는 〈구참직계제(求 參職階悌)〉의 시를 올리고 우정언지제고(右正言知制誥)의 벼슬을 얻었다.

그의 탁월한 문학 자질에도 불구하고 40세까지의 불우한 무관 문사생활은 혹은 이인로(李仁老)들의 도피그룹 문사와 교류하기 도 하고 스스로 백운거사(白雲居士)라 칭하여 세속 무애의 생활을 꿈꾸기도 했다. 그러나 그러한 소외자의 삶이 그의 관직 지향성의 본능을 떨쳐 버릴 수는 없었다.

그의 불우한 시대가 그의 문학으로서는 큰 업적을 채우고 있다. 26세의 이름 없는 청년 문사로 서사시 《동명왕편(東明王篇)》을 써서 김부식의 《사기》가 고대의 신이(神異)·신적(神迹)을 삭제한 것에 대하여, 백낙천이 방사(方士)가 승천하고 땅에 들어간 일을 노래한 것을 본받아서 고려를 고구려 전통의 문맥에 놓은 성인지 도(聖人之都)로 인식하게 한 것은 그의 문학이 민족문학을 지향한 일과 함께 신흥사대부의 양식을 대표한다.

그는 의종 22년, 한미(寒微)한 지방 하층관리의 아들로 태어난 다. 그 무렵은 이미 시독(侍讀) 정습명(鄭襲明)의 비장한 충간도

의종의 귀에 들리지 않아서 습명이 음독자살을 하고 고려가요 〈정과정곡(鄭瓜亭曲)〉의 작자인 내시랑중(內侍郎中) 정서(鄭敍)가 모함을 받아 원격지 유배에 안치된다. 그는 자라나면서 무신정치의 공포를 터득함으로써 차츰 풍류 호방의 기질로 현실과 유리되는 기질을 발휘한다. 그것이 한동안 그가 해좌칠현(海左七賢)과의 교유에 빠지게 한 일도 있다.

이러한 어려운 시대, 밖으로는 몽골의 세력, 안으로는 무신의 횡포로 짜여진 정치·사회적 동란의 시대를 그는 도리어 현실에 집착함으로써 관료의식을 심화시킨다. 물론 그의 관료의식은 최충헌의 문신 애호에 힘입는 바 큰 지배사회에의 진출의 가능성과 연결된다.

난에서 남겨진 원로 문신 한문준(韓文俊)·문극겸(文克謙)·임유(任濡)·이지명(李知命) 들의 문치주의적 전통을 이어서 그의 《백운소설》에 등장하는 교우 1백80인에 이르는 유·불 지식인의 화려한 중세 문단을 형성하고 그 자신 40번의 과거 지공거로서 1백40여 인의 급제 문사를 배출시킨 것과, 그가 무신난을 전후한 크나큰 문화중흥의 영예를 누린 것은 그의 이러한 관료 지향성의 집념이 이룬 성과였다. 그러나 무신정권에 대한 지식인의 근본적인 부정 정신을 그는 가지지 못하고 지식인이 권력에 추종하는 고전적 정치이념으로부터 벗어날 수 없었다. 그것은 그당시의 많은 문인사회가 무신정권에 대한 그들 자신의 지조를 확립하려는 분위기에 대한 단호한 반론이다.

이규보는 이러한 반정부적 지식인 군상이 겪고 있는 온갖 불우와 빈핍 또는 사람들이 모이면 으레 있음직한 허식들에 대한 강자적(強者的)인 혐오를 일으켰던 것이다. 그것은 가장 쉬운 일이다. 그리고 그 쉬운 일은 그가 그런 부류와는 달리 관직을 가지려는 욕망을 더욱 쉽게 만들었다.

그가 《동명왕편》이나 《개원천보영사시(開元天寶詠史詩)》들에서 유교적 통치자의 권위와 도덕을 설정하고 《이상국집(李相國集)》의 패관문학(稗官文學), 가전체(假傳體) 소설 《국선생전(麴先

生傳)》,《청강사현부전(淸江使玄夫傳)》들은 통치체계에 대한, 통치집단의 신하에 대한 윤리를 그리고《대농부음(代農夫吟)》따위에서는 통치자의 지배를 받는 농민 하부계층의 정치적 순응 윤리를 각성시키고 있다. 이런 점은 그의 능엄경 불교나 권위적 신비사상을 배경으로 한 현실의 정치적 해석에 그의 중심사상을 두고 있는 사실과 부합한다.

금자광록대부수보문하시랑평장사수문전대학사감수국사판례부사한림원사태자대보(金紫光祿大夫守保門下侍郞平章事修文殿大學士監修國史判禮部事翰林院事太子大保)라는 찬란한 최고위 겸직자로서의 이규보는 그의 전반기 불운을 설욕하는 이러한 엄청난 관직과 함께 그의 엄청난 문학의 업적이 병행한다.

최충헌의 무신정권이, 정작 그들의 정권이 정착하여 다른 세력의 불안을 완전히 제거하고 연개소문의 권력에 맞먹는 막강한 집권자가 된 다음에는 무신의 문화 콤플렉스를 벗어나기 위한 문신애호의 현상을 나타낸다. 심지어 무인계층을 저버리고 헌시받는 즐거움에 도취되기까지 한다. 그런 항복 가운데서 이규보의 시문은 어떤 의미에서 집권계층의 정신적 현역(現役)을 이룬다. 서거정이 이규보를 가리켜 '동방 시호(詩豪)는 오직 이 한 분이다'라고 극찬하고 당대 문사들 역시 '능히 무정자(無情者=蒙古人)까지도 감동시켰다'고 하고 '적선(謫仙)의 일기(逸氣)가 만상(萬像) 밖에서 있는 것 같다'고 추앙되며 그의 제자 최자(崔滋)는 '해와 달 같아서 극히 칭찬할 수도 없다'고까지 말한다. 그뒤로 그의 문학은 해동 제일이라는 말을 떼어 버린 적이 없도록 무수하게 옹호·숭앙된다.

그는 침착하게 시 한 수를 바치고 벼슬 하나를 얻는다. 그 일을 되풀이함으로써 끝내 정상 관직에까지 계단을 오르는 것처럼 차곡차곡 올라간 것이다. 그러나 이런 침착한 출세 과정은 무미건조하고 우직하게만 유지된 것은 아니다. 당 현종이 이백(李白)의 주흥(酒興)을 기뻐한 것처럼 최충헌도 문사들의 취흥이나 기태(奇態)를 좋아했다. 이규보는 그런 최충헌에게 술 없이는 한 줄도 즉흥할 수 없다는 것을 알림으로써 술에 취하게 해서 시를 짓게 했다. 그리고 그는 최충헌에게 접근하기 위해서 그 아들 최이(崔怡)와 밀착했던 것이다.

그는 고려사가 지적하고 있는 것처럼 술과 풍류에 방일한 문사 기질을 가지고 있던 만큼 40대 이후 그는 그런 기질을 그의 관직 입신에 교묘하게 이용했다.

이규보 문학은 그당시의 신흥사대부층의 의식이나 시가들이 그런 것처럼 이우성(李佑成)이 분석한 대로 관각문학(館閣文學)과 강호문학(江湖文學＝處士的文學)으로 파악할 때 그 양면을 다 갖추고 있다. 그들 최씨 정권의 문인들은 이른바 권력의 자연적인 질서를 주제로 삼을 때는 숭고미와 과장된 장엄성을 구현한다. 그러나 그와 반대로 강호문학은 우아한 정서나 우수가 주조를 이룬다.

이규보는 고위 관직에 오르면서 이러한 문학과 함께 외교문서를 전담함으로써 고려정권이 우수한 지식인을 가지고 있는 증거를 몽골 침략자에게 과시하기도 한다. 그러나 이규보는 그가 호방한 기질이나 침착한 출세의 과정을 갖춘 것과 함께 무엇보다도 현실에 대한 냉정한 판단을 바탕으로 삼고 있다.

그의 신중한 처세술은 그가 지은 《외부(畏賦)》에서 잘 나타나 있다. 그는 현실을 한 개인의 감정이나 비판으로 대립할 수 없다는 사실을 터득하여 언제나 현실의 어려움을 근신으로써 뚫어나간다. 이러한 현실주의에는 지식인의 지조나 절망을 담을 수 없다. 말하자면 그는 지식인이 반드시 한 번쯤은 직면하지 않을 수 없는 결정적 비극과 만나기를 피하고 있다.

《이상국집》의 잡문은 그의 친체제적 현실주의 정론들을 포함한다.

〈반유자후수도론(反柳子厚守道論)〉에서 그는 유자후가 관직을 지키는 것이 도를 지키는 것만 같지 못하다고 주장한 것에 대해서 다음과 같은 반론을 펴고 있다.

관직을 지키는 것이 도를 지키는 것만 같지 못하다는 주장은 근본적으로 옳은 것이지만 그것은 1급의 지성에 한해서 그런 것이며 2급·3급의 지성의 경우에는 도를 지킨다는 미명하에 횡설수설하게 되어 차라리 관직을 지키는 것만도 못하게 될 염려가 있다. 그래서 그는 도를 지키는 것보다 관직을 지키는 것이 더욱 낫다라는 기능적 지식인관에 도달한다……〈굴원불의사론(屈原不宜死論)〉을 보면 임금이 아무리 폭군이라도 그의 잘못을 드러나게 하는 것은 신하의 잘못이라는 지극히 도식적인 논리를 펴게 한다. 그에 의하면 굴원의 가장 큰 잘못은 '임금이 자신의 잘못을 고칠 때까지 기다리지 않고 그 임금의 잘못을 그의 죽음을 통해 영구화한 데 있다는 것이다'라고 김현의 《중세 지성과 권력》은 비판하고 있다.

우리는 이러한 이규보를 통해서 그가 현실에 대한 실용주의적인 인식, 권력에 대한 교활한 기능자로서의 체험을 알아내게 된다.

그가 배출한 수많은 관각(館閣) 지식인 가운데서 최자(崔滋) 역시 이규보의 틀을 벗어나지 못한다. 최충헌 다음의 권력자 최이가 이규보에게 후계자를 물었을 때 "학유(學諭) 벼슬에 있는 최안(崔安=滋)과 급제 김구(金坵)가 있나이다" 하고 말할 정도이므로 최자에 대한 신임은 큰 것이다. 또한 최자가 뒤에 지공거가 되어 많은 급제자를 배출할 때 이승휴(李承休)도 거기에 포함된다. 그들은 다같이 최이의 정방(政房)·서방(書房)의 관료 지식인이 되어 대몽항거(對蒙抗拒) 1세대를 지나는 동안 문·무 연합체제에 그들의 충성을 바친 것이다. 그것은 강화도를 제외한 참담한 국민방기(放棄)의 죄악까지도 포함한다.

우리는 이규보를 중심으로 최씨정권 이래의 지성이 어떻게 권력의 핵심에 접근하는가, 그들이 고전적 지식인으로서도 도학과 통치를 식별할 수 없는 현실을 어떤 의식을 가지고 살아왔는가를 알아보았다. 그러나 이러한 중세체제의 정착화에 신흥사대부가 편입된 것은 이를테면 그당시의 신준(神駿)·오생(悟生) 들이 결연하는 현실을 박차 버리고 다음 세대의 사대부 양성에 전념한 사실을 정치현실로부터 퇴장했다는 단순론을 넘어서 대응시킬 필요가 있다.

　무신정권의 정당성을 옹호하기 위한 정권 부속물로서의 지식인이 바로 그 정권의 실무자가 된 서기 집단을 이루기까지 그들이 권력의 핵심에 바친 지적(知的) 헌납행위는 지식인이 권력에 부닥치는 최초의 희생물이자 권력의 장식물이라는 쓰디쓴 체험을 남겨놓았다.

14. 해좌칠현(海左七賢)의 비애

 이규보의 《백운소설》은 이른바 해좌파(海左派) 강호(江湖) 지식인 7인을 다음과 같이 음험하게 비난하고 있다.
 '선배들 가운데 문명(文名)이 있는 사람 일곱이 있는데 스스로 당시의 호기 있는 존재라 생각하여 마침내는 서로들 칠현(七賢)이라 자처했다. 이것은 진(晋)나라의 죽림칠현(竹林七賢)을 추모한 데서 나온 것이다. 서로 만날 적마다 술 마시고 시를 짓고 하며 방약무인한 태도였으므로 세상사람이 많이들 비방했다. 그때 나는 나이 겨우 열아홉이었는데 오덕전(吳德全＝吳世才)이 나이를 따지지 않고 평교(平交)하거늘 허락하여 번번이 그 모임에 데리고 가주었다. 그후 덕전이 동도(東都)에 갔는데 나는 그후에 또 그 모임에 갔다. 이청경(李淸卿＝李湛之)이 나를 보고 "그대 친구 덕전이 동도로 가고 돌아오지 않으니 그대가 대신할 수 있을까?" 하고 말했다. 나는 즉시로 이렇게 대답했다. "칠현이 그래 조정의 관작이어서 그 빈 자리를 채운단 말이오. 혜강(嵇康)·완적(阮籍)이 없어진 후에 그들의 자리를 이어받았다는 소리는 듣지 못했소이다. 좌중의 모든 사람이 다 대소(大笑)하고 또 나에게 시를 지으라 시키고 춘(春)·인(人) 두 자를 짚어 주었다. 나는 즉시로 시를 지어 다음과 같이 읊었다. 영광되이 대나무 아래 모임에 참석하여 통쾌하게 동이 속봄술을 기울인다. 모르겠나니 칠현 중에는 누가 속씨를 꿰뚫은 사람인가. 좌중의 모든 사람이 부끄러워하는 기색이 있어 곧 오연히 대취하고 나와버렸다. 내가 젊었을 때 광기가 이러했으므로 세상사람들은 나를 광객이라고 지목하였던 것이다.'(원문 생략)

 여기서 불렀다는 시의 속씨(核)는 진나라 죽림칠현의 한 사람인 왕융(王戎)이 구두쇠 재산을 가졌는데 그집에 품질 좋은 오얏나무가 있어서 그 열매를 팔 때마다 남이 그 씨를 받아 심는 것을 막기 위하여 송곳으로 그 씨를 뚫어서 팔았다는 고사를 인용함으로써 해좌칠현을 비난하고 혜강·완적이 죽림칠현으로 있다가 먼저 죽은 뒤 그 수를 채워넣지 않은 고사로서 이규보를 유혹하는 이담지(李湛之)를 빈정댄 것이다.

여기서 무신난 이후로 무신사회에 등진 은사로서 전통적인 문신체제의 자존심을 끝까지 지키다가 파멸한 해좌칠현 지식인을 말하려면 반드시 그들과 연결되기를 그들 자신이 희망한 것만큼 진나라 죽림칠현을 알아볼 필요가 없지 않다.

진대(眞代)의 강좌(江左)칠현 또는 죽림칠현은 위대(魏代)의 건안칠자(建安七子) 문단이 후한(後漢)의 경학(經學) 중심에서 이탈한 노장사상(老莊思想)을 그들의 문학에 적용한 것을 이어받는 진나라의 청고파(淸高派) 문사들이다. 그들은 조조(曹操) 일가의 위가 사마가계(司馬家系)의 진나라에 망하자 현실을 도피하고 부정하는 반예경적(反禮經的)인 행태를 보인다.

그들을 부유하고 신분이 높은 도회귀족(韜晦貴族)으로 보느냐 그렇지 않느냐는 뒤로 미룬다. 완적(阮籍)·혜강(嵇康)·산도(山濤＝巨源)·향수(向秀)·유령(劉伶)·완함(阮咸)·왕융(王戎) 들의 7인 문사로서 그들을 대표하는 것은 완적·혜강이다.

그들은 한결같이 낡은 유교를 부정하고 예의도 팽개친다. 옷도 벗어던지고 관을 쓰지도 않는다. 또한 상(喪)을 당하여도 곡(哭)이 없다. 아들이 아버지의 이름을 입에 오르내리는 일은 절대 금기임에도 그들의 아들은 그들을 이름으로 마구 불러댄다. 그들 가운데 한 사람인 유령은 점잖은 손님이 찾아와도 벌거숭이로 ‘천지는 내 집, 이 집이 내 옷이다……’라고 외쳐댈 정도였다. 아니 그들은 그 천지조차 또는 신선조차 부정하고 일체를 부정하는 허무주의자들이다.

문호 사마씨(司馬氏)의 제위(帝位) 찬탈 직전인 만큼, 조상(曹爽)의 관직 종용이나 사마씨가 사돈을 맺자는 제의를 술 속의 취생몽사로 다 거절한 완적을 통해서 그들이 세속적인 것을 부정하는 실마리를 찾게 된다. 남송(南宋)·유의경(劉義慶)의 《세설신어(世說新語)》는 이같은 죽림칠현에 대한 일사를 그려내고 있다.

그들의 문학과 행태에 연결되는 무신정권 시대의 해좌칠현 오세제(吳世才)·이인로(李仁老)·임춘(林椿)·조통(趙通)·황보항(皇甫杭)·함순(咸淳)·이담지(李湛之) 들은 이런 명명되어진 그룹밖에도 개경의 중심사회에서 소산(疎散)된 지식인이 많다는 사실까지 짐작케 한다. 이를테면 고려의 지방 사회에 향리(鄕吏)도 되지 못한 공허한 유지계층(有志階層)인 한인(閑人)이 하층사회를 횡행하고 있는 것에 대조되어 그들은 상류 지식인으로서 현실에 대한 무용(無用) 계층으로 그들의 복고적 정서에 사로잡혀 있었다.

그렇다고 그들은 정치에 대한 명료한 저항의식이나 책임 있는 논리를 가진 것도 아니다. 다만 무신정권은 문인의 오랜 우월감을 파괴했으며, 새로운 혁명세력을 정통성으로서 인정할 수 없다는 신흥 지식인의 고답적 편집(偏執)을 드러내고 있다.

그들의 특징은 첫째 망년우(忘年友)에 있다. 그것은 연령의 고하로 따지지 않고 뜻으로 맺은 동지가 된다. 여기에서 그들은 유교의 장유유서(長幼有序)를 부정함으로써 현실의 통치 도덕인 유교 자체를 간접적으로 부정한다. 따라서 그것은 문사가 권력에 늘 어붙는 것을 불명예로 생각한다. 그들의 대부분은 과거에서 몇 차례나 낙방한 상처를 가지고 있다. 세습정권이 실력이나 재능을 무기로 한 지식인의 참정영역(參政領域)을 개방했다고는 하나 의연하게 재래의 귀족사회나 음서(蔭敍) 계층의 엄연한 장애가 놓여 있다. 해좌파 지식인들은 그런 현실의 경직된 틀을 넘지 못하면서도 급제의 자존심 이상으로 시문(詩文)에 대한 우월한 자만심을 가진 불우한 재사(才士)들이다. 그럴 경우 그들이 현실에 대한 반응은 날카롭게 된다.

그러나 이런 우월한 그룹은 그들의 뜻을 현실보다 훨씬 높은 곳에 얹어 놓음으로써 세속적인 영달을 추악하고 무가치한 것으로 결정한다. 거기에서 불교의 출세간(出世間) 주의에 동화되고 노장철학의 자유를 설정한다. 그들의 음주부시(飮酒賦詩)는 청담적(淸談的)인 삶을 장식하는 소외자의 축제에서 그 절정을 이룬다. 그들은 이런 자존적인 긍지를 재래 원로지식인들의 기로회(耆老會)·후기로회(後耆老會)·기영회(耆英會)의 치사자(致仕者)나 면직자들인 최당(崔讜)·최선(崔詵)·장자목(張自牧)·고영중(高瑩中)·백광신(白光臣)·이준창(李俊昌)·현덕수(玄德秀)·이세장(李世長) 들과 유자량(庚資諒)이 모인 여러 늙은 퇴관이나 그밖의 각료급 퇴직자들과 정신적으로 유대됨으로써 강화된 것이다.

이인로는 무신난 당시 목숨을 보전하기 위해서 중이 되었다가 환속했고, 잠시 등용되었다가 팽개치고 나와서 해좌파에 참가한다. 그는 현실을 도피하여 지리산 청학동(青鶴洞)을 찾다가 포기한 일이 있다. 그곳은 세속을 피해간 사람들이 살던 선경(仙境)이라는 전설이 그를 크게 유혹했던 것이다. 그러나 끝내 찾지 못하고 바위에 칠언시(七言詩)를 새겨두고 돌아왔다. 오세재는 그들과 함께 있지만 늘 관직에 오르지 못한 것을 후회하다가 세상을 떠나고, 임춘은 밥을 구걸하는 〈기홍천원(寄洪天院)〉을 써서 밥 얻고 부서진 벼루를 먹는다는 암담한 걸식자가 된다.

> 白虹倒立碧山陰　　斤釜人遙歲月深
> 堪歡春風吹又過　　舊枝無復有化心

> 흰 무지개 벽산 그늘에 쓰러진 채
> 세월이 흘러도 꺾는 사람 없고
> 봄바람 일어서 지나가지만
> 묵은 가지 다시 꽃 피는 일 없구나

이담지의 〈고목〉은 그러한 해좌파 문사들의 심회를 반영하는 것 같다. 해좌(海佐)는 죽림칠현의 강좌(江佐)에서 바다를 건너왔다는 뜻으로 해동(海東)을 뜻한다. 그러나 그들은 고려말의 두문동(杜門洞) 지식인과 함께 현실에서 거세된 계층으로서 역사상의 고사로부터도 거세된 것이다. 그들은 죽림칠현의 문학을 뛰어넘

거나 접근하지 못하고 말았기 때문이다. 다만 이규보가 옳으냐 이
인로가 옳으냐는 질문은 그들의 동시대 상황을 떠나서 항구적인
지식인론의 질문을 낳고 있는 사실이 남겨진다.

15. 중세 선종(禪宗)의 정착

　정중부·이의방의 학정(虐政)은 권력이 지식인을 탄압하는 것으로 말해지는 것을 넘어서 지방 민중들에게까지 폭력이 휘둘러졌다. 백성의 피폐는 참혹했다. 그런 이유 때문에 전국 각처에서 민란이 번지기 시작했다. 그것은 무인계층의 상호반란이 권력 당사자에 대한 지배세력 탈취를 목적으로 하는 것에 대한 순수한 저항운동이다.

　이 가운데서도 왕실과 문신귀족의 지지로 세속권을 가진 불교 승려사회에서 귀법사(歸法寺) 1백 인이 성 북문을 침범하는 놀랄 만한 반란으로 죽고, 이어서 중광사(重光寺), 귀법사, 홍호사(弘護寺), 홍화사(弘和寺) 들의 승려 2천 인이 연합전선을 펴서 이의방의 군대와 항전하다가 피의 바다, 시체의 산을 이루었던 사실은 불교가 이 땅에 들어온 이래 최초의 일이었다.

　이를 계기로 서경 반란이 일어나서 묘청의 반란을 훨씬 능가하는 대규모 반란이 일어나고 지방 승려를 중심으로 뭉친 농민들이 각처에서 지배층에 대한 계급적 적개심, 수탈 관리에 대한 원한, 고리채의 생활고, 하극상 따위의 수습하기 어려운 혼란이 국내 전역을 흔들게 된다.

　또한 최충헌 정권시대에는 개경까지 몰려온 거란군을 격퇴하기 위해서 동원된 홍왕사(興王寺), 홍원사(弘圓寺), 경복사(景福寺), 왕륜사(王輪寺), 수리사(修理寺)의 승병들이 최충헌을 죽이기로 종군 도중에 개경으로 발길을 돌려 시가전을 벌이다가 3백여 명이 죽게 된다. 다음날 도망한 승려를 또 죽임으로써 8백 인의 승려가 남계천(南溪川)을 피로 채우는 참극이 벌어졌다.

　왕실 불교의 승려들이 왕당파적인 거사를 하고 무신정권에 깊은 정치적 적의를 품고 현실에 뛰어드는 것과는 달리 고려 불교 자체를 혁신해야 할 종교적 위기의식을 가진 평민승(平民僧) 지눌(知訥)이 동지를 모아 팔공산(八公山) 거조사(居祖寺)에서 선종(禪宗)의 정혜사(定慧寺)라는 수행집단을 만든다. 그러나 팔공산

118

의 부인사(符仁寺), 동화사(桐華寺)의 승려와 농민의 반란, 부석사(浮石寺), 부인사, 쌍암사(雙岩寺)의 반란이 혼란을 빚어낸다.

그는 그러한 지역사회의 혼란을 벗어나서 그들 자신의 수선(修禪)에 전념하다가 최충헌이 정권을 장악한 신종 원년 지리산 상무주암(上無住庵)으로 들어간다. 그곳에서 정치적 혼란을 떠난 입정(入定)을 시작하면서 제자 진각(眞覺)과 같은 위대한 선종 계승자를 얻으면서 그의 선풍이 확장되는 것이다.

보조(普照) 지눌은 《대혜어록(大慧語錄)》을 그의 이론의 배경으로 삼고 그런 사실은 그가 죽을 때까지 이어진다.

　福不在靜處　亦不在閙處

　　선은 고요한 곳에도 있지 않고
　　또한 시끄러운 곳에도 있지 않다

남송 임제종(臨濟宗)의 간화선(看話禪)의 거장 대혜는 그의 문인이 늘 1천2백 인이 넘었다. 그는 스승 극근(克勤)이 편술한 벽암록(碧巖錄)이 본칙(本則) 이외에도 평창(評唱) 착어(著語) 송(頌) 등의 군더더기가 붙어서 공안(公案) 자체에 선의 이론을 만들어서 문자놀이가 되었다고 그것을 불태워버린 사람이다. 그리하여 그는 선풍의 본래 면목을 찾기에 온몸을 바친다.

'저간 도를 배우는 자 승과 속을 막론하고 모두 두 가지 병이 들었다. 많은 언구(言句)를 배워서 언구 가운데 기특한 생각을 낸다. ……또 한 가지는 언구로 오입(悟入)한 다음 선의 본리(本理)는 언구 가운데 있지 않다는 말을 듣고 언구를 모두 버린다. 그리고는 두 눈을 감고 죽은 놈의 흉내만 내고 앉아 있다.'

이렇게 무섭게 질타하는 그의 선풍에 지눌이 매혹된 것은 당연하다. 지눌은 살아 있는 선풍을 지향했다.

지리산 상무주암의 정혜사는 그를 곧 조계산 길상사(吉祥寺)로 가게 해서 정착시킨다. 그러나 그곳은 개경으로부터 너무나 멀어서 처음에는 대중이 모이지 않았다.

'한때 원(願)을 함께 한 이를 불러 모았더니 혹은 죽고 혹은 병 들고 혹은 명리(名利)를 찾아서 모이지 않으므로 다시 잔승 서넛과 법석(法席)을 열어 그 원을 갚노라. (招集昔時同願者或亡或病或求名利而未會具與殘僧三四輩始啓法席用酬曩耳)'
라고 지눌 자신이 근수문(勤修文)에서 이렇게 처연한 고백을 하고 있다. 그렇게 초라하게 개산해서 이른바 정혜쌍수(定慧雙修)의 선풍은 중세사회의 혼란과 외침에 대한 크나큰 정신의 독립을 이룩한 것이다.

신라 불교가 자장의 계율정신으로 고대 율령정치(律令政治)의 현실을 지배했을 때 신라 말기의 조계산 육조(六祖)·혜능(慧能)의 남종선(南宗禪)이 들어와서 그 이전에 정착한 교종과 대립하기 시작한다. 그것을 고려 중기에 와서 의천이 중국 천태종의 교종을 선종화시키고 국내의 선·교를 통일하는 타협 원리로서 교·관쌍수(敎觀雙修)를 제창한다. 이 천태·선종과 함께 신라 이래의 9산(山) 선문(禪門)을 하나로 묶어 선적종(禪寂宗)이라 하다가 그것을 지눌의 조계종으로 부르기 시작했다.

그러므로 지눌의 조계종은 의천의 통일 종풍인 천태·선종을 이어받지 않고 그 주장만을 선택해서 그 이전의 9산을 하나로 통합해서 천태종까지도 흡수해 버린 것이다. 더구나 중국 선종의 전등록(傳燈錄)이 선종의 귀감이라면 한국 선종은 염송(拈頌)이 그것을 능가하는데 바로 이 염송을 편술한 사람이 지눌의 수제자이며 조계종 제2세 국사 진각인 것이다.

조계종이 교종까지 합일시켜서 왕실 불교나 비보(裨補) 사원들 그리고 하층사회를 지배하는 지방 사암(寺庵)들이 천편 일률로 기복신앙으로 전락한 것을 극복하면서 고려의 유교까지도 궁극적인 합일대상으로 삼아서 발전시킨 것이다.

특히 지눌의 조계종은 정치현실로부터 초연함으로써 정·교(政敎) 분리의 입장을 고수한 것이 도리어 정권으로부터 큰 지지를 얻게 되었다. 그것은 최충헌으로서는 이런 조계종의 현실외척 정태(靜態)를 기본정신으로 한 선종이 그를 반대하는 왕실 중심의 재래 관학불교(官學佛敎)보다 훨씬 바람직하게 받아들여졌고 또 하나는 지눌 이래의 조계종에 귀의하는 수행·신앙세력이 격증하자 그 민중 단지(團地)와 연결된다면 민란이나 어떤 종류의 반란도 없으리라는 판단을 함으로써 조계종은 사실상 왕실 불교세력을 대체하는 새로운 불교집단으로 성장하면서 정권의 후원을 받게 된다.

그것은 호남을 중심으로 한 도참사상의 역지(逆地) 하층사회에 대한 견고한 의식이 지배기능까지도 맡았던 것을 숨길 수 없다. 황해도 한촌에서 태어난 평민 보조나 전라도 변방에서 태어난 진각이 본래 개경의 승선(僧選) 출신이기는 하지만 서울 중심으로 살지 않았던 사실이 최씨 정권에게 불안의 가능성을 가지지 않게 한다. 여기에서 점점 강화되는 권력을 가진 세습정권과 선종의 깊은 관계가 지속된다. 물론 그 이전부터 고려의 선종이 도선의 풍수도참설과 혼융된 사실도 있었던 만큼 그것이 지배계층과의 자연스러운 관계를 발전시키게도 한 듯하다.

그러나 조계종은, 마치 도선의 도참사상이 그 정치 공리(功利)로서의 비의(秘義)를 빼면 순수한 중세 인문지리가 되듯이 그러한 풍수도참설과 사실상 단절된 사실은 신라 말기 이래의 선종·비술 뒤범벅의 그것에 비해서 선종의 원형을 회복한 것이다.

그런 선종을 그대로 둔 것이 아니라 보조·진각은 대중사회의 귀의자에 파고들어 난세를 사는 정(定)을 지키게 한 것이다. 다시 말하면 선 수행을 통한 일체 평등을 실현한 것이다.

지눌은 황해도 동주(洞州=현재의 瑞興)에서 12세기 중엽에 태어난다. 몸이 약해서 8세에 겨우 건강이 회복되는 정도였다. 그가 불과 53세로 세상을 떠난 것은 어린 시절의 이러한 허약 체질과 밀접하다. 고려 의종이 환관·문신과 한창 풍류에 빠질 때였다.

그는 8세에 종휘(宗暉) 선사에게 득도, 26세에 승선(僧選)에 급제한다. 그는 곧 개경을 떠나서 창평 청원사에 머물러 선종의 소이경(所以經), 육조단경(六祖壇經)과 만난다.

무신난의 와중인 명종 12년 1월, 개경 보제사(普濟寺)의 담선법회(談禪法會)에 동참한다. 거기서 이속(離俗)의 동료 몇 사람과 약속이 된다. 그것이 곧 한국 조계종의 첫걸음인 것이다.

아마도 지눌은 그의 건강과 관련해서 세속적인 활력에는 흥미가 없었던 것 같다. 이미 개경지역의 국찰이나 대찰들이 승란(僧亂)으로 피폐했던 때 그 법회가 있었던 것이다.

그는 승려의 세속권이나 왕실이나 호족의 재물을 숨겨둘 만큼 그들과 밀접한 귀족신분 계층이 된 승려사회의 정황을 몹시 혐오했다.

그가 현실에 대한 관심이 없는 것만큼 그는 현실에 뛰어드는 승려를 출가자(出家者)의 본분을 상실한 것으로 인정했던 것이다.

거기서 산중의 동지 득재(得才)·몽선(夢船) 들과 그밖의 몇 사람들이 법회 자체를 동지회로 이끌어서 그들은 의논했다.

지눌은 명리를 버리고 산중으로 가서 결사(結社)로 선정(禪定)을 익히며……진인(眞人)의 높은 수행을 따르면 어찌 즐겁지 않겠는가라고 물었다.

그러나 대체로 선(禪)보다는 말법시대(末法時代) 의식에 사로잡혀서 도(道)가 가렸으므로 아미타불을 불러서 정토(淨土)에 갈 일을 닦는 것만 같지 못하다는 중론이었다.

이런 중론은 그당시의 말세적인 무신난의 정변에 의한 비참한 정치현실에 대한 체험적 반응이다.

그들은 이미 그들이 사는 사회를 말법시대의 절망으로 인식하고 현생 지옥을 떠나서 극락에나 가려는 미타신앙에 의지하고 있었던 것이다.

지눌 역시 당대를 인식하는 것은 그들과 마찬가지였다. 그러나 그는 "……때는 비록 변천했으나 심성은 변하지 않는 법이니 법의 흥쇠를 보는 이는 삼승권학(三乘權學)하는 이들의 견해이니 지혜있는 사람은 그렇게 생각해서는 안 된다. ……그 근본을 찾지 않고 상(相)에 집착하여 밖으로 찾으면 지혜있는 이의 비웃음을 살 것이다"라고 강조한다. 지눌 역시 그들과 마찬가지로 현실에 더 이상 희망을 거는 일이 없으나 그들과 지눌이 다른 것은 현실에 중심을 두지 말고 자기 자신에게 중심을 두는 심성주의(心性主義)로써 현실을 격리하는 초극을 택한 것이다. 그는 동지들과 함께 맹문(盟文)을 지어 뜻을 모았다.

그러나 그 맹약은 흐지부지되어 10여 년이 흘러간다. 다행히 옛 동지 가운데 늙은 선사 득재가 팔공산 거조사에서 지눌과의 맹약 실천을 위해서 거조사에 10여 년 만에 옛 동원자(同願者)를 모았다. 지눌은 이통현(李通玄)의 《화엄론(華嚴論)》을 읽어서 보조의 《원돈신해문(圓頓信解門)》에 대한 인식이 시작되기도 했다. 이 화엄론이 《대혜어록》과 함께 그의 두 날개가 된 것이다.

그러나 그의 〈근수정혜결사문(勤修定慧結社文)〉, 〈수심결(修心訣)〉, 〈진심직설(眞心直說)〉, 〈간화결의론(看話決疑論)〉, 〈사기(私記)〉들을 보면 어느 경장, 어느 논장이 인용되지 않은 것이 없다. 그를 선종의 중흥조라고 할 경우 교외별전(敎外別傳)의 논리로만 인식하면 큰 잘못이다. 그만큼 그는 원효의 십문화쟁(十門和諍), 의천의 교관쌍수에 이어서 그것을 정착시킨 정·혜 쌍수 실천자로서 그의 장엄한 교학이 엿보인다.

그는 제2세 진각 혜심(慧諶)이 최충헌 및 그의 일가와 깊은 관련을 맺고 있는 것과는 달리 출가자로서만 일관했다.

물론 그가 조계종을 일으킬 때는 그것이 사회적인 관심을 아직 집중시키기 전이기 때문이기도 하다. 어쩌면 그의 창업은 제2세의 열정이 정권과 충돌하지 않고 확대되기를 바랐는지도 모른다.

그보다는 전혀 보조 지눌 자신의 승려 지도자적 결백 때문에 권문(權門)에 대해서는 의례적이었던 듯하다.

그럼에도 불구하고 지눌의 조계종은 고대 불교, 중세 불교가 출세간(出世間) 불교를 지향하지 못한 사실, 불교를 정치권력 담당자의 이념으로 수용한 사실로부터 결연하게 초극해서 불교를 세간으로부터 출세간의 수행으로 회복시켰다는 중대한 혁신을 의미한다. 지눌의 종교적 정통성에 위대성을 더하는 것은 바로 그 때문이다.

그렇다고 해서 그의 출세간 불교가 거기에서 고착된 것은 아니다. 그는 그런 불교로써 다시 한번 간두(竿頭) 진일보해서 세속 중생에 대한 진지한 교화를 목적으로 삼는다. 아마도 이런 보조불교(普照佛敎)에 의해서 한국 불교는 새로운 전기를 맞이하는 성싶다.

만약 그가 무신난의 난세를 그대로 지내버렸다면, 왕당파 승려로 살육이나 당하고 말았다면 그것은 한국 불교를 언제나 권력의 외호(外護)를 비는 이른바 호국불교라는 지배계층의 수단에 지나지 않게 만들었을 것이다.

그런 의미에서 그의 거시적인 자주성 또는 자력불교(自力佛敎)의 자기 동일성을 얻고 있는 것이다.

부처가 입으로 말한 것이 교(敎)가 되었고, 조사(祖師)가 마음으로 전한 것이 선(禪)이 되었으니 부처의 입과 조사의 마음이 둘이 아니다. 어찌하여 후인은 그 근원을 추종하여 보지 않고 부질없는 입씨름을 일으켜 헛되이 한세상을 보내는가 (世尊說之於口即爲敎祖師傳之於心即爲禪佛祖心口必不相違豈可不窮根源而各安所習妄與諍論虛喪天日也).

라고 그의 〈화엄론 절요(節要) 서(序)〉에서 말하고 있다. 석가멸후 나뉘어진 부파(部派) 불교가 중국으로 들어와서 실로 백화난방의 제종(諸宗) 분립시대를 이룬다.

불교가 이 땅에 들어와서 차츰 중국의 이러한 분립시대를 그대로 도습해서 서로 종란(宗亂)의 싸움을 일삼다가 지눌에 의해서 통불교(通佛敎)의 회통(會通) 귀일(歸一)의 총합체제를 실현한 것이다.

그러나 지눌의 이러한 노력 밖에서는 의연히 자가 불교의 누습

124

이 뿌리 깊었으며 불교사회의 타락을 심화시키고 있었다.

지눌의 불교는 선(禪)을 중심으로 왕족·귀족계층이나 평민계층이 다함께 평등 회상(會上)에서 수행, 이타(利他)의 출가 불교를 구현했다. 그것은 왕실불교에 대해서는 충격이 될 만큼 혁신적이었다.

그의 수행방법은 먼저 각찰(覺察), 휴헐(休歇), 민심존경(泯心存境), 민경존심(泯境存心), 민심민경(泯心泯境), 존심존경(存心存境) 그리고 내외전체(內外全體), 내외전용(內外全用), 즉체즉용(卽體卽用), 투출체용(透出體用)이다.

그는 그당시 고려 승려사회에서 견성(見性)한 중들이 자만해서 도인을 자처하는 방약무인의 작태를 유행시키고 있는 것에 대해서 그 견성이야말로 끝이 아니라 수행의 첫걸음이라고 선언함으로써 불교 현실에 대한 단호한 타격을 가했다.

이런 지눌의 혁신은 지눌의 인상을 정치가적인 것으로 오해할 수 있는지도 모른다. 그러나 지눌은 항상 소치는 사람(牧牛子)으로 자칭한 진리의 목자(牧者)로서 사람들에게 천진난만한 어린아이였고 대중 제접(提接)에 있어서 자애로운 어머니와 같았다고 전해온다. 이런 젊은 목우자 지눌을 배운다는 법명 학눌(學訥)을 가진 효봉(曉峰)과 비슷하다.

이런 조계종 개산 제1세 지눌이 지리산 상무주암에서 정혜사 결사(結社)를 하고 있을 때 거기에 귀의해서 마치 사자(師資)가 형제와 같은 동의(同誼)로 지낸 제2세 진각 혜심은 최충헌 지배가 시작될 때 사마시(司馬試)에 급제, 태학에 입학한 유학 청년이었으나 고향 나주 화순현(和順縣)의 어머니 병환 때문에 귀향, 거기서 불교와의 인연이 전격적으로 생김으로써 유교로부터 불교로 급전환한다.

그가 지눌의 지리산 시대에 귀의했는지 조계산 시대에 귀의했는지는 확실하지 않으나 진각국사 비명(碑銘)은 송광사의 지눌에 귀의한 것으로 되어 있다.

그의 수행은 지리산에서 눈이 머리 위까지 파묻히도록 쌓여도 삼매(三昧)를 풀지 않고 올올부동(兀兀不動)으로 습정(習定)했다는 일사나, 새벽 게송(偈頌)소리가 십리 밖에까지 울렸다는 일사, 그밖의 지눌과의 여러 초인간적인 일사들이 알려지고 있다.

혜심의 선기(禪機)나 문학적 재능은 그의 방대한 어록과 어요(語要) 편술을 보면 충분히 알 만하다. 그가 죽기 전에 문인 마곡(麻谷)에게 "오늘은 노한(老漢)이 매우 바쁘다"라고 말하고 게를 읊었다. "사바세계 괴로움이 다한 곳에 따로 한 세상이 있나니 거기가 어디냐면 대적열반(大寂涅槃)의 문이로구나(衆苦不到處 別有一乾坤 且問足何處 大寂涅槃門)"이다.

그는 주먹을 쥐고 말했다. "이 주먹이야말로 또한 선을 설할 줄 안다. 너희들은 믿는가? 안 믿는가?" 이번에는 주먹을 펴고 말했다. "이것을 열면 5지(支)가 각각이다." 다시 주먹을 쥐고 "이렇게 합하면 한 덩어리다. 이와 같이 개합(開合)이 자재하고 일다(一多)가 무애하다. 그러나 아직 이 주먹은 본분(本分)의 설화(說話)가 아니다. 어떤 것이 본분설화인가" 하고 부르짖었다.

그는 이런 임종으로 57세의 일생을 마친다. 1세·2세가 다 단명한다. 아마도 종가(宗家)의 창업에 힘을 기울인 것이 그렇게 죽음을 재촉한 것인지도 모른다. 대체로 선각자 또는 전위적 지도계층은 빨리 죽는다. 중세 선종의 대망(大網)을 이룩한 업적은 그뒤의 종풍 계승자들의 위대성과는 달리 고통스러운 것이다. 그는 최씨 세습정권으로부터 끊임없는 추앙을 받았으며 그 점은 선사(先師)보다 더했던 것 같다.

지눌이 세상을 떠난 날 혜심의 법어(法語)는 보조선(普照禪)의 화두(話頭) 하나가 꽃 피는 경지가 된다.

　법당에 올라가 향을 피우고 설법하기를;
　"이것이 선사의 콧구멍을 꿰어 끌어왔다가 끌어간 고삐다."
　하고 한참 있다가,
　"보라. 선사가 오셨도다. 주머니를 털고 장(藏)을 기울여 큰 보시(布施)의 문을 열고 흙탕물을 뒤집어쓰니 한바탕 낭자하다. 산승은 머리 위에 머리를 포개지 아니하리라…….”(원문 생략)

보조, 진각을 지내면서 수선결사(修禪結社)의 무서운 정신은 청진(淸眞)·진명(眞明)·원오(圓悟)·원감(圓鑑)·자정(慈靜)·자각(慈覺)·담당(湛堂)·혜감(慧鑑)·자원(慈圓)·혜각(慧覺)·각진(覺眞)·정혜(淨慧)·홍진(弘眞)·고봉(高峰) 들의 고려 말기 1백80년의 16세 국사를 통해서 전승 발전되면서 그것이 조선 근세 불교의 무일(無逸) 종사(宗師)에 이어진다. 그러나 왕실 시호(諡號)로서의 국사는 반드시 조계종 세계(世系)에만 주어진 것은 아니다. 왕사가 실질적인 것이라면 국사는 사후의 의례가 주는 명예인 것이다.

지눌은 그의 비원을 성취했다. 그것이 한국 불교를 산간(山間) 중심으로 만든 수행주의와 함께 세속사회에 대한 도덕적 관심이 희박하다는 결함을 무릅쓰게 한다. 그러나 우리는 보조 선종의 이 같은 개산이 무신정권 사회와 이면적 함수관계가 있음을 안다. 그는 특정한 종교가 사회 자체의 허상을 깊이 인식했을 때 사회현실로부터 독자적으로 고립 이탈할 필요성을 달성한 것이다.

어떤 변혁이나 창조적 전환은 그것이 일어나게 하기 위한 긴장의 정적(靜寂)이 선행된다. 어떤 일의 직전에 있는 그런 체험 없이는 변혁의 의지전환의 열정은 가다듬어질 수 없다. 지눌의 현실 이탈은 난세의 지식인에게 보이는 상투적인 둔세술이 아니라 이러한 보조 조계종 창립을 위한 전제되어진 약속의 행위였던 것이다.

또한 그런 창립작업을 지속 발전시키기 위해서 그는 현실과의 독자적 타협을 배격하지 않았다. 타협자란 현실에서 발견할 수 있는 최선의 현실가치인 것이다. 그러나 송광사 박물관의 노비문서가 암시하는 바는 정권에 의한 사원(寺院) 대영주(大領主)로서의 한층 지역사회에 대한 폐해가 엄청난 사실이 중세 선종의 봉건적 정착과 함께 늘어붙는 어둠이다. 교화집단의 지성이 착취계층으로 전락한 것은 노예제 사회까지 교화의 대상으로 삼지 못한 근본적인 실격을 남긴다.

결국 중세 선종의 행복은 상층 지배구조의 또 다른 종교적 표현인지도 모른다.

16. 일연 사관(一然史觀)의 인상

김부식의 유교정치 의식은 그의 동시대 북벌론자를 다 숙청하고 한국 민족을 진한(秦漢)의 유민이라고 단정해서 존화주의에 귀속시킨다. 이것은 훨씬 뒤의 일제시대의 내선(內鮮) 일체와 같은 민족정통성과 주체성을 말살하는 일이 되기 시작했다. 그것은 한반도 이남의 지역에서 이소사대 체제의 복종자로서 사는 일을 자인하는 것과 함께 민족의 귀일주체(歸一主體)를 소멸시킨다.

이러한 김부식의 기전체(紀傳體) 역사 서술에 대해서는 민족의식의 제창과 함께 근대사관의 개척자 신채호의 단재명제(丹齋命題)가 가차없이 탄핵하기 시작하면서 역사에 대한 진정한 서술 목적을 찾게 된다.

'역사는 역사를 위하여 역사를 지으란 것이요, 역사 이외에 무슨 딴 목적을 위하여 지으라는 것이 아니다. 상언(詳言)하자면 객관적으로 사회의 유동상태와 거기서 발생한 사실을 그대로 적은 것이 역사요, 저작자의 목적을 따라 그 사실을 좌우하거나 첨부 혹 변개하라는 것이 아니니…….'

라고 신채호《조선사 총론》은 말한다.

이런 역사 객체화의 서술 이론이 비판하는 김부식에 대하여 일연(一然)의 유사(遺事)가 대조되는 것은 한국사가 가진 역사 서술의 2개 문서가 걸머진 운명이다.

'……비로소 일연의 삼국유사에서 한반도의 세 갈래 주민들, 즉 3국이 단군이란 단일 건국신(建國神)의 관념에 의해 정신사적으로 일원화되었다는 점에 주목할 필요가 있다. 민족사상으로서의 한국 사상의 형성은 실로 삼국유사의 삼국 신라의 삼원적(三元的) 요인이 단군신화에 의한 일원화 작업에서 시작된다고 보아야

하지 않을까 한다.'

라고 신일철(申一澈)은《한국사상》서설에서 말한다.

일연의 유사는 그가 지나치게 불교 관계의 잡술(雜述)을 산만하게 서술했다는 결함을 지니고 있다.

그러나 그 결함은 그런 서술을 더 많은 영역까지 서술의 대상으로 삼지 못한 중단되어진 수필적 결함 안에서 사라진다. 또한 그의 서술은 유사(遺事)라는 표제가 겸허하게 의미하고 있는 것처럼 역사 서술의 정사적(正史的) 의도보다는 책임의 무게를 피하려는 야사(野史)의 범부에 머물러 있다. 이런 사실은 의천이 썼으나 없어진 삼국사와도 다를 법하다.

그것은 고대 역사 서술의 기전체에 대하여 일연의 승려적인 자유방일한 개성이 그것을 채택하지 않은 점도 상상할 수 있게 한다. 또한 그것은 사기가 칙명(勅命)을 받고 김부식 자신의 오랜 의도에 의해서 쓰여진 것과는 달리 일연의 여러 불교 논술의 한 종류로 쓰여진 차이도 밝혀진다.

그것도 일연의 제자 김혼구(金混丘)가 스승이 써서 남긴 것에 '국존조계종가지산인각사주지원경충조대선사일연찬(國尊曹溪宗迦智山麟角寺住持圓鏡沖照大禪師一然撰)'이라고 표기했기 때문에 일연의 것이라고 알 만큼 거기에 집착하지 않았다. 그러므로 우리가 일연의 역사의식, 역사철학 또는 사관을 말하는 것이 일연 자신의 소박한 서술행위에 대해서는 과장된 느낌도 없지않다.

그러나 그의 이런 담담한 문서 태도를 상상할 수 있음에도 불구하고 일연의 사관은 확실히 중세불교 지식인이 남긴 민족적 성과를 크게 반영시켰다. 그의 〈유사 기이(紀異) 제1〉의 자서(自敍)가 이미 그의 역사의식의 서막을 보여준다.

이른바 괴·력·난·신(怪力亂神)의 비현실성을 제거하는 일이 부당하고 그것을 역사 개막의 신이성(神異性)으로 발전시킴으로써 신화와 역사를 연결하는 역사 형이상학의 실현을 그는 꾀한 것이다.

130

‘……제왕(帝王)이 일어날 때는 부명(符命)과 도록(圖籙)을 받아 범인과 다름이 있는 것이니 그런 뒤에 능히 큰 변화를 타고 대기(大器)를 잡으며 또 대업을 이룰 수 있는 것이다. ……그런 즉 삼국의 시조가 모두 신이(神異)한데서 나왔다는 것이 무엇이 괴이할 것이 있으랴, 이 기이(紀異)가 제편(諸篇) 첫머리에 실린 것은 그 뜻이 여기에 있는 것이다(원문 생략)’라고 그는 명기하고 있다.

아마도 이런 서론은 김부식의 단군신화 제거에 대한 간접적 항의를 전제하는 듯하다. 그것은 마치 이규보가 《동명왕편》 서언에서 김부식을 신중하게 비판하는 의도와도 일치한다.

삼국유사는 표제대로 삼국역사만을 서술 대상으로 삼지 않고 그의 중세 통일 민족의식이 지향하는 고조선을 편차(編次)하고 신라에 의해서 소멸된 가락국이나 발해에 대한 관심도 표명하고 있다.

일연은 어디에도 그 뜻을 남겨놓은 것은 없으나 유사의 곳곳에서 민족 전체상에 대한 뜨거운 애정을 주입하고 있고, 그것은 그가 김부식의 사기를 본 다음의 비판적인 서술 충동에 의해서 서술한 것을 연상시킨다.

왕력(王曆)을 비롯해서 기이(紀異), 홍법(興法), 탑상(塔像), 의해(義解), 신주(神呪), 감통(感通), 피은(避隱), 효선(孝善) 9편으로 편성된 유사는 분명히 사기가 결제(缺除)하고 있는 불교관계와 지역사회의 풍속이나 민주적인 하층사회 일사를 포괄하고 있다. 여기에 없는 것은 사기에서 보라는 의도도 없지않은 것 같다.

그가 불교에 치중하다 보니 신라사회에서 소재를 많이 채택한 것은 그가 결국 김씨로서 고향 경주를 의식한 것이기보다 영남지방의 사찰에서 대부분의 행각을 할 때 그 기회에 획득한 소재 때문이다.

《홍법편》은 대체로 중국의 《고승전》 기술방식을 차용했으나 고대 한국 승려가 중국에 건너가서 그곳의 승려보다 우월한 자리를 확보했다는 사실을 집중적으로 다루어서 우리의 자주 의식을 추체험하고 있다.

　그러나 일연의 유사는 역사의 본격적인 편성이기보다는 그의 불교 취향에 의한 문학적 설화가 주조를 이루고 있다. 이런 특수성은 다음 두 가지의 일연 사관의 진수를 부각시킬 수 있다. 첫째는 김열규(金列圭)가 지적한 것처럼 '원초(原初)에의 회귀(回歸)'에서 찾아진다. 단군신화를 구체적으로 묘사함으로써 상고(上古) 샤머니즘이나 한국적 원형의 인생관·세계관을 짐작하게 한다. 그러나 이런 원초에의 회귀를 한 번 더 뛰어넘어서 신화·종교의 체험세계가 우리에게 또 하나의 현실임을 각성시킨다. 그것은 그가 보인 중세적 주체의식과 함께 초역사적인 민족 영속신앙을 낳는다. 둘째, 그의 문학적인 취향은 영원히 망실될 뻔한 향가 14수가 가까스로 건져진 사실로 나타난다. 물론 이런 업적은 그가 고려 하층사회의 생생한 생활감정까지도 반사시키는 야사(野史)의 야화적인 너비에 의한 것이기는 하나 〈원왕생가(願往生歌)〉, 〈도천수관음가(禱千手觀音歌)〉, 〈도솔가(兜率歌)〉, 〈혜성가(慧星歌)〉, 〈모죽지랑가(慕竹旨郞歌)〉, 〈찬기파랑가(讚耆婆郞歌)〉, 〈노인헌화가(老人獻花歌)〉, 〈서동요(薯童謠)〉, 〈제망매가(祭亡妹歌)〉, 〈처용가(處容歌)〉, 〈원가(怨歌)〉, 〈풍요(風謠)〉, 〈안민가(安民歌)〉, 〈우적가(遇賊歌)〉 들은 신라 이후의 고려 균여(均如)에 의한 〈보현십원가(普賢十願歌)〉와 함께 고대 시문학의 소재를 만들어준 것이다.

　또한 그는 불교를 이교(異敎)로서 받아들인 고대 한국이 그것을 한국 고유의 신도체계(神道體系)에 접착시켜서 불교가 천축·중국의 것이 아니라 한국의 것이게 하는 국교화(國敎化) 사상을 그는 강조한다.

　그것은 신라의 왕권 불교를 변형발전시켜서 주체의식에 이바지하는 고대 민족운동의 표상을 목적으로 삼고 있다.

　김부식의 사기가 세련된 서술형식임에 반하여 이 유사는 조야한 것은 틀림없다. 그러나 이런 야사적 서술을 통해서 우리는 고대사회에 대한 향수를 가질 수 있다. 왜냐하면 거기에는 정리된 질서의 격자(格子)가 아니라 여기저기서 부닥치는 생생한 민중적 생명이 있기 때문이다.

일연에게는 유일하게 남겨진 유사 이외에도 많은 저술의 이름이 전해지고 있다. 그는 조계종 제1대 지눌이 죽은 뒤에 입산했으므로 다만 그를 멀리 사승(嗣承)했다. '오직 당하(黨下)에 참(參)하지 못하였음으로써 부끄러움을 삼았다……'라는 그의 비명은 그가 평범한 진전장로(陣田長老) 대웅(大雄)에 의해서 계(戒)를 받고 거의 선 수행이나 교학을 독학(篤學)으로 추구한 듯하다.

최씨 정권의 파멸과정과 몽골과의 전란으로 채운 시대에 그는 난세의 정신적 지주가 된다. 그러나 그는 고려 중기의 의천보다 초기의 균여와 연결된다. 그것은 그가 조계종 정계(正系)가 아니면서 조계종에 속한 것으로도 암시된다. 또한 그는 일연 동시대에 너도 나도 대륙에 건너가는 유학에도 무관심했다.

희종(熙宗) 이후 강종·고종·원종·충렬왕의 5대를 살면서 일연은 하나의 깊은 우수를 가진 편력 지식인이었던 것이다. 그의 비명은 '사(師)의 나이가 기기(耆期)에 이르러서도 그 총명은 조금도 쇠하지 않고 사람을 가르침에 게으르지 않았으니 지덕(至德)과 진자(眞慈)가 아니고서야 어찌 이와 같을 수가 있으리오.'

'학(學)에 있어서는 사훈(師訓)에 말미암지 않고 자연으로 통효(通曉)하였으며, 장경을 열람함에 당해서는 제가(諸家)의 장소(章疏)를 궁구(窮究)하고 겉으로는 유서(儒書)를 섭렵하였으며 백가(白家)를 수방이물(隋方利物)하고 묘용(妙用)으로 종횡하기를 무릇 50년간 법도가 되어 수위(首位)에 있었던지라……' 하고 일연의 산야적(山野的) 지성의 궤적을 간추리고 있다.

일연 사관은 실로 이런 그의 비권위적인 자력(自力)으로서 그가 내세운 고대사 공공(公共)의 자아통일을 구현한 것이리라.

이런 점에서 고려 불교가 점점 귀족계층의 귀의를 해체시키면서 현실을 도피하거나 타락해 갈 때 일연의 불교적 패관문학인 삼국유사로 하여금 역사에 끼친 업적을 갖는 영광을 고려대장경이 그 비원을 성취시키지 못한 일과 함께 민족문화 주체의 비원으로 환치시킨 일연의 '역사소설'을 우리는 역사 추진력으로서 재인식한다.

17. 중세 복속국가(服屬國家)의 관인

　안향(安珦)으로부터 이제현(李齊賢)에 이르는 동안의 고려 사회는 몽골의 30년 침략과 그 침략 끝에 불가피한 복속체제 1백 년의 철두철미한 피압박으로 일관한다. 그것은 황야의 한 유목민족 사회에 지나지 않는 몽골이 중국 대륙은 물론 서구라파까지 점령한 세계적 정복국가가 되었을 때 그런 국가와의 오랜 저항으로 맞서온 무신정권의 의지를 몰수당한 사실을 뜻한다.

　고려와 원의 관계는 고대사 이래의 전통적인 조공(朝貢), 숙위(宿衛)의 충성스러운 선린관계와는 전혀 다른 완전한 복속관계였다. 어떠 의미로는 원의 야만적인 제국주의는 고려를 복속국가 이상의 식민지 정책으로 지배한 것이다. 왕실에 몽골의 피가 섞이게 하고 북부나 제주도는 직접 원의 영토로 만들었다. 또한 역식민지(逆植民地) 정책으로 고려의 지식인, 관료 그리고 여자들을 강제로 압송해다가 지배자의 구성원으로 사용했다. 고려의 산업은 원으로 실어나르기 위한 진상산업(進上産業)이나 원의 정복야욕을 위한 군수산업에 지나지 않았다.

　고려의 가을 곡식은 몽골군이 논바닥을 짓밟아서 아무리 풍작을 이루어도 그것이 고려의 군량이 되지 못하게 했다.

　그런 야만적인 7차 침략에 의해서 고려는 몽골의 다루하치(達魯花赤＝總督)의 지배와 정동행중서성(征東行中書省)에서 고려 역대의 왕을 장관(長官＝丞相) 정도로 취급하고 모든 지배권은 동행성 성관(省官)의 전제(專制) 밑에 있게 된 것이다.

　원의 이러한 폭정은 16세기 임진왜란과 함께 한반도를 초토로 만든 한국사 최대의 비극을 이루고 있다.

　여기에서 국가와 왕의 권위를 빼앗긴 복속체제 지식인의 미망(迷妄)이 생겨난 것이다. 이미 고려의 저항이 해체될 때부터 매국적 친원파(親元派), 부원파(附元派)들은 조휘(趙暉)・탁청(卓靑)들의 배반으로 시작되어 철령(鐵嶺) 이북의 땅을 원에게 주게 되고 그뒤로 최단(崔坦)에 의해서 서경이 넘어가고 황해도 지역까

134

지도 그들의 둔전지(屯田地)가 되었다. 제주도는 말할 나위도 없다. 고려의 관제도 원의 한 향리 관제로 전락했다. 이러한 원의 군정시대에 누구보다도 먼저 충성심을 바친 계층들이 고려 귀족양반의 관인층(官人層)이다. 그들은 솔선해서 몽골 풍속을 받아들여서 복식을 하루아침에 고치고 개삭(開剃＝머리 정수리에서 이마까지를 반듯하게 깎되 약간의 머리를 남겨놓는 겁구아(怯仇兒)임)하여 그 치욕의 앞잡이가 된 송송례(宋松禮)·정자여(鄭子璵) 들이 변발 호복으로 설치기에 이르렀다. 이런 호속(胡俗)은 이미 왕자, 왕들부터 자진할 수밖에 없었다. 겨우 한림원(翰林院), 춘추관(春秋館)의 금내학관(禁內學館) 학사(學士)들과 민중만이 거기에 따르지 않았다가 학사들은 기어이 추수하게 된다. 그렇다고 해서 민중의 하층사회에 반원적(反元的)인 요인이 있었던 것도 아니다.

원의 복속체제에서 지식층이 살아남을 수 있는 방법이란 그들이 그 복속체제가 요구하는 것을 모범적으로 수행해서 관직을 얻는 길밖에 없다. 모든 왕이 몽골의 이름을 따로 가지는 형편에서 관료나 관료 지망자들에게만 자주성을 고집하라는 것도 무리가 된다.

왜냐하면 고려가 몽골과 장기간 대항한 것은 무신정권의 군사적인 힘 때문이다. 그것도 전국토를 방치하고 중앙 정권만이 강화도의 지리적 조건에 힘입어서 싸운 것이다. 그만큼 강화도를 제외한 고려 영토는 몽골의 참혹한 야만행위에 짓밟힌 것이다. 몇 군데의 성새(城塞)가 몽골군과 싸운 사실 이외에 백성사회는 침략자에게 희생되거나 강화도 정권의 전시(戰時) 체제에 의한 가렴주구의 대상에 지나지 않았다.

이런 상황에서 고려의 무신정권이 무너지자 그 정권에 의존해 온 문신 지식인에게 특별한 반항을 기대할 수 없게 된 것이다. 아니 그런 기대는 고사하고 그들이 먼저 몽골체제에 누구보다도 빨리 적응하는 자존심 상실자의 얼굴을 드러낸 것이다. 오랜 세습정권의 의존 지식인은 다른 압제자에게 배전(倍前)의 의존 지식인

일 수밖에 없었다.

또한 그러한 복속국가 지식인은 이제까지 왕실이나 무신정권의 취흥에 쓰이는 시문(詩文)의 재능밖에 없었다. 그것은 그들이 민족 주체의식을 기를 만한 이념적 논리를 가지지 못하게 한 큰 원인이 된다. 말하자면 고려 제술(製述)주의 유교는 정치이념이나 철학으로서의 경사학(經史學)을 정착시키지 않았던 것이다.

그것이 필요할 때는 정작 그것이 없었고, 그것이 이미 필요하지 않을 때 송학(宋學)을 원의 연경(燕京)에 가서 얻어온 것이다. 그것이 성리학이다. 다만 이러한 성리학은 고려 자체의 주체회복의 의식이 되지 못하고 근세사 개막을 위한 정치 문화적 기층을 만들어서 고려시대를 완료하는 혁신사상이 되었을 뿐이다.

왜냐하면 고려 성리학은 성리학의 입문에 지나지 않았고 그것이 몇 사람의 탁월한 신흥사대부에게 전수되기까지는 복속체제의 문화에 지나지 않았기 때문이다. 고려의 많은 군소 지식인들은 국내의 총독정치에 아부하고 원의 수도에 가서 말단 관리가 되며 때로는 원의 간첩이 되고 고국을 중상하는 반역자로 표변했다. 한때는 1만 명이나 원에 가 있었다. 그들보다 탁월한 지식인들이라 하더라도 그 범주를 크게 벗어나지 못할 때 거기에서 성리학이 고려 말기의 여러 모순과 갈등을 극복하는 이념의 활력이 될 수 없는 것은 자명하다.

이병도의 《한국사》 중세편은 '충렬왕 때부터 공민왕 초에 이르기까지 약 80여 년 간은 원과 일가(一家) 관계를 이루어 국왕 이하 양국의 궁인(宮人), 귀족, 관리, 문인, 학자, 기술자, 상인, 기타의 빈번한 왕래, 귀화(歸化), 혼인 또는 물화(物貨)의 교역으로 인하여 양국 문화의 교류는 실로 심각한 바가 있었다'고 전제한다.

그당시 원은 세계문화의 제국주의적 집산지였다. 그것은 원이 문화적으로 열등한 사회이므로 거기에 모든 문화의 이질적인 기능이 혼재할 수 있는 자유를 누렸기 때문이다. 원의 문화는 고유성에 대한 세계 보편성의 혼돈을 통해서 중세 동양문화사의 다양성을 이룩한다.

원은 고려뿐 아니라 세계의 여러 지역을 복속시키는 종주국으로서 고려사회를 가장 손쉬운 식민지로 삼았다. 이러한 시대에 성리학의 첫 수용자 안향(安珦)이 나타나서 복속 체제에 순응하는 것은 한말 개화 지식인의 비극까지도 예시하고 있다. 그는 국내 지방관리로서 민중의 미신행위를 제거하는 일 따위를 지나면 고려왕의 굴욕인 조견(朝見) 수행자로서 복속 관인으로 일관한다.

그러나 그는 원의 성리학과 만남으로써 불교·풍수도참설로 전락한 고려를 유교의 문교정책으로 회복하려는 절실한 교육진흥의 주역이 된다. 그것은 무신세력이 없어진 식민지 사회에서는 그길 밖에 없다는 선각자적 신념을 필요로 한다.

> 香燈處處皆祈佛　簫鼓家家亦賽神
> 惟有數間夫子廟　滿庭秋草寂無人

> 향등 찬란한 곳곳 다 불공 판이고
> 피리와 북 울리는 집집 또한 다 치성판이네
> 오직 몇 칸뿐인 공자묘에는
> 가을 풀로 뜰이 가득하고 인적 없구나

안향의 이 비가(悲歌)는 그의 의식 안에 담겨진 유교 지식인의 개탄을 나타낸다. 그는 이러한 현실에 대한 절망을 극복하기 위해서 종속물이었던 유교를 성리학을 통해서 발전시키려 한다. 그는 원에 들어가서 필사해온 주자전서(朱子全書)를 공(孔)·주(朱)의 초상을 그려가지고 와서 걸어놓은 방에서 독학한다. 그리하여 그는 성리학을, 오랫동안 문을 닫아버린 것이나 다름없는 국학 재건에서 새로운 세대에게 전승시킨다.

국학 학정(學正) 김문정(金文鼎)을 남송의 옛 고장 강남(江南＝南京)에 보내어 공자와 그의 70 제자 초상 그리고 문묘(文廟), 제기(祭器), 악기, 6경(經), 제자사(諸子史)와 주자학의 책을 가지고 오게 한다. 그는 주자의 호 회암(晦庵)에 의해서 회헌(晦軒)으로 자호(自號)하고 주자를 깊이 숭배한다. 또한 국학 육영재단인 섬학전(贍學錢)을 설치하여 국학을 운영케 한다. 여기에서 백이정(白頤正)에게 전수된 정주(程朱)의 이학(理學)은 백이정으로 하여금 그것이 완숙한 원에 가서 다시 배워온다. 우탁(禹倬)·박충좌(朴忠佐)·권부(權溥)도 성리학의 독학자들이다.

고려 왕실은 원에 있는 고려의 중상자 또는 고려 출신의 환관들에 의해서 마치 어린아이들의 장난처럼 폐위되고 복위되고 하는 짓을 되풀이한다. 이런 실정에서 왕좌를 내던져버린 충선왕(忠宣王)은 대륙의 오랜 왕자 볼모로 자란 훈습 때문에 원으로 돌아가서 만권당(萬卷堂)을 설치하여 원의 저명한 성리학 지식인 조맹부(趙孟頫)·원명선(元明善)·요수(姚燧)·염복(閻復)·우집(虞集)·장양호(張養浩) 들이 출입하는 권위적인 학문의 전당이 된다.

여기에 안향·백이정·우탁·권부에 잇는 국내의 이제현(李齊賢)이 상왕(上王)이 된 충선왕의 초빙을 받게 된다.

이제현은 권부의 사위로서 일찍이 장인 권부의 성리학에 자극을 받는다. 그가 만권당에 가서 원의 명인들과 접촉하면서 당대의 거유(巨儒)가 된다.

또한 이제현은 상왕의 사행(使行)으로 중국 오지(奧地)인 서촉(西蜀) 여행을 하고 강남지방을 편력한다. 두 번의 여행은 충선왕을 수행한 것이다. 그의 세번째 여행은 고려 출신의 환관의 모함에 빠져 유배된 상왕을 만나러 감숙성(甘肅省)으로 간 것이다.

그는 고려시대를 통틀어 중국 대륙을 가장 많이 돌아다닌 사람으로 그런 여행이 그의 문학을 고려 본국의 그것보다 훨씬 세련되고 폭넓은 것으로 올려놓았다.

충선왕조차 여기에 이제현이 없었다면 안되었겠구나라고 탄복할 만큼 그의 시문은 뛰어났던 것이다.

17세의 관직으로부터 4차례의 정승과 그밖의 중요 관직으로 60대를 채우는 행운이나 정치외교와 시문·학문에서 남긴 업적은 그가 복속체제를 완전히 수긍하는 입장 위에서 가능했다.

138

　'나라에서 원나라를 섬기고는 중외(中外)가 걱정이 없고 여염
(閭閻)이 즐비하며 길 걷는 사람들이 연락 부절하여, 백성들은 날
마다 은성해지고 들판은 날로 개간되며 메마른 땅은 논으로 변
하고 황무지는 화전으로 경작하니 어찌 어지간하지 않겠느냐. ……
다행히 성대를 만나서 천하가 같은 문자를 써서 집집마다 정주
(程朱)의 책이 있고 사람마다 성리(性理)의 학문을 알고 있으
니…… '(원문 생략)

라고 그의 《책문(策問)》은 말하고 있다. 또한 〈범증론(范增論)〉
이나 〈오원소불위론(伍員蘇不韋論)〉 역시 실리주의 정치이론을
말하고 있다.

　이같이 이제현의 꾸준한 행운이나 영달은 원의 복속체제에 그
의 의식을 집착시킴으로써 실현된다. 그의 《책문》은 마치 원나라
에 의해서 고려가 처음으로 행복한 시대의 은총을 받은 것으로 알
게 한다.

　원의 제국주의에 의해서 일본 원정으로 고려의 모든 것이 동원
되고 또한 모든 것을 착취당하고 있는 실정을 총독정치의 탄압에
의한 안정과 함께 은폐하고 원의 복속체제를 앞장서서 정당화하
기에 이른다.

　고병익(高柄翊)은 〈이제현론〉에서 유성룡(柳成龍)의 이제현 평
에서 덕(德)·공(功)·언(言)의 3불후(不朽)를 칭송하는 것에 대
하여 '……그가 성장할 시기는 온세상이 원나라에 의존하기를 일
삼았을 때이며 이제현도 물론 그런 테두리에서 한 발자국도 벗어
나지 못했을 뿐 아니라 고려왕을 모시고 원나라 서울을 내왕하면
서 원나라의 근신들을 만나보는 동안 자연 원나라의 고려 지배를
정당시하고 그 덕택으로 영달의 길도 촉진되었을 것이다'라고 말
하고 있다.

　고려 성리학을 말할 때 우리는 그것을 근세 조선의 정치철학이
되는 성리학과는 분명히 다른 차원에서 가능하다.

　말하자면 그것은 원의 성리학을 익힘으로써 원의 복속체제에

철저하게 편승하는 것에 지나지 않기 때문이다.

그는 충선왕의 호불(好佛) 취향에는 그대로 호불로 충성을 다하고 원의 성리학계 지식인에게는 성리학으로 대한 것이다.

그가 많은 고려 말기의 고승 비명이나 불교에 관한 논술을 남기기는 했으나 그의 의도는 처가(妻家)인 권씨 세도에 의한 유교를 그의 궁극적인 신념으로 삼는다. 그럼에도 불구하고 그는 '불씨(佛氏)의 도가 자비 희사(喜捨)로써 근본을 삼으니 자비는 인(仁)이요 희사는 의(義)다'라는 협상이론을 전개함으로써 그의 정치적 행태와 함께 선명한 개성을 가지지 않는다.

안향에서 이제현에 이르는 고려 성리학은 그뒤로 고려 멸망을 만나는 삼은(三隱)과 함께 그것이 고려가 자랑하는 북벌론이나 고구려 정신의 계승론이 파산한 자리에서 생긴 복속체제의 한 장식이라고도 해 지나치지 않다. 또한 그것은 한 시대에 적응하는 지식인의 삶을 음울하게 보여준다.

무엇보다도 이제현은 그가 행복한 사실에 대조되는 망국의 비애나 어제의 고난, 오늘의 고난에 매몰된 내일 없는 하층사회의 고난에 역행했다는 비판을 감수해야 한다.

이제현은 이규보를 연상시키고 이광수(李光洙)가 멀리 이제현을 연상시킨다면 그것도 억지는 아니리라.

또한 그들이 하나같이 처가의 배경을 가졌다는 것도 실리주의 지식인의 한 작태 요인이 되는지 모른다.

18. 삼은(三隱)과 두문동(杜門洞) 군상

　고려 말기는 불교와 유교의 주도권 대체기라고 할 수 있다. 또한 그것은 대륙 국가의 흥망에 한반도 사대주의 복속체제의 흥망이 부용(附庸)하는 정치사적인 의미와 함께 사상사적인 굴종관계를 드러내기도 한다.

　이우성(李佑成)은 《한국 유학에 관한 단장(斷章)》에서 신라가 망하고 고려가 새로 성립되자 신라 아류(亞流) 귀족들이 고려로 넘어와서 그들의 문학적 교양을 한층 더 발전시키면서 고려 정부 내에 문신 귀족집단을 형성하여 대중국(對中國) 외교와 국내 장전제도(章典制度)의 정비 수식에 공헌했다고 전제하면서 이렇게 말한다. '……그러나 국가 통치체제의 발전에 중요한 역할을 해왔음에도 불구하고 사상사적으로 볼 때에 불교에 대한 종속적 의의 밖에는 지니지 못하였다.'

　고려 유교가 신라 이래의 기본유학을 도습하여 문신들의 과거(科擧)와 풍류의 문사학(文詞學) 문학으로 기울어졌을 때 거기에 성리학이 들어온 사실은 처음으로 유교가 사상으로서 이 땅에 수용된 것을 뜻한다. 그것은 마치 조선 후기의 실학이 자생한 것과 유사하다.

　불교는 한국사에서 비판의 기능보다 타협의 기능을 공급했다. 그러나 유교는 그것이 정치적 주도이념이 된 근세에 들어와서도 비판의 기능을 쉬지 않을 만큼 타자(他者)에 대한 배타적인 비판을 행사할 수 있었다. 이것은 불교의 원융사상과 유교의 완강한 자기 주장과의 사상적 차이에서도 기인하지만 학정주의 송나라가 외적에게 밀리고 밀려서 겨우 남송으로 그 명맥을 유지할 때 그런 남송사회의 야만 침략자에 대한 주체의식을 선양하기 위해서 일어난 정주학의 냉혹한 도학이라는 사실을 선험할 필요가 있다.

　이제까지의 유교는 논리가 아니라 시문(詩文)으로 만족했다. 〈한림별곡(翰林別曲)〉에 나타난 유원순(兪元淳)의 문장, 이인로의 시, 이공로의 〈사륙병려문(四六騈驪文)〉, 이규보의 시, 최충기

(崔冲基)의 대책(對策), 민광조(閔光釣)의 경의(經義), 김양경(金良鏡)의 시부(詩賦)와 그밖의 정지상의 시, 김부식의 사(史), 이제현의 시문들이 고려 유교의 자랑인 것이다. 그러나 고려 말기의 성리학은 이런 지배계층에 바치는 찬사가 아니라 그들이 비판하기에는 너무 늦어버린 현실에 대한 비판을 통해서 그것이 정치철학으로 성장하기 시작한다.

여기에서   이곡(李穀)·이색(李穡)·정몽주(鄭夢周)·이숭인(李崇仁)·길재(吉再)·정도전(鄭道傳)·권근(權近) 들의 성리학이 본격화한다. 그러나 그것을 조선 성리학의 거대한 도학 완성과는 비교할 수 없는 이른바 성낙훈(成樂薰)의 말을 빌자면 '성리학의 견해가 천박하여 진지실천(眞知實踐)이 되지 못하였던 것'이다.

다만 그들의 성리학은 고려 불교가 파멸하는 과정의 과도적 지성을 맡고 고려 망국의 지조와 조선 건국에 참가한 실절(失節)로 나뉘어지는 상층 지식인의 고민에 기여하고 있다.

불교는 이미 타락할 대로 타락했다. 거기에 태고(太古) 나옹(懶翁)의 조계 선풍(禪風)을 제외하면 대영주로서 토지를 빼앗고 가렴주구까지 하며 노비의 다량 확보로 승려는 정권을 간섭하거나 권문세가와 결탁하고 파계행위를 여느 세속 사람보다도 더 자행했다. 이미 그것은 종교가 아니었다. 여기에 새로운 이학(理學) 유교 지식인은 심지어 승려를 다 죽이라는 비판까지도 서슴지 않게 된다. 그들은 불교 자체를 지선·지성(至善至聖)으로 긍정하지만 사원의 폐해나 승려의 비행을 공격하는 이제현·이곡·이색과 불교 자체를 강렬하게 부정하는 이인복(李仁復)·백문보(白文寶)·정몽주·정도전들로 나뉘어진다.

아무튼 이런 유교 학사들의 불교 비판은 그 자체가 이미 유교·성리학을 중심으로 고려 말기의 마지막을 장식하는 불교로부터의 이탈이 실현된다. 이러한 성리학은 한문 문화권의 사회에서는 원나라 이후 중국의 정통사상이 되어서 명·청의 통치이념이 되고 그것이 한반도의 조선과 임진왜란 이후의 일본 덕천(德川) 막부

(幕府)에서는 관학(官學)이 된다.

남송의 주체의식을 형성할 수 있었던 이 주자학은 명분사상으로 그 형이상학과 도덕의 논리는 계급질서를 형성하고 강목(綱目)사상은 중국사의 정통론을 강조하여 중화 중심주의의 세계관을 이룩하여 주변국가를 사대사상으로 굴복하게 만든 것이다.

그 권위주의·명분주의·현실주의·배타주의·전통주의는 그것이 우리에게도 보편적 가치로 받아들여져서 조선 사류(士類)의 기개와 자존심을 낳는다. 그러나 고려 말기의 그것은 아직 그러한 완성단계에서 너무 멀다. 그러므로 불교를 비판하는 신흥사대부의 바탕이 될 뿐이다.

이러한 성리학을 크게 장려한 이색은 고려의 지도자적 모순을 그대로 반영한 유·불 지식인이다. 아버지 이곡(李穀)이 유랑생활을 하다가 동해안 영해(寧海＝迎日)에서 결혼, 거기서 태어나서 어린 시절부터 산사의 유·불학을 공부했다. 아버지의 고향 한산(韓山)의 숭정산에서 또는 화개산에서 또는 개경의 구재(九齋)에서, 삼각산 청룡산에서 그밖의 여러 산에서 젊은 시절을 떠돌이로 수학한 것이다. 아버지의 권학에 따라 원나라 국학 생원(生員)으로 3년 수학을 마칠 때 그는 정이(程頤)·주희(朱熹)의 성리학과 만난다.

그는 귀국하여 국시(國試)와 원의 정동행성(征東行省) 향시에 장원으로 급제하고 다시 원에 가서 관직을 얻고 공민왕의 쇄신정치에 5품 관직으로 참가한다. 그는 그러나 정치보다 학문에 더 사로잡혀 있다. 그것은 그가 어린 시절부터 산중 편력을 했으므로 둔세적인 의식이 굳어졌기 때문이다.

그는 공민왕의 총신으로 몇 차례의 시무책을 상서(上書)하고 27세～47세의 20년을 17개 관직에서 일하고, 과거 지공거를 5회나 맡아 여러 유교 지식인을 배출했다. 성균관 대사성(大司成＝국립대학 총장)으로서 김용구(金容九)·정몽주·박의중(朴宜中)·이송인 들과 같은 교수를 두었으며 1경(經) 1재(齋)의 5경·4서의 9재를 설치해서 유교 진흥에 주력을 기울였다.

그러나 공민왕이 죽자 그의 행운도 끝나고 7년 동안이나 병들어 버린다. 처자가 죽으면서 다시 어린 시절의 산중 편력이 깊은 실의로 시작되다가 이성계의 개국을 맞이한다. 그러나 그는 이성계의 초빙에 군신의 예를 갖추지 않고 '이 늙은이에게 자리가 없다(老夫無座席)'고 퇴궐, 강을 건너다가 배 위에서 의혹의 비명으로 세상을 떠난 것이다. 그는 제자 정도전에 의해 독약이 들어 있는 술을 마시고 죽었다는 믿을 만한 풍문이 있다.

그의 시는 《목은시고(牧隱詩藁)》에 있는 것만으로도 4천3백여 수가 된다. 그것은 공민왕에 대한 사모, 부모·처자·자매에 대한 정, 도의가 없는 세태에 대한 비판, 인생의 무상에 대한 비애들이 주제가 된다. 굴원(屈原)과 도잠(陶潛)의 경지가 그에 의해서 합치된 비수(悲愁)를 이루고 있다.

이러한 목은 이색에 이어서 포은 정몽주는 고려 말기의 가장 탁월한 성리학자라 할 수 있다. 이색이 할아버지라면 정몽주는 아버지다. 이색이 '정몽주는 횡설수설이라도 이(理)에 당치 않음이 없다'고 말할 정도로 그는 성리학의 권위를 이룩했다.

공민왕은 망국의 왕이 대체로 그렇듯이 정치가이기보다는 예술가이거나 페미니스트라 할 수 있다. 백제 의자왕이 초기의 선정과는 달리 취흥의 환락과 여색에 빠진 것이나, 경순왕의 비애와 함께 공민왕 역시 국가 자주성을 회복하려는 그의 열정이 왕비의 죽음에 타격을 받는다.

홍건적(紅巾賊) 왜구의 침략이나 원의 쇠망에 상대적인 주원장(朱元璋)이 건국한 명(明)의 발흥에 겹쳐서 고려는 친원파의 최영(崔瑩)·이인임(李仁任)과 친명파 이성계·정몽주·이숭인·박상충(朴尙衷) 들의 신흥세력이 나뉘어진다. 그러나 친명파는 이성계를 중심으로 한 세력이 혁명을 지향하고 이색·정몽주·이숭인은 고려 왕조에 대한 존왕주의(尊王主義)를 지킨다.

정몽주는 그의 학문이 무르익을 기회도 없이 이러한 국제적 갈등을 헤쳐나갈 외교수완을 발휘해야 했다. 그는 친명파로서 구사일생의 해난(海難) 사고로 황해를 건너가기도 하고 일본에도 건

144

너가야 했다.

그러나 이성계의 친명 세력이 창왕(昌王)을 공민왕의 아들이
아니라 신돈(辛旽)의 아들이라 해서 폐위시키고 이어서 왕위를
노리기 시작했다. 여기서부터 정몽주는 야망과 음모의 이성계와
등지기 시작한다.

그가 이성계를 제거하고 정도전·조준(趙浚) 들을 탄핵하여 유
배시키려 하자 그에 앞서 그는 이성계의 아들 방원(芳遠＝太宗)에
게 암살된다.

이숭인 역시 유배로 일생을 보내다가 정도전에 의해서 유배지
현지에서 살해되고 만다. 또한 길재(吉再)도 낙향해 버리고 원천
석(元天錫)·조견(趙狷)·남을진(南乙珍) 들이 산중으로 들어가
이성계의 역성혁명을 등지고 살았다. 그밖에도 고려의 여러 관료
들이 지방으로 내려가서 서숙을 차려 향학을 일으키거나 혼자 염
세적인 시부로 영탄하는 여생을 보냈다.

개경 부조현(不朝峴) 고개 너머의 50여 가(家) 관료가 고려 구
신(舊臣)으로 절개를 남기고 개풍(開豐) 광덕산(光德山) 기슭의
두문동(杜門洞) 72현(賢) 신규(申珪)·조의생(曺義生)·고천상
(高天祥)·서중보(徐重輔)·임선미(林先味)·맹씨(孟氏) 들이 조
선왕조를 거부함으로써 자손들은 평민이 되어 상업·농업에 종사
하게 된 것이다.

        홍망이 유수(有數)하니 만월대도 추초(秋草)로다
        5백 년 왕업이 목적(牧笛)에 부쳐시니
        석양에 지나는 객이 눈물겨워하노라

이 시조는 치악산으로 들어가버린 고려 유신(遺臣) 원천석이
고려가 멸망한 뒤 옛 왕도를 돌아다본 감회를 담고 있다.

나라가 난세에 접어들거나 멸망할 때는 반드시 그런 시대를 부
축하려는 충절의 지식인들이 배출된다. 고려 삼은(三隱)이라고
일컬어지는 이색·정몽주·이숭인에 이어서 수많은 지식인들이

그들 자신의 영화를 내던져 버리고 세상을 등진 사실은 현실의 표면활동에만 역점을 두는 경우에는 쓸모없는 무리가 되지만 그러나 한 시대에 자기 자신의 진실을 헌납해온 지식인이 다른 시대에 대해서도 그대로 고개를 돌리는 것에 견줄 수 없을 만큼 고귀한 이미지를 남긴다.

불행하게도 그들의 자취는 현실에서 그들을 묵살해 버리거나 그들의 자손이 현실을 두려워한 나머지 등진 뒤의 업적을 다 불태우거나 매장해 버림으로써 오늘날 그러한 중세 망국 지식인의 신념이나 절망을 구체적으로 알아볼 수 없다. 이조 말기 순조조(純祖朝)에야 만들어진 《두문동실기(杜門洞實記)》에 72현의 이름조차 명기되지 않은 것이 더욱 고려 망국시대의 우수를 더하고 있다.

역사는 승리한 자의 의도만을 존중해서 씌어진 나쁜 정사(正史) 필법(筆法) 때문에 고려시대의 삼국사기가 그렇고 조선 초기의 고려사·고려사절요가 고려의 주체적 진실을 철저히 배제한 것이다.

그러나 진정한 역사 추체험은 그런 왜곡된 자가(自家)의 집권 어용의 사론을 극복하고 역사를 공공(公共)의 보편성 위에 두는 서술을 개척하고 있다. 고려는 그 유신의 지조로만 본다면 신라보다 위대하다. 그런 위대성이라 하더라도 역사운동이 전개하는 멸망의 드라마 가운데서는 그 멸망을 물리칠 수 있는 역사운동 이상의 반작용을 획득하지 못한다. 다만 그 멸망을 위대하게 장식할 뿐이다.

여기에 고려 최후를 살았던 지식인들의 비력(非力)이 기록되는 것이다.

19. 정도전(鄭道傳)의 정치철학

　정도전은 스승 이색을 독약으로 암살했다는 비난, 동료 이숭인을 유배지까지 자객을 보내어 암살한 비난을 받고 있다. 그 비난은 확대되어 고려 왕조를 배반한 역신(逆臣)으로 낙인 찍고 있다. 또한 그는 교적(敎敵)과 정적(政敵)을 많이 가지고 있다. 조선조 도학 계보 — 예학 계보는 물론 — 에서 제외되었다. 스승과 동료 그밖의 정적을 말살했으므로 그 자신도 한때의 동지였던 태종과 하륜(河崙)에게 참혹하게 죽은 것이라는 인과적(因果的) 비난까지도 사후(死後)에 감수해야 했다. 또한 그는 성정이 거칠고 시기심이 많고 유아독존적이며 배타적이라고 한다. 그의 정력적인 출세주의는 그가 가난 속에서 태어난 것에 뿌리박혔다고도 한다.
　이런 따위의 비난 가운데서 정도전은 그가 정착시킨 도학주의에 의해서 도리어 극단적으로 폄하(貶下)된다. 그러나 정도전에 대한 많은 비난들도 공허하다는 비난을 병행할 필요가 있다.

　‘여선(麗鮮) 교체기의 정도전은 중국에서 흘러온 유교주의적 정치이념을 좀더 현실화하는 데보다 절대화하는 데에 있어 유교주의 이외의 제(諸) 관념체를 철저히 배격하고, 세워야 할 ‘통제(統制)의 생각’을 확립하기 위하여 지략과 힘을 전적으로 구사하였다. 즉 주자학적 정치이념을 권력에 호소하여 확립하고자 독서(讀書)에서 벗어나 실천한 데에 있어 한국 유학사상 가장 큰 발자취를 남기었다’

라고 홍이섭(洪以燮)은 말한다. 이런 정도전에 대한 적극적 평가는 근대사관을 통해서 그것을 조선 후기의 실학과 연결시키는 의도나 조선 건국의 실질적인 위대성을 말하는 의도와 함께 강조된 것은 일단 바람직하다.
　그의 정력적인 철학·정치의 논리와 엄청난 이념구현의 실천은 그의 자존심을 당당하게 표현한다. 그 자신이 한(漢)의 개국공신

장량(張良)에 비유하여 '한고조(漢高祖)가 장자방(張子房)을 썼으나 장량이 또한 한고조를 쓴 것이오'라고 이성계 앞에서 말하여 이성계의 권위에까지도 도전할 만큼 조선 건국의 주역을 맡았던 것이다. 물론 이러한 큰소리는 그가 이성계의 오랜 참모 막료였으며 동지였던, 왕 이전의 동지애적 친밀관계에 바탕을 두고 있기는 하다.

그는 고려 왕조를 누구보다도 절망했다. 그 절망조차도 적극적이다. 그리하여 공민왕대의 모든 동류(同類) 사회를 과감하게 등지고 오랜 혁명의지를 관철했던 것이다. 이미 그는 고려 우왕 9년 가을에 동북면도지휘사(東北面都指揮使) 이성계를 따라 함주(咸州) 전선에 가서 이성계와 국가 전복의 결연을 한 것 같다.

蒼茫歲月一株松　　生長靑山幾萬重
好在他年相見否　　人間府伊使陳從

창망한 세월 한 그루 소나무
청산에 자라나서 몇 만 겹인데
다른 해 서로 만날 수 있으랴
사람 사는 곳에서 곧 따라가리라

함주 병영(兵營) 앞에 늙은 소나무에 의탁하여 정도전은 이 시로 이성계에게 군신(君臣)을 예약한다. 그는 한미한 평민으로서 관직을 얻은 조부대와 부대에 이르러 식음을 겨우 유지할 정도로 가난한 가계(家系)에서 우뚝 솟아난다. 그는 계속해서 요직에 오를 때마다 이성계 세력을 공고하게 만들면서 공민왕 이후의 인형과 같은 우왕·창왕을 그때마다 앉혔다 죽였다 한다. 공민왕의 왕씨를 신돈의 씨라고 허위로 주장하여 왕의 권위 위에 그의 세력이 군림했다.

그의 《경제문감별집(經濟文鑑別集)》의 〈군도(君道) 고려국편〉

은 우왕을 신우왕(辛禑王)이라고 명기하고 있다. 신돈의 첩비(妾婢) 반야(般若)의 아이로서 무니노(牟尼奴)라고 소개하고 교묘하게 공민왕의 비극적 타살까지 합리화시키고 있다.

그러나 이러한 정권교체기의 정도전으로서는 그 교체기에 임시적으로 고려를 배반한 것은 아니다. 그는 이미 오랜 전부터 그러한 새 정권수립을 지향하고 있었던 것이다. 그렇다면 그는 고려 망국의 충절에서 이탈되었다는 사실이나 망국의 주역을 맡았다는 사실에 대한 도학 지조론의 탄핵을 받을 필요가 희박해진다.

상황을 객체로 이해할 때 그 상황에는 다른 상황으로 옮겨지는 운동이 반드시 있다. 그 운동으로 정도전의 위치가 만들어졌을 뿐이다. 그의 관력은 승진의 속도가 빠르고 견고했다. 그의 친명파 논리는 마치 그가 그뒤에 고려의 국운이 기울어갈 때 가차 없이 그것을 재촉한 것처럼 기울어가는 원나라로부터 빨리 명나라로 귀의해야 한다는 신속한 전향자(轉向者)의 논리인 것이다. 국제정치의 역학에 민감했기 때문이다.

그는 몇 번의 탄핵을 받았다. 그런 동안은 정력적으로 학문에 종사하여 업적을 쌓는다. 〈심문천답(心問天答)〉이 훨씬 뒤의 〈심기이편(心氣理篇)〉에 이어진 것도 그런 동안의 일이다.

주자의 관심설(關心說)이나 석씨편(釋氏篇)에 의존한 것이기는 하지만 그의 〈불씨잡변(佛氏雜辯)〉은 고려 불교에 대한 가장 본격적인 이단(異端) 규정의 선언이다.

그가 불교를 철저하게 배척한 것은 근본적으로 고려 왕조 자체를 부정하는 데까지 발전한다. 고려 말기에 이성계와 함께 제시한 전지(田地) 개혁이나 이성계의 국방정책인 〈안변지책(安邊之策)〉에 그의 의도가 주로 반영된 것도 실지로 정권교체 과정의 운동이었다. 고려 최후에 이미 그는 조준(趙浚)과 함께 전제(田制), 그밖의 종교정책을 다져놓은 다음 거기에 조선 이성계 정권을 안치한 셈이다.

말하자면 불교사상의 고대·중세를 유교정신의 근세로 전환시킨 축이 곧 정도전이다. 그것은 그의 신진사대부 김자수(金子粹)·

김초(金貂)·박초(朴礎) 들을 이끌고 척불(斥佛)혁명을 일으켜서 박초로 하여금 '천·인·성·명(天人性命)의 연원을 발휘하여 공맹 정주의 도를 창명(倡鳴)하고 부도(浮屠=佛敎) 백대(百代)의 광유(誑誘)를 막아 삼한(三韓=高麗) 천고의 미혹을 열었다. 이단을 배척하고 사담(邪談)을 종식시켜서 천리를 밝히고 인심을 바르게 하였으니 우리 동방의 진유(眞儒)는 한 사람뿐이다'라는 찬송을 듣는 것은 어떤 뜻에서 당연하게 한다.

그러나 그가 고려의 왕후나 중신들에게 과격한 언동으로 맞섰던 행태에도 불구하고 그가 주자학의 경륜을 전개하는 단계에서는 매우 침착했다. 첫째, 그는 그가 문하생으로 섬겼던 이색에 대하여 처음부터 경박하지 않았다. 다만 이색이 정몽주를 크게 인정하는 것에 대한 질투심에 불타오른 것은 사실이나 그 이전의 명륜당(明倫堂) 시대에는 정몽주·박상충·박의중·이존오(李存吾)·김제안(金齊安)·윤소종(尹紹宗) 들과 학문적인 우의를 맺고 있었다. 그가 친명파 세력에 앞장섰을 때에도 정몽주들의 동지적 연대감을 깊게 했다.

이런 과정이 결정적인 판가름을 요구할 때 그는 이성계 옹립세력 이외의 모든 장애물을 무자비하게 처단한 것이다. 이 점에 있어서 그는 권력에 의한 혁명에는 온갖 과거의 관계를 파괴할 용기를 가지는 반역의 정치가다.

그는 고려 왕조의 요직에서 그대로 조선 왕조의 최고 요직에 건너뛴다. 그는 거의 전천후적인 기능을 발휘함으로써 이성계 정권의 핵심이 되고 초창기의 정책이나 제도 또는 권력행사를 이성계보다 더 다양하게 주재한다.

이성계는 호남 전주의 평민으로 북관(北關)에 이주한 이름 없는 유민(流民)의 후예다. 그의 정밀하고 전략적인 야망이 일단 왕권 획득을 이룩하자 고려 왕건과는 달리 정치적 허탈감을 갖기 시작한다. 정종(定宗)에 대한 상왕(上王), 태종에 대한 태상왕(太上王)으로 체념한 것은 왕자의 난(亂)때문이라고만 단정할 수 없다.

또한 정도전의 내각책임제적 재상 중심체제의 정치이론 역시 이러한 이성계의 내면에 대비된 것이다. 이성계 세력에 호감을 표시했던 명이 원의 패망 이후에는 전혀 상국(上國)으로서의 오만으로 이성계가 애걸하던 명제(明帝)의 고명(誥命)을 받지 못하고 태종 원년에야 받게 된 사실, 새 왕권의 사회나 이성계의 동료적 관계의 사대부들이 그의 권위를 성립시키기 이전이므로 그의 지배권력이 공인되지 않는 불안이 건국 초기의 여러 정치적 불안과 함께 그를 귀거래사의 방관자로 만들었던 것이다. 끝내 이성계는 고려 불교에 귀의해 버리고 만다.

이런 건국 전제군주의 체념은 정도전에게는 그 자신이 그 전제 군주적 위치에서 권력을 가지는, 왕권보다 재상의 권한을 우위에 두려다가 끝내 태종에게 참살당하는 것이다.

그의 시폐(時弊) 개혁은 임시적인 것이 아니라 경전의 원리를 설정함으로써 단행된다. 아마도 정도전만큼 국가에 대한 무한한 향수를 가진 정책 지식인은 근세사를 통해서 찾기 힘들지도 모른다. 그는 중세 유신들이 시인이었던 것과는 전혀 다르다. 그에게도 시문집이 남아 있기는 하지만 그것은 고려 말기 지식인 사회에서의 상투적인 것에 지나지 않으며 아무런 천부적 재질도 보이지 않는다. 바로 이 점이 문약자(文弱者)로서의 한유(閑遊) 지식인이 아닌 정도전에게 근세 유교의 정치철학을 가지게 한 것이다.

아마도 그는 시나 환상을 가장 혐오한 것 같다. 불교를 허무주의로 규정하고 불교뿐 아니라 도교나 그 이전의 유교를 냉혹하게 배척하는 것에서 그러한 이론의 집념을 보여준다.

조선 왕조의 경국대전(經國大典)은 그 이후에 완성되기는 했지만 그것이 정도전의 《조선경국전(朝鮮經國典)》을 발전시킨 것이다. 그는 이 국가 통치규범에서 왕위의 정당성, 국호, 근본 정의, 세계(世系), 교서(敎書), 치전(治典), 부전(賦典), 예전(禮典), 정전(政典), 헌전(憲典), 공전(工典) 들의 광범위한 국가의 틀을 이룩하고 〈경제문감〉, 〈경제문감별집〉에서 중앙정부의 각료로부터 지방 향리에 이르기까지의 관료사(官僚史)에 입각한 행정론 및 중국과 고려 왕조 연혁의 현실적인 해석을 전개한다.

그는 이러한 논술에서 신분사회를 완성한다. 자유민 계층과 노비 계층을 두고 자유민에게는 정치적 사회적 발전을 제도화하여 관인 지배체제에 참가하게 만든다. 그는 이런 자유민 계층을 그의 내각 실권주의의 기층으로 삼고 민(民)에서 시작된 사(士)를 정치의 중심에 놓는다. 그것은 정도전이 고려사회의 귀족세력이나 승려세력이 자행한 정치적·경제적 횡포를 완전히 제거하는 민본주의 사상에서 출발한 것이다.

유교의 정치규범은 고대 군주제도의 이상을 그대로 반영하여 서경(書經)·국어(國語)·좌전(左傳) 들의 민본사상으로 발전한다. 다시 말하면 민은 천(天)이다. 민은 나라와 군주 이상의 것이다. 나라는 군주보다 위에 있고 민은 그 나라보다 위에 있는 천에 귀일한다는 논리가 그것이다. 그러므로 피지배자는 지배국가의 근본이며 지배자의 궁극적인 귀일점인 천이 된다. 그 천명은 민심에 의해서 반영되는 것이므로 정치 원리로서의 주권을 민에게 두고 있다. 그러므로 군주나 관속권귀가 민을 착취의 대상으로 삼는 일은 곧 천명을 거역하는 일이 된다.

그러나 모든 민이 주권자라고 해서 정치 주체로 나타날 수는 없다. 다만 그런 민을 각성하고 목양(牧養)하여 거기서 사(士)를 만들어 냄으로써 그 사가 정치의 객체인 민에 대한 주체를 대리한다. 섬세한 사람들은 사(士)는 독서인이고 거기에 대부(大夫)가 이어져 관인이 되는 것이라고 하지만 그 이전에 이미 사는 사의 의미를 가질 경우 관인을 정의하고 있다.

이 사대부 계층이 군주를 받들어 실권을 가지게 하려는 관료체제가 곧 정도전의 유교적 민주주의인 것이다. 그러나 그가 노비 계층의 상민신분을 굳게 하고 심지어 정자(程子)가 말한 굶어죽는 것은 작은 일이고, 여자의 실절(失節)은 큰일(餓死極小事失節極大事)이라는 명분대로 부녀자 재혼을 엄금하고 서얼(庶蘖)을 문·무반(文武班)에 서용(敍用)하지 못하게 한 것은 조선 고유의 악법이기도 하다.

이러한 정도전의 정치이론과 함께 그의 경제개혁 역시 놀라운 것이다. 부국강병의 국부론(國富論)과 민생안정의 복지론을 실천하는 방법으로써 유휴(遊休) 계층을 제거하고, 토지개간과 중농정책으로써 고대적 국유정책에 의한 농지 배분, 자작농, 그밖의 산업이윤, 국유화 실현을 이루게 한다.

물론 정도전이 일등 개국공신으로서의 힘을 다 발휘하지 못하고 죽은 다음 그의 이런 정책들이 어느 정도 실현되었는가에 대해서는 의문이 적지 않으나 그것의 대부분이 경국대전에 포함된 것은 사실이다.

이상은(李相殷)은 '……진정한 이학(理學)의 조(祖)로는 정몽주보다 정도전을 꼽아야 한다는 설이 일부에서 전해 오기도 하였다. 이러한 견해는 이유가 없는 것도 아니다. 정몽주는 행(行)에 있어서는 공신이요 충신이요 실천적 유학자이지만 그 학(學)에 있어서는 남겨놓은 것이 없으니 성리학에 대한 그의 식견이나 이론이 어느 정도에 도달했는지 알 수 없음에 반하여 정도전은 〈불씨잡편〉, 〈심기이편〉 같은 글을 저술하여 척불(斥佛) 양유(揚儒)의 성리학적 이론을 우리나라에서 처음 제시하였다는 것이 그 주요한 이유가 되는 것이다'라고 말하고 있다.

그러나 정도전을 평가하기 위해서 정몽주의 이러한 처지를 부정하는 일은 부당하다고 그는 덧붙인다. 그리하여 정몽주를 중용(中庸)이 말하는 천명의 '성(性)을 따르는 도(道)'의 실천에 놓고 성리학의 으뜸이라고 결론한다.

여기에서 정몽주의 도 실천과 정도전의 학·행이 나뉘어진다. 그동안 도학 중심으로 정도전이 비난받았던 사실은 바로 그 도에 대한 이해에 차이가 있기 때문이다.

그러나 정몽주와 정도전은 각각 그들이 고려 말기의 성리학자라 하더라도 그것을 실천 주체로 삼을 때 하나는 충절, 하나는 개혁으로 나뉘어지는 것은 성리학 수용 주체가 다르기 때문이다. 특히 정도전은 많은 학문적 업적을 남기고 있다. 《경국전》, 《경제문감》, 《경제문감 별집》을 비롯해서 《불씨잡편》, 《심문천답》, 《심기이편》 권근(權近)의 《입학도설(入學圖說)》의 모체인 《학자지남도

(學者指南圖)》, 《채집정씨역전오신효상(採集程氏易傳五信爻象)》과 《고려사》 37권, 병서로서 《오행진출기도(五行進出奇圖)》, 《강무도(講武圖)》, 《팔진삼십육변도보(八陣三十六變圖譜)》, 《태을칠십이국도(太乙七十二局圖)》와 시문집, 그밖의 소(疎)·서(書)·계(啓)·서(序)·기(記)·설(說)·발(跋)·전(傳)·행장(行狀)·묘표(墓表)·제문·책(策)·제(題)·명(銘)·찬(贊)·경국문감(經國文鑑)·진법(陳法)·습유(拾遺) 부록들이 그것이다.

여기에서 알 수 있는 것은 정몽주는 그 자신이 분주하게 업적을 쌓는 일보다 성리학 자체가 더욱 심화되고 성숙해지기를 기다린 태도를 추측하게 하지만 정도전은 그 자신에 의해서 성리학을 이 땅에 정착시키려는 열정이 드러나고 있다.

그렇다고 해서 정도전의 학문이 무르익지 않았다는 부정은 어리석다. 다만 그는 권력의 핵심에 대한 무서운 추구와 함께 학문적 중심에 대한 야망이 컸다는 사실도 아울러 가진 것이다.

그러나 이성계가 왕권을 획득한 뒤 그것을 빨리 버린 것에 비례하는 것처럼 정도전이 훈신(勳臣) 제1인자로서의 지나친 지배의식이 형제와 같은 상사(上司)의 아들 태종에게 좌절되었던 사실은 끝내 그가 근세인이 아니라 중세인이라는 사실을 환기시킨다. 또한 건국 창업에 참가한 급진 혁명가는 그 국가가 보수적인 기능을 가질 필요성이 생기기 시작할 때는 현실로부터 소외된다는 사실도 알려준다.

요컨대 정도전은 유교가 근세조선을 통한 정치적 승리뿐 아니라 사상사적 승리도 가지게 한 조선 성리학의 창조적 지성에 의해서 근세사의 비극적 출발점이 되고 있다.

20. 세종총신(世宗寵臣)과 집현전

　근세 조선이 정치사적으로 새로운 역사 추진을 실현한 것이라면 거기에 상응하는 사상사적 또는 의식사적(意識史的) 역사 단계의 추진도 실현되어야 할 것이다. 그것은 고려에 대한 정치표면의 역성 혁명만으로는 불가능하다.

　이성계의 정치적 자퇴가 불교 귀의에 이어지고 세종이 외유내불(外儒內佛)로 굳어질 때 거기에는 아직도 고려사의 정체를 벗어나지 못한 근세사 실질의 퇴영(退嬰)을 보인다. 다만 민족사 운동의 새로운 역사 가치를 담당한 정도전과 세종조의 집요한 상소자(上疏者)와 대간(臺諫) 관인들에 의해서 근세사 의식을 출발시키고 있는 것이다.

　그러나 개국공신, 정사공신(定社功臣) 그리고 좌명공신(佐命功臣)과 많은 중견 관료 지식인들은 그들이 고려 말기에는 신진 유학자들이었으나 조선 초기에는 훈척(勳戚) 원로 관인들이 되고 있다. 그것은 그들의 의식 심층에서 고려에 대한 새로운 세대이기는 하지만 조선에 대해서는 근세사 역사 가치의 진정한 추천자들이 아닌 성싶게 한다.

　조선 왕조는 특히 초기에 단기(短期)로 왕위가 바뀐다. 그것은 두 번의 왕자의 난이나 왕위 찬탈 때문이기는 하지만 왕의 수명에도 영향을 받고 있다. 이성계는 고려 말기의 부패·약체 정권을 혁명한 무인답게 74세의 세수를 누렸으나 정권을 잡은 지 얼마 뒤의 중요한 기간은 그 자신의 정치 역량의 소재가 사라져 버렸다. 태종은 많은 왕자 가운데서 이성계의 야전(野戰)에도 수행할 만큼 가장 건강했으나 50대를 못 채우고 죽는다. 세종은 40대에 들어서 병으로 거의 왕권을 세자와 중신들에게 물려주고 54세로 병사한다. 문종은 30대를 채우다가 죽고 세조도 50대에 접어들어서 오랜 매독으로 고생하다가 죽는다. 그 뒤의 왕들은 20, 30여 세로 요절한다.

　이런 조선 초기의 군주 단명은 그것을 왕실의 체질이라고 해버리면 할 말이 없다. 그러나 새로운 역사 단계를 정치 변화의 담당자인 지배자가 이렇게 단기 부재자로 이어질 때 과연 근세사 운동의 추진력이 가능한 것인가는 깊은 의문이 된다. 죽음은 가장 완전한 패배다. 더구나 조선 건국의 주역 정도전은 그의 국가경영의 엄청난 총량(總量)이 그가 참살됨으로써 중단되고 그의 흔적이 마감된다.

아직도 정치 질서를 맡을 만한 공신들이 남아 있기는 하지만 그들은 정도전 이후에는 왕권 중심세력의 호응분자들이거나 군소화(群小化) 관인으로 전락한다.

조선 경국대전이 성종 5년에야 반포된 것은 그것이 정도전의 《경국전》, 조준의 《경제육전(經濟六典)》, 하륜의 《원육전(元六典)》,《속육전(續六典)》을 지나서 점차 완비해 가는 정치제도 발생과정을 뜻하는 것밖에서도 조선사 추진력의 시련을 뜻하고 있다.

이러한 초기 지식인들은 그들이 관인 사회에서나 관변(官邊)사회에서 살아남으려는 비굴성·근신성 또는 현실적인 갈등에 직속(直屬)되지 않으려는 의제(擬制) 초월자 의식을 개발하게 된다.

이미 정도전·조준·하륜들의 정치적 소용돌이를 그들은 뼈저리게 목격해온 것이다.

그들은 고려 신진사류로서의 대형화된 기대는 일단 왕권에 충실하고 동료 지식인들에게 덕(德)과 예(禮)의 의장(意匠)으로 관계함으로써 조선 초기의 대표적 현상(賢相) 황희(黃喜)·맹사성(孟思誠)·허조(許稠) 들의 덕망을 이룩한다. 이들은 개국 공신에 이어지는 고려의 말단관료들이었다. 두 왕조의 처참한 변란 가운데서 살아온 그들에게는 이제 그러한 정치의 암면(暗面)에 대한 깊은 환멸밖에 남지 않는다. 여기에서 가장 무능한 듯하고 가장 덕이 있는 듯하고 가장 시비 곡직을 떠난 청빈의 생활이 자리잡는다.

그들에게는 이미 개국공신 제1인자들이 왕권을 견제하는 귀족정치의 최고 통치기관인 도평의사사(都評議使司)의 힘도 없고 총애 받는 피신임자(被信任者)로서의 개인적 언관(言官) 행위밖에는 왕권에 대한 영향력 있는 타협자로서의 몫이 없다.

　문화 담당의 능력을 그들은 왕권에 귀속되는 조선 사대부의 기능으로만 축소하며 따라서 문화 구성의 적극적 세력이 되지 못한다. 그들이 경제 질서와 예학의 형성에 이바지하고 선정(善政)의 청백리(淸白吏) 정신, 역사 서술에 대한 이성을 이룬 것은 사실이나 아마도 그들에게 상황에 대한 정치적 위생 관념에 제약받지 않고 정도전의 전투적 개혁사상이 개입되었다면 더 많은 업적을 남겼을 것이다.

　역설적으로 말하자면 그들은 일을 좀더 많이 하지 않음으로써 70세~80세의 수복을 누리고 60년의 관직, 생애 대부분의 안정된 중임자(重任者)가 되었던 것이다. 또한 그들의 동시대가, 아니 그들이 소속된 시대가 조선사의 위대한 군주 세종 왕조라는 것에 크게 힘입은 것이다.

　세종은 그를 추앙하는 전근대적 표현으로는 '해동의 요순(堯舜)'이다. 아마도 그것은 세종이 명나라 사절의 오만한 행태에 많은 고민과 치욕을 받으면서도 그들의 역사 원점에 있는 동양 정치 문화의 이상향(理想鄕), 요순 시대에 그가 비유되는 행복은 현실의 치욕을 얼마만큼 씻어주는 보상이 되는 것 같다.

　문일평(文一平)은 세종을 문화의 대은인이라 할지언정 사상계의 위인이라 함은 옳은 줄 모르겠다는 여러 의견을 전제하고 그의 《한국의 문화》에서 '……비록 예로부터 한국이 중국·인도 사상의 감화를 많이 받았으나 특수한 환경에서 특수한 생활을 하게 된 한국인은 구원한 역사를 통하여 일종의 특수한 한국심(韓國心)을 형성하는데에 이른 것으로서, 그것이 세종에 의하여 가장 구체적으로 표현된 것이다. 이러한 의미에서 세종은 한국심의 대표자라 부르고 싶다'고 말하고 있다.

　또한 이런 판단을 받치고 있는 세종의 국토 정책에서 한국 민족사 통일을 근세사의 당위로 실현한 사실이다. 세종왕대의 《팔도지리지(八道地理志)》와 그 뒤의 정사(正史) 《세종실록 지리지(世宗實錄地理志)》가 삼국유사 이후의 단군신화를 서술하고 있다. 그가 명나라의 안정과 조선의 안정에 의해서 김종서(金宗瑞)들로 하여금 압록강·두만강의 4군 6진 영토를 확장케 함으로써 민족을 국토·언어·문화·풍속·민족의식을 공동의 통일 원리에 입각해서 보편화시킨 업적이 그러한 민족 통일의 주체 실현인 것이다.

'고구려인은 진취성·용감성이 강했을 뿐만 아니라 특히 단결심이 강렬했다. 그 애국심은 문자 그대로 나라를 사랑한 것이지 국왕을 사랑한 것은 아니었다. ═ 신라인은 애국심이 왕성하였으나 민족의식은 미약하였고 고구려인은 민족의식이 일찍부터 발달하였다. 한족을 격퇴하고 낙랑 등의 고토 회복을 꾀한 것, 또 수나라와 당나라의 대군이 침입할 때마다 용감하게 격퇴시킨 것은 이를 실증하는 것이 아닌가. 그런데 백제는 가끔 일본을 끌어다가 고구려·신라를 괴롭혔고 신라는 중국을 끌어들여 고구려·백제를 물리쳤다. ─ 후일에 신라가 쇠퇴한 것은 민족의식이 미약했기 때문이다. ─ 때마침 고려 왕조가 일어나서 ─ 민족의식을 앙양시킨 것이다'라고 김태오(金泰午)는 《내셔널리즘과 자국정신》에서 말한다.

신채호는 최영(崔瑩)의 요동 정벌을 옹호하면서 그 이후로 민족 통일의 정신이 무너졌다고《최도통전》에서 통탄한다.

그러나 그것이 조선시대의 북벌의식·북진정책을 부정하는 일이 되어서는 안 된다.그것은 세종에 의해서 민족 일원론(一元論)의 진리를 완성한 것이다. 여기에 호암(湖岩)이 말하는 한국심의 대표자 세종이 있다.

세종이 한국사에서 차지하는 가장 큰 업적은 한글 창제에 있다. 그의 한글 제정이야말로 민족 통일에 불가결한 힘이 된 것이다.비록 그것이 조선 성리학의 완강한 한문화권에서 소외되기는 했으나 민족이 최초로 자신의 문자를 소유한 긍지는 어떤 과장으로도 미치지 못하게 한다. 세종은 이밖에도 농업, 의약, 음악의 아악(雅樂), 천문, 인쇄, 화약무기와 함께 그 자신 '월인천강지곡'을 창작하고 '용비어천가', '석보상절', '동국정운(東國正韻)' 들의 한글 문화를 이룩했다.

이러한 일에 고려 유신 제2세대인 황희·맹사성·허조 들이 공헌하지 않은 것은 아니지만 그들이 세종 치적과 문화 전반에 대하여 주력계층(主力階層)이 된 것은 아니다.

그들은 다만 일화적(逸話的)인 모범이 되었다. 최장기 근속자로서 또는 부정 부패를 모르는 각료로서 민중이나 하층 지식인들을 긍휼하게 여김으로써 도리어 비정치적 토속성의 덕망과 복을 누린 것이다. 그들은 창조적인 관인이 아니라 세종 친정(親政)에 부합한 충실한 서정(庶政) 실무자들이다.

황희의 할아버지다운 일화는 그의 침실에 멍석을 깔고 항상 가난으로 낙도(樂道)한 것 따위가 많고 맹사성 역시 비가 오면 빗물이 새는 집에서 살면서 가난을 자랑으로 삼고 허조도 그의 의지를 굽힐 줄 모르는 예의를 숭상했다.

이러한 일화는 조선 관인 사회가 그 이후 극도로 타락한 것에 대한 민중의 청백리 숭상 심리 때문에 확대된 것이며 그 자체가 그들의 위대성을 이루는 것이지만 그러나 그들은 그 이상의 일을 해야 했다. 그 점에 있어서 그들은 근본적으로 부사 안일주의자에 지나지 않는다. 최장기 관직을 지속한 것은 그것이 엄청난 인격의 양감 때문이기는 하지만 그들은 끝내 고려 왕조의 유신의 한계를 뛰어넘지 못한다. 어떤 의미에서 세종의 정치가 그런 무능력의 덕을 필요로 했는지 모른다.

이런 고위 사대부에 대해서 세종의 창조적 문화 운동의 핵심을 이루는 집현전 학사(學士) 집단이야말로 세종 왕조의 위대한 지식인들이다.

이른바 그들이야말로 세종 지성(世宗知性)의 주역이다. 최소한 그들을 통해서 영남(嶺南) 재야(在野)에서 길재(吉再) 이후의 사림파(士林派) 지식인이 크게 일어난 사실에 대응하는 근세 관학(官學)의 중요성을 낳는다. 또한 그들에 의해서 처음으로 순수한 조선 유교의 이념 세대가 등장한 의미를 가진다. 아직도 개국 훈신이나 고려 유신(遺臣) 세대가 사라진 것은 아니지만 집현전 학사

집단의 무한한 가능성과 뛰어난 재능은 고려 극복의 의식주체를 표현하기에 이르는 것이다.

세종은 아들이 18명이나 되게 할 만큼 비빈 궁녀에 기울인 정력은 집현전에 기울인 정력과 맞먹는다고 할 수 있다.

집현전은 세종이 그 이전에 있던 것을 궁내의 왕립연구소로 복구발전시킨 것이다. 윤준(尹准)·권도(權蹈)·권채(權採)·정인지(鄭麟趾)·남수문(南秀文)·유의손(柳義孫)·신석견(辛石堅)·성삼문(成三問)·최항(崔恒)·어효첨(魚孝瞻)·박팽년(朴彭年)·이개(李塏)·하위지(河緯地)·유성원(柳誠源)·김문(金汶)·정창손(鄭昌孫)·양성지(梁誠之)·신숙주(申叔舟)·이석정(李石亭)·이선로(李善老)·강희안(姜希顔) 들의 우수한 20대 지식인들이 망라되어 세종 문화의 주축을 이룬다.

집현전은 영전사(領殿事), 대제학(大提學), 제학(提學), 직제학(直提學)으로 구성되어 학사 10명 — 그뒤에 20명(經筵10, 書筵10) — 이 왕의 각별한 우대로 학술, 제도, 역사의 연구와 토론 그리고 왕실에 대한 학문적 고문이나 진강(進講), 각종 서적의 편찬·저술에 전임한다. 근무규칙은 엄격하고 출근이 이르고 퇴근이 늦고 함부로 나갈 수 없다. 궁중 내관이 직접 그들의 조석 식사를 담당하고 집현전의 호위 역시 엄중했다.

밤에 잘 때에도 언제 왕이나 세자가 들이닥쳐서 토론을 벌일지 모르므로 항상 정장을 하고 있어야 했다.

또한 학사들은 사가독서(賜暇讀書)제를 실시하여 장기간 산사에 들어가서 학문을 닦게 하였다. 그것은 집현전 학사의 커다란 명예이자 수확이 많은 제도였다.

그들을 중심으로 왕실의 사설(私說) 정음청(正音廳)을 두고 최항·박팽년·신숙주·성삼문·이선로·이개·강희안 들로 하여금 명나라 홍무정운(洪武正韻)을 옮기게 하고, 신숙주·성삼문으로 하여금 요동 유비지에 안치된 명나라 언어학자인 한림학사 황찬(黃瓚)에게 13차례나 찾아가서 음운(音韻)을 연구해서 이윽고 세종 28년 가을 역사적인 훈민정음을 반포한 것이다.

  이러한 한글 창제에 따른 각종 언해(諺解) 도서를 저술한 다음 고려사와 의약·농사에 관한 편술도 집현전을 중심으로 이루어진 것이다.

  세종왕조의 집현전은 말하자면 특정한 왕립문화기구로서 왕실에 대한 친위(親衛) 지식인의 체질이 만들어진다.

  세종의 세자(문종)와 성삼문의 우정이 수양대군과 성삼문의 처절한 대결로 나타난 것도 거기에 연유하고 있다.

  이 집현전 출신의 문사들은 그뒤로 대부분이 세종·문종의 왕실체제로 이어지면서 사육신(死六臣), 그밖의 단종 옹립주의로 발전하다가 해체된다.

  그러나 신숙주들은 한명회(韓明澮), 정인지 들과 세조의 현실세력에 가담함으로써 신숙주는 단종의 수호자인 김종서(金宗瑞), 황보인(黃甫仁) 들을 잔악하게 참살해 버리는 세조왕조 좌익공신이 된다.

  이러한 집현전 지식인은 그러므로 세종 당대의 왕실 계관(桂冠) 지식인이었을 뿐 그 다음의 시대에 이어질 맥락이 절멸해 버리고 만다.

  그러나 건국 이래의 조선 역대 왕조마다 각각 공신이 늘어나서 그러한 훈구파(勳舊派) 세력이 급격하게 귀족 관료세력으로 부식(腐蝕)해 버릴 때 거기에 재야 사림파의 도전을 받음으로써 조선 관료사회는 유교의 배타주의를 불교·도교에 향하던 현상이 대내적인 적대자 집단에 돌려서 과격한 파벌을 만들면서 분열되기 시작한다.

  그런 경우 집현전 학사들의 젊음이 이룩한 창조적 지성은 그런 암흑 가운데서는 아무런 자취도 없이 그들에게 인용되는 유교의 절개와 변절 따위의 표본이 되는 것에 지나지 않게 된다. 그것은 조선 초기의 지적 산화(散華)임에 틀림없다. 그러나 그들이 남겨 놓은 국자(國字)는 그들의 정신과 함께 영속되고 있다.

  아마도 집현전 학사는 신라의 화랑과 함께 민족사의 영원한 젊음을 진화시키고 있는지도 모른다.

21. 조선 사림파(士林派)의 자생권

박지원(朴趾源)은 '천하의 공언(公言)을 사론(士論)이라 하고 당세의 제1류를 사류(士流)라 하고 사해(四海)에 떨치는 의성(義聲)을 사기(士氣)라 하고 군자가 죄없이 죽음을 사화(士禍)라 하고 강학론도(講學論道)함을 사림(士林)이라 한다. (天下之公言曰士論當世之第一流曰士流鼓四海之義聲曰士氣君子無罪而死曰士禍講學論道曰士林)'라고 그의 〈원사(原士)〉에서 말한다.

이 말처럼 조선 사류(士類)에 대한 고양(高揚)된 행동원리를 정의하는 말도 없는 듯하다.

조선 역대 유학의 계보는 그것이 조선시대의 직접 이념의 계보이면서도 특이하게 설정되고 있다. 말하자면 정도전, 권근 들을 철저하게 배척하며 세조의 공신들도 누락되어서 우회(迂回)하고 내려간다. 바로 거기에 조선 유학의 도학주의적 순수성이 강조되는 것이다. 한영우(韓永愚)가 그의 《정도전론》에서 이러한 도학자적 유교 계보를 비판하고 있으나 우리는 도리어 이러한 순수 유학의 계보가 유교사상의 근본개념을 적시한다는 확신을 가질 수 있다.

문묘 배향(配享)이나 서원(書院) 종사(從祀)의 계보는 멀리 설총·최치원·김양감(金良鑑)·최충·안향까지 와서 《전고대방(典故大方)》에 따르면 백이정·이제현과 권부·이곡·이색으로 나뉘어진다. 거기에서 정몽주의 계보를 길재(吉再)에게 이어서 길재가 이성계 정권에 철저하게 가담하지 않고 고려왕조에 대한 지조를 지킴으로써 조선 재야 성리학의 순수한 정통성을 강조한다.

여기에서 영남 두메산골 선산의 길재가 조선 성리학의 도학과 예학 원조가 된다. 거기에서 김숙자(金叔滋)·김종직(金宗直)에 이어져 김굉필(金宏弼)과 정여창(鄭汝昌)·노우명(盧友明)·노진(盧禛)으로 나뉜다. 그러나 김종직은 김굉필에게 이어져서 다시 조광조(趙光祖)와 김안국(金安國)과 이연경(李延慶)으로 발전한다.

이 세 갈래밖에서 이제까지 도·예(道禮)가 한데 있다가 한 인물에서도 도와 예의 도식이 나뉘어지기도 한다.

그런데 이 유학의 계보는 몹시 엄격하며 계보를 잇는 일이 얼마나 어려운가를 엿보게 한다. 여기서 조선 유학의 개산(開山)인 길재와 김숙자·김종직에 이르는 조선 초기의 유교 지식인의 단층을 분석할 필요가 있다.

길재는 사실상 고려왕조에서 그다지 중요한 서술대상은 아니다. 그가 그러한 중요성을 가진 것은 누구보다도 순수한 공·맹·정·주의 철학과 가례(家禮)를 확보하여 불사이군(不事二君)의 주자학적 신념을 관철했기 때문이다. 말하자면 그의 유학은 그것을 정치적 이념으로 떠받는 조선왕조에 대해서도 도학적 신념을 굽히지 않은 것이다.

그러므로 길재에게는 유교가 목적이다. 정도전이 그렇게도 성리학에 사로잡힌 사람이기는 하나 그는 유교를 수단으로 삼았던 것이 길재와 전혀 다른 점이다.

바로 그 때문에 길재의 엄격하고 투철한 유교정신의 순수한 원리 구현이 가능한 것이다. 그를 조선 유학자 계보의 원점으로 삼은 것은 이러한 유교적 진실을 바탕으로 한다.

그러므로 길재 성리학에 이르러서 도학—철학—이 반드시 정치의 원리나 그 정치에 참가하는 관료의식에 대하여 순수하게 독립될 수 있는 중요한 계기가 된다. 여기서 조선 선비의 얼굴이 그려지기 시작한 것이다.

고려 창왕 원년, 길재는 종사랑(從事郎) 문하주서(門下注書)에 취임하자 곧 사퇴한다. 어린 시절 산사에 숨은 유교학자들을 찾아 공부를 하고 권근·박분(朴賁)에게 사사(師事)하여 이방원(李芳遠)과 성균관 동기이기도 한 그는, 이미 국운이 기울어가는 정치적 혼란을 더 이상 견디지 못한다. 40세에 고향 선산에서 다시 부르는 조정의 뜻도 사절하고 우왕(禑王)의 3년상을 홀로 입다가 고려의 멸망을 만난다.

그리하여 그의 성리와 경전의 탐구 강론이 시작되고 주자가례

(朱子家禮)를 엄격하게 지키는 재야 성리학의 시대가 열린다. 태종이 동궁(東宮)으로 있을 때 옛정으로 불러 조선왕조에 등용하려 했으나 그것을 결연하게 사퇴한다. 그는 밤에는 정좌하여 마음을 가다듬고 첫닭이 우는 새벽에 관대를 갖춰 사당과 선성(先聖)에 배례를 근행한다. 그런 다음 모여드는 제자들이 공부하는 데에도 나가고, 그 자신 독서와 정주학 범절을 떠나는 일이 없었다. 심지어 그의 효성이나 그밖의 도덕이 따를 수 없는 경지에서 불교 승려까지도 개종하게 한 것이다.

그의 학당의 제자가 늘자 상재(上齋)에서 양반 자제, 하재에서 상민 자제를 나눠서 가르치는 양재(兩齋)를 두고 그의 유교 교육은 한성부(漢城府)의 경학(京學)이 미치지 못했다.

거기에서 대표적인 문인 김숙자(金叔滋)에게 길재의 학문을 전승시키게 된다. 김숙자는 길재 상재에서 수학한 이래 성균관 관직에 오르지만 세조의 왕위 찬탈에 충격을 받고 의원면직자(依願免職者)가 된다. 낙동강 하류 밀양으로 내려가서 길재의 학문을 아들 김종직과 그밖의 영남지역 여러 문하생에게 전한다. 김숙자는 길재의 교육 그대로 엄격한 단계를 거쳐서 학문을 예의범절과 병행시킨다. '학습에 임함에 반드시 순서가 있는 법이니 순차를 무시하고 무제도한 학습태도를 갖는 것은 옳지 못하다'라는 그의 추상 같은 단계 교육이 장차 조선 성리학의 본격을 이룬 김종직을 성장시킨 것이다.

길재·김숙자는 다같이 정치 변혁기의 은자(隱者)로서 영남학통(嶺南學統)의 선각자가 된다. 이런 도학주의의 실현은 그것에 전념할 수 있는 현실 탈락자의 의식이 아니라면 그것은 정치현실의 소용돌이에 끌려다닐 수밖에 없으므로 불가능한 것이다. 조선 성리학 체계가 이러한 계보를 필요로 하는 것은 그것을 실천하는 전문적 지성을 요구하기 때문이다.

이들이 길러낸 김종직의 도학이 그뒤에 교활하게 관료사회를 지탱해온 훈구파(勳舊派)에 대한 과감한 혁파(革罷)의 급진세력의 사림파를 낳은 것은 길재·김숙자의 반체제적 실질을 이어받았기 때문이다.

영남의 재야 사림이란 길재·김숙자의 학통을 잇는 성리학파의 김종직 일파를 말하는 것으로서 김종직은 당시 영남 사림의 영수(領袖)로 문집과 《당후일기(堂後日記)》,《이존록(彝尊錄)》,《청구풍아(靑邱風雅)》,《동문수(東文粹)》 등이 있으며 그밖에 무오사화 직후 불태운 저술들이 있는 문사(文詞)에 뛰어난 굴지의 문인이다. 이 점이 그를 성리학의 체계과정에서 그를 소외시키는 경우가 있게 하지만 그것은 이황(李滉)들의 논증으로 무마된다.

성종 초의 경연(經筵)에서 김종직은 수석을 차지하여 관직을 제수받지만 그는 영남지방 관직을 자청하다시피 해서 한성 관료 사회를 이탈한다. 그는 외직(外職)만으로 함양 선산 등지에서 학문에 전념하고 많은 문인을 배출한다.

김종직의 도학은 김굉필(金宏弼), 정여창(鄭汝昌)에 전승되어서 함양에 있던 40대의 김종직으로서는 도학 전승의 희열을 맛볼 수 있었다.

또한 선산 외직에 있을 때는 서울에서 도보로 내려온 양준(楊浚)·양침(楊沈) 형제가 홍유손(洪裕孫)을 따라왔다. 김맹성(金孟性)·조위(曺偉)·남효온(南孝溫)·김일손·권오복·유호인(兪好仁)·박한주(朴漢柱)·이원·이주(李胄)·이승언(李承彦)·임희재(任熙宰)·이철(李鐵)·곽승화(郭承華)·강혼(姜渾)·권경유(權景裕)·이목·강경서(姜景敍)·이수공(李守恭)과 정희량·강희맹(姜希孟)·이계맹·강겸·홍한·정승조·이총·강백진·강중진·김혼·김용석·이종준·최부·표연말·안우·허반·유순정·정세린·신영희·손효조·김기손·강혼·주윤창·방유령·조익정·이인형·박형달·이의형·박수견·하충·민구령 들은 그밖의 김종직 문인 군상과 함께 당대의 문맹과 덕행을 떨친 재야 지식인 또는 소장관료들이었다.

드디어 길재와 김숙자의 도학은 김종직에 이르러 또 하나의 성균관 학풍을 성균관 사기(士氣) 이상으로 떨친 것이다. 이것이 중세사학(私學) 최충(崔沖)의 유교교육과 함께 한국 유교사에서 커다란 발자취를 남겨놓게 한다.

그러나 김종직의 이러한 도학적 세력의 승리는 그것이 정치 현실에 부딪칠 때 불가피한 비극, 그것도 부관참시(部棺斬屍)를 당하여 두 번 죽는 비극으로 지식인의 진실이 권력의 현장에서 어떻게 패배하는가를 보인다. 그러나 그런 관계에서의 승리란 권력의 것이 되지 못한다. 다만 지성은 권력으로부터 패배함으로써 파멸적으로 승리할 수밖에 없기 때문이다.

그러나 그는, 이런 승리를 그가 살아 있을 때 체험한 것이 아니라 그의 무덤이 파헤쳐져서 체험한 것이다.

김종직은 서울의 사악한 중앙 관료사회를 극도로 혐오했다. 거기에는 조선조 관료권이 처음부터 유교가 오도(誤導)된 배타주의로 정체되어 있기 때문이다. 오도되지 않았다 하더라도 유교의 냉혹한 이단 배척행태는 타자에 대하여 무자비하기 마련이다. 그것은 이미 정자·주자의 가혹한 논리가 그렇기 때문이기도 하다.

強爲妻孥計　　虛抛故國春
明朝將禁火　　遠客欲沾巾
花事看看晚　　農功處處新
羞將湖海眼　　還眛市街塵

처자에 얽매어 할 수 없이
고향 봄도 저버렸네
내일은 한식
멀리 온 나그네 옷깃 적시네
꽃이 늦어서 지다가 다시 피고
농사일 여기저기 새로울 때
맑은 물가에서 지내던 눈을
서울 거리 속진에 뜨지 못하네

시 〈입경(入京)〉은 그의 심경을 잘 그리고 있다. 그는 오랜 지방 외직에서 학문과 교육에 힘을 기울이다가 뒤늦게 왕명으로 서울에 와서 이조참판까지 오른다. 그러나 아신(亞臣) 유자광(柳子光)이나 김종직의 문명(文名)을 시기하는 서거정(徐居正)들의 훈구파 세력 때문에 유자(儒者) 최고의 명예인 대제학(大提學)에 당연히 그의 차례가 되는데도 오르지 못하고 제학(提學)으로 그친다. 서거정은 후임자를 전혀 우스꽝스러운 홍귀달(洪貴達)로 추천한다. 그것은 전임자의 추천이 관례이기 때문이다. 이 홍귀달에 대한 풍자는 김시습(金時習)의 '평생 웃음거리는 귀달이 문장―대제학―이 된 것이라네. (平生可笑事貴達爲文章)'에서 잘 알려져 있다.

김종직은 전라도 관찰사와 형조판서로 있다가 이미 연산군 시대를 예감하고 낙향한다. 김종직 역시 길재와 그의 아버지 김숙자의 은둔의식을 버리지 못하고 있다. 그가 쓴 〈조의제문(弔義帝文)〉이 재앙을 불러일으키리라는 사실을 그의 은둔의식의 지혜는 희미하게 알았다. 물론 그것은 그의 문인들에 의한 비극이기는 하지만, 그는 그런 불분명한 비극을 선험(先驗)함으로써 서울을 떠난 것이다.

心事怱怱未蘚歸　鎭川路上雪霖微
縱然不是騎驢客　點綴從敎伉白衣

마음 총총 섣달 못미처 돌아가는데
진천 길에 눈이 내리누나
나귀 내려 걷는 나그네에게
눈이 내려 흰옷을 만드누나

김종직은 그런 겨울의 삭막한 산촌 진천마을을 지나서 벼슬을 버리고 돌아간다. 그러나 그에게는 30년 관직생활에도 가진 것이 없다. 성종이 노환의 김종직에게 노비 15명과 사패(賜牌) 전답을 내렸으나 돌려보냈다.

그는 5백 인의 회장자(會葬者) 호상(好喪)으로 선영에 묻혔으나 그 무덤이 연산군과 유자광·이극돈(李克敦)에 의해서 김종직 문하의 김굉필·정여창을 비롯, 40여 인의 능지처참 참살 유배를 초래하고 다시 파헤쳐졌다.

또한 김굉필, 정여창은 물론이지만 청담파(淸談派)의 세속 이탈자들까지도 비참하게 처형되고 만 것이다.

이러한 김종직의 비극을 통해서 우리는 지식인이 가장 청정한 지식인일 경우 현실이 그것을 보존하지 않고 더럽히거나 제거하는 일을 서두르고, 권력이 그런 지식인에 대하여 가장 포악한 권력이 된다는 운명적인 대수 관계를 체험한다.

이런 예는 꼭 김종직 계열의 이조 초기의 지식인에게만 해당되는 것은 아니다. 역사는 그런 지식인을 제거하는 비극을 조작하는 권력의 악덕을 정치사의 구성이라는 이유로 얼마든지 보기(補記)하고 있다.

그러나 김종직은 반드시 정치현실을 도외시한 것은 아니다. 첫째, 그가 외직을 택하기는 했지만 오랜 출사(出仕)는 영남 재야 유교 지식인에게 거의 집단적으로 유교의 근본이념인 정치참가를 영도(領導)한 사실도 포함된다. 그는 유교의 도학주의에서도 받아들여지고 시인으로서도 받아들여지는 한 문화권의 양의(兩義)를 가지고 있으므로 도학의 편에서 그런 양의성을 비판하는 기회를 주었다. 그러나 그가 부관참시라는 유교적 명예의 최대 피해자가 되자 바로 그 비극으로 김종직 도학이 정당성을 얻게 된다. 그뿐 아니라 이미 김굉필의 도학이 김종직에 의해서 계발되었고 '학문에 뜻을 둔다면 마땅히 여기서부터 시작해야 한다'고 소학을 강론한 사실이 그를 단순한 문사학(文詞學)으로 밀쳐낼 수 없게 한다. 그것은 공자에 대한 맹자이며 맹자에 대한 정자·주자인 것이다. 김종직은 김굉필·정여창 그 뒤의 조광조·김안국·이연경에 이어지는 도학 계보의 앞에서 도학의 원점을 이루고 있다. 만약 조선 성리학의 도학체계(道學體系)에 그의 광범위한 사학(私學)

세력이 없었다면 거기에 어떻게 이언적(李彦迪)과 서경덕(徐敬德)이 이황과 이이(李珥)에게 흐르는 도학사상이 후속되었을 것인가.

김종직은 어떤 의미에서나 조선조 성리학 지식인 사회에서는 그들이 출사해서 충의를 바친 군주에 대한 또 하나의 군주였다.

22. 사육신 · 기타

수양(首陽)의 궁정(宮廷) 쿠데타는 조선 사림의 정치·문화를 반증했다. 영남 사학(私學) 사림의 계보가 그 처사적(處士的)인 도학의 첫걸음을 열어서 재야 지식인, 지역 지식인 집단을 만든 것도 따지고 보면 현인정치(賢人政治)로서의 지식인 정치 참가를 잠재하는 목적으로 삼은 것과 같이, 아니 그 이상으로 세종조 왕실 사림의 집현전파도 세종 20년 이후에는 연구·저술의 지식인이 아니라 집현전이 정치적 기관으로 변모하면서 왕정에 참여한다.

세종은 병 요양으로 온천과 내불당(內佛堂)에 의탁하면서 그가 무한한 애착으로 길러온 집현전 학사들에게 세자 문종의 섭정을 강화하기를 희망한다. 세종의 문치(文治)는 상왕 태종이 군사 주도권만은 상왕으로서 장악했기 때문에 오히려 안정될 수 있었다. 세종은 이런 정치 군사적 안정을 세자의 문학적 성향이나 자비심 때문에 앞으로 세자 혼자서 지속할 수 없다고 판단했다. 더구나 세자의 아우 수양·안평대군들의 야욕이나 세자에 대한 모멸(侮蔑)이 궁중의 불안을 예감케 했다.

여기서 세종은 황보인·김종서와 성삼문·박팽년·신숙주 들의 집현전 학사들에게 후사(後嗣)의 보필을 병상에서부터 임종까지 간절하게 부탁한 것이다. 특히 세종이 온양 온천에 물 맞으러 행행할 때는 성삼문·박팽년이 늘 수행했다.

오랫동안 세자는 섭정으로 정치훈련을 쌓고 즉위하자 병제(兵制)를 완비하고 국방에 힘을 기울였으나 재위 2년 만에 30대를 마감하고 요절한다. 어린 단종의 즉위식은 그야말로 세종의 핏줄 18인의 왕자들이 각축하는 세력 시위 분위기에서 거행되었다.

집현전 지식인들은 도학과 왕도사상(王道思想)의 현인정치가 체(體)와 용(用)의 관계라는 유교적 정치 지성을 길러왔으므로 세종 집현전 10년의 절의(節義)로써 정치 현실에 적극 참여한다. 그들은 이미 섭정시대부터 세자에 대한 충고, 정책 입안에 개입한 것이다.

이제 그들은 왕실의 미래지향적 연구기관에서 현실로 뛰어나온 것이다. 그들은 세종이 인계한 의정부(議政府)의 세력과 일치되어 어린 왕의 외곽이 된다.

그러나 수양은 이들 가운데서 가장 큰 장벽인 황보인·김종서의 세력을 제거하기에 이른다. 이어서 단종이 폐서되고 유배지에서 사사(賜死) 직전에 자살하게 만든다.

이런 과정은 안평대군의 문인세력, 수양의 무사세력의 각축이 김종서들을 죽임으로써 안평이 그들과 결탁했다는 누명으로 유배, 사사시키는 일로 시작된다. 또한 이에 봉기한 박수량, 이수정들을 처형한다.

여기서 수양의 실권집단 정인지, 한확(韓確), 권람(權擥), 신숙주, 윤사로(尹師路), 한명회와 수양의 아우 몇 사람이 세조 등극을 극비로 진행시킨다. 이 음모를 알게 된 성삼문, 박팽년, 이개, 하위지, 유성원, 성삼문의 아버지 성승(成勝)과 유응부(兪應孚) 등 문·무 왕당파는 단종의 복귀와 수양 세력의 숙청을 도모하기에 이른다.

건국 초기 왕자 상잔(相殘)의 악몽이 재현된 것이다. 성삼문의 동지 김찬·정창손이 창덕궁 명(明)나라 사절 환영연 거사 좌절에 당황하여 수양 세력에 밀고했다.

여기에서 성삼문·박팽년·유응부·이개를 혹독한 고문 끝에 작형(灼刑)으로 찢어 죽이고 하위지도 죽여 버리고 성균관에 있던 유성원은 집으로 돌아가 사당에서 자살한다. 그밖의 권자신(權自愼)·김문기(金文起) 등 70여 인의 연루자도 중형을 받게 된다. 거기서 정몽주의 후예인 정보(鄭保)·송현수(宋玹壽) 들은 가까스로 생명은 건졌으나 숙청되었다. 이와 함께 수양의 숙청 작업은 영남 재야 지식인 사회에까지 파급되어 전국적인 공포 분위기를 자아낸다.

정인지·정창손·한명회·신숙주·황수신(黃守身) 들은 단종과 금성대군들을 처형해 버린다. 이러한 수양의 유혈 쿠데타가 성공되자 그 정변의 공신들은 막대한 과전(科田) 재산을 하사받고 막대한 권력을 갖게 됨으로써 훈구파의 심각한 부정부패가 자행, 조선조 역대의 탐관오리 가렴주구 학정 따위의 폭력 정치사가 전개된 것이다.

이런 왕위 찬탈까지의 비극에 충격을 받은 일련의 반체제 지식인 계층 남효온 · 권절(權節) · 원호(元昊) · 이맹전(李孟專) · 조여(趙旅) · 성담수(成聃壽) 들은 주자학 유자(儒者)의 긍지인 불사이군(不事二君)의 절의를 지켜 출사(出仕)의 불명예를 거부하고 은둔하거나 폐인으로 자처하거나 술과 비분강개의 시에 의탁하는 유랑자가 되기도 한다. 이들을 성삼문 · 박팽년들의 사육신과 나란히 생육신이라고 뒤에 추앙했다. 그들뿐 아니라 신숙주와는 달리 그의 아우 신말주 · 윤혜 · 안지 · 정극인 들도 현직에서 자퇴하여 사회로부터 숨어 버린 것이다. 조상치(曺尙治) · 조섭륭(曺爕隆) 부자도 산골에 숨어 버린다.

이러한 세조의 무단정권(武斷政權)은 사회를 극도로 동요시켜서 지식인 계층뿐 아니라 민중의 하층사회에까지 그의 패도(覇道) 탄핵의 뜨거운 분위기가 가득했다. 그것의 가장 두드러진 예가 관북 지방의 이징옥(李澄玉) 반란과 이시애란(李施愛亂)이다. 이징옥은 김종서의 막료였으며 이시애는 관북 지방을 중심으로 한 지역적 단합을 이끌어 왔다. 이런 반란은 지방자치체제를 집권 체제로 흡수하려는 긴급조치까지 야기시킨다. 유향소(留鄕所) 폐지 따위가 그것이다.

이같은 사육신, 생육신 그리고 많은 반체제 계층은 그것을 단순하게 구왕(舊王)에 대한 충의의 고집으로만 추앙해서는 안 된다. 거기에서 정도전 이래의 사대부 정치로서의 의식이 왕권 중심 세력의 의존 집단에 대하여, 아니 권력 자체에 대하여 크게 대립된 갈등으로 나타난 것이다.

정치가 갈등의 관계라는 정치 일반론을 넘어서 그러한 갈등으로 조선 성리학이 사회에 뿌리를 내렸을 때의 사림 주체가 폭력 또는 권력의 특정 담당자들에 대한 지성을 확립했다는 극명(克

明)한 증거가 되고 있다.

　다만 성삼문들이 수양 제거 계획에 실패한 것은 문신으로서의 단호한 결단력 결핍 때문이다. 무인 유응부는 고문 현장에서 성삼문을 사납게 질타한다. "예로부터 서생(書生)과는 도모하지 말라 했거니와 내 말만 듣고 그때 그대로 칼을 썼더라면 이 지경이 되지 않았을 것이 아니오"라는 유응부의 말이 그런 점을 함축한다. 그것은 집현전 출신의 지식인에게는 불가피한 결핍이다. 그리하여 권력의 노련한 음모와 조직적 악에 대한 지성의 희생의 불가피성까지도 그 패배는 인정하는 것이다.

擊鼓催人命　回頭日欲斜
黃泉無一店　今夜宿誰家

북 치며 이 목숨 재촉하는데
머리 드니 서산에 해 지려는구나
황천 길 잘 곳도 없다는데
오늘밤은 뉘 집에서 쉬리

　성삼문은 단근질로 몸이 다 짓이겨져서 형장(刑場) 새남터 솔밭으로 끌려갔다. 물론 동지들도 함께 끌려갔다. 저녁놀을 바라보는 이 세상 최후의 그의 심경이 이 시에 담겨 있다. 끝까지 충신의 절의를 일관할 수 있었던 이들의 신념은 무엇인가를 여기서 알 필요가 있다. 세조조차 "너희들은 나에게는 비록 불충분했으나 후세에는 만고의 충신들이로다"고 감탄한 사실은 어디서 온 것인가. 그것이 무엇인가.

　등극한 왕의 종친에 대한 존호(尊號)로밖에 부르지 않아서 "진사(進賜)는 남의 나라를 빼앗은 사람이오"라고 성삼문·박팽년이 세조에게 말한 사실, 박팽년이 신(臣) 대신 거(巨)를 써서 세조의 신하가 아니라 자기 자신이 큰 사람이라고 표현한 진술이나 세조로부터 받은 녹(祿)은 한줌도 쓰지 않고 그대로 남겨 둔 사실은 무엇인가.

그것은 사람이 태어나서 가질 수 있는 최고의 명예임에 틀림없다. 사람이 자기 자신의 신념을 끝까지 굽히지 않는다는 의지로써 그가 사는 사회에서 주체를 이루는 것이다.

그들에게는 세종—문종—단종의 왕실 정통성에 그들 자신이 깊숙이 관련된 친조(親朝)의 정실이 있다. 그러나 그것만으로는 그런 고난의 꼭대기에서도 굽히지 않는 자세는 어렵다. 그런 정실과 함께 그들은 이념의 지성으로써 성리학의 도학적 실천을 완성한 것이다.

특히 세종 · 문종 들의 왕도정치는 사대부에 대한 깊은 신임을 길러 온 것이다. 그런 경우 그들 문신들은 조정에 대한 관계로부터 민족사 주체의 전통성과의 관계를 발전시키게 된다.

얼핏 보면 이런 표현은, 그렇다면 세조를 따른 정인지 · 신숙주들 역시 민족사 주체의 발전 과정에 참가했다고 볼 수 있도록 한다. 그러나 사육신들의 의지는 세종 · 문종 · 단종과의 집중적인 관계의 끝에서 발견되는 민족 전체상의 정통에 관계한다는 체험을 하게 된다. 그것은 하나로써 전체에 등가(等價)하는 이념의 확대인 것이다.

그들은 무엇보다도 그들이 세조의 적이나 그밖의 변절자에 대한 개별적인 증오를 일으키기 전에 그들의 무단정권이 도학적으로 부당하다는 사실에 철저하게 천착한다. 그것은 정통성 유지의 초인간적인 힘이 된다. 바로 그 정통성에서 그들이 권력 주체이며 동시에 민족 전체에 대한 정당한 책임자임을 자각한 것이다. 만약 그들이 옛왕에 대한 충성뿐이라면 그러한 전율적인 비극을 수용하는 불굴의 의지는 이루어지지 않는다. 성삼문 · 박팽년은 옛왕을 생각하는 일이 왕으로 표상되는 국가, 국가로 표상되는 백성, 백성으로 표상되는 하늘이 명(命)에 대한 발전적 정치 철학의 주체였던 것이다. 또한 그것은 사류(士類)만이 그런 천명의 해석자이며 천명을 자각하는 천명 실천자라는 정통성의 긍지를 표현한다. 그러나 이러한 긍지는 조선 양반 계층이 백성에 대하여 권력

174

을 행사하는 계급이 아니라 백성의 뜻과 현실을 반영하는 백성을 바탕으로 한 사림정치 실현과 연결된다.

적어도 사육신의 지성을 그러한 현인(賢人)주의, 사림주의를 세종이 죽은 다음에는 그 위대한 군국의 부재를 충당하는 이념으로 형성했을 것이다.

이런 사육신의 제단 위에 왕위를 강화한 세조의 무단 독재 정권은 쿠데타 공로자라는 독재 계층에게 공훈을 보상하는 대신 그 자신은 성리학 사림정신으로부터 받는 충격 때문에 그것을 회피하게 된다. 그것은 집권자로서 선정(善政)과 태종·세종의 왕업을 보완하는 적극적 수성(守成)을 이룩하는 일과 함께 그가 불교에 깊이 귀의해 버리는 일로 나타난다.

그는 성리학에 그다지 관심이 없었다. 국가 기강이나 정치 구조에 유교가 중심이 되기는 하지만 그는 왕자 시대부터 성리학의 어려운 논리와 성리학 문인(文人)들과 어울리지도 않았다. 안평대군과의 갈등 역시 그것을 말해준다.

더구나 집권 과정에서 그러한 성리학 지식인들이 얼마나 무서운가를 알게 되었다. 여기에서 세조의 불적(佛籍) 간행이나 원각사 창건이 그를 즐겁게 한 것이다. 물론 그의 치적은 엄청나다. 《경국대전》을 일단 정비하고 그동안 동요되었던 백성에 대하여 민본(民本) 농업 정책의 혜를 준다. 궁중 안에 누에를 기르게 하고 모험적인 도민정책(徒民政策)까지도 속행한다.

그의 집권 10년의 정치는 그가 왕위를 찬탈한 폭력을 상쇄함으로써 불교의 업보(業報) 사상의 신행(信行)을 이룬 것이다. 그는 거의 세종을 바로 뒤따르는 다양한 치적을 쌓았다.

이러한 세조 당대에 소외된 생육신 및 현실 부정의 유교 지식인들은 어떻게 되었는가. 성삼문들이 이념을 완성했다고 한다면 그들은 살아남아서 그 이념을 지속시키려고 처음에는 자처했지만 결국 실지로 그렇게 되어버린 이념의 폐인이 되었다. 그들은 무엇보다도 현실을 가지지 못한 아픔을 누구보다도 깊게 체념했다. 현실 없이는 성리학은 없는 것이다. 그렇다고 그들은 낙향해서 삶을 꾸려갈 만한 재산이 있는 것도 아니다.

여기서 살아 남은 단종(端宗) 사림 계층은 도학에서 얻어지는 자위가 정치 현실을 갖는 실감에 미치지 못한다는 것을 깨닫게 된다. 그들이 확신했던 정통성은 이미 현실적으로 대체되어서 집권 계층이 압수해 간 것이다. 그들의 단호한 현실 부정은 점차로 정치적 이념이나 사림 지식인의 신념 위에서 공허한 메아리가 되었다. 그리고 그들은 무엇보다 양반 실업자일 뿐이다. 김시습(金時習)이 중도 아니요 선비도 아닌 상태로 어느 곳에도 발을 붙이지 못하고 표박(漂泊)한 것이나, 어떤 것에도 의탁할 수 없어서 시 하나에 의탁하는 유랑시인이 된 것과 남효온의 청담파(淸談派)가 살아가는 막연한 한거(閑居)는 아마도 생육신과 일련의 자퇴자들을 대표하는지 모른다.

이미 정인지, 신숙주로부터 도태된 수양 반대자의 적지않은 부분이 다시 관직을 얻는 데 급급한 사례를 낳았다. 김시습의 시 〈사청사우(乍晴乍雨)〉는 그러한 걸직(乞職)을 풍자한다.

乍晴乍雨雨還晴　天道猶然況世情
譽我便應足毀我　逃名却自爲求名
花開花謝春何管　雲去雲來山不爭
寄語世上須記憶　取歡無處得平生

개었다 비 오다 비 오다 다시 개네
하늘도 이렇거늘 하물며 세상이야
날 좋아라 하던 이 오늘은 헐뜯고
공명 버리던 이 공명 찾아가네
꽃 피거나 지거나 봄이야 알 바 없고
구름이 가고 와도 산이야 그대론걸
말하노니 새겨두고 잊지 마소
평생을 구하여도 부귀 공명 덧없나니

그러나 김시습이 조롱한 그들 관직 취득자들에게 너무 큰 것을 기대하는 것은 바람직하지 못하다. 그들에게까지 한 시대의 정신사를 집약하는 '당세(當世)의 일류(一流)'로서의 지식인을 강요할 수 없다. 그러한 군소적인 계층이 단종 추앙의 감정이 풍화될 때 어쩔 수 없이 현실을 붙잡으려는 노력으로 기울이기 마련이다. 또한 몇 대만 관직에서 물러나면 사대부 반열(班列)에서도 누락되는 공포나 생존의 위협은 그들의 비굴한 작태를 합리화하고도 남는다. 왜냐하면 언제나 전체로서의 규모가 총괄되는 이념 추구는 불가능한 것이기 때문이다.

이런 점에서라면 김시습이 그가 불교 사회를 부정하여 승려를 놀고 먹는 것으로 인식하고 백성의 고난에 무한한 동정을 가지는 반면 그 자신이 반불반유(半佛半儒)의 기태(寄態)로서 이황의 날카로운 지적이 되고 있는 사실도 그의 사림파 이념이 변질된 바를 알려준다.

또한 청담파 남효온·홍유손·이정은(李貞恩)·이총(李摠)·우선언(禹善言)·조자지(趙自知)·한경기 들도 그들이 김종직 문하에서 또는 서울의 관학(官學)에서 체질화시킨 도학으로부터 그들의 소외현실에 맞는 노장철학(老莊哲學)으로 전향함으로써 가장 명료하기를 바라는 정주학적 실천 윤리를 그 윤곽이 없는 상태로 만든 것이다.

이러한 현상도 정치 현실에 투항하는 일만큼이나 사림지성(士林知性)에 있어서는 변절이 되지 않는 것도 아니다.

그런 현상에 비하면 조상치(曺尚治) 부자와 같은 준엄한 자기 인식에 일관된 삶은 소름이 끼친다. 그는 세조 왕권으로부터 이조참판에 제수되었으나 '노산조부제학포인조상치지묘(魯山朝副提學逋人曺尚治之墓)'라는 자신의 묘비를 미리 써서 세조의 신하가 아님을 명백하게 밝히고 산골에 숨어 버렸다. 그리하여 어린 단종이 유배 생활을 하면서 쓴 〈자규사(子規詞)〉에 화답하는 시를 쓰고 죽을 때는 그동안 써 온 시문을 다 불태워 버리기까지 했다.

이와 함께 성삼문의 재종제 성담수(成聃壽)는 혹심한 고문과 3

년 유배의 형을 마친 뒤 선영 아래의 벽촌에 숨어서 독서와 낚시로 세상을 마쳤다. 이런 사람은 권절(權節)의 출사 거부, 원호(元昊)의 단종 3년상과 출사 거부, 이맹전(李孟專)의 김숙자·김종직과의 도학 탐구, 조여(趙旅)의 낙향, 《용비어천가》를 정인지와 지었던 안지(安止)의 은둔, 정극인의 낙향들은 그들이 집현전 출신이거나 전시(殿試) 출신이거나 요직에 있었기 때문에 거기서 얻은 굳은 신조가 일생을 받쳐 준 것이다.

또한 이런 세조 왕권의 자퇴자들에게는 김숙자·김종직의 영남 사학을 배경으로 도학에 몰입할 수 있는 기회를 얻은 것이다. 그들이 공신 지배 체제의 사회를 개혁하는 신진 사림 지식인의 이념 집단이 되기까지에는 얼마나 많은 삶의 중요성을 포기한 뒤의 배상인가.

15세기 중엽 문종은 즉위한 다음 병상에 있을 때 집현전의 성삼문·박팽년·신숙주 들을 불러다가 밤이 깊도록 담론하다가 어린 동궁을 무릎에 앉혀놓고 "이 아이를 경(卿)들에게 부탁하노라" 하고 호소하고 술을 내려 준 일이 있다. 그 일이 신숙주들의 이반(離反)과 성삼문·박팽년·하위지 그리고 김종서·황보인 들의 제단이 만들어져서 이윽고 근세사 유교의 사림 정치가 피투성이로 실현되는 대사건을 이룬 것은 감회가 없지 않다.

그러나 천명이 이러한 지성이 희생된 값 때문에 그 천명의 보민(保民) 정치가 그뒤의 정치 문화를 만든 것이다. 아니 지성이 권력 안에서나 권력 밖에서나 그것에 도전하는 용기의 전통은 권력 지향적인 군주 체제에서 보기 드물게 확립된 것이다. 이이(李珥)가 경연(經筵)에서 세자를 무섭게 꾸짖는 태도가 그런 사림 전통에서 나온 것은 물론이다.

성삼문은 한국 지식인이 가장 이루기 어려운 이념의 승리를 이룬 것이다. 그것이 어찌 한말의 여러 지식인들이 보인 민족 등신대(等身大)의 민족사 주체의 독립 운동자들의 의지와 꿈에 이어지지 않았다고 하겠는가. 그러나 우리는 정인지·신숙주의 의미를 그 때문에 파손해서는 안 된다. 그들 역시 역사에서는 희생자이

며 그들이 살았던 시대의 영달이 바로 생육신 및 많은 하야(下野)
지식인들의 고난을 반영하는 것이다. 역사는 당대에서는 갈라놓
으나 그들을 역사의 전경을 통해서 갈라진 원인과 과정을 역산해
서 틀림없이 만나게 한다. 그러므로 지성의 힘은 역사적 지성에
의해서 완성되는 일을 끝까지 맡는다.

23. 사화지식인(士禍知識人)의 제단(祭壇)

주자는 자주 대립자 또는 비판의 대상을 '병통(病痛)'이라는 말로 규탄한다. 이러한 주자주의는 도락의 이론에 조금이라도 저촉되거나 위화되면 그것은 사문난적(斯文亂賊)으로 탄압한 예를 만들어 내고 있다.

이러한 이단 배척은 관직 파벌이 생겨났을 때 상대방의 세력을 타도하는 데서 더욱 치열했던 것이다. 조선 전기의 정치 담당자들이 벌인 사대부 투쟁의 지속적 비극 역시 그러한 주자학의 체질을 노출한다. 어떤 의미에서는 조선조 정치사는 《전고대방(典古大方)》의 열거에 의하면 15세기 중엽 단종 원년으로부터 16세기 초엽 경종 원년까지의 12사화(士禍)로 충당한다. 그 앞을 왕자의 난, 그뒤를 신유사옥(辛酉邪獄)이나 김씨·조씨 세도 쟁탈전이나 동학난으로 연장하면 정치 투쟁은 근세사의 통시적 동태(動態)를 이루고 있다.

우리는 이러한 지식인 정치의 피해자들을 편드는 나머지, 정인지·신숙주 그리고 유교 자체를 실제적으로 현실에 구현한 양성지(梁誠之)와 같은 공신 또는 정책 입안자들을 폄하하는 폐단을 이겨내야 한다.

정인지·어효첨·최항·이석정·양성지·권람·신숙주는 그 뒤의 서거정(徐居正)·성임(成任)·성현(成俔)과 이극배(李克培)의 4형제·한계희(韓繼禧)·강희맹(姜希孟)·노사신(盧思愼) 들의 국록자(國祿者)들은 정치 경제와 예학 시가 그리고 관찬(官撰) 편찬 사업을 담당하여 조선 초기의 왕조문화(王朝文化)를 크게 이룩한 업적의 계보를 이룬다. 그것은 지식인을 절의의 표준으로만 해석하는 것밖에서 현실의 전인적 기능 지식인의 힘이 발휘한 가치 영역도 얼마나 중요한가를 일깨워 주고 있다.

실지로 왕조 문화는 이러한 권력, 경제력에 의한 집중적인 힘으로 이루어진 것이다. 이러한 장기 관직자들의 강력한 업적이 아니라면 민간 지식인의 한계로써는 달성할 수 없는 문화에 대하여 그

180

들의 존재 이유까지도 합리화시킬 수 있는 것이다.

그러나 이런 정권 담당자의 계보 때문에 도학정치의 경화(更化) 과정에서 완강한 보수주의 풍토가 만들어졌다. 그러한 보수 계층의 배타주의 때문에 한국의 정신사 또는 정치 사회에서 진보적인 노선이 언제나 패배 좌절되는 풍속이 전개되기 시작한다. 거기에서 정치와 문화가 당당한 개혁운동을 가지지 못한 큰 결함이 발생한 것이다.

보수세력의 힘이 막대할수록 거기에 상응하는 진보적 세력이 비례한다는 것은 역사를 창조운동의 변화에 의해서 발전시키려는 모든 기회를 차단시키게 된다.

이러한 관변 지배 중심의 정치·문화에 대한 자각이 김종직의 영남학파에 의해서 점차 도전적으로 일어나서 훈구파 보수주의와의 충돌을 피할 수 없게 만든 것이다.

김굉필(金宏弼)·정여창(鄭汝昌)·조위(曺偉)·김일손(金馹孫)·김맹성(金孟性)·유호인(兪好仁)·김흔(金炘)·박한주(朴漢柱)·표연말(表沿末)·강백진(康佰珍)·이종준(李宗準)·곽승화(郭承華) 들이나 그들과 연결되는 남효온 그룹의 청담파 지식인들은 김종직 교육의 위대성에 부응하는 재야 지성의 엄청난 도학 체계를 일으킨 것이다.

특히 김굉필·김안국(金安國)·김정국(金正國)·이장곤(李長坤)·이연경(李延慶)과 그들 학통의 자랑인 조광조를 배출시킨다. 훈구파 관직자들이 그들 자신의 행운을 만끽하고 있을 때 이러한 지역 지식인이 권력의 소외 지대에서 도학 관철을 목적으로 하는 정치 의식을 길러냈으며 어느덧 그 힘은 이미 훈구파의 힘과 대립될 만큼 방대해진 것이다.

이미 유자광·이극돈·서거정 들은 김종직 계열의 젊은 영남 사람들이 대간(臺諫) 홍문관의 관직으로 중앙 정계에 세력을 확보하기 시작한 사실을 몹시 불쾌하게 생각하고 왕권에 공훈이 없는 그들에 대하여 권위주의로 위압하기 시작한다. 사림파는 훈구파의 권위 부패를 군자에 대한 소인(小人)으로 비난하면서 보수

세력에 대하여 그들의 야망을 발휘하기 시작한다. 물론 사림파라고 해서 전부가 이런 정치 현실에 참가하려는 것은 아니다. 그들은 문학 또는 학문 그리고 의리지학(義理之學)을 지향하여 세속적인 야망을 가진 것이 아니라 도리어 기성 정계에 대한 부정 때문에 야망이 생겨났던 것이다.

김부식과 정지상이 중세에서 그랬던 것처럼 유자광과 김종직은 서로 문학적 적수(敵手)에서 사원(私怨)이 깊다. 이어서 이극돈과 김일손의 불화가 유자광과 이극돈이 사림파를 숙청하는 음모에 뭉쳐진다.

어떤 대정황(大情況)의 현실로 그 현실 동작의 배후에는 이러한 개인적 동기로부터 그 동작을 발생시키는 사실이 있는 것이다. 본래 유자광은 김종직 문하에 있었으나 그가 남이(南怡)를 무고하게 죽인 공으로 관작을 얻었기 때문에 김종직에게는 유자광이 증오의 대상이 되고 극도로 모멸하게 된 것이다. 또한 유자광의 격조 없는 시문이 함양의 정자에 걸려 있는 것을 김종직이 함양 군수로 재직할 때 철거한 일 때문에 유자광이 김종직을 배반하기 시작한다.

김종직 문하의 김일손은 이극돈이 전라 감사로 있을 때 성종의 상(喪)에도 불구하고 진향(進香)하지 않고 기생과 수작한 사실, 부정 축재를 한 사실을 실록청(實錄聽) 당상관(堂上官)인 김일손이 실록에 기재하였다. 이것을 삭제해 달라고 이극돈이 청했으나 거절했다. 그뿐 아니라 김일손이 다른 관직으로 있을 때 이극돈·성준(成俊) 들이 붕당(朋黨) 모의를 한다고 상소하기에 이른다.

이런 사원이, 이윽고 김일손이 그의 사종(師宗) 김종직의 〈조의제문(弔義帝文)〉을 실록 사초(史草)에 삽입한 것을 들어 유자광·노사신·이극돈 들이 연산군에게 상계(上啓)하여 김종직이 세조를 헐뜯는 것은 대역무도(大逆無道)라고 주장한다. 연산군은 본디 도학 지식을 싫어하고 있었으므로 김종직의 부관참시를 단행한다. 그의 문집도 그때 소각 처분된 것이다.

〈조의제문〉은 풍자문으로 꿈에 의제(義帝＝楚 懷王)를 만나 놀라 깨어나서 조문을 짓는다는 취지로 시작하여 의제를 죽인 항우 (項羽)에 세조를 빙자하고 의제에 단종을 비유하여 세조를 간접 적으로 비난한 것이다. 김일손은 이 글을 세조 왕위 찬탈에 관한 부분을 자세히 기록하고 거기에 김종직의 글을 수록, '종직이 꿈 에 느껴서 의제를 조상하는 글을 지어 그 우사(寓事)로써 충분(忠 憤)하였다'고 사관 권경유(權景裕), 권오복(權五福) 들도 〈김종직 전(傳)〉을 써서 수록하고 김종직의 찬을 덧붙였던 것이다.

이것으로 말미암아 김일손·권오복·권경유·이목(李穆)·허 반(許磐)들을 선왕(先王) 무록(誣錄)의 대역죄로 몰아 참살하고 강겸(姜謙)·표연말·홍한(洪瀚)·정여창·강경서(姜敬敍)·이 수공(李守恭)·정희량(鄭喜良)·정승조(鄭承祖) 들을 고문, 유배 시키고 김굉필·이종준(李宗準)·최부(崔溥)·이주(李胄)·박한 주·임희재·강백진·이계명·강훈 들도 유배시키고 여기에서 이극돈 자신도 인책 파직되며 이세겸·윤효손·유순 들도 관직에 서 쫓겨난다. 이 연산군 4년 무오(戊午)의 대옥(大獄)을 무오사화 라 하며 그것이 역사 서술 때문이므로 사(士) 대신 사(史)의 화로 도 불린다.

여기에서 유자광 전횡시대가 개막되어 연산군 유자광의 폭정이 사림 지식인이나 민중을 철저히 탄압하고 강제하기에 이르는 것 이다.

그 사화 6년 뒤에 연산군 생모 윤비(尹妃) 폐위 사사(賜死)가 성종 후궁 숙의들의 음모로 된 것이라고 임사홍(任士洪)이 밀고 함으로써 숙의들이 낳은 성종의 왕자들을 죽이고 윤비를 성종묘 에 배사(配祀)하는 일을 반대한 사람을 죽이고, 윤비 폐위 당시의 조신들을 추죄(追罪)하여 김굉필·윤필상·이극균·성준·이세 좌·권주·이주 들을 죽인다. 또한 한치형·한명회·정창손·이 세겸·심회·이파·정여창·남효온 들의 영남학파 중심의 전직 자나 관련자의 무덤을 파서 무더기로 부관참시하고 자손에게도 죄를 씌운다. 연산군 10년 갑자사화가 그것이다.

연산군의 2대 사화는 각각 그 성질을 달리하고 있다. 무오사화가 훈구세력과 신진 사류의 싸움이라면, 갑자사화는 연산군의 왕실 세력과 정부 각료 세력과의 싸움이다. 거기에 김종직계열의 사람까지도 포함되어 희생된 것이다.

말하자면 연산군의 폭정과 타락에 대한 관직자의 압력 기구가 연산군 왕실 측근자 임사홍이나 신수근(愼守勤) 들이 붕당을 모의하여 왕을 고립시킨다고 믿는 연산군을 현혹하여 전멸시킨 것이다. 그것은 독재자가 지식인을 싫어하는 전형적인 병리를 드러낸 것이다. 문신의 충고를 싫어함으로써 경연과 대제학을 폐지하고 성균관 유생을 쫓고 성균관을 주색 잔치의 집으로 만들고 세조 왕대의 원각사를 기방으로 만들고 서울 교외의 백성 2만여 명이 강제 퇴거되고 전국에서 잡아온 미인 3백 명을 흥청(興淸)이라 하고 또한 1천여 명을 운평(運平)이라 하여 불러들였다. 거기에 궁녀도 1백 30여 명이고 조신들의 아내까지도 난행해 버렸다.

이런 지식인 숙청의 폭력정치, 민원(民怨)이 쌓이는 타락 정치에 의해서 사대부의 소재가 파묻혀 버린 것이다.

연산군 12년의 기간은 실로 도학이 사라지고 유교 지식인의 생존권이 완전히 박탈당하는 암흑 시대를 이룬다.

이런 암흑 가운데서 다시 사대부들이 일어나서 연산군을 폐위시키고 중종반정(中宗反正)의 쿠데타가 일어난 것이다. 여기서 김종직·김굉필의 사림 계보에서 가장 탁월한 조광조의 젊은 도학 정치 5년의 혁신주의가 혁명 정권을 장악하는 것이다.

조광조의 철학은 훈구세력 계층의 시문(詩文) 취향과 달리 본격적인 성리학 실천의 원리가 된다. 그것은 거의 숨막히는 정치 실천의 절대주의를 이룬다.

조광조의 많은 계사(啓辭)들은 하나같이 그러한 도학과 의리학(義理學)을 현실에 실현하려는 열정으로 차 있다. 〈인부종개정공신사사직계삼(因不從改正功臣事辭職啓三=공신을 개정하는 일을 들어주지 않으므로 사직하는 계 三)〉은 '선비가 세상에 나서 학문으로 업을 삼는 것은 그 포부를 펴서 생민(生民)에게 도움이 있기를 바라는 것입니다. ……다만 그 도를 행하려 할 뿐이었는데 후세의 선비의 일은 사사로 자기 몸을 위할 따름입니다. 신 등이 6, 7차 면대했을 적에 한갖 말로써 군상(君上)을 감동시키고자 하였으나 이는 본(本)이 아니라 말(末)이요, 다만 임금이 임금의 도를 행하고 신하가 신하의 도를 행하면 조정이 밝아지고 정치가 이룩하여질 것입니다'라고 말하고 있다.

아마도 조광조는 조선조 사림정치에서 그 유례를 찾아볼 수 없는 온몸의 신념으로 차 있는 도학의 천재인 것 같다. 그는 이황(李滉)의 정암행장(靜庵行狀)에 의하면 어린 시절 유배자 김굉필로부터 교육을 받고 20대에 성균관 유생 2백 명을 대표할 만큼 깊은 도학을 체득하였다. 조선 초기의 도학 지식인이 대체로 절의나 장구(章句) 문사(文辭) 하나로 귀결되는 것을 극복한 김굉필로부터 강론을 들은 조광조는 이미 현인적(賢人的) 사상에 뛰어든 것이다. 그뒤 송도(松都) 천마산에 들어가 혼자 정좌하여 글을 읽을 때는 우뚝한 소상(塑像)과 같았다 전해진다. 세도(世道) 쇠망을 그는 도를 행함으로써 지식인의 정치적·문화적 책임을 다하는 것으로 이겨내려는 것이다.

그는 왕에게 시를 짓지 말라고까지 외쳐 댈 정도로 훈구파 폐습의 공론이나 시문 유희를 극도로 증오했다. 그는 중종 반정 직전에 연산군 폭정에 항거하다가 유배당한 유숭조(柳崇祖)의 《대학잠(大學箴)》, 《성리연원촬요(性理淵源撮要)》와 전위적인 정치 철학을 배우다가 성균관 2백 명의 유생 전체 연명(連名)으로 추천되어 일약 6품 관직으로 발탁된다.

중종은 연산군이 남긴 정치적·경제적·사회적·문화적 초토에 정치와 지식인을 재건하고 최초로 조선 왕조 사림정치를 정착시켰다.

조광조의 헤아릴 수 없이 많은 중종에 대한 계(啓)는 중종이 눈코 뜰 사이도 없게 왕도 복구를 추진하게 한다.

그것이 곧 조광조의 지치주의(至治主義)이며 근본 정치의 이상이다. 영남학파의 이장곤·김안국·김정국 그리고 김정(金淨)·박상(朴祥)·이자(李耔)·김구(金絿)·기준(奇遵)·한충(韓忠)이

조광조 노선이 제창한 현량과 신진 사류로서 조광조 철인정치의
실력자가 된다.

중종 14년 그는 38세에 대사헌 요직에 취임하여 '소학(小學)'
과 산업 장려, 민중의식 개발, 교육, 제도 시행 그리고 '여씨향약
(呂氏鄕約)'을 전국적으로 실시하여 민본주의 실현에 젊은 이상
론자들의 열정을 불태운다.

고려 말의 길재 이후 재야 성리학이 정치의 핵심을 장악하고 건
국 이래의 왕권 주변에서 살아온 노회한 기성 정치가들에게 타격
을 주고 유교의 도(道) 근본 사상인 천인합일(天人合一)을 눈앞에
서 완성하려 한 그들의 신진 실권 계층에는 당연히 급진적 하자가
있기 마련이다. 이상은 현실의 어떤 암면(暗面)에서 뜻밖의 보복
을 받는다. 그들은 너무 급했다.

조광조는 너무 중종을 도학의 권위로 압박했다. 진강(進講)의
조강(朝講)이 해가 질 때까지 강제로 늘어나서 왕이 곤욕을 치르
는 일, 소격서(昭格署) 폐지의 윤허가 내리지 않자 복합(伏閤) 논
계로 아침부터 그 다음날 새벽 닭이 울 때까지 왕을 지치게 하여
기어이 윤허를 강요받는 일들은 중종이 조광조 일파의 요직자 또
는 홍문관 간부들에 대하여 염증과 공포감마저 일어나게 했다.

말하자면 그들의 과격한 변혁운동은 왕을 질식시키려 한 셈이
다. 그뿐 아니라 구신(舊臣)이나 정부에 남아 있는 노숙한 역대
관료들에게 소인(小人)이라는 혹평은 쉬지 않았다. 여기에서 남
곤(南袞), 심정(沈貞) 들의 훈구파 각료들이 중종 반정의 정국공신
(靖國功臣)에 잘못 남록(濫錄)된 자들을 추삭(追削)하는 일을 사
표를 걸고 윽박질러서 성취시킨 것이 공신에서 빠지게 된 심정이
이른바 주초위왕(走肖爲王 : 趙가 왕이 된다)이라는 참(讖)을 궁성
안의 나뭇잎에 새겨지게 하여 중종으로 하여금 조광조가 왕권 도
전을 한다고 믿게 하여 조광조·이지·유인숙·박세희·홍언필
들을 투옥시켰다. 반대파가 그들을 죽이려 했으나 만류되고, 성균
관 유생 1천여 명이 광화문 밖에서 무죄 호소의 농성을 벌이고 그
들이 자진하여 감옥에 들어가므로 옥중이 입추의 여지가 없을 정

도였다.

조광조는 곧 능주(綾州)로 유배, 사사되고 김정·기준·한충·김식 들이 사형 또는 자결하고 그밖의 몇십 명도 유배되어 버린다.

그들의 도학정치를 후원하던 안당(安塘)과 김안국·정국 형제들이 파면되고 정권은 다시 훈구세력의 잔존자들에게 돌아간다. 이것이 기묘사화다.

그 뒤로 을사사화는 외척세력의 대립이 왕위 계승 문제로 충돌할 때 그 중의 한 파에 관련된 사림파가 희생되는 비극이다. 이미 이때는 이언적(李彦迪)·이황(李滉)이 서울의 관직에 부상하고 있는 때였다.

그러나 이러한 지식인 수난의 사화를 통해서 언로(言路)·사기(士氣)·보민(保民)·분권(分權)·이욕 근절의 정치 사상은 그들의 희생을 통해서 조선 사회의 의식을 도학과 의리를 중심으로 교직된 것이다. 그것은 불교가 왕권과 화합해서 불교 국가를 만든 고대사에 대한 대전환기의 유교정치의 철학을 이룬다.

사화 지식인의 희생은 진보주의를 제거시킨 사실을 뜻하지만 그러나 그것이 얼마나 값비싼 희생을 통해서 의식화되는 혁신주의 전통을 만들었는가를 체험할 수 있다. 한말 또는 식민지 시대까지 이러한 전통은 유신 혁신 운동의 모체가 되어 살아 있는 것이다.

지식인이 권력과 관계될 때 조광조들이 그들의 이상 정치를 절실하게 지향하지 않으면 안 되었던 지식인 정치 철학의 실감을 얻는 일은 중요하다. 정치 현실이 지식인들이 갖는 이상을 환상이라고 잘못 재단하는 것은 정치가 이상을 지향할 때 정치다운 사실을 모르기 때문이다. 그런 점에서 조광조들의 융고지치(隆古之治)가 내건 창조적 정치사상은 조선 사회의 비극이 그 비극의 크기 이상으로 이 땅에 투영(投影)된 것은 역사를 살아 있는 힘의 발전 단계로 보게 한다.

24. 둔세(遁世)와 경세(經世)

조선 성리학 3기는 김종직의 효제충신(孝悌忠信)의 근본, 김굉필의 《소학》, 정여창의 염락(濂洛＝性理) 독서로써 전기 삼현(三賢)을 이루고 그들에 이어서 조광조·서경덕·이언적·이황·김인후·이이·성혼·조헌·김장생·송시열·박세채 들이 유기(唯氣)·이기호발(理氣互發)·기발이승(氣發理乘)의 철학들을 화려하게 상충시켰다.

여기에서 조광조들은 유숭조의 성리학 체계에 영향을 받아 도학 실천을 주도한다.

그의 지치주의는 중국의 당우(唐虞) 3대의 왕도정치를 실현하려는 '숭도학(崇道學) 정인심(正人心) 법성현(法聖賢) 흥지치(興至治)'를 주장하여 왕을 만날 때마다 이 말을 지치도록 되풀이 외쳐서 중종의 귀가 그 말로 꽉 차게 만들었던 것이다. 그는 이러한 도학 실현의 이상 앞에서 많은 동지들과 죽어갔다. 사림 정치가 이렇게 그 혁신주의자들을 희생시킨 수난사로 귀결될 때 거기에 가담하지 않고 은둔하여 성리학 원리를 탐구한 사상가들이 있는 것은 실천주의자의 정치 중심 또는 그들이 희생된 공백을 철학 자체로 보완하는 큰 역할을 담당한다.

만약 조광조들을 없앤 시대에 그들 둔세자(遁世者)들이 없었다면 그것은 도학 체계의 맥락이 두절될 우려도 없지 않기 때문이다. 어쩌면 조선조 영남 성리학이 정치의 표면을 등짐으로써 이룩되었다면 그것이 정치 위기를 만났을 때 이들의 도학 사상이 생략될 뻔한 성리학을 수호 발전시킨 것으로서 다시 한번 길재·김종직의 재야 시대를 추체험한 셈이다.

'정암(靜庵＝趙光祖)이 천자(天姿)는 진실로 아름다우나 학력(學力)이 충실치 못하여 그 시행하는 것이 과당(果當)한 곳이 있음을 면치 못한 까닭으로 마침내 일에 실패했다. 요순의 정치를 하는 것이 비록 군자의 뜻이기는 하나 어찌 시기와 역량을 헤아리지 아니하고 할 수가 있느냐'라고 이황이 비판한 바는 먼저 도학 완성이라는 과제를 비중으로 삼은 것이다. 바로 이것을 자각적 현실 소외자들이 완성시킬 수 있었던 것이다.

서경덕·조식과 이언적 그리고 이연경·이지함·김인후 들이 이황과 이이에게 이어지는 철학을 일으킨 것이 바로 그런 소외자의 수확이다.

서경덕은 조광조가 중종 왕조에서 현량과(賢良科)를 설치하여 많은 인재 누락의 구제도를 개혁할 때 그 현량과 제1호로 추천받은 사람이다. 그것은 아마도 조광조가 송도 천마산에서 수학할 때 서경덕을 만났거나 그의 명성을 들었기 때문이리라. 그러나 서경덕은 끝내 거기에 불응하고 초야에서 그 자신의 학문에만 힘을 기울였던 것이다.

이런 태도는 황진이가 칭병하여 하룻밤을 유혹한 것에도 흔들리지 않은 것과 비슷한 극기력의 소산이다. 빈민 출신으로 송도 동문 밖 화담(花潭) 위에 초막 서사정(逝斯亭)을 짓고 혼자 학문에만 전념했다. 31세 때의 조광조 현량과 거절, 43세 때의 생원 급제에도 관직을 등지고 56세 때의 김안국 참봉 추천도 사절했다.

그는 우주의 본질 규명을 현실의 중요성보다 훨씬 위에 놓았다. 그리하여 만물의 이름들을 벽에 붙여놓고 만물 하나하나를 두고 날마다 연구했다. 연구 태도는 마치 참선(參禪) 삼매를 방불케 했다. 바로 이런 연구 태도가 그의 주기철학이 진유(眞儒)가 아니라는 지적과 함께 도교적·불교적 성향을 드러낸 것인지도 모른다.

그는 이미 진리를 스스로 터득하는 20대에야 사서삼경, 그리고 성리대전(性理大全)을 읽어서 그것이 그 자신이 터득한 바와 같은 경지라는 생이지지(生而知之)를 자랑한다.

그의 독학적 학문은 이윽고 50대에 들어서서 '성현의 설은 이미 선유(先儒)가 주석한 것이 있으나 상 위에 또 상을 쌓을 필요는 없고 선유가 설하지 아니한 것에 대하여 내가 저술하려 했더니 지금 이렇게 병이 중하니 써서 전하지 않을 수 없다'고 하고 〈원리기(原理氣)〉, 〈이기설(理氣說)〉, 〈태허설(太虛說)〉, 〈귀신생사설(鬼神生死說)〉, 〈복견천지지심(復見天地之心)〉 들을 남긴 것이다.

태허는 맑고 아무 형질도 없는 것으로 이를 선천(先天)이라 부른다. 그 크기는 바깥이 없으며 그 시초는 시작이 없다. 그러므로 그 옴[來]은 궁구할 수 없다. 그 맑고 허하고 정함이 기의 근본이다. 기는 바깥이 없는 먼 데까지 가득 차 있어 그 안을 꽉 메우고 꽉 채우고 있다.

기 밖에 이가 없나니 이는 기를 주재하는 것이다. 이른바 주재한 밖에서 와서 기를 주재하는 것이 아니라 그 기의 용사(用事 = 作用)가 그렇게 되는 까닭의 올바름을 잃지 아니한 것을 가리켜 주재라 함이다.

정이천(程伊川)이 사(死)와 생, 사람과 귀신은 하나이면서 둘이요 둘이면서 하나라 했으니 이것으로써 다 말한 것이다. 나도 사생 인귀란 다만 기의 뭉침과 흩어짐일 뿐이라고 생각한다.

이러한 〈원리기〉, 〈태허설〉, 〈귀신생사설〉들은 주기일원론의 우주론이며 자연철학으로서 서경덕의 수리적(數理的) 학문의 성과인 것이다. 그것이 뒤의 사대부가 그를 비유(非儒)라고 비판하고 선조조차 기수(氣數)에 치중한 그를 폄하하게 되기도 한다.

그의 병상(病床) 철학의 독창성은 무엇보다도 그 자신의 자랑이며 문인들에게 그것을 전한다. '나의 독특한 견해를 대략 술(述)하여 박공이정(朴公頤正)과 허군태휘(許君太輝) 및 문하에 출입하는 이에게 주노라. 이 논이 비록 글은 졸하나 그러나 천성(千聖)이 다 전하지 못한 경지에 이른 것이니 중간에 유실하지 말고 후학에게 전하여 외국에까지 알려서 동방에 학자가 났다는 것을 알려라'라고 유언할 정도인 것이다.

솥에 2일 동안 불기운이 없고 솥에 이끼가 끼면서도 거문고 소리가 났다는 서경덕의 철저한 낙도(樂道) 생활이 이러한 주기론을 이루어 우선 이이에게 영향을 미치고 이지함(李之菡), 박지화(朴枝華) 같은 민간적 기인(奇人) 지식인의 역학(易學) 후예를 둔 것이다. 또한 민순(閔純), 박순(朴淳) 들이 그를 섬기게 된다. 허엽

(許曄)·박민헌(朴民獻)·홍인우(洪仁祐)·남언경(南彦經)·차
식(車軾) 들도 포함된다.

이러한 서경덕과 거의 동시대에 이언적이 있다.

그는 고아로서 학문에 힘썼다가 김안로(金安老) 일당에 숙청되
어 경주 자옥산(紫玉山)으로 들어간다. 그곳의 7년 동안의 학문과
만년 유배지에서의 《대학장구보유(大學章句補遺)》, 《속혹간(續或
間)》, 《구인록(求仁錄)》 그리고 미완성의 《중용구경연의(中庸九經
衍義)》를 편찬한다. 이언적은 서경덕과 같이 관직을 거절한 것은
아니다. 최고위 각료를 세 번이나 역임하고 영의정에 추서될 정도
이며 중종의 각별한 사랑을 받아 왕이 이적(李迪)이라는 본명에
언(彦)을 삽입해 줄 만큼 당대의 총신이었다. 그러나 그는 오랜
난세 관직에서 수렴 청정을 처음으로 시행케 하기도 하나 늘 도학
의 본질 추구를 잊어버리지 않았기 때문에 서경덕과 반대되는 그
의 〈태극설〉이 남겨진 것이다.

양대연(梁大淵)은 그것을 다음과 같이 간추리고 있다.

소위 태극은 도의 본체이고 모든 변화의 근본이 되는 것(萬化之
要領)으로 공자의 손자 자사(子思)가 말한 바 하늘의 명에 따르는
것(天命之性)을 일컫는다 하였다. 그런데 주자가 이것을 무극이라
한 것은 다만 그 방소(方所)가 없고 형상이 없는 것을 가리켜 말
한 것에 불과하여 결코 무극이 태극과 다른 개념이 아니다. 대체
로 말해서 지무(至無)한 가운데 지유(至有)가 있으므로 이른바 무
극은 곧 태극(無極而太極)인 것이며, 이(理)가 있는 뒤에 기가 있
으므로 태극이 음양을 낳는다(太極生兩儀)고 하는 것이다. ……군
자는 태극의 이를 체득하여 남이 보지 않아도 삼가며 남이 듣지
않아도 외경하는 마음을 가지고 짧은 순간이나 아무리 사소한 것
에도 스스로 그릇됨이 없기를 기하여야 하며, 사람을 대하고 사물
을 접할 때(對人接物)에도 마땅히 자기의 천성(天性)을 다하여야
한다. 그리하여 천성을 다함으로써 천지의 이치를 깨닫고 태극의
화육(化育)됨을 알고 이로써 사람이 다할 수 있는 가장 막다른 경

지에 도달함을 목표로 삼아야 한다고 역설했다.

이언적은 그뿐 아니라 인(仁) 사상의 편찬과 《일강십목소(一綱十目疏)》에서 치도(治道)의 10개 항목의 이론을 전개하고 《진수팔규(進修八規)》에서 진덕(進德) 수업(修業)의 학문 목표를 설정하여 조광조의 지치주의를 더욱 구체화한 조선 경세사상의 초석을 이룬다.

이러한 서경덕의 산간 유림과 함께 조식(曺植)의 순수한 산림유(山林儒)는 연산군·중종·인종 3대 50년 사이에 4대 사화가 빚어낸 사기(士氣) 상실의 사림에 처사적(處士的) 지식인의 표본을 이룬다. 사림의 근본 목표인, 배워서 다스리는 환도(宦道)에 절망하자 묘당(廟堂 =정치 현실)에 서는 일을 싫어하고 산중이나 지방으로 들어가 도덕을 닦는 것으로 자족하게 된다. 그것은 사화를 목격한 이황이 정치보다 도학에 전념하는 계보와도 이어진다.

그러한 산간 지식인으로서 조식은 도리어 손상된 사림의 의기를 스스로 복돋워서 명군 성왕(明君聖王)이나 그 자신과 같은 대기(大器)를 쓸 수 있다는 도저한 경지를 터득한다.

이언적이 경상 감사로 있으면서 그를 만나자 했을 때 "공(公)이 나를 만나고 싶거든 벼슬을 그만두고 산림에 돌아와 서로 뿔관을 쓰고 마주앉아도 늦지 않을 터인데……" 하고 거절해 버린 것도 그러한 산림 유자의 자존심을 보인다. 그러나 그는 산간에서 의리학에만 전념한 것은 아니다. '천하에 있으면서 널리 있다(居天下廣居)'의 맹자의 주장을 실무지치(實務之治)의 실정론(實政論)으로 전개하고 도학으로서도 영남의 이황과 함께 도학의 쌍벽을 이룬 것이다.

그는 사림정치가 좌절된 뒤에 근세 지식인에게 기절(氣節)을 배양하여 현실에서 잃어버린 사기를 항상 현실을 내다볼 수 있는 산간의 구도자적 탁마로 부흥시킨 것이다.

그는 서경덕과 유사한 처사로서 이황과의 당대적 위상으로 보면 오늘날 너무나 알려지지 않았다. 그것은 퇴계학파의 권문 때문이기도 하고 그의 제자 가운데서 역적 정인홍(鄭仁弘)이 나왔기 때문이기도 하며 그의 저술이 서경덕과 함께 많지 않기 때문이기도 하다. 그러나 그의 중사의식(重士意識)은 지식인의 심각한 상처를 달래는 크나큰 용기가 되었다. 그리하여 지식인의 청의(淸議) 비판으로 정치가 바로잡혀야 한다는 사림파의 신념을 회복한 것이다.

이와 함께, 이연경(李延慶) 역시 이지번(李之蕃)과 더불어 기묘사화의 비극을 모면하고 파면자로서 자연 속에서 난세를 살아남아 많은 후학을 길러냈다. 그의 낙향 생활은 빼어난 문인(門人) 출입으로 김굉필의 수신제가의 행과 도학의 모범을 베풀었던 것이다.

특히 김인후가 향리에서 관직을 사절하고 시와 도학의 대야인으로 지낸 것이나 그뒤의 이지함이 마포강 기슭의 흙집에서 백성 가운데 파묻혀서 극빈자 생활로 주역 해탈을 한 것은 그 당시의 현실에 대한 또 하나의 지식인의 자기 선택이다.

우리는 이상과 같은 몇 사람의 사상가에 접근함으로써 그들의 시대에 현실적인 혼란과 암흑이 담긴다 하더라도 그런 것에 값하는 정신의 업적이 무섭게 개발된다는 위안을 얻을 수 있다. 그것은 한 시대가 그 시대의 당위를 팽개치고 시대의 표층에 자행되는 혼란만을 수록하지 않는다는 것을 입증한다. 그러나 어떤 시대이건 그 시대의 중요성 때문에 이러한 낙관은 강요되어서는 안 된다. 그것은 사색 당쟁사가 역설적으로 많은 문학과 철학을 완성할 수 있었지만 임진왜란을 통해서 모든 것을 잃어버린 폐허의 역사에 대하여 책임을 질 수 없기 때문이다. 아무튼 지식인이 살아가는 동안 권력 안에서 권력 밖에서 남겨놓는 동태는 그것이 어려우므로 어려움을 이겨내는 사상을 도입 완성시키는 일과 함께 얼마나 어려운가를 알게 한다.

25. 퇴계와 고봉·율곡

4대 사화는 조선조 전체를 통해서 우수한 사족(士族)들을 다량으로 제거했다. 그러나 거기에는 정치 현실의 함수와 정치 이론의 도학이 실제에 있어서 모순되고 있다는 사실이 숨겨져 있다. 유교 자체가 정치 철학이기는 하지만 그것은 정치를 하지 못한 공자·맹자·정자·주자의 이론과 교훈이라는 사실이 고대 유교·성리학이 현실에 대하여 갈등을 일으키는 것이다.

왜냐하면 그것은 철학으로서 완벽할수록 이상이 되므로 현실을 담당하려 할 때는 반드시 현실과 상충을 일으킨다. 그것은 이상이 좋고 현실이 나쁘다, 현실이 정당하고 이상이 헛된 것이다 따위로 말할 수 없는 영원한 상호 모순이기 때문이다.

김종직 계보가 오랫동안 축적해 온 광범위한 젊은 도학 지식인을 거의 몽땅 피로 물들여 버린 사화사(士禍史)는 이 땅의 도학정치 또는 도학에 치명적인 손실을 가져왔다. 실지로 사화 직후의 사회는 특히 지식인의 경우 거의 절망으로밖에 살아갈 수 없을 만큼 심각한 폐허였다. 아니 살아남지 못한다는 본능적 공포를 떨쳐 버릴 수 없었다. 지식인은 지식인 의식을 포기했다.

이러한 절망을 안고 현실에서 이탈한 사람들에 의해서 조선조 정신사 또는 조선조 철학의 절정을 이룩한 것은 고대 불교가 정치 현실을 이탈한 원효를 만들고 중세 불교가 지배 계층에서 떠난 지눌의 조계종을 만든 문화사의 정통성에 자연스럽게 부합한다.

만약 이러한 위대한 철학사상을 낳지 않았다면 조선조 근세사 전체의 파산이며 그 사상으로 유교를 우리 자신의 것으로 삼아서 중국과 일본에 지대한 영향을 끼칠 수도 없었으리라. 이런 유교사상의 대규모 계층이 곧 이황·이이·서경덕·이언적·기대승·성혼·조식·이항(李恒)·김인후·장현광(張顯光)을 비롯하여 정지운(鄭之雲)·노수신·박순·민순·유성룡·조헌 들로 채워진다.

이황·기대승·이이 들이 이룩한 성리학 체계의 완성은 그뒤의

194

임진왜란과 당쟁을 앞서서 근세 지식인의 정신적 자주의식에 크게 기여한다.

이황은 많은 내직의 관직과 2개의 외직 수령이 기록되고 있으나 그를 정치가라고 할 수 없다. 또한 그 관직이 가장 오래된 것이 3년을 채우지 못한다. 이 점에 대해서 영의정 이준경(李浚慶)은 '이황은 마치 산새와도 같아서 붙들어 길들이기 정녕코 어렵다' 하고 탄식할 정도였다. 21년 동안의 짤막짤막한 관직을 53회나 사퇴원을 낸 것이다.

그것은 그가 명종 원년에 왜인 걸화(乞和)의 소(疎)를 올린 것이나, 왕의 반성을 촉구한 것, 외적 전단(專斷)의 폐단을 경계한 것밖에는 정치에 관한 의욕이 돋보이지 않는 일과도 관련된다. 임진왜란을 예측한 상소문도 과감한 의도가 보이지 못하는 문체에 지나지 않는다.

그는 도학이 군주를 섬겨서 다스리는 것을 목적으로 삼는 바를 알고 있을 뿐 사실상 관직에의 집념이 없었다. 그 이유는 이병도에 의하면, 처음에는 대윤(大尹)·소윤(小尹)의 외척 세력에 의한 을사사화와 정미사화가 외척 윤원형(尹元衡) 독재의 부패 정치로 일색이 된 시대이므로 이황이 그런 시대에 관직을 갖는 일을 싫어했을 것이다. 만년에는 주자학 연구에 몰두함으로써 시무(時務)에 대한 애착이 없었던 것이다.

논어의 말대로 '배우면 녹이 거기에 있다(學也祿在其中)'이라 하고 자하(子夏)의 말대로 '벼슬하고 여유 있으면 학문하고 학문해서 여유 있으면 벼슬한다(仕而優則學學而優則仕)'라고 한 것으로 본다면 유교는 관직과 학문이 서로 관련된 것이다. 공자의 학덕이 정치에 최종 목적을 둔 것도 그것이다.

그러나 지(知＝學), 행(行＝仕)은 그 원리에 있어서는 병존하나 실지에서는 한 가지를 포기하게 된다. 조선 지식인들이 유배나 그밖의 불우한 낙향에 의해서 학문이 높아진 것을 보면 그것을 알 수 있다. 반대로 훈구파 관직자들이나 권력 담당자들의 대부분에게 시가와 몇 편의 잡고(雜稿)를 제외하면 학문의 자취가 없는 것에서도 그러한 학문과 관직의 배리(背理)를 이해하게 된다. 이황은 이런 사실을 누구보다 잘 알고 있었다. 특히 20대의 투병 생활이나 어머니 박씨가 높은 벼슬을 못하게 한 일들이 그에게 개인적인 영향을 미쳤을 것이다.

아무튼 그는 이익(李瀷)이 비판한 것처럼 정치 현실에서 물러난 뒤에도 명종이 사화에 자책을 느끼고 다시 사대부를 불러들였을 때 거기에 호응하지 않는 대신 정책이나 시무에 관한 입안이라도 제시했어야 했다. 그는 그것조차 하지 않고 그 자신의 '위기지학(爲己之學)'에 빠진 것이다.

그러나 당대적인 이러한 소극주의가 도리어 퇴계 사상을 완성한 것이다. 그의 자호가 상징하는 것처럼 퇴직 이후 혼자 누리던 한서암(寒栖庵) 서실이 모여드는 학인 사림들로 붐벼서 도산서원을 짓고 요양하면서 제자들을 만나고 학문을 연마한다.

은퇴 20년을 통해서 동방 제1의 도학이 이루어지는 장관을 보이는데 그의 5, 60대의 병약한 몸, 늙은 몸으로도 어린 시절부터의 꾸준한 근면으로 그것을 완성한 것이다. 다음은 그의 저술을 연차(年次)로 나열한 것이다.

53세　천명도설후서(天命圖說後敍)
54세　연평문답발(延坪問答跋)
　　　여노수신숙흥야매잠주해서(與盧守愼夙興夜寐箴註解書)
55세　청량산유람제시(淸凉山遊覽諸詩)
56세　주자서절요(朱子書節要)
57세　계몽전의(啓蒙傳疑)
58세　자성록서(自省錄序)
59세　송계원명 이학통록저수(宋季元明理學通錄著手)
　　　기대승(奇大升)과 사단칠정변(四端七情辨)을 시작하여
　　　죽기 직전까지 8년간 서한(書翰) 논쟁을 함.
61세　도산잡영병기(陶山雜詠並記)
64세　유청량산 유산제시(遊淸凉山遊山諸詩)

> 심무체용변(心無體用辨)
> 조정암행장(趙靜庵行狀)
> 66세　회재선생행장(晦齋先生行狀)
> 심경후론(心經後論)
> 양명전습록변(陽明傳習錄辨)
> 68세　육조소(六條疏)
> 상성학십도병답자(上聖學十圖幷劄子)
> 70세　사서석의(四書釋義)

이 가운데서도 《성학도(聖學圖)》가 유명하나 사단이발칠정기발설(四端理發七情氣發說)의 논쟁 전개와 양명학 비판의 지행합일설 논변이 퇴계 도학에서도 가장 중요한 것이 통설이다.

특히 사단칠정의 이론은 영남의 이황과 호남의 기대승이 서로 이론(異論)을 제기하여 뒤에 가면 이황도 기대승의 의견에 의해서 수정하고 기대승 역시 이황의 이론을 따르는 대논쟁의 단원(團圓)을 이룬다.

"사단(四端)과 칠정(七情)은 모두 정이고 정은 하나의 사물이니 이기(理氣)의 합(合)인 것입니다. 어찌하여 어떤 정은 이의 발(發)이고 어떤 정은 기의 발이라 할 수 있으리까. 또 이기(理氣)는 실제로 불가분이라고 하면서 어떻게 이만의 발이라든가 기만의 발을 말할 수 있으리까"로 시작하는 기대승의 제기에 "사단의 발은 순수한 이(理)이므로 선하지 않음이 없고 칠정의 발은 기를 겸하였으므로 선악이 있다"는 답변으로 전설(前說)을 개정하여 피력한다.

이러한 노장(老壯) 사이의 영호남 서신이야말로 조선 성리학의 논리 과정을 원리 자체에 논자의 생명력으로 집중함으로써 보이는 살아 있는 철학 탐구이며 그것의 완성이다. 이황이 죽기 2개월 전까지 이 논변이 지속된 사실은 그것이 얼마나 중요한 일인가를 알려준다.

이황과 도학 추구의 완성을 이룩한 젊은 기대승은 조광조와 함께 30세로 처형당한 기준(奇遵)의 조카가 된다. 기대승의 아버지 기진(奇進)은 아우의 참화로 낙백하여 행주에서 호남 광주로 이거한다. 이황이 26세였을 때 기대승은 태어나서 이이가 태어나기 10년 전이 되므로 퇴계 율곡 사이를 잇는 그의 도학 세대 중간항의 의미가 이루어진다.

고향의 수학을 마치고 32세로 서울로 가다가 장성(長城)의 김인후를 만나고 태인의 이항을 만나고 서울에 이르러 정지운을 만난다. 이어서 을과(乙科) 장원급제를 하고 출사한다. 그때부터 이황과의 논쟁이 전개되는 것이다. 그는 원만하지 못하고 허약하여 사회를 등질 수밖에 없었다.

이황이 만년에 입궐할 때 기대승을 역천(力薦)했다. 그러나 선조는 그를 총애하지 않았다. 그는 이황이 떠나는 것을 슬퍼하다가 이황이 죽은 부음을 듣고 통곡했다. 그도 병으로 고향으로 내려가는 도중 태인에 이르러 선조가 보낸 약에도 효험이 없이 46세로 죽었다. 뒤에 이이는 기대승의 이론을 옳다고 주장하여 그것에 반대하던 성혼까지도 동의하였다.

어떤 의미에서 이황·기대승의 이러한 성리학 대질의 커다란 업적을 공리공론(空理空論)이라고 말하는 당돌함도 없지 않으나 이것이 현실로부터 인퇴한 나머지 이루어진 것은 사실이다. 존양(存養)—선성(善性)을 기르는 수양과 궁리(窮理)—도학의 이치를 탐구하고 우주의 본체를 밝히는 탐구가 조선조 사회 전체에 광의의 영향을 미치고 있는 것과 함께 지식인 사회를 사변(思辨)으로 지배하는 폐해도 가져왔다. 성리학 자체를 불교의 허무·적멸(寂滅)사상에 대한 실학이라고 지칭하지만 어느덧 그것이 이조 후기의 실학에 이르러서 공리공론으로 지적되기도 한다.

이황은 이와 기의 이원론으로써 이가 기의 활동 근거가 된다 하여 주리(主理)를 주장한다. 이것은 객체 법칙의 인식 단계보다 우주의 근원인 생명력이나 사람의 도덕에 바탕을 둔다. 기대승은 바로 이러한 이황의 이론에 대하여 객체 인식을 중요시하고 있다. 이(理)는 원리 원칙 이치들로 말하는 법칙이다. 그것은 다시 규범

법칙과 자연 법칙으로 대비되어 규범에서는 선(善)의 원리 또는 선이 된다.

기는 이와 대조되는 일체 현상의 존재의 측면이며 질료 재료이며 음양 기운 또는 5행(行)들의 성진들이라고 기대승은 주장한다.

윤사순(尹絲淳)은 〈이황?〉에서 '이와 기는 사물의 생성 존재를 가능하게 할 뿐 그 한 가지만으로는 어떤 구체적인 사물일 수 없다. 그러므로 이론상 서로 떨어질 수는 있지만 실제로는 떨어져 있을 수 없는 관계이다. 실제 사물상으로는 둘이서 함께 하나의 구체적인 사물을 이루며 어디까지나 함께 있다는 것이다'라고 이황의 이기론 기본을 말하고 있다. 그러나 이런 기본으로 사단(四端＝惻隱(仁) 羞惡(義) 辭讓(禮) 是非(智))과 칠정(七情＝喜・怒・哀・樂・愛・惡・欲)을 다르게 주장함으로써 기대승은 그것이 다르지 않으며 동실이명(同實異名)이라고 주장한다.

이런 주장이 무한하게 서로 얽히고 풀리면서 고쳐지고 다시 주장되는 사상 논쟁의 교향악을 이루는 것이다. 이러한 논쟁이 달리 없었던 것은 아니지만 고려 초기의 불교가 선・교 양종으로 싸운 것에 비하면 현저한 논리의 초대형화를 이룬다. 그것은 조선 성리학이 송학, 원나라의 성리학 이상의 수준에 이르는 사실 위에서 자랑이 된다.

이이 역시 이기이원론의 입장을 가지지만 서경덕의 경우에 접근하여 기에 천착한다. 이를 기가 움직이게 하는 법칙으로 보면서 사물의 객관적 법칙을 중요시한다. 이리하여 이황이 유성룡(柳成龍), 김성일(金誠一), 이익(李瀷)으로 이어지는 동인(東人)・남인(南人)의 붕당으로 영남학파가 되고 이이는 성혼・송익필(宋翼弼), 김장생(金長生)에 이어지고 당쟁 지배자 노론(老論)의 송시열(宋時烈)에 연결되는 기호학파(畿湖學派) 계보를 발전시킨다. 기대승은 이러한 양자의 도학에 중요한 역할을 맡는 성리학 진수(眞髓) 체득자인 것이다.

이이는 신사임당의 아들이다. 유교－불교－유교 과정의 수학으로 이황이 단 2일 동안 만나보고 '후생이 가외(可畏)라더니 선성(先聖)이 참으로 나를 속이지 않는다'고 탄복할 만큼 그의 비범한 도학의 재능은 이미 20대부터 떨친 것이다.

장원급제만 9번이나 되며 그의 관직은 추상같이 무섭고 대담한 상소(上疏)로써 마치 조광조와 방불하게 왕을 질타하고 경각시키는 일로 메워지기 시작한다. 그는 이황과 달리 철저하게 현실을 광정하려는 적극적 정치가가 된다. 그러나 그도 이황이나 기대승처럼 사퇴하는 일이 비일비재하다.

임진왜란 이전에 10만 양병을 주장한 선각자임에도 불구하고 양병은 양화(養禍)라고 유성룡이 반소함으로써 좌절된 일도 있다. 또한 그의 유명한 만언소(萬言疏)는 '전하께서는 나라가 무너질 운과 위망의 상(象)에 있는 것을 불을 보는 것과 같이 명백하게 보실 것입니다. 세상은 더러워졌고 공적은 식지(食志)로 말미암아 패하였으며 정치는 부의(浮議)로 말미암아 어지러워졌고 인민은 적폐로 말미암아 궁핍해졌습니다⋯⋯'로 시작된다. 여기서 그는 창업 수성을 지나서 경장(更張=혁신)을 주장한 것이다.

끝내 그는 무서운 상소로 꾸짖고 일깨우다가 홍문관·사간원·사헌부 3사(三司)의 모함으로 파면되어 관직을 떠난다. 선조 17년에 그는 죽는다.

율곡은 도에 있어서는 대근원을 통견하였다. 그가 말한 "인심의 발(發)은 이원(二原)이 없고 이기(理氣)는 호발(互發)할 수 없다 함은 모두 실견(實見)하여 성(誠)을 얻은 것이다. 참으로 산하 사이의 정기는 3대의 인물이며 진실로 나의 스승이다⋯⋯."

라고 성혼은 조상했다. 그의 화엄경적(華嚴經的) 성리학·수양론·교육론·경세철학·시무책 들은 조선 왕조가 점점 무너져가려는 징후를 보이는 시대의 예언자적 노력으로 사직과 백성을 건지려는 정치 혁신을 추진하다가 떠난 한 위대한 지도자의 정신이다.

임진왜란은 원나라의 고려 지배와 함께 한반도를 철저한 폐허로 만든 침략 전쟁이다. 그리고 그것은 근세사 이후의 모든 비극에 대한 원상(原傷)이 되고 있다. 바로 그런 민족사 최대 비극을 선각함으로써 정권에 그런 위기를 불어넣었던 것이다. 그러나 그는 임진왜란을 체험하지 못하고 만 것이다.

26. 사색사대부(四色士大夫)의 붕당사회(朋黨社會)

사람은 살기 위해서 전쟁을 일으킨다. 사람뿐만 아니라 짐승이나 나무들도 생존 경쟁이 치열하다. 공자를 섬긴다 해서 그 군자의 도를 말 그대로 실천하는 사람은 없는 것이다. 조선 당쟁도 그런 생존 경쟁으로 보는 것이 옳을 것 같다.

이익(李瀷)의 〈붕당론(朋黨論)〉은 그런 관점에서 당쟁사에 대한 정답(正答)을 만들고 있다. '……지금 열 사람의 굶주린 사람들이 한 그릇의 밥을 먹는다고 하자. 다 먹기도 전에 싸움이 일어날 것이다. 왜 싸우느냐고 따지면 언사가 불손했다든지 태도가 건방지다든지 여러 가지로 말할 것이다. 그러나 싸움의 원인은 언사나 태도나 동작에 있는 것이 아니라 밥그릇이 하나라는 데 있는 것이다. 만약에 열 사람에게 한 상씩 대접한다면 점잖게 잘 먹고 일어날 것이 아니겠는가'라고 말한다. 여기에서는 권력에 아부하는 자라든지, 사림학파의 문벌과 문벌 사이의 사말(些末) 논쟁이라든지, 주자가례에 맞지 않는 비례의 복상(服喪)이라든지, 세자 책립(册立)이 부당하다든지 따위의 적대 행위를 붕당 지식인의 분열이나 권력 사회의 갈등 관계 따위로 도호하지 않고 그런 것을 넘어서 원천적으로 파악하고 있다. 어쩌면 이런 관점은 사색사대부 전체를 생물학적 대상으로 삼을 우려도 없지 않다. 이익 자신 이이의 학파에 속하면서도 사족 사회의 이러한 붕당 불화(不和)를 자독(自瀆)에 가깝게 본능적으로만 보기 때문이다.

그러나 이러한 관점은 사실 자체를 드러낸 것만은 틀림없다. 또한 통치 이념으로서의 주자주의가 그러한 붕당 요인이 될 만큼 배타적이다. 그러한 주자학이 조선 사회의 군소 사회에 수용되었을 때 당연히 군소적인 배타주의로 전락할 수도 있다. 사림의 도학이 어느 만큼 완성되어서 그것이 중국보다 더 폐쇄적이며 보수적인 비관용 관념으로 심화되었을 때 거기에서 사대부 파벌이 정당(政黨)의 선의에 의한 정책 경쟁이 아니라 붕당의 참담한 극단화 현상을 빚어낸 것이다.

임진왜란, 대청(對淸) 외교정책, 광해군 폐위와 인조반정 또는 인조의 항복들이 당쟁의 세력에 의해서 체험되었다면 그것은 이기백(李基白)이 말한 것처럼 '동서(東西) 분당 이후의 이조의 역사는 실로 당쟁의 역사라고 할 수 있을 정도로 정치적 사회적으로 그 끼친 바 영향이 컸던 것이다.'

이미 연산군 사화로부터 이러한 당쟁의 발생인이 만들어지기 시작했다. 그것을 이익의 관점으로만 본다면 사림 지식인이 그들의 열렬한 도학 이상을 실천하려는 일련의 정치 동작이나 지식인의 정치적·사회적 양심에 끊임없이 닥쳐오는 가책 또는 그들의 철인주의(哲人主義) 정치에 의해서 백성이 골고루 구제된다는 신념들이 하나같이 생존 경쟁의 한 허명에 지나지 않게 된다. 그럴 경우 거기에는 지식인의 의미가 배제되고 만다. 이익의 당쟁론이 가지는 타당성과 부당성이 바로 여기에서 갈리는 것이다.

특정한 문화가 역사의 활력으로 난숙해진 다음에는 반드시 정체되기 시작한다. 그런 것이 세종 왕조의 문화가 연산군 시대에 와서 정체되고 그 정체에서 분열된다. 그것을 극복하기 위해서 도학이 완성된다. 그 도학의 완성에 이어서 다시 도학 체계가 분열되어 정체될 때 그것에 역사 운동의 역기능이 개입함으로써 당쟁의 시대는 개막한다. 이런 한 편년대(編年代)의 역사 주체의 운동으로 당쟁을 볼 수도 없지 않으리라. 여기서 조선 정치 사회의 악순환 현상의 정치 도식(圖式)을 만든다. 그것은 왕권이 강화될 때는 독재, 사대부가 강화될 때는 당쟁, 민중이 강해질 때는 민란이라는 도식이다. 이것은 실지로 지배 체제 계층의 삼분법에 의해서 계층 사이의 정치적 단절과 부조리를 이루는 것이다.

사림유교(士林儒敎)·도학유교의 학파에게는 반드시 붕당 쟁의로 귀결되는 통례는 그것의 고장인 북송(北宋)에서도 이미 보인다. 송의 정이(程頤)가 거느리는 낙당(洛黨)과 개혁파·보수파 양쪽에서 부정되는 운명을 살아간 소식(蘇軾)의 탁당(蜀黨)이 이미 정치 경륜과 도학의 말폐(末弊)에서 생긴 정치적 파국인 것이다.

휠씬 이전의 동한(東漢) 말기에 이응(李膺)들의 태학생 4만여 명의 지식인이 부패정치를 비판하는 청의(淸議)를 주장하다가 현직자 사대부들에게 당인(黨人)으로 몰려 모조리 숙청된 사실도 그것이다.

자고로 붕당이란 말은 있는데 다만 어느 편이 군자인가, 어느 편이 소인인가를 알아서 분별하면 된다. 군자끼리는 도(道)가 같으므로 붕이 되고, 소인끼리는 이(利)가 같으므로 붕이 되니 그것은 자연적인 이치다. 그러나 내가 볼 때 소인들은 붕이 있을 수 없고 오직 군자만이 붕이 있을 수 있다. ……군주가 소인의 위붕(僞朋)을 물리치고 군자의 진붕(眞朋)을 쓰면 나라가 잘 되리라.

라고 북송 구양수(歐陽修)의 〈붕당론〉은 말한다. 여기에서 진정한 붕당이란 유교 윤리에서 충(忠)과 연결되는 신(信)의 관계 개념이다. 도의(道義)와 충신(忠信) 명절(名節)이 붕당의 조건이 된다. 이를테면 명(名)과 분(分)이 현실에 구현될 때의 관계태인 것이다. 그러나 소인의 붕당이란 이해 관계에서 일어나므로 언제 파탄이 날지 모르며 형제·친척이라도 서로 이합 집산하기 쉬운 것이다. 이익 쟁탈을 위한 붕당은 그러므로 여기서는 붕당이라고 할 수 없다.

이런 점에서 붕당정치의 가능성은 도(道)에 입각한다.

이조의 역대 당쟁이 보여준 붕당의 흥망성쇠에서 이런 도의의 실천, 충신의 실행, 명절의 숭상이 안 보이는 것은 아니지만 그것은 사림 사회의 이상과 함께 그들의 생존 세력 강화의 적대 행위가 크게 부각된다. 이것은 아직 정치나 사회가 또는 국가의 경제적 환경이 많은 지식인을 흡수할 만한 여유가 없는 데서 과대한 지식인 인구과잉 때문에 그들이 안주할 곳이 없다는 사실을 알려준다. 그 불안이 당쟁의 악순환을 일으킨 것이다.

본디 사화의 장본인 훈구세력 남곤이 '영남인들이 스승은 제자를 칭찬하고, 제자는 스승을 칭찬하여 한 당을 만들었다'고 비난한 것은 그것이 비난이기 전에 사실이다. 그런 상호 수직관계의 도학체계에 대한 정신적 안주가 재야 지식인에게는 얼마나 필요한 것인가. 그것을 정권 담당자는 잘 깨달을 수 없다. 재야 사림파라면 그들에게는 아직 가난과 학문적 난관 또는 사회에서의 소외라는 많은 반동 요인이 있기 마련이다. 거기서 그런 관계라도 없다면 그들이 살아가는 일이 더욱 힘겹게 된다.

중종 왕대의 비극적인 사화 관인들의 명예를 회복시키고 심지어 정몽주의 후예까지 등용하는 이준경은 조식이나 이황과 달리 정치 현실을 개혁하려는 많은 노력을 한 최고위 내각에서 물러나면서 "일언(一言)만 서로 합하지 않으면 여지없이 배척하여 고담대언(高談大言)으로 붕당을 맺어 허위의 풍습을 이루었으니 공정히 살펴 붕당의 사(私)를 타파해야 한다"고 그의 최후 차자(箚子)로 왕을 일깨우고 있다.

고대 이후 정치사는 항상 이질 세력에 의한 정권 장악의 패도가 빈번하다. 그것은 정치나 사회나 마찬가지로 상례적인 풍속이다. 그러나 이런 패권이 일시적인 음모 집단이나 특정한 지도자가 추종자를 모아서 달성하는 것이 아니라 당료(黨僚)의 이념 집단이나 체계로 만들어진 것은 이조 사화로부터 양식화(樣式化)한다.

그 사화의 붕당 요인이 이윽고 심의겸(沈義謙)과 김효원(金孝元)의 관직 쟁탈의 반목으로 당쟁의 기원을 이룬다. 어린 선조가 등극하여 초기의 명종비 심씨의 수렴청정이 끝난 뒤였다. 말하자면 선조는 당쟁과 일본 침략의 시대를 한 몸으로 만나기 위한 내외 난세의 운명을 타고난 것이다. 아니 그런 난세의 군주는 가까스로 이순신들의 운명에 의해서 그 운명을 이겨내게 한 것인지도 모른다.

구파 심의겸이나 신파 김효원은 다같이 사화에 희생된 뒤의 사대부 계층을 다시 현실에 복귀시킨 사람들이다. 심의겸이 명종비의 외척이기는 하지만 유원형과 같은 외척 횡포는 없다. 연산군 이후의 희생에서 남은 사림파는 신구 세력으로 이러한 두 사람에 의해서 분열된다. 심이 사류에 부식(扶植)하고 김도 김종직 학파의 김근공(金謹恭)에게 수학한 사람이다.

이들은 다같이 왕실에 충성을 내세우고 서로 반목하여 소인이라고 질타한다. 여기서 패자는 반역자로 규정되어 처형, 파면되는 것이다. 처음에는 전랑직(詮郎職)—이조전랑(李曹詮郎)은 관리를 임면(任免)하는 하위의 요직—이 쟁탈전이었다. 김효원에 천거되자 심의겸이 반대했고 김효원이 거기에 있다 나갈 때 심의겸의 아우 심충겸(沈忠謙)을 반대했다.

이미 이런 양가의 반목에 의해서 관인이나 유생들은 어느 한편에 속해 있지 않으면 살아갈 수 없었다. 다시 말하면 출사(出仕)의 기회가 그 양가에 의존하지 않고는 전혀 얻어지지 못하기 때문이다.

심의 사저는 서쪽 정릉방(鄭陵坊)에 있고 김의 사저가 동쪽 건천동(乾川洞)에 있으므로 각각 서인과 동인으로 대립 집단을 강화하기 시작한다. 이것을 이준경이 왕에게 예언하고 이이는 직접 양쪽을 중화시키려는 노력을 하다가 끝내 포기할 수밖에 없게 된다.

'이조는 토지 국유제가 기본 이념이었으므로, 고려 시대의 호족처럼 큰 농장을 소유할 수는 없었지만 과전이라는 것이 있어서 양반들의 토지 사유가 국초(國初)부터 어느 정도 허용되었고 중기 이후엔 전제(田制)의 문란과 더불어 이른바 대규모 부재지주(不在地主)들이 많았던 모양이다……'고 서기원(徐基源)의 〈유교적 지성의 현실 인식〉은 허두를 떼고 그러나 그들 양반의 과전이 생활 기반이라고 할 수 없는 정도이고 그러자니 박봉의 국록(國祿) 이외에도 백성으로부터의 수탈, 세금 횡령 따위의 부정으로 양반끼리 재분배했다고 말한다. 또한 3, 4대를 벼슬하지 못하면 사대부 반열(班列)에서도 낙오되며 상민이 되거나 한다.

그렇기 때문에 양반 인구가 격증할수록 관직 쟁탈전이 과거나 관직 등용에서 치열해진다. 귀족들은 서울의 권력 계층 이외에도 향리의 농장이 있어서 이러한 양반 세력에 모여드는 추종자 및 동족(同族)이 집단적으로 굳어진다. 거기에서 당쟁의 주체가 현실적인 토대를 가질 수 있었던 것이다. 그들은 당쟁에서 물러나면, 처형 유배 이외의 패배자가 될 경우 다시 재기할 수 있는 귀향자로서 향토 집단을 강화하는 것이다.

그런 농장(農莊)에 서원(書院)을 세우고 집단의 자손을 교육시키며 그들에게 당파의 의식을 뿌리깊이 심는다. 그것이 대가족 제도와 함께 혈족의 결합을 만든다.

그러므로 양반사회 성립 자체가 이러한 당쟁사를 개막한 셈이다. 동인 계열 김효원파는 서경덕의 제자 허엽(許曄)과 함께 유성룡·김성일·우성전(禹性傳)·정구(鄭逑)·남이공(南以恭)·김우옹(金宇顒)·최영경(崔永慶)·정인홍(鄭仁弘)·곽재우(郭再祐)·이산해(李山海)·이발(李潑)·송응개(宋應漑)·박근원(朴謹元)·허봉(許篈) 들이 주로 이황과 조식의 영남계를 망라하고 심의겸의 서인 계열은 서경덕의 제자 박순(朴淳)·이이·성혼과 친숙한 심의겸·윤두수(尹斗壽)·윤근수(尹根壽)·정엽(鄭曄)·남언경(南彦經)·송익필·김계휘·정철·조헌·이귀·황신(黃愼)·송방준(宋邦俊)·조흡(趙洽)·구잠(具箴)·김천일(金千鎰) 들이 이이·성혼의 친지·문인으로 구성되어 주리파·주기파의 학설, 사제 관계 지역 및 또는 실리 관계로 당료 집단을 이룬다. 서경덕의 문인 허엽과 박순은 이 때문에 절교하기까지 한 것이다.

이이는 이들의 대립을 없애려고 몇 번이나 노력했으나 도리어 관직을 사직하는 일까지 생겼다. 그로서는 사실상 친서인(親西人)이어서 그가 정계에 있을 때는 서인이 강하고 그가 파면되었을 때는 동인이 득세했다. 또한 이 동인이 비대해지자 남인과 북인으로 갈라져 우성전·유성룡·정구·정탁(鄭琢)·이원익(李元翼)·정경세(鄭經世)·이덕형(李德馨) 들이 우성전의 남산 집 때문에 남인이 되고 거기에는 퇴계계가 많았다. 이발(李潑)의 집이 북악 기슭에 있으므로 북인이 되어 이발·정인홍·최영경(崔永慶)·정여립(鄭汝立)·이산해·이이첨(李爾瞻)·홍여순(洪汝諄)·남이공 들이 갈라진다. 여기에는 조식의 계열이 많다.

그러나 이러한 남북의 동인은 거기에 정여립이 참가했기 때문에 임진왜란 직후의 정여립 반란에 의해서 타격을 입는다. 그 일로 서인 정철에 의해서 동인 세력이 무더기로 처형 유배된다. 동인 계열은 이산해, 유성룡 정도로 영의정·우의정을 맡고 있다가 정철의 정치 작태로 다시 서인이 꺾인다. 서인이 파직 유배되고 동인이 세력을 복구한다. 임진왜란 직전 선조 23년 황윤길(黃允吉)·김성일(金誠一)을 보내어 서인과 동인의 일본 정세 보고가 각각 달랐다. 동인 김성일은 침략의 의도가 없다고 보고했던 것이다. 황윤길은 김성일에 반대 의견을 냈으나 그것으로 파면되기까지 한다.

이어서 임진왜란의 침략이 있자 당쟁은 전시 체제 안에서 왕권 정계 그리고 민중 착취자들의 동태에 따라 서로 제거하고 다시 회복하는 참담한 악순환을 되풀이한다.

그리하여 동인·서인은 남인·북인으로 공서(功西)·훈서(勳西)로 갈리고 북인은 다시 골북(骨北)·육북(肉北)·중북(中北)·탁소북(濁小北)·청소북(清小北)으로 갈린다. 공서는 노서(老西)·소서(少西)로, 노서는 다시 원당(原黨)·낙당(洛黨)으로 갈린다. 청서도 한당(漢黨)·산당(山黨)으로 갈린다. 남인은 청남·탁남으로 갈린다. 청서는 다시 한당·산당에서 노론·소론으로 갈린다. 그것이 시파(時派)·벽파(僻派)로 되었다가 영정조의 탕평책(蕩平策)을 지나서 노론·소론·남인으로 이어지며 선조·광해군·인조·효종·현종·숙종·경종·영조·정조·순조·헌종·철종의 역대를 이어지면서 김씨·조씨·권씨의 세도정치의 파탄을 지나 대원군 집권에 와서야 일단 표면적으로 종막을 내리는 것이다.

말하자면 붕당이 그 운동으로써의 당쟁에 의해서 끝내는 무엇이 무엇인지 모를 만큼 찢어지고 갈라져서 혼란의 극치를 이룬 것이다. 조선 후기의 외척 세도정치 역시 당쟁이 없었다면 그런 추악한 전횡의 부패 정치가 없었을 것이다.

이러한 당쟁을 아무리 주체성 성립의 의도 때문에 긍정적으로 이해한다고 해도 그것은 가장 우스꽝스러운 일이다. 말하자면 불교는 고려를 망치고 유교는 조선을 망치고 기독교는 자유당 정권을 망쳤다는 함석헌(咸錫憲)이 진술한 통탄만이 가장 실감 있다. 또한 이에 앞서 신채호(申采浩)가 패망 직후의 자학(自虐)으로 외치면서 불교가 들어오면 불교에 나를 파묻고 유교가 오면 유교를 내 유교로 만들지 못한다고 말한 것도 이런 당쟁사의 심층을 밝히고 있다.

다시 말하면 우리가 수용한 유교 문화는 고대 이래의 정치·문화적 전통을 파산시킴으로써 존재한다. 고려 불교가 극도로 타락한 것을 불교 자체로써 복구하지 못하고 다른 배타주의로 제거할 때 그것 자체와의 단절을 이룬다. 여기에서 정치나 문화의 전통적인 계승 주체의 의지를 잃은 것이다.

그러한 유교 체제가 우리 역사의 주체 운동의 과정을 점유하여 그것의 통치 이념을 너무 빨리 정착시킨 것이다. 최소한 고대 이후의 대륙 정치사상의 핵심이 된 유교를 이렇게 강요한 것은 그것이 비록 오랜 화이론(華夷論)의 불가피성에 의해서라고 하지만 우리 자신에게는 역사 운동의 항속성(恒續性)을 끊어 버리게 한 것이다. 조선 유교가 근세가 중세로부터 엄격하게 구분됨으로써 조선조의 실질을 만들기는 했으나 그것은 하나의 종교 안에 포함시켜서 발전시키는 오랜 전통에 비하면 역사 진행은 근세 자체에만 중심을 두게 된다. 불교든 유교든 그것 하나로 낭가사상(朗家思想)이 이미 그 복합적인 유·불·선의 요인으로 이루어진 것처럼 모든 이질 사상을 수용해 왔다면 근세사의 현실 설정이 훨씬 세련되었을 것이다.

서구사의 경우 기독교가 로마 이래의 정치·사회·사상의 주축을 이루어 온 강점에 비교할 때 고신도 불교·유교의 색동저고리 역사는 그때그때만의 이기적이며 배타·단절적 공간에 한정되게 한다.

여기에 사대주의 정치는 주자학의 극단주의에 의해서 정치 활력 자체의 파괴를 자작한 것이다. 조선조 당쟁은 먼저 많은 정치 지망 지식인의 과잉 인구에 의해서 지속되지만 그들의 도전 적대의식 가운데는 이러한 역사 영역의 넓은 공간이 없기 때문에 현실 즉흥주의에 떨어진 것이다. 말하자면 유교의 현실 철학이 사변화되는 반면 그 사변을 추종하는 사람들에 의해서 더욱 공허하게 만들어진다. 거기에서 현실 세력에 급급하는 출세주의가 팽배해진다.

또한 당쟁이 역사상 가장 처참한 침략과 함께 발달함으로써 전후의 폐허에서, 유교 도학의 고귀한 체험이나 이상적 정치 이론이 말살된 상태에서 지식인들을 권력의 쓰레기로 만든 것이다. 전쟁이 지난 다음의 사회나 그뒤의 여러 왕조가 외부의 충격으로 동요됨에 따라 그러한 관료사회가 더욱 이기심으로 충동하는 비주체적 도착상태를 드러낸 사실은 당쟁에 어떤 가치도 부여할 수 없게 한다.

여기에서 유교적 지성의 위대성과 함께 그들에 대한 깊은 회의가 따르는 것이다. 그러한 과정 끝에 한말의 유교적 지사(志士) 계층을 만들었다는 것은 놀라운 성과인 것이다.

사화(士禍)시대, 예송(禮訟)시대 그리고 시벽(時僻)시대를 통해서 송시열(宋時烈)과 같은 정치 수완으로 일당(一黨)의 세력이 굳어지자 사실상 당쟁의 힘은 지쳐서 거기서부터 영정조의 탕평책까지 지식인 사회는 어떤 것도 기대할 수 없는 아집(我執) 계층으로 전락한다.

어떤 당쟁론자는 당쟁 때문에 상대방에게 약점을 잡히지 않으려고 부정 부패가 견제되고 민란이 없었다고 그 효용을 주장하고 있으나 이런 사이비 당쟁론은 허용될 수 없다. 일당 독재의 송시열 정권이나 3대 외척 세도정치 이후의 민란은 오랜 당쟁으로 피폐된 정치적 혼란에 그 기원을 두고 그것이 세도 외척과 지방 호족의 착취에서 폭발된 것에 지나지 않는다.

우리는 지식인의 이성으로 성찰하는 한, 조선조 당쟁사의 절망을 체험할 필요가 앞선다. 당쟁에 값을 매기고 당쟁의 분열을 인위적으로 호도하려는 충정은 민족성 여부에 관련되기 때문에 이해할 수 있으나 그것은 현실 가치 위에 당위를 설정하지 않는 비리(非理)인 것이다.

그러나 아마도 근세사의 지성은 이러한 바람직하지 않은 당쟁이라는 역사 운동의 오랜 고난과 욕망을 통해서 도학의 정체가, 마치 공자가 실패자인 것처럼 실패자의 진리였다는 것을 깨달았을 것이다.

그러나 이러한 당쟁 가운데서도 우리는 당쟁 지도 계층, 당쟁에 의한 수시(隨時)의 몰락 계층에 의해서 조선의 별곡(別曲)과 가사 문학 또는 여러 시가·고시조·회화·서예·소설 그밖의 많은 문장을 얻을 수 있었던 행복을 기억한다. 그들은 당쟁을 통해서 사회와 자기 자신의 진술에 부딪쳐서 문희(文戱)에 빠지기 쉬운 것을 이겨낸 다음 그들이 산 시대를 절실성의 문화로 충진(充塡)했으리라.

27. 임진왜란의 의병전선

라이샤워의 《일본사》는 대략 다음과 같이 16세기 일본의 풍신수길(豊臣秀吉) 정권을 말한다. 16세기 후반기에 일본에서 제일가는 단일세력이 생겼다. 그것이 중부 일본의 나고야 대명(大名) 직전신장(織田信長)이다. 그러나 그는 배신한 부하에게 살해된다. 그의 막료 장군인 풍신수길—비천한 집에서 태어났지만 순전히 자기 능력으로 출세한 사람—이 일본 전체를 정치적으로 통일함으로써 1백여 년 동안의 엄청난 내란이 갑자기 끝난다. 풍신수길은 싸우는 것 말고는 아무것도 모르는 직업적인 무사들을 지배한다. 그들의 필요없는 전투 정신을 제거해 버리기 위해서, 그리고 전대의 장군들처럼 그도 세계 정복욕에 사로잡혀서 중국대륙 정복의 계획에 착수했다. 그 정복에는 조선을 통과해야 하는데 조선이 불응했다. 그러자 1592년에 남쪽으로부터 조선을 침략했다. 일본군은 단시일에 조선의 거의 전역을 유린했다.

이러한 일본 쪽의 사정에 대하여 조선 선조조의 실정은 어떠했는가를 알아본다. 이황에 이어서 이이 역시 일본 침략을 예측했다. 그것은 임진왜란 직후에 허균(許筠)이 호란(胡亂)을 예측하여 병론(兵論)을 쓴 것과 같다. 그러나 조신들은, 특히 유성룡들은 민심 동요를 이유로 이이의 10만 양병설의 경연(經筵)에서 반대했다. 많은 조신들은 당쟁의 초기 태평 분위기에 빠져 있었으며 북방 변경의 여진족 사정도 도외시하고 있었다. 선조 초의 여진 니탕개(尼蕩介) 반란의 불안이 그들에게 국가 안보의 긴장감으로 통일되지 않고 당쟁 사회의 주도권에 더 천착하고 있었다.

더구나 비변사라는 군국기무(軍國機務)의 합참 본부는 5위(衛) 제도의 농병일치(農兵一致)제 병역의무 제도가 거의 파괴되어서 의무자는 병역을 대상(代償)하는 군포(軍布 = 兵役稅)를 바치면 되었다. 군사 제도가 와해되어 버린 것이다.

허균은 서원의 폐를 주장하면서 선비들이 서원에 들어가지 못함을 치욕으로 알면서 도리어 나라가 세운 향교는 거들떠보지 않

212

고 요행히 군역을 면한 자들로 향교에 적을 두고 있다고 비난한다. 말하자면 병역의무는 이렇게 유명무실의 군사 제도로 문란해진 것이다.

국가 역시 재정난으로 도리어 군포로 병역 의무를 대행하는 일을 권장하는 실정이었다. 그러나 그런 군포 따위의 납세가 국고까지 가지 않고 만다. 사회는 왕권 권위의 몰락, 그리고 조신이나 지방 서원 계층의 가렴주구로 민심이 권력을 이반하는 사태에 이르렀다. 그것은 선조가 피난길에 나서자 서울의 백성들은 폭도로 일변하여 왕과 각료들을 욕하고, 경복궁·창덕궁들을 이미 소각하고 여러 왕실 창고의 보물이나 역사 도서나 귀중한 문물을 다 태우고 훔쳐가기에 이른 것과, 왕자들과 춘천 지방에서 의병을 모으려다가 참담하게 실패한 것은 그러한 수도 도읍 백성이 이미 정권의 지배 계층을 불신하고 있었던 증거였다.

일본으로서는 아주 좋은 기회였다. 그들은 현해탄을 건너는 것보다 더 쉽게 불과 얼마만에 한반도 거의 전부를 점령한 것이다. 조선 관군이라야 도리어 없는 것만도 못한 실정이며 각 지방의 의병 전투가 도리어 그러한 관군의 방해로 실패하는 일까지 생겨난 것이다.

강만길(姜萬吉)은 이러한 임진왜란의 진정한 전쟁 담당자를 민간 의병의 궐기로 보며 ‘1592년 임진왜란이 일어났을 때 관군은 거의 그 기능을 발휘하지 못하였고 이 전쟁을 담당하여 그것을 승리로 이끌어 간 원동력은 의병이라 불리는 민병이었다. 이 점에 있어서도 임진왜란의 의의는 다시 평가되어야 할 것이다’라고 말한다. 이 점은 최씨 세습 정권의 고려 병사가 원군과 대항할 수 있었던 정권 중심의 친위 병력이나 사기와 대조된다.

관군은 침략자들의 신무기와 검술에 쉽사리 패산했다. 이것은 우리 나라의 무술은 선진후기(先陣後技)의 집단적 진전(陣戰)인데 비해서 일본군은 개인 총술이나 검술을 결사 작전으로 발휘할 때 제대로 전열을 갖추지도 못한 관군의 패산은 당연했다.

이러한 전국토 초토화의 침략에 대항하여 그동안 권력 계층으로부터 이반된 민심을 구국의 대열에 모인 전직자(前職者)나 지방 사류 또는 독서인(讀書人)들의 무장 봉기는 그것이 한말 의병의 독립 운동에 대한 전통을 이룬다.

또한 그것은 나라의 위망(危亡)에 대한 문·무 쌍전의 고대 북방 국가의 민족의식에 연결된다. 특히 김종직의 도학이 어느 만큼의 궁술(弓術)도 익혔다는 것과 함께 성리학의 지엽 말단이나 부사(浮詞)를 희작하는 문약(文弱) 지식인에게 그런 구국의 운동은 조선조 난세 지식인의 사회 동질성을 이룩하게 한다. 지식인 사회가 그 사회 자체만으로 닫혀 있다가 위기에 의해서 열림으로써 거기에 그들이 통일된 주체로서 민중을 만난 것이다. 한말 의병운동이 지식인과 민중의 합작(合作)이라면 그것은 이미 16세기 일본 침략에서 체험된 국가 자위의 동질성과 깊이 연결된다. 머리가 몸에 이어진 것이 지식인과 민중의 만남이다.

1592년 4월 14일 일본군은 부산에 낯익은 고향에 돌아오는 것처럼 상륙했다. 동래성 따위는 그들의 저항자가 아니었다. 5월 2일 상륙 16일 만에 폭도에 의해서 불타 버린 서울이 함락되었다. 이런 진군 속도로 보면 관군의 존재는 거의 무시당하고 있다. 1개월 뒤에 경기도 용인에 모인 관군이 패배해 버린 뒤로는 한반도에는 굶주려서 죽고 침략자에게 무차별 사살로 죽은 백성의 시체나 산과 들판뿐이었다.

거기에 일본군이 무적자(武敵者)의 승리를 누릴 만큼 조선조의 긍지는 내던져진 것이다.

이런 무적 침략자에게 적이 생기기 시작했다. 그것이 곧 전선(戰線)이 없는 각처의 게릴라적 저항의 의병이다. 경남 의령의 사대부 곽재우(郭再祐) 부대와 충청도 옥천(沃川)의 전직자 조헌(趙憲) 부대가 처음으로 이 땅에도 구국의 응전자가 있다는 충격을 침략자에게 보인 것이다.

곽재우는 침략 1개월 미만에 이미 기의(起義)했다. 가재를 털고 하인 몇 명과 장사들을 모집하였다. 그는 그때까지 34세에 문과 을과에 급제했으나 벼슬 없이 40세에 이르기까지 초야에서 도학과 의리학을 수행했다. 조식(曹植)의 문인으로서 조식이 외손녀를 그에게 시집 보냈다. 조식의 성품에 가깝게 그는 눈이 무섭고 호탕했다.

아마도 그는 임진왜란에 대항하기 위해서 태어난 듯하다. 그때까지 그는 관직도 얻지 못한 채 수기(修己)에만 전념했기 때문이다. 먼저 심대승(沈大承)·권난(權鸞)·박필(朴弼) 들과 함안지역 낙동강 하류에서 일본군에 타격을 주기 시작하자 영남 각처에서 그의 부대에 호응했다. 이를 모반이라고 모함하는 관료들이 방해하기 시작했다. 그러나 그는 그런 모함 따위에 좌절되지 않고 합천의 정인홍, 고령의 김면(金沔)과 박성(朴惺)·곽준(郭䞭)·곽저(郭䞭)·권양(權養)·박이장(朴而章)·손인갑(孫仁甲)·김준민(金俊民) 들이 따랐고 이어서 박사제(朴思齊) 형제가 9백여 명의 무장 민병으로 일어났다.

단성(丹城)에서 권세춘(權世春)·권제(權濟)·권양(權養)·노흠(盧欽) 들과 창령의 신방즙(辛邦楫)·성천희(成天禧)·성안의(成安義) 들도 일어나서 조열(曺悅)들과 곽재우 휘하에 합세했다.

또한 김해(金垓)가 예안에서 일어나서 안동·의성·군위·비안의 민병을 합쳐 일본군의 후방에 타격을 주어 호남 진입을 견제했다. 곽재우는 계속 현해탄을 건너오는 후속 병력을 영남 해안에서 격퇴했다. 진주성 민병 중심의 방어전 7일은 성이 함락되기는 했으나 일본군 3만, 장관(將官) 3백을 사살시키는 대첩이었다.

호서의 조헌은 그의 문하 유생과 창의(倡義)하여 민병 약 2천 명으로 청주에 이동, 거기서 신간수(申簡秀), 정덕개(張德蓋) 들의 1천6백여 명의 호응을 받고 또 공주 청련사(靑蓮寺)에서 기병한 승려 영규(靈圭)의 승병 5백 명이 합해서 금산 전투에서 싸우다 도리어 관군의 방해로 패산하고 7백 의총(義塚)의 신화를 남겼다. 조헌 부자와 승려 영규가 거기서 전사하고 적군도 끝내 후퇴할 수밖에 없었다.

그해 7월은 수원의 홍언수(洪彦秀) 부자와 박춘무(朴春茂)가 일어나고 우성전(禹性傳)이 몇천 명으로 일어나 호남에서 일어난 김천일(金千鎰), 임환(林懽) 부대와 합세하여 황해도에 들어간다. 호남 현지에서는 고경명(高敬命)·고종후(高從厚) 부자·유팽로(柳彭老) 들이 일어나서 7천 병력으로 북상 도중 금산 전투에서 고경명이 전사한다. 그의 휘하 부대는 최경회(崔慶會) 지휘하에 영남·호남의 방어선을 이룩한다. 이미 평양이 함락될 무렵 광주에서는 앞서 말한 김천일, 양산주(梁山璹)가 나주에서 일어나서 의병을 일으켰고 강원도까지 진입 활동한다. 보성의 임계영(任啓英)이 1천 병력으로 일어나고 김덕령(金德齡)이 담양에서 의병 5천 명으로 남원 방면에 진출한다.

승려 사명(泗溟)은 금강산 유점사에서 우선 승병 7백으로 일어나서 뒤에 호남의 승려 처영(處英), 호서의 영규와 5천 승려가 창의하게 된다. 황해도에서는 조득인(趙得仁)의 부대에 적군이 패퇴하고 봉산의 김만수(金萬壽), 중화의 김진수(金進壽) 그리고 평양 함락 직후 양덕록(楊德祿)이 의병을 모아 대격전을 벌인다. 묘향산의 서산(西山)은 선조의 초치로 의주에 가서 왕을 배알, 7월에는 여러 절의 승려를 규합한다. 5천 승병은 전투병·공병으로도 이용되었다. 함경도에서는 이붕수(李鵬壽)의 발기, 정문부(鄭文孚) 지휘로써 적군으로부터 실지를 회복한다. 이들은 전직자를 제외하면 거의가 순수한 지방 유생들이다. 그들은 침략 직전까지 동인·서인계보로 단절되었다가 민족 수난 앞에서 통일 전선을 실현한 것이다. 어떤 의미에서 그들은 임진왜란에 대한 항전이 곧 그들의 신성한 출사(出仕)였던 것이다. 관군이나 피난의 조신들은 이런 의병 지도자들을 역적으로 모함하는 일이 비일비재여서 의병을 해체시킬 위기에도 부딪쳤던 것이다.

선조는 정부 관료가 다 도망치고 유성룡(柳成龍)·이항복(李恒福)·이산해(李山海)·이원익(李元翼)·정철(鄭澈)·심충겸(沈忠謙)·윤두수(尹斗壽)들과, 비빈 세자를 합쳐 겨우 1백 인으로 피난을 떠나야 했다. 왕은 여진 쪽으로 갈 뻔도 하고 명나라 내부(來附)를 자청하기도 했다. 각처에서 백성을 버린 왕에 대한 민란이 일어나고 조신도 문책 유배당하기도 했다. 선조의 청원(請援)

216

으로 명군이 압록강 대안에서 그들의 국경 수비병 1천 명이 나타
나서 대비할 뿐이었다. 훨씬 뒤에야 명과 일본 사이에 임시 강화
가 실현되어 일단 적군이 영남지방으로 내려가서 진주하게 된 것
이다.

정유재란에서야 명군은 이여송(李如松)의 토벌군이 나타난 것
이다.

이런 본토 전쟁에서 의병들의 저항과 전진이 명군의 작폐와 관
군의 무력을 이겨내고 침략자들에 대한 민족적 투쟁이 전개된 것
이다. 본토에서 이렇게 전쟁이 치열할 때 남해안 지방에서는 이순
신이 세계 해전 사상 가장 위대한 해전으로 적군을 격퇴한 것이
다.

나라가 '무인지경(無人之境)'으로 침략자에게 유린될 때 그 나
라를 가장 신성하게 한 몸으로 집약한 이순신이 없었다면 한반도
는 이미 16세기에 일본 영토가 되어 버렸으리라.

여기에 새삼 이순신론을 시도할 필요조차 없다. 그는 그에 대한
최고급의 찬사, 어떤 과장들도 민족의 이름으로써는 미급하다.

천관우(千寬宇)는 '충무공은 거의 완전한 인물이었다'라고 그
의 《성웅 이충무공론》에서 말하고 있다. 또한 그의 전략, 성자적
(聖者的) 지도력과 함께 '충무공에게는 남자가 느낄 수 있는 남자
의 무한한 매력이 있다'라고 그는 말하고 있다.

다만 여기에서는 그가 정규 수군 이외에 대다수 남해안 지방의
민병을 규합한 것과 위대한 무인이면서 최고의 시조와 문장을 남
긴 문사라는 점을 덧붙이고 싶다. 그것은 기이하지 않다. 위대한
문사가 위대한 무인이 되는 일은 어려우나 위대한 무인은 특별한
경우 위대한 문사가 될 수 있는 것이다. 이순신은 그런 특별한 경
우의 문·무를 최고의 수준으로 이끌어 올린 것이다. 그것은 이 땅
이 불안할 때마다 이 땅이 충격을 받을 때마다 또는 이 땅이 악에
짓밟힐 때마다 그런 때의 절망으로부터 희망의 종교를 낳게 하는
이순신의 정신이다.

그러나 이순신은 그가 아무리 성스러운 인격과 전략과 민족사

활력의 대표자이기는 하지만 그가 투옥되는 현실로부터 상처를 입는다. 그리하여 그는 끝내 밝혀지지 못하는 자결로 삶을 끝낸 것이다. 곽재우도 휘하 장병의 해산으로 단식을 한 일이 있고 유배 생활을 하기도 했다. 김덕령도 역적으로 몰려서 옥사하고 만다.

권력 장악자의 현실은 임진왜란 가운데서도 당쟁을 진행시켰으며 그것은 굶주린 백성이 사람의 고기, 심지어 제 어린것까지 뜯어먹고 민란을 일으키고 집은 불타 버리고 땅은 송장으로 더미를 이룬 전후의 처참한 폐허 위에서도 인두겁을 쓰고 발전시켰던 것이다. 또한 얼마나 많은 독서인들이 희생되었는가와 함께 얼마나 많고 많은 지식인들이 이 최대의 국난으로부터 저 혼자 살기 위해서 도망쳐 다녔는가를 능히 추정할 수 있는 것이다.

임진왜란은 이 나라에 진정하게 필요한 사람들을 위대한 유산들과 함께 희생시키고 이 나라를 좀더 철저하게 파멸하게 만드는 사람들을 남겨 놓았다. 그러나 전쟁은 모든 질서를 다시 시작하는 왜란 이후의 민족적 지성의 공간을 초토 위에 준비하게도 한다.

민족이 종교라는 사실을 그 국치(國恥)의 전쟁이 우리에게 가르쳐 주었으며 이순신과 모든 이름 없는 의병의 뼈가 종교 이상의 것임을 알게 해 주었고 전쟁으로부터 우리는 민족의 진실을 캐어낸다. 그러한 진실은 민족에게 정치도 경제도 사회도 문화도 없어졌을 때 그것들을 재건하고 재인식하기 위해서 공헌하는 희망의 힘인 것이다.

28. 정치 폐허의 반란

임진왜란을 전후해서 권력 상층부 또는 지방 관리와 민중 사이의 간극은 크게 벌어진 사실이 밝혀진다. 그것은 사화 이래의 당쟁 사회에 대한 민중의 부정적 동태를 나타낸다. 정권을 맡은 계층들에게 이상적 권위가 파괴되고 이와 함께 민중의 정치적 신뢰를 저버렸기 때문이다. 거기에 국가 재정, 관료들의 사복을 채우기 위한 중세(重稅)와 부역 그밖의 여러 가지 가렴주구가 정권을 등진 큰 원인을 이룬다.

이런 저변 계층의 반체제적 의식은 비가 억수같이 퍼붓는 날 서울을 버리고 침략자가 들어오기 전에 왕이 도망칠 때 그것을 지켜보던 도성 안의 민중들이 갑자기 폭도로 변해서 궁성과 정부 청사를 불지르고 노비문서를 없애 버린 사실에서 크게 입증된다.

또한 각처에서 창의(倡義)한 민간 의병들의 집단 역시 나라를 지키는 항쟁 대열에 나선 것은 의심할 여지가 없으나 그들의 위기 의식, 저항의식에는 이 나라가 이 꼴로 된 원인이 지배 계층의 이욕 쟁탈과 부패 때문이라는 생각이 강했던 것도 사실이다.

거기에 여러 전투는 관군의 부재 또는 무능을 탄로시키고 그 관군에 의해서 도리어 일어선 의병 집단을 적대시하여 무고·방해 공작이 끊이지 않았다. 그뿐 아니라 전과(戰果)도 관군의 것으로 만드는 일도 허다했다. 이런 관군이나 지방 관리들의 과오가 의병이나 민중에게 반발할 만한 근거를 준 것이다.

여기에 덧붙여서 생각할 것은, 이러한 간극에도 불구하고 왕실이나 정권 자체를 초월한 국가의식에 의해서 의병 집단의 의지는 확대된다. 실지로 여러 전투가 자발적인 의병 전투로 지배될 때 거기에서 그들은 침략자와 싸우는 것은 그들 자신밖에 없다는 것을 자각하게 된다.

서울 백성이나 평양성의 백성이 백성을 버리고 명나라로 가려는 왕 일행에 대하여 욕을 퍼붓고 실정(失政)을 비난하던 난동은 왕조 사회의 절대자인 왕과 그 왕권을 절대적으로 부정하는 의미이며 그 의미는 의병의 군중 심리 안에도 깊게 투영되었던 것이다.

위에서 밝히지 않은 많은 의병과 의병 지도자들 역시 반정부적—그러나 반국가적인 것이 아님—감정을 가지고 있었다. 그런 감정이 적군과 맞서는 공격적 신념이 된 것도 사실이다.

이렇게 적지 않은 의병 집단이 정치 집단으로 발전할 요소를 갖추고 있었다. 그것의 한 예가 폭발한 것이 커다란 전공을 세운 한현(韓懸), 이몽학(李夢鶴) 들이 이끄는 의병 집단이었다.

한현이 그의 의병 세력을 이시발(李時發) 휘하에 흡수시키고 거기서 이몽학과 음모하고 그 자신은 호서 면천으로 이동한다.

이몽학은 홍산으로 부대를 이끌고 가서 도천사(道泉寺) 승려 능운(凌雲)이 민중 7백 명을 규합한 세력과 합세하여 의병장을 자칭, 호서 일대를 습격, 현감 군수 따위를 잡아 죽이고 그 여세를 몰아 일본군이 진주한 서울을 공격하여 그들의 의병 정권을 세우려 했다. 여기서 그 일대의 농촌 지식인의 호응을 얻게 된다. "나는 본래 종실(宗室)이다. 지금 조정은 문란하여 외적에 패하고 있다. 나는 외적의 재침을 막고 나라를 바로잡기 위하여 일어섰다. 충의 있는 선비들은 일어서라"하고 외친 그는 홍주에서 패주하여 끝내 막료 김경창(金慶昌)·임억명(林億明) 들에게 목을 잘리고 지방 중군(中軍)에게 그의 반란은 진압되었다. 따라서 한현도 처형된 것이다.

이런 의도는 의병 집단의 대부분이 가지고 있다가 임진왜란 정유재란의 7년이 지나서 잠적한다. 그러나 이러한 지배 계층의 실정(失政)과 분열 전횡에 대한 반감은 정여립(鄭汝立)의 혁명 철학에서 주도된다. 그의 모반이 당쟁 초기의 주역인 서인 정철들의 조작극이었다는 이론도 제기되고 있으나 그 타당성과 함께 정여립의 혁명적인 반왕론(反王論)은 삼강오륜과 성리학의 존왕주의 체제에서는 커다란 충격이다.

천하는 공공(公共)한 물건이지 어디 정한 주인이 있는가, 요·

순·우는 서로 전하였으되 성인이 아닌가. 두 임금을 섬기지 않는
다는 것은 왕촉(王蠋)이 죽을 때에 한 한때의 말일 따름이다. 유
하혜(柳下惠)는 어떤 것을 섬기면 임금이 아니냐고 하였는데 유
하혜는 성인 중의 화(和)가 아닌가.

　　충신은 불사이군(不事二君)하며 열녀는 불경이군(不更二君)한
다는 유교 윤리관을 말살하면서 그는 또 다음과 같이 말한다.

　　인민에 해(害)되는 군(君)은 살(殺)함도 가(可)하고 인의(仁
義) 부족한 부(夫)는 거(去)함도 가하다. ── 천의천심(天意天心)
이 이미 주실(周室)에서 거하였는데 존주(尊周)가 다 무엇이며 인
중(人衆)과 토지가 벌써 조조(曹操)와 사마의(司馬懿)에게 돌아
갔는데 구구일우(區區一隅) 유현덕(劉玄德)의 정통이 다 무엇이
냐.

라고 그가 외치자 당시 재상과 도학자들도 감동했던 것은 정여립
의 반왕민본(反王民本)의 정치철학이 가지는 진정한 설득력 때문
이다.
　　이런 용기있는 반왕론과 관련하여 신일철(申一澈)은 그의 《새
세대의 눈》에서 '우리 한국사를 보는 눈은 바로 민중의 입장이어
야 한다. 이조 말의 왕들은 자기 정권 연장을 위해서라도 나라를
팔아먹을 정도였다. 선대 지배층들의 사상적 거점은 자기 나라와
백성에 있었던 것이 아니라 종주국(宗主國)이었다. 그러므로 문
화와 외래 사조를 받아들이는 태도와 주체성은 가질 리 없는 것이
다. ……종주국인 중국의 권위에 맹종하는 사대 외교, 관료가 되
어야 한다는 양반 관념이 모두 그것이다'라고 극단적으로 말하면
서 정치와 민중·농촌과의 괴리로 말미암아 민중에게 국가보다
지배자나 관리에게 복종하는 일만을 만들었다고 해석한다.
　　정여립은 이미 이이, 성혼의 후학 친교에서 그의 도학사상은 당
대 일급의 수준을 과시했다. 이런 천재적 재능은 허균과 유사한

것이다. '주자(朱子)는 다 익은 감이고 이율곡은 반쯤 익은 감이다'라는 성리학 촌평까지 마구 구사할 수 있었으며 그는 경사(經史)와 제자백가의 이론들을 자유분방하게 통효했다.

이이가 죽은 뒤 그는 동인이 되어 수찬(修撰) 관직에서 서인 송혼·박순·정철과 대결하다가 그의 식년을과(式年乙科) 문과 급제로 화려하게 시작된 정계 등장은 끝나고 낙향해 버린다. 그는 고향 전주와 가까운 산중 진안(鎭安) 죽도(竹島)에 서실(書室)을 짓고 지방 유생을 길러내기 시작했다. 여기서 불평이 많은 선비와 장사들을 국가 전복을 계획하여 규합했다고 하는데 그것은 전혀 거짓이다. 그 당시의 지방 서원이나 유생 집결소는 어디나 중앙 정치사회에 대한 비판이 넘쳐 있었고 그것이 정당하게 발전해서 유림(儒林)의 재야 여론 형성 계층이 확대되기 시작한 것이다.

그는 그의 명망과 도학에 모여드는 젊은 지식인들에게 호남 해안의 왜구나 국방력의 부재를 우려해서 장차 쓰이게 될 무술까지 가르쳤던 것이다. 아마도 정여립은 왕조 관인으로서는 점차 횡포가 심한 명나라에 대한 굴욕 외교나 국가 재정과 병력 그리고 그 자신이 관련된 정쟁(政爭)을 통해서 나라에 대한 절망이 깊었던 것 같다. 그리하여 이이의 양병설에도 관심이 있어서 그의 문인들이 문·무를 겸하게 한 것이다.

그리하여 대동계(大同契)를 만들고 신분에 제한없이 완전한 평등으로 그들을 집단화한다. 전주 부윤 남언경(南彦經)은 그러한 정여립의 대동계 세력에 요청하여 대규모로 해안을 침노하는 왜구를 격멸한 일도 있다.

대동계는 정읍, 태인, 금주, 전주 등지의 호남 여러 지역 사회에 영수(領袖)를 두고 정여립이 그들을 영도한다. 왜구 격퇴를 성공시킨 다음 그 세력의 군적부(軍籍簿)를 가지고 일단 해산시키면서 나라가 위급할 때는 언제라도 창의하자고 주창했다.

그런 세력은 호남 전역과 호서 황해도 지역까지 세력이 확장되었다. 그것은 임진왜란 직전의 사회에 만연된 불안에 의해서 민중의 마음을 뜨겁게 사로잡을 수 있었기 때문이다. 그러나 서인세력이 주도권을 잡자 정철은 이러한 정여립의 지방 세력을 불온한 것으로 단정, 정여립의 양반·양민·상민·사천(私賤)·노비까지도 평등하게 망라하는 사회 운동을 반란으로 낙인, 대량 검거하기 시작한다. 그것은 동인 세력의 탄압 정책이었다.

무려 3년여에 걸친 기축옥사(己丑獄事)로 1천여 명의 사대부 유생과 대동계 간부들이 희생되고 동인 세력이 정권에서 숙청되기에 이른다.

1589년 정여립은 그의 아들과 함께 진안으로 돌아가서 자살했다고 하지만 그 사실도 서인들의 암살을 위장한 사실이 최근 이희권(李義權)에 의해 분석되고 있다.

아무튼 임진왜란 직전의 유교 정치 체제에서 성욕을 정당한 것으로 말하고 낙원을 꿈꾸는 허균의 사상과 함께 그보다 더 대담하게 근왕주의(勤王主義)를 부정하고 왕도 백성의 진리에 입각해서 죽일 수 있다는 민주적 혁명 이론을 제창한 것은 조선조 유교정치사, 유교사상사에서 가장 대담한 '이단(異端)'인 것이다.

임진왜란이 명과 청의 교체기, 풍신수길과 덕천가강(德川家康)의 정권 교체를 가져오고 무엇보다도 가장 비극적인 수난자인 이 땅의 근세사를 폐막하는 원점이 되어서 정권은 무정부 상태의 당쟁만으로 채워지게 했다. 이런 과정에 앞서서 이른바 고질적인 사대부 세력의 괴뢰에 지나지 않는 군주의 권위를 부정하여 새로운 변혁의 평등사상을 가진 한 소외지식인의 정치 세력이 제거된 것은 그뒤의 폐허에 어떤 희망도 재생시키지 않는 관료주의적 복종만이 저문 날의 자운영(紫雲英) 들판에 깔리게 한 것이다. 그러나 그것은 오랜 뒤에 동학란과 연대되는 것이다.

여기에서 우리는 정여립의 혁명이 당대에서 실패하는 비애를 먼저 체험한다. '……혁명성을 가진 인물 — 정여립의 유(類) — 은 매양 실패로 마칠 뿐만 아니라 사회에서도 그를 한질(恨嫉)하여 언론이나 행사의 종적까지 소멸시키는 고로 후세에 끼치는 영향이 거의 영도(零度)가 되고 오직 3백 년이나 5백 년 뒤에 한둘 지음(知音)이 있어 그 유음을 상(賞)할 뿐이요, 미정(未定)한 사회의 인물은 반드시 창조적 혁명적 남아라야 될 듯하나 어떤 때는 꼭 그렇지도 않아서 소도세공(小刀細工)의 하품재자(下品才子)— 최치원의 유(類)—로서 외국인의 구물(口吻)을 동할 만하면 거연히 인물의 지위를 소득하기도 하나 인격적 자성의 표현은 없고 노예적 습성만이 발휘되어 전민족의 항성(恒性)을 매몰하고 변성(變性)만 조장하는 악기계가 되고 마나니……'라고 신채호는 《조선상고사》 총론에서 정여립의 파멸을 개탄하고 있다.

29. 재야 실학(在野實學)의 지성

이황, 이이의 조선 2대 성리학과 송시열 중심의 정치 규범으로 교조 유교(敎條儒敎)가 확립되면서 도리어 유교적 전통의 실질을 퇴화시켰다. 수신(修身)은 과거제의 타락으로 공소한 문사(文詞)나 관념으로 허세화하고 치인(治人)은 문벌과 허례의 폐습을 만들었다. 여기에서 유교 사대부가 사회적 책임을 방치하여 현실과 민중으로부터 유리된 것이다.

이러한 유교 체제의 고질을 현실적으로 치유·변혁하려는 실학주의 실천론의 지성에 의해서 유교개신 운동은 이조 사회의 마지막 성과를 이루고 있다. 과연 실학이 조선 후기의 시무론(時務論)이냐, 봉건체제의 지주를 낳은 성리학의 다른 얼굴이냐, 중세를 완벽하게 거부한 근대 사상으로서의 사회과학이냐에 대해서는 더 많은 질문이 필요하다.

그러나 그것은 강만길(姜萬吉)이 말한 것처럼 그들 몇 사람의 천재적인 진보사상의 반영이라기보다 근원적으로는 '이 시기에 산 양심적이고 사명감에 충실한 지식인 일반의 여론과 요청을 바탕으로 하여 이루어진 것이었으므로 그만큼 집권층에 주는 압력도 크고 절실한 것'이다.

먼저 그것은 지배 계층의 이익과 권위에 위배되는 비판적 이론이므로 그것이 쉽사리 나팔소리를 듣는 듯이 받아들여지지 않았다. 또한 그러한 실학주의 주장은 대체로 집권층에서 장기간 소외된 남인(南人) 계열의 그것이기 때문에 그들의 개혁안이나 실천 이론이 현실적으로 받아들여지는 정책의 차원까지 이룰 수 없었던 것이다.

가장 절실한 문제로서 민중사회 전체가 바라고 있는 전제(田制) 개혁이나 세제(稅制) 또는 노비 제도는 당장 사대부 대토지 소유나 양반 경제 또는 지배자 사회의 노동력과 세력을 침해하는 일이 된다. 그것이 하루 아침에 그들 실학자들이 주장한 정당한 요구대로 이루어지리라는 생각은 당장 불가능하다.

그러나 왜 조선 후기에 이러한 실학의 사회과학 요청 이론이 필요했던가를 살펴볼 때 그것은 지배자와 피지배자, 부자와 빈자, 귀와 천의 격차가 비인도적으로 벌어져 있는 현실에 대한 민중의식에 동조하는 강한 활력이기 때문인 것을 알게 된다.

실지로 실학운동은 몇 사람의 조선조 후기의 사회 지식인에게 맡겨진 것만은 아니다. 그들 주변에는 언제나 많은 무기명의 실학주의자들이 확대되고 있었으며 그러한 확대 영역과 민중 계층이 접속되어 있었다. 말하자면 실학의 지도적 이론은 이러한 민중 계층의 현실에 바탕을 두고 있었다.

그러나 그들은 동시에 집권층에 요구하고 호소하는 실천 운동보다는 봉건 사회의 체제 안에 포함된 보수적 지식인들이다. 그들의 지식은 이미 조선 성리학 체계로부터 획득했으며, 그들의 의식은 그것을 민중의 의식으로 동화시킬 수 없었다. 바로 그 사실 자체가 정치 담당자가 곧 지식인이라는 사대부의 논리 범주에서 그들이 벗어나지 못하게 만든 것이다. 말하자면 실학이 민중을 깨우치고 계발하기보다 권력 귀족을 깨우치기 위한 것이다.

이런 점에서 실학 지식인은 통치자 영역과 민중 영역의 과도적 중간 집단을 이루어 준 것이다. 그들 이전까지는 집권층으로부터 소외된 지식인은 처사적인 생활 또는 유랑자의 생활로서 현실을 자기 도취적으로 부정하거나 풍자하거나 산발적으로 비판하거나 했을 뿐이다. 아니 그런 일조차도 포기한 경우가 적지않다.

이러한 현실 도피의 풍토에서 그것을 극복하고 현실의 많은 부당성까지 극복하려는 이중의 목적을 가지고 실학주의가 일어난 것은 조선 유교에 대하여 결정적으로 기여한다.

말하자면 이러한 실학 체계까지를 포함해서 조선조 유교를 긍정하거나 부정하거나를 막론하고 바로 그러한 조선조 유교의 중요성이 성립된다. 유교 체제가 조선사회의 통치질서와 모든 생활 규범에 이론을 부여한 것이라면 그것은 불교가 그런 기능을 맡았던 고대·중세로부터 새로운 역사 단계를 열어놓은 것이다. 그런 유교를 그것을 받아들인 집권층의 부패 때문에 부정할 수는 없다.

226

다만 현실을 비판할 때 거기에 따르는 근원으로서의 모순 동인 (動因)을 유교 자체에서 찾아내는 일은 예외인 것이다.

실학 자체가 영·정조의 문예 부흥과 무관하지 않다. 실학의 전인(全人) 정약용(丁若鏞) 자신이 출사 당초부터 정조의 총애를 받고 그가 불우할 때도 "정종(正宗＝正祖)이 돌아가시자 이에 화기(禍機)가 마련된 것이다."라고 말함으로써 군주를 섬기는 신의를 가진 근왕주의의 문맥에 있다.

그러나 우리는 이러한 실학운동의 지식인을 지나치게 봉건 체제 안으로만 이끌어 넣을 수는 없다. 백이숙제이건 누구건 그 나라 전체의 안에 포함되기 때문이다.

천관우(千寬宇)의 압도적인 실학 연구들은 한말의 이규경(李圭景), 최한기(崔漢綺)에 이어지는 정인보(鄭寅普), 안재홍(安在鴻)의 실학 연구를 실학 지식인 연구와 함께 집성했다. 그는 실학의 배경을 조선 후기의 새로운 사조에 두고 전개한다. 먼저 주자학의 이기(理氣) 4·7의 형이상학, 실천 철학, 예론(禮論)이 어떤 비판이나 이론(異論) 제기도 용납하지 않는 완벽한 통제에 대한 반동이나 다름없는 양명학의 도입, 송·명의 이학을 버리는 복고(復古) 운동인 청대(淸代)의 훈고고증학(訓詁考證學)의 도입과 함께 현실 정책으로 나타난다고 말한다. 양명학·훈고학이 사상의 해방을 가져왔다면 임진왜란 이래로 피폐된, 후생(厚生) 정책이 이이·유성룡·조헌·김육과 같은 현직자들에 의해서 개혁을 도모하고 재야 계층에서 실학의 조종(祖宗), 유형원(柳馨遠)과 그의 후계자 이익(李瀷), 북학(北學)의 이수광(李晬光), 홍대용(洪大容)·박지원(朴趾源)·박제가(朴齊家)·이덕무(李德懋)·유득공(柳得恭) 들과 정약용(丁若鏞)들에 의해서 탁월하게 체계화된다.

또한 북경을 통한 천주교와 자연과학의 북학이 고증학적인 경학·국학·금석학에 크게 자극한다.

이런 실학운동의 과정에서 천관우는《조선 후기 실학의 개념》에서 조선 후기 3세기를 실학의 준비기, 붕아기, 전성기로 분석한다. 특히 그는 실학을 자유성, 과학성, 현실성으로 구체화시켜서 실학의 사상적 해방, 경험적 · 실증적 태도, 현실적 생명 지향성으로 특징 짓고 실심(實心) · 실학(實學) · 실사(實事)라는 기존 개념을 거기에 각각 용해시키고 있다.

이러한 실학 체계를 형성시킨 실학자 계층이 실학운동에 참가한 동기를 알아볼 필요가 있다. 동기나 원인이 반드시 어떤 일에 대한 결정적인 해답은 아니지만 그것이 절실하냐 그렇지 않으냐에 따라서 일을 이루는 조건이 된다. 실학 지식인들에게는 이러한 전기적(傳記的) 절실성을 그들의 신분에서 이미 갖추고 있다. 이를테면 그들이 살고 있는 시대에 안일할 수 없는 비극적 자각이 아직 신분 사회가 해체되지 않는 사회에서 가능했던 것이다.

여기에 그들을 전반적으로 망라할 수 없지만, 가령 홍이섭(洪以燮)이 《실학의 남인학파적 계보론》에서 '우리 근세 사상사의 체계화에 있어 막연한 추상 또는 전일(前日)의 관념적인 서술을 따지지 않고…… 추종한다면 근세 사상의 역사적 이해에 있어 수계(受繼) 관계가 불명한 데서 그 구축 기반의 취약성을 면치 못할 것이다'라고 한 것처럼 실학에 참가한 실학 지식인들을 이해하는 기본 작업이 된다.

첫째, 그들 가운데는 서얼 출신의 음습한 신분적 조건에서 자라난 사람이 있다. 이덕무, 유득공, 박제가, 이가환 들이 그렇다. 그들은 세종 시대의 집현전과 맞먹는 정조시대의 규장각(奎章閣) 그룹들이다. 실학의 최종 목표인 노비 해방에는 이르지 않고 정도전의 악법 제도인 서얼 출신의 오랜 관직 임용 금제가 그때에야 풀려나서 영정문화(英正文化)에 참가할 수 있었던 것이다.

그러나 그들의 생득관념(生得觀念)이나 의식 형성에 있어서 깊이 뿌리 박힌 현실 · 비관적 심리가 크게 작용했을 것이다. 그것은 선조조 송익필이 서얼 출신으로서 그 제갈공명(諸葛孔明)적인 철학과 문학에도 불구하고 현실 밖에서 방랑 시인이 된 것을 보아도, 허균의 홍길동전이 그리고 있는 비정상적인 영웅 과정을 보더라도 얼마나 신분 사회의 천대를 받아왔는지를 알 경우 그들의 성장기를 서얼 출신이라는 장애가 그늘지게 한 것은 확실하다.

　그러한 조건이 만든 의식 구조 안에는 현실을 긍정적으로 수락하지 못하는 정신의 암면(暗面)이 자리잡는다. 그러므로 서얼의 비애는 곧 현실 부정적이며 현실 비판적인 의식을 전개시킨다. 이런 신분적 원죄의식이 지배 계급의 전횡과 상대적으로 백성의 곤핍에 대하여 누구보다도 절실한 판단이나 비판의 정당성으로 발전한다. 물론 우리는 권귀(權貴) 반열에서 변이자(變異者)가 나타나서 그가 속해 있던 상류사회에 대한 강한 반항을 보이는 예도 적지는 않다. 그러나 그런 현상보다 처음부터 한 시대를 우울하게 출발한 쪽이 현실을 개혁해야 할 피사체(被寫體)로 파악하는 변혁 의지를 더 깊게 이루는 것이다. 실학에 접근하는 방법이나 실학자를 이해하는 방법으로써 이런 관점은 악랄할지도 모른다. 그러나 바로 그런 서얼 출신이기 때문에 그 음습한 조건으로부터 현실이나 기존 권위에 대한 해석의 추진력을 얻을 수 있다.

　둘째, 그들은 취사(取士)의 혜택을 받지 못했다. 바로 그 때문에 실학이 재야에서 성숙한 것이다. 만약 유성룡, 조헌, 김육과 같은 현직 집권층에 있었다면 아마도 그들 역시 정책 디테일로서의 개혁으로 체제 유지의 기능밖에는 남기지 않았을 것이다.

　그들이 정치적으로 불우해서 박지원처럼 50세가 지나서야 그의 사대부 문벌이 현란한 것과는 반대로 치사한 외직 6품 벼슬이나 얻어진 사실이나 정치적 추방인 유배 생활이나 현실에 대한 희망을 포기한 정약용의 18년 귀양살이들이 지식인의 창조적 입장에 부응하는 체제 지양(止揚)으로 그들의 절실한 저술 생활을 가능케 한 것이다.

　그렇지 않고 그들이 권력 주변에 관료 지식인으로 편입되어 있었다면 그들의 창조적 인식에 필요한 원한이나 불만 또는 고독이 틈입하지 못한다. 실학의 체계가 완성된데에는 이런 소외자로서의 냉철한 자기 성찰이나 상황에 대한 진지한 탐구 조건이 불가결한 것이다. 정약용의 〈오학론(五學論)〉은 '……학문하는 방법은 다섯 가지인데 넓게 배우고(博學), 따져서 묻고(審問), 조심해서 생각하고(愼思), 명백하게 분변하고(明辨), 독실하게 실행하는(篤行)

것이었다. 오늘날 학문하는 자는 첫째로 넓게 배울 뿐이고 따져서 묻는 것 이하에는 마음을 쓰지 않는다'고 말하고 있다. 바로 이러한 심문, 신사, 명변…… 들이 없다면 그들의 실학은 불가능했을 것이다.

셋째, 실학 지식인(實學知識人)들의 거의가 남인 계열이다. 이른바 기하남인(畿下南人)이 곧 그들의 중심을 이룬다. 남한강 하류의 양평·여주 일대가 유형원의 연고지로서 그 지역이 이익, 정약용들의 실학 발생 지역이 된다. 그러므로 실학 제1조(祖), 제2조, 제3조의 유형원, 이익, 정약용이 다 이곳을 근거지로 출발한다.

그들은 그곳에서, 중앙 정치 집단을 지향하는 유적자(儒籍者)들이 과거(科擧)의 수단으로 주자학, 의리학, 문사학만이 발달하고 그밖의 중요한 유교기능이 지배자 중심의 정치로 인해서 개척되지 않는 현상을 서울 근거리 지역에서 보아 왔고 직접 피폐한 백성 사회를 체험한 것이다.

조선조 당쟁사는 동인 계열에서 나뉘어진 북인의 오랜 실각 기간을 보인다. 그것은 선조 말 정여립의 반란으로 이발(李潑), 이산해, 이이첨, 남이공, 홍여순 들이 도태된 이래 단기간의 집권을 지나면 광해군 왕대로부터 대원군 집권까지의 조선 후기를 완전히 지배 계층에서 국외자가 되어 버린다. 같은 동인의 뿌리인 남인 계열 역시 숙종 15년의 기사환국(己巳換局) 5년 집권 이외에는 숙종 초기부터 그 세력이 기울어지다가 완전히 현실로부터 제거된다.

여기에서 남인 세력은 오랜 초야의 낙백으로 집권의 야망이나 재기의 집념 따위는 거의 퇴화된 나머지 그들의 정치의식이 지하화(地下化)하게 된다. 다시 말하면 현실을 체념하는 대신 그 체념을 현실도피의 허무주의로 기화(氣化)시키지 않고 그들의 정신적 심층에서 응결시킨다. 그러므로 그들의 현실 비판이나 자기 성찰이 무섭게 심화될 수 있었다. 마치 그것은 조식이 사화 이후 은둔해서 위선적인 도학, 출세주의 도학을 격멸하고 자기 자신을 끝까지 자존심으로 지킨 것처럼 이러한 남인 계열의 정신사는 정치 권력으로부터 오랫동안 이탈된 것으로부터 도리어 그들을 계열 집단의 주체의식으로 성립시킨 것이다.

그러다가 채제공(蔡濟恭)의 집권으로 남인계 시파(時派)를 중심으로 한 남인 계열의 젊은 지식인이 갑작스럽게 임용되기 시작한다. 그러므로 그들의 주체의식이 현실을 한동안 획득함으로써 그들이 길러 온 모순 비판을 현실에 반영하기 시작한다.

그들의 실학이 주자학 이전의 공·맹 유교의 경학을 정통성으로 복귀하려 한 사실도 따지고 보면 이런 남인학파적 주체의식과 상관된다. 또한 현실을 혁신하고 구폐(救弊)하려는 경세치용(經世致用)의 이론 역시 그들이 하나의 재야적 고유성으로 만든 비판적 주체의식의 소산임에 틀림없다.

넷째, 그들은 대체로 연경(燕京)의 북학과 함께 들어온 천주교의 첫 신봉자들이다. 이것이야말로 정제두(鄭齊斗)가 주자학 천하에서 양명학(陽明學)을 주창한 모험 이상의 유교 체제에 대한 권위 부정이다. 물론 영·정조의 문치주의(文治主義)가 악형을 폐지하고 천주교의 이질 문화에 대해서 담담한 호기심을 가질 만큼 혹독한 탄압은 하지 않았기 때문에 그것이 지하 신앙으로 발아할 수 있었다.

또한 그들 초기 신자들은 천주를 군주에 유비하는 정도의 소박한 천주교 지식이기는 했지만 급격하게 그들의 종교의식이 발전함으로써 황사영(黃嗣永)과 같은 천주교 의존의 정치적 환상까지 만들게 된다.

남인 그룹이 왜 천주교와 쉽게 만날 수 있었는가에 대해서는 북학(北學) 지식인의 새로운 세계 인식과 동시적인 동기를 이룬다. 천주교는 서구의 과학 정신과 함께 조선 후기 사회의 내부 모순을 극복하는 혁명적인 사상으로 받아들여진다. 그것은 조선 봉건 사회의 신분·계급의 차이를 인정하지 않고 천주 아래의 평등을 주장하고 모든 사람이 천주의 아들이라는 사상 때문에 기존 주자학 정치사회의 신분적 모순에 제일의 적으로 대립할 근거가 되기 때문이다. 이 사상은 남인 실학에 있어서는 반봉건 사상의 핵심으로 발전한다. 그뿐 아니라 그들에게 이론 실천의 활력이 되는 것이다.

물론 영·정 시대라고 해서 '사교(邪敎) 탄압'이 없었던 것은 아니다. 그러나 그들 중심의 천주교가 복음·신앙으로 수축하건 형해화(形骸化)하건 그것은 탄압에 의한 잠정적 변모였을 뿐 실학과의 꾸준한 동질성을 발전시킨 것은 사실이다.

이벽(李蘗)·이가환·정약전(丁若詮)·정약종·정약용·이승훈(李承薰)·권철신(權哲身)·황사영 들이 남인 계열의 천주교 창설 지식인들이며, 그들은 천주교를 배척하는 남인 계열과 실학의 한쪽을 남인 계열의 천주교 창설 지식인들이며, 그들은 천주교를 배척하는 남인 계열과 실학의 한쪽을 담당해서 정약용 실학으로 귀결되는 것이다.

이상으로 우리는 실학 지식인들의 발생인(發生因)을 알아보았다. 여기에 덧붙일 것은 정조의 규장각 지식인이 남인사회에서 실학을 주도한 것은 집현전 지식인이 세종의 여러 업적과 사육신의 절의를 이룬 것과 유사한 점이다.

조선 후기 실학은 이런 발생 분위기로부터 그들의 방대한 실학체계 계보를 이룬다. '내 일찍이 유반계(柳磻溪)의 수록(隨錄)을 보며 그 규모가 굉원하여 누유(陋儒)는 감히 개구(開口)를 할 수 없을 정도라 진심으로 흠탄했다'고 유형원은 후계자 이익에 의해서 섬겨지고 '성옹(星翁 = 星湖李瀷)의 문자가 거의 백 권에 가깝습니다. 적이 생각건대 우리가 능히 천지의 큼과 일월의 밝은 줄을 알게 된 것이 모두 이 분의 힘이 아닙니까'라고 정약용은 그의 스승 이익을 편지에서 이렇게 섬기고 있다.

또한 정인보는 '선생 1인에 대한 연구는 곧 한국사의 연구요 한국 근대 사상의 연구요 조선의 심혼의 연구이며 전조선의 성쇠존멸에 관한 연구이다'라고 정약용을 말하고 있다.

그러나 유형원의 고고한 선비로서의 비타협, 이익의 재야의식, 정약종의 유배 20년과 귀향의 여생으로 실학을 완성한 사실들은 예나 이제나 현실과 지식인이 분리되지 않음에도 불구하고 지식인이 권력 장치 밖에 있어야 한다는 사실, 지식인이 권력 안으로 편성되면 그것은 이미 지식인으로서의 변질이 불가피하다는 사실을 전형으로 보이고 있다. 이것은 큰 교훈이다. 이러한 실학계보는 유형원을 이은 이익에 의한 경세치용학파와 박지원으로 대표되는 이용후생학파(利用厚生學派), 김정희(金正喜)들에 의해서 이루는 실사구시학파(實事求是學派)로 말해지기기도 하지만 유형원의 근본적이며 대승적인 경륜이나 이익의 포괄적인 실학 체계에 이은 정약용의 초대형 실학은 조선조 지식인의 마지막 승리를 뜻한다. 또한 그는 한국 정신사 위의 최고위에 자리잡는다. 역사는 이런 지성의 대완성을 완성의 의미와 최후의 의미를 함께 하는 조선 말기에 기록하고 있다. 그러나 그는 훨씬 더 최초의 의미로 출발한다. 도학이 권위 귀속의 사상일 때 실학은 현실개혁으로써의 자기 체험을 사상화한다. 정약용이 이황·이이의 주자학 실천 윤리를 집성하고 북학파에 접합되지만 그의 실천 철학은 성리학의 이단인 양명학의 입장을 강화한다. 여기에서 다산 사상의 대승화(大乘化)가 실현된다. 그는 자작시 〈술지(述志)〉를 즐겨 읊었다고 한다.

嗟哉我邦人　　辟如處襄中
三方繞圓海　　北方繚高崧
四體常舉曲　　氣志何由充
聖賢在萬里　　誰能豁此蒙
拳頭望人間　　見解情瞳朧
汲汲爲恭倣　　未暇揀精工
衆愚捧一癡　　嗜哈令共崇
未若檀君也　　質朴有古風

아아 우리 겨레여
마치 자루 속에 갇힌 것 같구나
삼면은 바다로 둘러싸이고
북방은 높은 산으로 가리웠으니

사지는 항상 오므라들고 굽혀져서
기개와 뜻을 어디에 편단 말인가

성현은 만리 저쪽에 있으련만
누가 능히 이 어둠을 열어 주나
고개 들어 세상을 바라보니
견문이 좁고 정이 흐릿하구나
남의 것 모방하기에 급급하고
제것을 갈고 닦을 겨를이 없었구나
백성들의 입에 자갈을 물리고
어리석은 것 하나만을 받들게 하네
차라리 단군 시대의 질박 고풍이 그립구나

이 시는 한 위대한 지식인이 그가 살고 있는 사회를 원초적으로 절망하는 비가인 것이다. 그리고 그것은 중세의 몽골 침략, 16세기 일본 침략으로 완전히 끊어진 한민족의 크기에 대한 향수를 불러일으킨다. 물론 정약용들의 실학을 오랫동안의 정권 담당자들의 타락을 반영하고 있기는 하지만 실학의 크기는 현실 한구석의 섬광(閃光)이 아니라 그러한 타락한 현실 표면까지 포괄하는 크기를 요구한다. 그러나 정약용이 그의 《목민심서(牧民心書)》를 해제(解題)하면서 목민하지 못하고 목민할 마음뿐이라고 개탄한 것은 실학 지식인을 넘어서 모든 지식인이 현실 개혁을 목적으로 삼을 때의 패배를 드러낸다. 특히 실학자들의 의식은 현실에 대한 행동을 전제하기 때문이다.

여기에 조선 후기 실학의 지성이 자리잡는다. 아마도 한국 역사상 실학자들만큼 '선비'로서 또는 지성으로서 전범(典範)을 이룬 지식인의 꼴은 없는 성싶다.

30. 백운(白雲) 방랑자와 청산 은자(靑山隱者)

지식인이란 여느 사람이 굶주리고 집 없이 헤맬 때, 그들이 절망할 때 그 절망에 또 하나의 절망을 가하는 사람들이다. 그것이 그 사회에 대한 강한 도덕적 책임으로 나타나기도 하고 그 반대로 자기를 세계에 내던져 버리는 허무주의에 빠져 버리기도 한다.

임진왜란 이래 조선 후기 사회는 폐허에서 그것을 경험하게 만들었다. 또한 그 폐허에서 모든 것을 시작해야 했다. 그러나 그러한 폐허의 이유를 가진 지식인들이 현실에서 더 이상 희망을 가지지 못하고 이탈하는 현상도 일어났다. 전쟁 이전이나 전쟁중에나 그리고 전쟁이 끝난 뒤의 시대들은 그 7년 동안의 침략을 크게 반성하지 못하고 권력 장악에만 지속적으로 사로잡힐 때 그곳으로부터 지식인의 사회적 망명이 누설되는 것이다.

그러나 그들은 현실로부터 아주 두절된 것은 아니다. 도리어 현실을 떠난 그들을 통해서 사회의 진실이 반영되고 한 시대 한 시대의 고민과 아픔이 진동하고 있다. 그 가운데는 유례없는 7년 전쟁에도 불구하고 직접적 상처 또는 공동의 민족적 고민을 가지지 않은 전습 사회의 소외자도 있기는 하나 대부분의 그런 지식인들은 전쟁으로 인하여 사실상 온갖 가치 체계가 해체되거나 변질되어 가는 과정의 산물이다.

거기에 빈민과 함께 살던 빈민 지식인 이지함(李之菡)의 한강 기슭 토정(土亭)이 있고 누구보다도 훌륭한 철학과 삶을 가진 송익필의 신분적 상해(傷害)로 인한 방랑이 있는 것이다. 그들은 일단 침략 자체에 대한 구국 의식도 일으키지 않고 그런 일조차 진세(塵世)의 일이라고 보게 된다. 전쟁이 분명한 실정(失政)이라면 그 실정의 원인이 무엇인가를 그들은 알고 있기 때문이다. 이지함의 은자적 삶이나 송익필의 방랑을 취락 사회의 야화(夜話)로만 해석해서는 안 된다. 그들로부터 무엇보다도 지식인의 특별한 울음을 발견해야 한다.

이런 방랑자와 은자의 지식인 계보는, 역사가 있고, 역사에 지식인이 개입된 이래 유리적선(流離謫仙)의 고대적 불행으로 궁극적 현세 초월에 도달하는 일로서 언제나 장식된다. 그러나 임진왜란과 함께, 아니 당쟁사와 함께 그런 소외 지식인은 격증한다.

송익필, 임제(林悌), 조수삼(趙秀三), 차좌일(車佐一) 그리고 정수동(鄭壽銅), 정만서(鄭萬瑞)에 이어서 조선 말기의 방랑자 김립(金笠)과 경허(鏡虛)가 방랑 지식인의 염세와 비분강개 또는 해학·우울의 계보를 이룬다. 그와 함께 동양 지식인의 대표적인 모형인 은자의 초세속(超世俗) 고독 체념의 긍지가 이지함을 비롯해서 허균(許筠)·박인로(朴仁老)·권필(權韠)·김천택(金天澤)·김수장(金壽長)·김엄(金儼)·김성기(金聖器)와 초의(草衣)에 이어서 왕석보(王錫輔)·김광석(金光錫) 들로 승계된다.

이들 가운데는 송익필·이지함·허균·임제·경허·정수동·김립 그리고 박인로·김천택·김수장 들과 같은 큰 사상가나 시인도 있지만 이러한 사람과 함께 헤아릴 수 없는 이산(離散)의 선비들이 망라되어야 그들의 윤곽을 잡을 수 있다. 그것은 유교 사림의 풍습이 언제나 사랑(舍廊)을 두고 거기에 문인묵객(文人墨客)의 나그네를 맞아들이는 일을 큰 자랑으로 여기므로 뚜렷한 목적이 없는 행려자(行旅者)가 사장(詞章)과 도학 담론의 지식을 가질 때는 당연히 그런 나그네길을 지향하는 것이다.

이런 방랑 지식인은 또한 그들을 맞는 은둔 지식인에게 여러 소식과 지역 사회의 유생(儒生)들의 이학(理學) 경향까지도 전달하는 매체가 되고 서로 시부(詩賦)를 지어 창화(唱和)함으로써 방랑자와 은자가 만나는 의미도 된다.

이런 풍속은 현실이 어수선할 때 더욱 발달하는 것이다. 정병욱은 이런 이산 계층의 지식인을 백운파(白雲派)라고 해서 관직 출세 계층을 청운파(靑雲派 : 靑雲의 뜻을 가진 자)에 대칭하고 있고 관직에 있다가 재야로 돌아와 흰구름과 함께 떠도는 과정의 불우한 국외자들을 청백운파(靑白雲派)라고 말한다. 송익필은 서얼 출신으로서 세원(世怨)을 적대자에게 돌리고 성혼(成渾)의 총애와 정철의 보호로 그의 우울한 삶이 유지된다. 그는 신분과 당쟁에 의해서 이산해, 이이 사이에서 고민하고 동인, 서인 사이에서 희생된 지식인이었다. 김시습, 남효온을 잇는 산림파(山林派)로서 그에게 모여드는 문하생과 함께 초야의 도학과 문장을 크게 떨친다. 김장생(金長生)·김집(金集)·정엽(鄭曄)·정홍명(鄭弘溟)·김반(金槃) 들이 그가 배출시킨 거유(巨儒)들이다. 서경덕·기대승에 이어서 이이·성혼과 함께 주기(主氣)철학의 대표자인 송익필은 그의 철학 때문에 신분의 현실 장애를 어느 정도 이겨낼 수 있었으나 '구봉 송익필 선생과 같이 학문이 높아 세상에서 대유(大儒)라고 하는 분이 끝내 포의(布衣)로 지낸 것은 나라를 위해서도 애석하다'는 후대의 지적대로 오랜 방랑과 기식자(寄食者)로 일관된 삶은 그러나 그의 문학에는 큰 바탕이 된다.

그런데 이러한 유랑 지식인의 행태를 반드시 사회의 모순에 반영해서 이해하려는 입장이 어느 경우 타당한 것은 아니다. 거기에는 송익필의 성격·의식 그리고 운명적인 현실 거절의 사상(事象)들이 지배하는 측면을 도외시하는 부당성이 있다.

임제(林悌)에게서 그러한 점이 더욱 노골적으로 드러난다. 그는 이렇다 할 스승이 없었으므로 속리산 수학(修學)을 제외하면 이항복의 글 그대로 '때로는 향가(香街)와 주사(酒肆)를 만랑(漫浪)함으로써 자적하고 때로는 비가(悲歌)하여 강개'하는 39세의 생애를 남긴다. 그의 성정은 호탕하다. 《중용(中庸)》8백독(讀)의 집념보다는 폭풍우도 무릅쓰고 제주도를 태연하게 건너간 사실이나 서도 병마사 벼슬로 황진이의 무덤을 찾아 황진이 비가를 읊고 관리가 기생을 시로 읊었다 해서 파직된 사실, 놀라운 즉흥시와 검술, 평양 기생 한우(寒雨)를 마지막으로 수많은 여자를 편력한 사실들이 그런 호탕함을 표시한다.

동서 당쟁이 시작되자 그는 양파에서 서로 끌어당기지만 끝내 불편부당(不偏不黨)으로 관직 10년을 끝으로 방랑이 시작된다. '10년 동안 글과 무술을 닦았으나 쓸 데가 없으며 이 생애는 자못 고기잡이나 초부에 맞는도다(書劍十年無用處　此生端合寄漁樵)'로 자탄하여 유언 '사해 제누이 제왕을 일컫지 않는 나라가 없는데 오직 우리 나라만 끝내 제왕을 일컫지 못하니 이같은 누방(陋邦)에 태어나서 죽는 것이 무엇이 아까우랴' 하고 '내가 죽거든 곡을 하지 말라'에 이르기까지 그는 고향 호남과 영남 그리고 여러 곳을 방랑으로 헤매었던 것이다. 그는 변방의 침략자보다 내부의 당쟁을 더 조정을 좀먹는 것이라고 《화사(花史)》에서 말한다.

임진왜란이 지나자 당쟁은 중앙 정계뿐 아니라 지방 각처에도 그 폐해가 미만한다. 그리하여 이중환(李重煥)의 《택리지(擇理志)》까지도 살 만한 곳을 당쟁의 폐해가 없는 곳, 서로 싸우지 않는 곳이어야 한다고 주장하기에 이른다. 차좌일은 당대의 문장 홍양호(洪良浩) · 윤사국(尹師國) · 정약용(丁若鏞) 들과의 시우로서 즉흥시 몇백 편을 한꺼번에 줄줄 뱉어냈으나 '세세생생 다시는 이 땅에 태어나기를 원치 않는다'고 울부짖고 술과 비탄의 시로 일생을 닫는다.

김립은 헌종 · 순조 · 철종 왕조의 대권력을 쥔 장동(莊洞) 김씨의 문벌에서 태어났다. 할아버지 김익순(金益淳)은 당대의 외척 김조순(金祖淳)과 한 항렬이며 그의 아버지 김안근(金安根)도 당대의 외척 김문근 · 김좌근과 열(列)이 같다. 김립 병연(炳淵) 역시 김병기 · 김병국 · 김병학 들과 동렬이다.

그러나 이런 외척 전횡에 항거한 홍경래의 서북 혁명이 일어나자 김립의 할아버지는 선천부사(宣川府使)로 전임되었다가 홍경래에게 투항한다. 그 때문에 김익순은 처형되고 그 일가도 파멸한다. 아들 김안근 역시 울분으로 급사한다. 김립은 이런 파멸의 가문에서 가복(家僕)의 고향 황해도 곡산으로 숨어 버린 홀어머니와 함께 어린 시절을 보내게 된다.

그가 과거의 장원을 누린 시제가 하필 할아버지 김익순의 불충(不忠) 비겁을 매도하는 것이다. 김립은 그가 할아버지인 줄도 모르고 그때까지 익힌 재능으로 도도한 탄핵시를 써서 과거 시험관들을 놀라게 했다. 그 무렵은 신분제도가 해체과정을 보이기 시작했으며 따라서 양반 인구가 기하급수적으로 격증하고 있었다. 과거 응시자가 엄청나게 불어났다. 유생응제시(儒生應製試)에 10만

238

명 이상이 응시할 때였다. 전시(殿試)에도 4, 5천명이 자격을 얻어 그 가운데서 겨우 10명이 급제하는 것이다. 이런 때 김병연은 장원 급제를 얻어낸다.

그러나 그는 어머니로부터 바로 그가 탄핵한 사람이 그의 할아버지임을 안다. 여기서부터 그의 극적인 비관, 방랑의 일생이 시작된다. 김병연이 하늘을 보지 않으려 삿갓을 쓰고 김삿갓이 된 것이다.

순조 14년의 흉년, 순조 20년의 홍수, 순조 32년의 콜레라 만연은 그러한 김립의 방랑 행각이 어떤 것이었나를 짐작하게 한다. 김립의 천박한 파격시(破格詩)의 즉흥은 일종의 가치 부정에서 만들어진 소산이다. 그가 과거 응시까지만 해도 정통적인 시법을 엄격하게 지켰다. 그러나 그의 깊은 비관은 시 자체에 대한 율격까지도 내던져 버린 희작(戲作)으로 농세(弄世)하기에 이른다.

그의 방랑권은 그렇다고 민중에 밀착한 것도 아니다. 전국 각처에 산재하는 문자 지식인 사회, 잔반(殘班)이나 영락한 퇴화 계층 또는 산승(山僧)들이 그의 수작에 얽혀진다. 그러므로 그의 의식은 불우하기는 하지만 양반의식이 자리잡고 있고 거기에서 생긴 즉흥의 재능으로 그러한 계층들을 곯려 주는 쾌감을 누린 것이다. 그가 양반을 매도한 것은 이런 계층에 대한 비난이다. 또한 그의 방랑도 쉬는 일 없이 철저히 떠도는 것이 아니고 서울의 한 연고자를 1년에, 2년만에 한 번씩 찾아가 쉬었다가 다시 행각하는 그런 작태였다.

그러나 한 시대가 만들어낸 방랑 지식인으로서 그만큼 방방 곡곡을 헤맨 자취를 남긴 유례는 찾을 수 없을 정도였다.

이와 함께 조선 말기의 선승(禪僧) 경허의 행장도 탁발하다. 그것은 운수납자(雲水衲子)의 경우 상투적인 행각이기도 하지만 그의 표일한 방랑은 다른 운수 행각과 다르다. 무엇보다도 그는 생사의 구경(究竟)을 체득하기 위해서 구름같이 모여드는 동학사 학승들의 강론을 중단하고 일체의 전적(典籍)을 불태워 버린 것이다. 혜월(慧月) 만공(滿空)과 같은 문인도 뿌리치고 저 혼자 비승비속(非僧非俗)으로 방랑하다가 압록강 기슭 강계(江界) 변경에 가서 불행·비천한 과부와 그의 아이들을 제것으로 하여 서당을 차려서 연명하다가 죽는다. 그의 교학과 그의 무수한 기태(奇態), 그의 선취(禪趣)들을 불교 종통(宗統)의 정계에 두기를 거절하고 이름 없는 야승으로 끝맺은 그의 동시대가 우울하고 혼란한 시대임을 반영하면서 그 자신의 파란곡절로 완료된다. 말하자면 어떤 혼란기에는 반드시 그 혼란과 함께 이런 파란만장의 편력을 이루고 있다. 김립이 민간 화제로 무한한 사랑을 받고 있는 것은 그런 시대의 진실이나 설득력을 그가 보이고 있기 때문이다.

이런 방랑 지식인들의 계보와 함께 은자들도 그런 설득력을 떨친다. 허균의 좌절된 생애, 박지원의 우울한 생애가 그들로 하여금 국문학이나 조선 후기 한문학을 기대하게 한 것, 정철이 유배지에서 감격하여 천상의 적선(謫仙)을 만남이라고 할 만큼 의연한 기개와 고절(高節)의 문학으로 일관한 은자 권필이나 김천택, 김성기의 업적들이 세속 이욕과 아집을 버린 청산(靑山)의 은거 생활로 가능한 것은 후기 재야 지식인의 실학과 함께 또 다른 중요성을 가지는 것이다.

이런 산재(散在)한 유교 지식인과 문학인들 이외에 우리는 추사(秋史)·소치(小痴)들과의 뜻깊은 교류로 이름난 다선(茶禪)·시선(詩禪)의 선승 초의(草衣)를 제외할 수 없다. 그와 백파(白坡) 사이의 선학 논쟁이나 다신전(茶神傳) 그리고 선시(禪詩)들은 이조 말의 최선의 정신의 일부분을 대표한다.

불가에서는 거기에 머무는 자를 청산이라 하고 지나가는 객승을 백운이라 한다. 공양(供養)에도 청산자리·백운자리가 따로 있다. 이로써 본다면 방랑자는 백운이며 은거자는 청산이다. 많은 산림(山林) 지식인이나 은자들이 이러한 청산에 속한다.

백운파나 청산파 지식인들이 현실의 구조적 모순을 극복하고 개혁하려는 적극성을 결여하고 현실을 방치한 것에 대해서 그것을 지향하는 실천 이론을 이룩한 실학이나 그것을 도전적으로 혁신하려는 삼정(三政) 부패에 대한 반란들이 보인 역사의 추진력은 더없이 바람직하다. 정약용이나 홍경래(洪景來)의 의식은 한 편으로 현실 도피 계층인 이들 백운파나 청산파에도 연장된다.

　다만 이들은 개인사적 자기소외를 중심으로 살면서 공공(公共)의 역사 가운데서 유실되었을 뿐이다. 그러나 이들 역시 조선 후기의 당쟁사와 권력 장악자 또는 외세의 충격과의 부도체(不導體)는 아니다. 자연이 그들에게 위안을 주는 동안 역사가 그들에게 의식의 승리를 주지 않은 것뿐이다.

31. 영정문화(英正文化)의 주역권

영조·정조의 시대는 근세사의 모든 이상과 불행을 집약하여 그것에 대한 하나의 해답으로서 영·정 문화를 이룩한다. 주자학 체제의 사문(斯文)·종사(宗社)에 의한 세도(世道) 획일주의가 전락하면서 여러 문화의 충격에 부딪치는 동안 다양한 문화권을 팽창시킨 것이다.

이런 다양하며 진지한 문화권은 크게 보아 실학권(實學圈)·관찬권(官撰圈)·벽위권(關衛圈)·서학권(西學圈) 문단 그리고 서화권(書畫圈)으로 망라된다.

영조의 탕평책이 성균관 입구에 탕평비를 세우고 정조는 그의 거실을 탕탕평평실(蕩蕩平平室)이라고 부를 만큼 영·정조 80년은 16세기 이래의 전란과 당쟁, 특히 17세기 말 이래의 노론·소론의 당쟁이 관직자 사회뿐 아니라 지역 지식인이나 민중 계층에 이르기까지 절망적으로 분열시킨 민족을 민족사적으로 결집시키고 민족문화를 발전시키고 조선조 제2의 문예부흥을 이룬다. 세종 연간의 위대한 문화를 이어서 비록 시련의 시대로나마 오랜 시간을 지난 완숙한 창조의식으로 그것은 가능했다.

임진왜란의 심각한 폐해는 이 땅의 모든 문물이나 사회 구조 자체에만 걸치지 않고 전후 시대의 의식에도 그대로 반영된다. 당쟁은 이러한 의식의 황폐화 현상과 밀접하다. 송시열은 이런 당쟁을 통해서 그 폐허 위에 그의 황량한 집념투성이의 임시적인 노론 정권을 세운 것이다. 그리하여 그들의 노론은 소론과 함께 왕실을 위요하여 정치 투쟁의 극한을 드러낸다. 왕권은 실지로 현실적 형이상학적 폐허의 당쟁에 의해서 좌우되는 일이 한두 번이 아니다. 심지어 영조 자신이 만든 사도세자의 비극도 그런 당쟁의 잔여 세력 때문이다.

여기에서 영조·정조는 자성록(自省錄)을 짓고 매일매일의 정사(政事)를 편년체로 써가는 일성록(日省錄)을 지어가면서 초당파적 거족 내각을 이루었다. 오랫동안 정치 사회에서 격리되었던 남인 계층까지도 관직에 흡수했다. 억울하게 숨은 인재를 조광조의 현량과에 방불한 탕평과·충량과를 신설, 거기에서 인재 위주로 뽑았다. 서얼 신분의 젊은 선비들도 규장각 검서(檢書)로 임명하고 서북 사람도 등용시켰다.

그러나 이러한 민족 단합의 문화정책은 그 단합이 정당화된 다음 영·정시대를 지나면 외척 독재정치로 급전하고 만다. 당쟁으로 인한 분열과 외척 일당의 수탈정치 사이에서 조선 왕조의 폐막에 대한 마지막 군주정치의 극치를 이루는 데 그치고 만다. 그럼에도 불구하고 영·정시대의 문화는 조선 건국과 망국 사이에서 민족의 지적(知的) 활력이 시련을 이겨내고 이룬 전정열(全情熱)의 소산이다. 그것이 영·정의 절실한 혁신정치에 의해서 발탁된 지식인들의 문화담당층을 이룬 문예부흥을 전개할 수 있었던 것이다.

그러나 이런 일은 영조·정조의 호문상고(好文尙古)의 정치가 직접 구상한 것이기는 하지만 일련의 문화개발 계획이 보수적인 문맥에서 갑작스럽게 실행된 것은 아니다. 그것은 전통적인 치적이기보다는 그럴 수밖에 없었던 사회의 여러 난관을 이겨내기 위해서 어쩔 수 없는 절실한 이론의 확대에 그 목적이 있다.

말하자면 유교 속의 도학공론화나 당쟁이론화를 지양하고 그 안의 격물사상(格物思想) 현실 구제 의식의 필요성이 무엇보다도 긴급했던 것이다. 이를테면 실학 없이는 살아남을 수 없으므로 이미 실학이 자생한 것이며 지배자도 그러한 실학 분위기를 도학정치의 완고한 누습에 접착시키기 시작한 것이다. 이런 사실을 도학을 벗어날 수 없는 왕실이나 그것을 벗어나야 한다고 주장하는 지식인이 거의 동시적으로 현실을 바라보면서 실감한 것이다. 어느 시대나 그 시대가 낳는 사상 또는 지성의 한 전형은 그 시대의 필요성 또는 그 시대의 고민이 반영된 것에 다름 아니다.

임진·정유왜란이나 그뒤의 호란(胡亂)으로 인한 국가 사회의 질서·재정 그리고 권위와 정통성들이 극도로 침해받았다. 거기다가 사회 자체의 혼란과 파멸은 임시적으로 꾸려나가기에는 너무나 방대한 중상(重傷)이었다. 농지의 황폐, 이농자로 인한 진전화(陳田化) 관리·토호들의 농토 은결(隱結)로 말미암아 농민의 영세화·부랑화와 함께 국가 재정의 피폐 역시 심각했다. 또한 그런 국가 재정의 기반을 이루는 평민계층이 신분사회의 동요에 의해서 양반이 되고 어느 때는 천속(賤屬)도 양반 반적(班籍)을 얻어내기도 한다. 홍경래의 반란이 이런 양반 질서의 해체 과정에서 있었던 사실도 주목된다. 이에 따라 서얼 출신의 지식인 계층에 누적된 불만이나 현실 부정도 큰 문제가 된다. 《홍길동전》,《춘향전》들이 전란 이후에 나오거나 영조시대에 나온 동기도 거기에 있는 성싶다.

조선사회의 질서는 신분제도에 의존한 것이다. 그 질서가 잃어버려질 때의 사회적 불안은 가속화한다. 바로 그 신분제도의 붕괴 과정은 당연히 국초(國初)와 같은 국유제에서 멀리 타락한 토지제도의 혼란을 따르게 한다. 영조가 즉위하자마자 부랴부랴 신풍(申灃)의 《농사집성(農事集成)》을 먼저 펴낸 것은 이런 사정에 부응한다.

여기에서 왕실 연구집단·왕실 편찬 기구들이 사회 문제에 대한 광범위한 이론과 실제 기능을 발달시키게 된 것이다. 그것은 선정(善政)이나 영주(英主)의 치적으로 설명되는 것 이상으로 그렇게 하지 않으면 국가가 현실적으로 완전히 해체될 단계에 있기 때문에 정치적 방치 행위를 막은 것뿐이라는 의미도 있다.

그러면 영정시대의 문화 주역으로 활동한 지식인들의 여러 계층을 알아보기로 한다. 먼저 실학권이다. 이 실학 지식인들에 대해서는 앞서 말한 바 있거니와 유형원·이익을 지나서 도시학파인 북학(北學)과 농촌학파인 근기학(近畿學) 또는 이익계열의 성호학파(星湖學派)와 박지원 계열의 연암학파(燕岩學派)들은 일부 벽위론자나 보수 정치가 이외에는 거의 영정시대의 지식인들을 포괄시키고 있다. 이익·홍대용·안정복(安鼎福)·박지원·박제가·정약전·정약용·이덕무·유득공·이규경(李圭景)·채제공(蔡濟恭)·서유거(徐有榘) 들이 여기에 속한다.

이와 함께 도학과 실학을 겸한 이원구(李元龜)·윤동규(尹東奎)·이이명(李頤命) 들이 또한 현실과 수구적(守舊的)인 이론을 제합시킨다.

한 실학권에 편입될 수 있지만 그와 달리 사찬문화(私纂文化)를 일으킨 지식인으로서 이중환(李重煥)의 《근대 인문지리》, 이긍익(李肯翊)의 《연려실기술(燃藜室記述)》이나 안정복(安鼎福)의 《동사강목(東史綱目)》, 천주교 비판의 《천학고(天學考)》·《천학문답》, 한치윤(韓致奫)의 《해동역사》와 지리학, 홍양호(洪良浩)의 《해동명장전(海東名將傳)》의 업적이 그들의 계층을 구성하고 있다.

관찬권(官撰圈)은 이러한 실학 지식인들과 그밖의 왕실 연구실이나 편찬 기구에 참가한 모든 관직자들이 망라된다. 여기서 《속오례의(續五禮儀)》,《속대전(續大典)》,《소학훈의(小學訓義)》,《속병장도설(續兵將圖說)》,《국조악장(國朝樂章)》에 이어 최대의 백과전서인 《동국문헌비고(東國文獻備考)》에 이어 정조시대의 《국조보감(國朝寶鑑)》,《동문휘고(同文彙考)》,《무예도보통지(武藝圖譜通志)》,《문원보불(文苑黼黻)》,《혜정연표(惠政年表)》,《규장전운(奎章全韻)》,《전운옥편(全韻玉篇)》,《오륜행실도(五倫行實圖)》 동국문헌비고를 보완한 《증정문헌비고(增訂文獻備考)》와 규장각을 대형화시킴으로써 관찬권의 지식인을 대형화시킨다.

이런 관찬권과 연결되면서 벽위권(闢衛圈)이 일어난다. 이는 외세의 충격에 의한 보수적 권위를 위한 전통주의 지식인들을 포괄한다. 노론의 이광좌(李光佐), 안정복, 서학변(西學辨)의 신후담(愼後聃), 호락논쟁(湖洛論爭)의 한원진(韓元震), 낙론(洛論)의 이재(李縡), 주기론의 임성주(任聖周), 오희상(吳熙相)이 그 뒤의 기정진(奇正鎭)에 이른다.

한편 실학권이나 관찬권·벽위권 밖에서 사찬(私纂)이나 소외 지식인의 업적으로 이광사(李匡師)의 《동국악부(東國樂府)》와 역사 가요, 이인겸의 《일동장유가(日東壯遊歌)》, 김천택의 《청구영언(靑丘永言)》, 김수장의 《해동가요》, 김성기(金聖器)·이언진(李彦瑱)·차좌일·천수경(千壽慶)·조수삼(趙秀三)·왕석보(王

錫輔) 들의 시와 초의(草衣)들이 그들의 위에 신위(申緯)의 커다란 시서화(詩書畫) 삼절(三絕)과 윤선도의 주위에 자리잡는다. 신위와 윤선도는 아마도 조선 후기 최대의 시인인 듯하다.

이런 일과 함께 《훈민정음도해》로 한글을 재인식시킨 신경준(申景濬), 《삼운성휘(三韻聲彙)》의 홍계희(洪啓禧) 그리고 숙종 초기 최석정(崔錫鼎)의 《경세정운(經世正韻)》을 잇는 《언문지(諺文志)》의 유희(柳僖) 들을 비롯한 국어학 그룹이 독립되고 있다.

여기에 정선(鄭敾)을 필두로 신윤복(申潤福)·김홍도(金弘道)·김득신(金得臣)·심사정(沈師正)·이인문(李寅文)과 서예의 대가 김정희(金正喜)가 있다. 또한 판소리의 권삼득(權三得)·우평숙(禹平淑)이 서민의 애환을 대표하는 연예를 주도한다.

이런 계층과 달리 잇단 사옥(邪獄)의 처형에 부딪치면서도 천주교를 이 땅에 개창한 이승훈·황사영·정약전·정약종·이벽(李蘗)·이가환(李家煥)·권철신(權哲身)·권일신(權日身) 형제들이 유교의 통치이념으로부터 새로운 질서이념을 찾는 천주교 개척 지식인 집단을 이룬다.

이상으로 우리는 영정문화의 주역이 남긴 열정과 고민 그리고 충격의 세력을 돌아다보았다. 그들을 통해서 한국 근대사의 개막을 예시할 수 있으나 그럴 경우를 승인한 뒤에는, 그들은 일본 침략과 북호(北胡)의 만행, 당쟁들로 인해서 폐허가 된 조선 후기의 현실에서 자기 자신을 건설한다는 커다란 운동이 표현된 사실이 또한 중요하다. 그들을 재건의 지식인이냐 근대 선각의 지식인이냐를 따지는 관점은 그 관점의 주제에 따라 다를 수도 있으나 봉건시대와 근대 전야에서 다같이 창조적이었다는 사실 어느 쪽에 대해서도 방치될 수 없는 민족 지성의 자기 전개라는 사실은 틀림없다.

32. 유배지의 자기완성

정치사는 그것이 어느 고장의 정치사든 정치적 추방 및 격리를 서술하지 않으면 안 된다. 고대 중국의 서경(書經)에도 그런 유배형의 추방이 보인다. 〈초사(楚辭)〉 이소(離騷)에도 요왕(堯王)의 신하 곤(鯀)이 치수(治水)를 잘못했다 하여 우산(羽山) 벌판에 유배 안치된 것이 노래되고 있다.

고조선 시대나 고대사회 역시 이런 자유형으로서의 유배 행형(行刑)은 적지않았다. 그러나 그들은 부족장 회의에서 결의하는 것이므로 그것이 기록으로 남는 일은 있기 어렵다. 삼국시대에도 일찍부터 중국의 관제·법제를 수입, 정비한 백제는 좌평(佐平) 직속의 사구부(司寇部)에서 사(死)·유(流)·도(徒 : 錮)의 형제(刑制)와 배상제(賠償制)가 있었다. 신라 역시 고구려 상가(相加) 회의처럼 화백회의에서 형을 결정하다가 당제를 수입한 것 같다. 고려의 고려율(高麗律)은 중세 전제왕국으로 그 전제(專制)로서의 형제가 발달한다. 고려 말기는 수·당의 5형제도를 참작하여 사형―교(絞)·참(斬)의 2급과 유형―2천리· 2천5백리·3천리의 3급, 태형(笞刑)―10장(杖)부터 50장까지의 5급이 시행되고 조선시대는 자자형(刺字刑), 낙형(烙刑) 등의 가혹한 형벌이 발달했다. 고려의 유배형과 조선의 즉흥적이고 상투적인 유형은 거기에 지식인의 정치적·사회적 수난을 대칭하고 있다.

고려 의종이나 정서(鄭敍), 14세기 말의 백이정 그뒤로 이색· 정몽주·정도전들이 유배 과정을 밟는다. 고려 정치사회의 추방자들이 유배된 일과 함께 이러한 추방·격리의 형벌은 조선에 이르러서 주자학 전제 기능으로 빈번해진다. 어떤 의미에서는 유배 체험이 없는 조선 사대부 및 사족은 지식인의 경력이나 조건을 미비하고 있다고 말할 만하다.

그만큼 유배자들은 그들의 정치 기능이나 정치적 주장이 타자와의 갈등에서 반영되어야 하기도 했다.

유배는 사사(賜死)나 다른 사형보다는 경형(輕刑)이다. 그러나 그것이 지식인의 경우 이제까지 경험하지 못한 절망·고독·빈궁을 맛보게 됨으로써 지성(知性)의 고난 가운데 지식인을 그들의 사회로부터 고립시키는 충격을 만난다. 물론 유배는 원격지(遠隔地) 유배, 악지(惡地) 유배와 특별한 배려에 의한 선지(善地) 안치나 단기 유배로 해배(解配) 조치가 이루어지는 여러 경우가 있다.

그 가운데는 유배 안치되었다가 바로 사사를 시키는 일도 있고, 유배지에서 숨을 거두는 일도 있다. 유배야말로 그런 사람들에게는 아무것도 기대되지 않는 죽음과 다를 바 없다. 그러나 대부분의 유배자들에게는 유배가 정치적 관습인 것처럼 다시 갔다 돌아왔다 하는 일도 많다. 그러므로 조선조 유배 지식인들은 그들의 정치 생활의 한 부분으로서 유배를 받아들이는 일도 없지 않았다. 거기서 놀라울 만한 명문으로 경륜이 담긴 상소문 하나로도 해배·재등용·영전되는 일도 있는 것이다.

황희(黃喜) 같은 사람도 비록 그의 극노모(極老母)를 모시고 유배된 사실이 있다면 그밖의 사대부에게는 정치의 다른 기회를 위해서 도리어 유배를 자청할 정도로 그것의 필요성도 있었던 것이다.

그러나 그렇지 않은 유배의 경우 그것은 현실의 집착을 거세당하고 아무런 희망과도 연결되지 못하게 하는 극단의 절망을 만들어 준다. 이제는 죽는 일이 그들의 미래에 있을 뿐이라는 자기상실을 실감하게 된다. 그들의 비분강개한 절망·낙백은 어떤 것으로도 대치될 수 없게 암담하다.

이런 지식인들의 유배는 이른바 형사 처분에 의한 배(配)·적(謫)·찬(竄)·천(遷) 따위가 아니라 권력투쟁이나 정치이론의 상극 또는 왕의 미움이나 불신임에 의해서 그때그때 배척되어 방치·유폐되는 사건이며 왕족 사대부들은 대체로 위리안치의 유폐가 많다.

대부분의 유배자들은 이런 정치적 임시 조치에 의한 즉결 추방이 곧 풀리리라는 예측과 함께 처음으로 활동 무대를 박탈당함으로써 변경의 극한의식으로 절망한다. 유배지는 곧 사지(死地)라

248

고 생각되기 때문이다.

이들의 유배 생활에는 몇 가지 유형이 있다. 그러나 그런 유형은 유배 이전의 행태와 전혀 무관한 것이 아니다.

첫째, 그들은 비록 유배의 비운을 당할망정 누구보다도 군주에 대한 충성을 표현한다. 유배지 일대의 망경대(望京臺)나 연북정(戀北亭) 따위는 그런 유배자들이 왕궁을 향해서 변함 없는 충성의 회포를 풀던 흔적이다. 이런 충성 안에는 반드시 다시 군주의 부름이나 정치적 동료로부터 추천되기를 바라는 뜻이 들어 있다. 그러므로 이러한 충성의 표시는 특별한 뜻이기보다는 유배지에 기착한 유배자의 관례적인 감상이다. 다만 그런 충성은 그 자신의 억울한 바, 비분강개 없이는 지탱할 수 없는 바를 과장시켜 줌으로써 철저하게 소외당한 자신을 달랠 수 있다. 그러나 현역의 정치활동을 거세당한 그들에게 있어서 이런 충성심과 향수는 현지에서의 그들에게 그대로 특권화된 권위의식을 보유하게 만든다. 정서의 〈정과정곡(鄭瓜亭曲)〉이 보이는 인군(人君)에 대한 연모는 그가 다시 총애를 받는 행복과 권위에 대한 향수가 깔려 있다. 대부분의 군소 사대부들이 이런 유배지의 인격을 나타내고 있는 것이다. 고려 말기의 정몽주가 거제도에 원격지 유배를 당했을 때 그곳 섬의 선비들은 기침소리까지, 수저 잡는 손짓까지 정몽주를 닮기 시작했다는 전설은 그러한 유배자의 권위가 크게 작용한다. 그런 영향이 조선 초기의 재야 영남학파의 길재·김종직의 유교를 선행(先行)시켰다는 추측까지도 허용케 하고 있다.

둘째, 그러나 유배자는 그런 귀속(歸屬) 지향성보다 일단 유배지의 현실을 받아들임으로써 체념과 현지 적응의 희망을 만들어 낸다. 특히 원악지(遠惡地) 유배의 제주도 유배자들은 그들이 더 이상 조정으로 돌아갈 수 없는 중형(重刑) 정배의 위리안치(圍籬安置) 가극형(加棘刑)임을 누구보다도 잘 안다. 그럴 경우 현지 목사나 향리의 배려로 유폐되는 일은 겨우 모면할 경우도 없지 않아서 그 고장 젊은 학인들이나 촌인들과의 접촉이 가능하다. 제주도에서도 대정현(大靜縣) 위리안치가 아니라면 대체로 여막(廬

幕)과 주민 사이의 관계가 상례적이다.

그것은 조광조 혁신주의 동료이던 김정(金淨)의 제주도 생활 1년의 많은 업적이 가능했던 이유가 된다.

또한 한말 고종조에는 유형 행정이 형기(刑期) 중심으로 바뀌어서 종신형 3천 리, 15년형 2천5백 리, 10년형 2천 리로 구분되다가 그뒤에는 10등급형으로 세분하여 종신형부터 1년형까지 있었다. 대정현에 적거(謫居)한 김정희 역시 위리안치였으나 현지의 제한 지역의 자유를 누린 것이다.

이런 유배자들에게는 현지 학인들에게 그들의 완숙한 도학이나 경세이론을 논어·맹자·통감이 고작이었던 변방 지식 수준에 사서·오경·실학·서도·사장(詞章) 들의 경지를 터득케 했다. 그들이 유배지 주민들과의 동화(同化)를 통해서 수인(囚人)이기보다 교육자 또는 자기 완성자로서의 여러 성과를 남긴다.

누구보다도 단시일을 유배생활로 보낸 송시열(宋時烈)의 정력은 현지에 그의 종족을 적지않게 퍼뜨리기도 했다. 그것은 고려 멸망 이후 두문동 지식인들이 여기까지 흘러와서 여러 성받이를 퍼뜨린 것과 함께 제주도의 씨족 계보를 다채롭게 만든 것이다. 이런 유배자 망명자들은 현지야말로 그들이 여생을 살 수밖에 없다는 사실을 깊이 인식하고 있었다. 따라서 현지에 권위주의로 관계하기보다 현지와 화합함으로써 그들의 동화작용과 현지 주민이 그들로부터 받은 지식인적 자극이 만나면서 유배지 문화권을 이룰 수 있었던 것이다.

셋째, 유배자들은 유배생활을 그들의 창조적 공간으로 만든다. 현실에서 격리되었을 때 그 완전한 소외 상태에서 이제까지 체득하지 못한 현실의 여러 양태와 실질을 파악하게 되고 그러한 모순에 대한 전체적 극복 논리를 획득할 수 있다.

그리하여 유배생활을 서재생활로 바꿔서 깊은 연구에 몰입하거나 현실을 개혁할 이론을 제작하게 된다.

만약 그들이 관직의 행복만으로 살았다면 이런 창조적인 기회가 없이 한 관인으로 끝났을지도 모른다. 그러나 그들에서 닥쳐온 이러한 정치적·사회적 추방으로 말미암아 지식인은 무엇인가를 쓰는 사람이며 본질적으로 정치나 관변(官邊)에만 속하는 사람이 아니라는 체험을 할 수 있는 것이다.

강진적소(康津謫所)의 정약용이야말로 그러한 유배자의 자기완성을 대표하고 있다. 그는 그곳에서 다산산정(茶山山亭)의 장서 1천여 권에 파묻혀서 '……궁(窮)한 뒤에야 저서(著書)할 수 있음을 깨달았노라. ……극도로 총명한 선비가 극도의 곤궁한 경지에 빠진 뒤에서야 경서의 올바른 뜻을 알아낼 수 있으리라'의 체험으로 다산학(茶山學)을 완성한 것이다. 이것은 소동파가 유배생활로 점철된 후기를 통해서 그의 시부와 여러 명문을 남길 수 있었던 것 이상으로 유배문화의 최대 성과인 것이다.

고대 중국에 사마천이 있었다면 근세 조선 후기에 정약용이 있다는 자랑은 그들이 다같이 지식인의 고난을 정면으로 받아들여서 우리에게 크나큰 역사의 원천과 실학의 본분을 보였다는 것 이상으로 넓혀져야 한다.

이와 함께 유배자들은 그들이 유배지 사람을 교화시키고 그들과 혼재하면서 사는 일 이외에도 동지(同志) 지식인들과의 교류가 괄목할 만하다. 김정희의 경우 허소치(許小痴)·신위(申緯)·권돈인(權敦仁)·초의(草衣)·백파(白坡) 그리고 정약용에 대한 첨앙들로 유배 지식인의 화려한 교류를 나타낸다.

소치는 대정현까지 건너가서 김정희와 함께 지내다 돌아올 정도인 것이다.

원지유배(遠地流配)는 조선 초기까지만 해도 갑산부(甲山府)·북청부(北靑府)·영흥부(永興府)·초산부(楚山府)·강계부(江界府) 등에 그친다.

서울 근교의 교동(喬洞)은 왕족 유배였으며 그밖의 가벼운 선지(善地) 유배는 충주목(忠州牧), 상주목(尙州牧)이 고작이었다.

그러나 조선 후기에 접어들면서 유배는 변경이나 내륙에 비교될 수 없는 도배(島配)가 격증된다. 먼저 강화도, 영·호남 해안의 섬과 황해도 연안의 섬들이 많은 유배자를 받아들였다. 특히 다도 해 지방의 지도(智島)·치자도(稚子島)·흑산도·진도·녹도(鹿島)·김갑도(金甲島)·완도·고금도·추자도 들이 그것이다.

그러다가 한말의 제주도 유배는 1년에 1인 꼴로 장기 유형수들이 들이닥친다. 조선조 50인, 한말 50인의 유배 지식인은 정치적 격리대상이며 그밖의 유배자는 헤아릴 수 없이 많다. 김정(金淨)·송인수(宋麟壽)·김상헌(金尙憲)·정온(鄭蘊)·송시열의 제주 5현(賢)을 비롯하여 김순손(金舜孫)·홍유손(洪裕孫)·송상인(宋象仁)·이익(李瀷)·이건(李健)·신명규(申命圭)·김춘택(金春澤)·신임(申鉒)·임징하(任徵夏)·권진응(權震應)·임관주(任觀周)·김정희·최익현(崔益鉉)·김윤식(金允植) 들이 제주도의 유배생활을 확대시키고 있다.

이밖에 능주의 조광조(趙光祖), 갑산부 유배의 윤휴(尹鑴)들은 제주도의 김정과 함께 위리안치(圍籬安置)된 지 1년 이내에 사사 또는 사사 직전의 자진의 비극을 보여 주기도 한다. 허균의 함열(咸悅) 유배, 김만중의 선천배(宣川配)들도 그것이 당쟁 예송(禮訟)의 희생물이 된 당쟁 지식인의 고민을 표현하고 있다.

이와 같이 유배는 사대부 또는 사족 지식인에 대한 정치적 제거로 나타나지만 그것을 통해서 그들은 그들에게 엄습해 오는 실의와 싸우면서 유배문화의 결정적인 실현에 온몸을 던진다. 우리는 이런 유배자를 통해서 지식인이 현실로부터 좌절된 것은 많은 지식인의 희생과 함께 현실을 이상과 연결시킬 때의 문화적 승리에 이르는 것임을 깨닫는다. 지식인이 가진 이상이나 미래지향적인 이론은 현실에 대립되면서 동시에 그 현실에 충동을 준다. 그들은 현실을 잃어버림으로써 그들 자신이 바라고 있는 이상의 이론을 획득할 수 있었던 것이다. 그것이 조선조 역대를 지나면서 권력이 수기(數奇)한 유배자를 만들어 낸 진실이다.

제주도 유배 1년 동안에《제주풍토록》을 쓰고 예학과 불교까지도 제주도에 뿌리를 내리게 한 김정이 왕의 자진(自盡)명령을 받고 목을 매기 전에 다음과 같은 절명시(絕命詩)를 남겼다. 그것은 모든 유배자들의 심경을 집약한다.

자살한 굴원(屈原)의 〈초사(楚辭)〉풍의 시다.

投絶國兮作孤魂
遺慈母兮隔天倫
遺欺世兮隕余命
乘雲氣兮歷帝閽
從屈原兮高逍遙
長夜冥冥兮何時朝
耿炯丹衷兮埋華萊
堂堂壯志兮中道摧
嗚呼千秋萬才兮應我哀

절지(絶地)에 와 외로운 넋이 되는도다
멀리 어머니를 두고 가니 천륜도 어겼나니
이 세상 두고 이 목숨 끊어지나
저 세상에 가서 역대 상감의 문지기가 되리로다
또한 굴원을 따라 높게 소요하련만
기나긴 어둔 밤 언제나 아침이 되랴
일편단심의 충성 쑥밭에 파묻혔고
당당한 장부의 뜻 중도에 꺾였으니
오호라 천추만재가 내 슬픔을 알리라

33. 서원사회(書院社會)의 타락

백번이나 유교는 정치를 위한 정치철학이라 하지만 지식인이 정치사회에 대대적으로 뛰어들 때처럼 부패하는 정치사회도 없다. 아무리 주자학 정치체라 할지라도 그런 정치 권력에 대응하는 지성의 확립이 불가결하다.

조선 말기의 서원사회 지식인은 그런 정치 권력의 대수(對數)로서의 비판적 지성을 가지기는커녕 도리어 정치사회의 불나비 떼가 된 것이다.

이미 그들은 지식인이 아니다. 이욕과 아집 그리고 유교가 말하는 소인 집단에 지나지 않았다. 언로(言路)와 사기(士氣) 따위는 그들의 의식 안에서 당위가 될 수 없었다. 다만 그들은 권력과 간접적으로 연결됨으로써 그것이 권력을 폭력으로 사용하는 근거가 되고 있었던 것이다. 타락이나 악에서 가장 비참하게 그것에 사로잡히는 것이 지식인인지도 모른다.

지방 행정의 이서(吏胥)·아전(衙前)이 척족 권신과 이해관계로 얽혀져서 도리어 지방 장관이나 중앙 정치 담당자보다 백성에 대한 폐해가 극심했다. 이들에 호응하여 토호나 지방 산림(山林)의 서원 완유(頑儒)들이 양반사회를 권력화시키고 그들이 외척 권력과 연결되면서 지방의 수령 방백 따위는 묵살하는 특권을 누린다. 이들 토호와 서원 출입자의 대부분, 이른바 향반(鄕班)으로서 서울 양반사회 이상으로 지역 사회를 지배하는 것이다. 이들은 서울 양반 계층에서 낙향하여 지방의 연고 토지와 사전(私田)을 영위하고 서울의 정치 정세와도 격절되지 않는 상태다. 이와 함께 서울과는 아무런 관계도 없으면서 경제력이나 사회세력을 가진 토반(土班)이 포함된다.

그런데 이들의 공통점은 다같이 지역의 특권 계급으로서 관속 계층의 힘도 미치지 못하는 폭력으로 백성을 유린한다.

지방의 공공 기구인 서원·향교를 근거로 정부가 준 전지와 노비를 가지고 무위도식하면서 지방관·민에 대한 제도적 탄압을 일삼는다. 그들은 조정에서 집권자와 반대자가 정치 투쟁을 할 때 거기에 이용되는 사론(士論) 세력이 됨으로써 여론 조작의 압력 집단이 된다. 서울 양반의 세력에 악용되는 그들은 그 악덕의 배경을 가지고 지방 민중이나 말직자들을 거의 노예로 사용한다.

서울의 정치사회 역시 과장(科場)의 과거급제가 문벌이나 금력에 의해서 좌우되고 지방은 아전 관속이 양반으로 표변하며 양반 족보가 물질로 거래된다. 왕조 말기 양반이 전체 인구의 10분의 1이 되고 한일합방 당시에는 5분의 1이 된 것은 그러한 신분질서의 추악한 파탄을 드러내고 있다.

이런 사회에서 지방 서원의 아집 집단이 끼치는 작폐는 외척 세도정치의 부패 자체와 밀착되어서 아무런 시정 계획도 세울 수 없게 된다.

최남선(崔南善)의 《조선상식문답》은 대원군이 서원 철폐를 단행하여 전국 47개의 서원만 남기고 다 혁파하기 전에는 무려 6백 80개 서원이 전국 각지, 특히 삼남(三南) 지방의 토호·산림권을 이루었다고 전한다.

고대 당(唐)에서는 궁중의 도서 편수를 맡았던 서원이 송대는 한 지방의 갑부가 선비 학인들이 공부할 곳을 만든 것을 정부가 서원의 이름을 주고 관인(官認) 사학을 시작했다. 그런 서원의 몇 개 가운데서 백록동(白鹿洞) 서원은 주자가 백록동규(白鹿洞規)를 제정, 직접 제자들에게 강론함으로써 서원의 중요성이 생긴 것이다.

조선 중종 36년에 경상도 풍기 군수 주세붕이 소백산 기슭 백운동이 유학자 안유(安裕)의 고향임을 알고 거기에 사당을 세워 봄·가을로 향사(享祀)를 베풀고 지방 유생들이 공부하는 곳으로 만들었다. 이것이 조선조 서원의 첫걸음이다. 그 뒤로 이황이 풍기 군수로 부임하여 사영(私營)을 폐지하고 왕의 사액(賜額)을 걸고 농지와 노복을 붙여 관영으로 유생을 양성케 했다. 사서오경, 성리대전을 익혀서 선현을 경모하고 사림을 확립하는 이런 서원은 그 뒤로 경쟁 난립된다.

　그러나 이런 서원사회가 지역 지식인의 세력이나 여론의 핵심이 되자 당쟁이나 정치 투쟁의 집단으로 타락하여 본래의 목적으로부터 멀리 떨어져 버린다.

　송시열 향사의 서원이 36개나 되는 것이나 경상도 출신의 향사가 1천3백49명 가운데서 2백48명으로 으뜸이 되고 있는 것은 집권 세력과 서원이 얼마나 밀착되어 왔는가를 알려준다. 이미 당쟁 초기부터 허균의 비판대로 향교는 텅비고 서원만이 웅성거리면서 선현에 대한 경보는 온데간데없고 도당화하기 시작했다.

　그것이 오랜 당쟁사와 외척 전횡(專橫)의 시대를 지나온 뒤에는 얼마나 크게 확장된 특권계급으로 발전했는가는 물어볼 필요도 없다.

　대원군이 남긴 서원만 해도 근기지방 12개, 영남지방 14개로 그 이전의 서원 분포를 추정하고 있다.

　황현(黃玹)의 《매천야록(梅泉野錄)》 상권은 송시열의 사당인 화양동서원(華陽洞書院)의 폭행을 서술하고 있다. '서원의 책임을 맡은 자가 도내의 무단자제들을 이끌고 묵패(墨牌)로써 평민을 잡아다 때리는 일이 많았는데, 폐단이 많아서 그들을 가리켜 가죽을 뚫고 골수를 빨아먹는 남방의 좀이라고까지 불렀다. 그 이래 1백 년이 지나도록 이러한 행동에 대해서 수령들은 두려워서 감히 죄책을 묻지 못했다. (원문 생략)'라고 말한 것이 그것이다. 이런 일은 양반이 허술한 옷차림으로 가다 도적을 찾는 포졸 4명에게 검문을 당하자 집으로 가서 훔친 것과 훔친 공범자를 밝히겠다고 데리고 가서 하인배들에게 포졸들을 구타케 하고 두 눈알을 다 빼고 그 중의 1명에게만 외눈 한 개를 남겨서 세 소경 포졸을 데리고 돌아갔다는 다른 진술도 있다.

　대원군이 서원을 철폐한 개인적인 원한은 위의 화양동서원에서 유생들에게 모욕을 당했기 때문이기도 하지만 다시 《매천야록》은 서원 철폐를 전후해서 다음과 같이 말하고 있다. '서원의 설치는 처음에는 좋은 생각에서 시작된 것이다. 심경(心經＝般若心經이 아니라 宋의 眞西山의 經學書)과 근사록(近思錄＝朱子와 呂祖謙

의 共著)을 읽고 몸을 수양하던 사람도 변경에 변란이 있으면 자진해서 창을 메고 군대에 편입하는데 그 자손들이 많은 곡식을 쌓아두면 마음이 교활해지지 않을 수 없다. 붉고 푸른 장대한 가옥에 생뢰(牲牢)가 즐비하여 물질적으로 풍부한 것이 극에 이르면 변하는 것이니 그것은 진실한 이치이다. 서원을 철폐하라고 명령을 내린 것을 어찌 고칠 수 있을까마는 그것이 대원군에게서 나왔다는 것이 옳지 못하며 그래서 비난을 받는 것이다. 바야흐로 이때에 백성들은 별다른 일이 없었으나 비상지변을 당한 서원 내의 유생들은 하루아침에 상소를 올리고 미쳐서 날뛰며 반대하는 복합상소(伏閣上疏)가 연달았으니 양식 있는 이들의 비웃음을 받았다.'

서원사회가 폭력의 집단을 이루고 경향의 내외직이 부패하고 있을 때 백성은 굶주리고 빼앗기고 병들고 짓밟혀서 나라는 없고 세도만 있는 현실을 저주하기 시작한다. 순조 12년의 평안도 90만, 황해도 52만, 강원도 17만, 함경도 40만, 경기도 7만, 그 다음 해의 평안도 32만, 황해도 30만, 강원도 12만, 경상도 92만, 충청도 18만, 전라도 69만의 기민(飢民) 통계는 호족 서원 관속의 착취와 함께 민중을 도탄에 빠뜨린다.

대원군은 충청도 사대부만큼 나쁜 사대부가 없고 평안도 기생만큼 나쁜 기생이 없고 아전은 전주 아전만큼 나쁜 아전이 없다고 했지만 이런 사대부 계층이라 거기에 의존한 사류사회 또는 지방 말직자들은 하나같이 조선 말기의 지식인 사회가 가진 악덕을 총칭하고 있다.

지식인이 사회를 혼란과 절망으로부터 건져내는 논리를 가지기는커녕 그런 혼란과 절망 가운데서 그것을 더욱 조장하고 사회 현실에는 아랑곳하지 않은 채 자기 자신만의 영달이나 이욕에 사로잡힐 때 그것 자체가 혼란과 절망에 의해서 무너진다는 것을 깨닫지 못한 것은 크나큰 식자의 수치인 것이다.

실학은 세도정치에 무산되고 실학의 주역들이 사옥(邪獄)으로 제거된 공간은 민족과 나라를 우려하는 소수의 지성으로는 감당할 수 없다. 그것은 이미 지식인일 수 없는 지식인 사회의 타락이 지배하는 악과 불의의 세계인 것이다.

또한 이러한 절망의 시대를 통해서 그들이 어떤 계층보다도 더 악덕을 양산(量産)한 사실도 적발된다. 민중은 거지나 도둑이라도 된다. 그러나 지식인은 그들보다 얼마나 더 저주받을 행태를 보이고 있는가.

조선 말기의 서원사회가 이렇게 타락한 것은 민족의 의식 주체가 포기된 비극을 증명한다. 의식이 포기된 곳에서는 어떤 행동의 값도 발생하지 않는다. 몇 개의 배타적인 상소문밖에는 이런 행동을 전혀 피압박 계층의 농촌 지식인에 의해서 기대할 수밖에 없게 된 것이다. 거기에서 동학란의 의미가 황급하게 기울어져가는 시대가 등장한다.

34. 위정척사파(衞正斥邪派)와 개화문화인의 굴절

　만약 주리론―이항로의 심전주리설(心專主理說)이나 기정진의 유리철학(唯理哲學)―이 아니고 기(氣)의 철학이 한말의 보수 사상을 지배했다면 위정척사사상(衞正斥邪思想)의 동력이 그만큼 정통성의 주장으로 폭발할 수 있을지 의심스럽다.

　그것은 이항로(李恒老)·기정진(奇正鎭), 이진상(李震相) 들의 퇴계학파가 송시열의 기호학파 세력의 쇠미와 함께 대규모의 유교 지식인 사회를 자극했기 때문에 그런 것만은 아니다. 이(理)는 우주의 주(主)로서 기(氣)가 거기에 따르는 역(役)이 되면 우주 질서와 만사가 잘 다스려지고 반대로 이가 주가 되지 못하면 천하가 어지러워서 위태하다는 엄격한 주종(主從)주의 이아론(理我論)은 인간의 이와 금수의 이를 엄격하게 분별한다. 금수의 이는 화이론(華夷論)에서 북이(北夷＝金·淸)는 이적(夷狄)이나 왜(倭)는 서학과 함께 양적(洋狄)이므로 더욱 배척해야 주(主＝我·自存·自主)의 정통성이 위태롭지 않다는 척화의식으로 발전한다. 심지어 이적은 그래도 사람과 사귈 수 있지만 양적은 짐승이라 사귈 수 없다고 하는 이런 배척은 가혹할 정도로 우매하다.

　우리는 위정척사사상을 불교가 신라에 유입될 때 부족장 그룹이 그것을 배척한 사실로써도 설명할 수 있다. 그만큼 그것은 민족사 주체의 방위 의식을 보편화시킨다. 다만 조선 후기 서세동점(西勢東漸)의 충격에 의해서 천주교를 배척하고 민중철학의 동학까지도 '동학토비(東學土匪)'라고 배척하다가 일본 침략에 대한 위정척사 의병 운동으로까지 발전할 때 거기에는 조선 성리학의 가치체계에 대한 보수적 편집(偏執)이 발견된다.

　그러므로 조선 후기의 벽위론이나 한말의 위정척사운동은 다같이 주자학의 기능에 지나지 않는다. 실지로는 5백 년이지만 행이든 불행이든 국가사회의 근본을 이룬 정치철학이 위기를 의식했을 때 그 위기가 5백 년의 종사(宗社)와 사문(斯文)의 전통을 동요시키는 충격에 흐지부지 밀려날 수는 없는 것이다. 여기에 수구

(守舊) 지식인의 진실과 극우적(極右的) 배타주의가 있다.

이항로·기정진·이진상의 주리론 3대가의 위정척사운동이 이항로 계열의 유중교(柳重教)·김평묵(金平默)·최익현(崔益鉉)·양헌수(梁憲洙)·백난관(白樂寬)·홍재학(洪在鶴)·이항로의 아들 이준(李浚)·이복(李撲)과 임규직(任圭直)·박경수(朴慶壽)·유인석(柳麟錫)·김복한(金福漢)과 기우만(奇宇萬)·송병준(宋秉璿)·영남의 이만손(李萬孫)·만인소(萬人疎) 그룹과 곽종석(郭鍾錫)과 전우(田愚)·이인영(李麟榮)·허위(許蔿) 들이 끝내 을미의병 이후의 모든 창의집단(倡義集團)을 주도하는 것은 개화파의 화려한 좌절과 대조되면서 경국(傾國)의 고민과 위기 극복의 운동을 보여준다.

그러나 그들은 개화운동에 상대적인 경각심을 일으켜서 개화 지식인의 활동을 견제한 성과와는 달리 위정척사파나 개화 지식인이 다같이 일본이나 서구 세력에 대하여 무지몽매했다는 사실이다. 김옥균도 일본의 근대화 문물에 감명을 받고 그런 일본의 세력을 이용하여 고루한 한말 사회를 개방·개화하려고 했을 뿐 일본 침략정책의 복자(伏字)를 판독하지 못함으로써 갑신정변(甲申政變)이 실패한 뒤 일본 망명 생활에서 홀대(忽待)받게 된다.

이와 함께 척사파 역시 자존의식이나 자국의식으로 말해지고 이항로의 '임금을 섬기기를 아버지같이 하고 나라 사랑하기를 내 집같이 하라(愛君如父愛國如家)'의 화가위국(化家爲國) 충의사상과 존왕양이(尊王攘夷)의 춘추대의가 민족 주체의식으로 말해지지만 실지로 그들 유자(儒者)가 근대사 접변기의 한반도를 위요한 국제정세의 기상을, 특히 청조의 말기적 상황조차도 적확하게 알고 있지 못했던 것이다. 이러한 사실은 청의 도호부적(都護府的) 정치 간섭에 의한 엄청난 피해에 대해서는 자주의식을 발휘하지 않고 침묵으로 일관하여 오랜 기존 관계에만 천착하는 일이 된다. 이런 경우는 좀더 뒤에 이르면 3·1운동 직전에 윌슨의 민족자결주의 선언의 배후에 열강의 숨겨진 식민지 점거의 외교 전략을 모르고 3·1운동을 일으킨 사실에까지 이어진다. 제1차대전후의 세계 식민지 체제의 확대를 보면 그것을 알게 된다.

또한 척사파의 독선적인 우월감이 서구인의 출현, 서구 문물의 접촉을 짐승의 그것으로 여기는 최익현의 5난망(亂亡)이나 강화 조약에 대한 단호한 지부척화의상소(持斧斥和議上疏)의 5불가론(不可論)들은 그것의 감동 밖에서는 중화주의에 종속된 소화(小華)의 우월감을 바탕으로 하고 있다. 그것은 민족 자주의식이기보다는 존화주의의 한계를 드러내고 있다.

이러한 독선적 척화운동과 함께 한말 정권담당자들은 하멜이 잡혀왔을 때 그 표류 선원을 짐승으로 바라보던 안목에서 진화되지 않은 채 서구 세력을 짐승으로 파악하는 태도와는 달리 현실적으로는 그들에게 국가의 이권을 싸구려로 넘기거나 양도함으로써 청·일·러·미·영의 공동 식민지가 되어가고 있었을 때는 무능했다.

최근세사의 위정척사사상 및 그 운동에 대해서 우리는 절대 긍정적 또는 부정적 가치를 부여할 수 있으나 어느 쪽도 극단적으로 주장할 수 없는 난잡한 한계에 부딪친다. 이런 점에서 그것들은 간단하게 해석할 수 없다. 척사운동이 벽위론으로부터 발전한 역사 변동의 주체적 반응이라면 실학이 개화운동과 연결되는 측면도 중요한 것이다. 그러나 척화파의 존화의식은 청(淸)과의 주종 관계에도 불구하고 그것이 사회 전체의 활력으로 파급함에 따라 자기 주체로서의 민족을 확보하려는 자주의식으로 현실화한다.

거기에서 척사 지도자가 민중의 자발적 호응을 얻어서 유교가 예법으로 정착한 하층사회까지 척왜양창의(斥倭洋倡義)의 집단운동을 활발하게 만들 수 있었던 것이다. 아마도 이러한 위정척사권의 열정은 한말의 신임받을 수 없는 과도적 집권층이 외세에 무력한 것을 보상함으로써 민족의 실질을 표현하기 위하여 솟아난 것 같다.

사실상 조씨·김씨의 외척정치에 의해서 유교 종통은 송시열의 후계자 권상하(權尙夏)·한원진(韓元震)의 기호학파와 이상정(李

象靖)·이이·이황 계열의 영남학파가 재기하려 한 뒤 이항로·기정진·이진상 들이 한말의 유림을 이룰 때까지 극단적인 배척 행위가 없었다. 그것은 실학이 발흥하면서 상대적으로 퇴색한 것이다. 그러나 왜척정치의 전횡(專橫)시대에 성리학은 다시 한번 재구성된다.

말하자면 조선조 보수 도학은 사실상 이황·이이의 양대 계보가 정치의 표층에서 침몰한 것과 함께 정체되었다가 전혀 도학의 중심권 밖에서 이어진다. 장호근(張晧根)·김병학(金炳學)·홍순목(洪淳穆)·이용희(李容熙) 들이 겨우 집권층의 벽위·척사를 맡는 것이다. 여기에서 그들과 계열로 연결되지 않은 독학(篤學)의 권위로서 이항로·기정진 들이 퇴계학을 창조적으로 승계하고 영남의 이진상이 그들과 동조하여 곽종석들을 배출한 것은 퇴계학파의 중심지 도산서원이 속유(俗儒)와 폭력집단으로 주도된 것과 대조된다.

또한 이진상이 유치명(劉致明)과 같은 큰 스승을 섬긴 것과는 달리 이항로·기정진은 근기·호남에서 각각 이렇다 할 은문(恩門)도 사부(師傅)도 없이 홀로 일으킨 도학일 경우 거기에는 척사운동에 기본 활력이 되는 배타주의·독선주의가 갖춰질 만한 의지가 내재한다. 그들은 호락논쟁(湖洛論爭)에도 사실상 초연했다가 유교의 전통적 지성을 척사운동으로 고양하는 일을 유자의 본분으로써 추진한다. 그들의 도학은 선비가 궁중에 출입하는 것을 부당하다고 말할 만큼 엄격하였다.

그러한 춘추대의에 대한 신념이 의병운동에 이어져 식민지시대의 독립운동으로까지 발전함으로써 근대 민족의식의 원형을 이루어주는 것이다. 그것은 상해임정(上海臨政)이나 만주 독립운동이 기독교와 공산주의 대종교(大倧敎)에 침윤된 뒤에도 기본적 텐션을 이루었으므로 그대로 관류한다. 그러나 그것은 이미 주자학이 아니라 민족의 극한인 것이다.

주자학은 이학(理學)이면서 동시에 주자가례에 의한 엄격한 계율 교학이다. 계율은 금제(禁制)의 절대성을 표방한다. 바로 그

금제의 대상이 그것을 신봉하는 사람들의 배척을 받는 것이다. 개화운동이 개신유학(改新儒學)으로서의 실학에 이어지면서도 개국이나 개화운동 그리고 개화독립당을 통해서 이러한 척사파의 가차없는 탄핵을 받는 것도 위정척사론이 불교나 도교에서 일어난 것이라면 그렇게 준열하지 않았을 것이다. 5백 년의 소중화사상(小中華思想)은 단발령 직후 '이대로 두어서는 안 되겠다. 우리 나라에 오직 남아 있는 소중화마저 없어지겠다'고 개탄하여 기의(起義)한 최익현을 통해서 강렬하게 쏟아진다.

그러나 이런 위정척사권의 배척에도 불구하고 개화사상은 대원군 쇄국체제를 전후하여 줄기차게 솟아난 것이다. 그것은 척사운동이 당연하게도 말기 사림사회에서 시작된 것이라면 당연하게도 중인사회를 중심으로 그들의 민간적 자각과 양반사회 외곽의 정치의식에 바탕을 두고 확대된다.

개화운동의 출발점은 공경(公卿)·사대부 계층의 박규수(朴珪壽)라고 하는 것이 통설이나 그는 박지원의 손자이며, 박제가·최한기(崔漢綺)로부터 북학사상을 이어받는다. 그러므로 그가 김정희와 함께 조선 후기 실학의 도시 중심의 개화 논리를 체득한 것이다. 일단 유형원·이익·정약용의 실학체계는 혁신 이론으로 완성되었으나 영·정조를 지난 다음 잠적한다. 그로부터 현실적으로 계승될 수 있는 도시 중심의 북학사상이 박규수에 이르러 개화운동의 개막을 충동한다.

박규수의 제자 김정희, 김정희의 제자가 오경석(吳慶錫), 오경석의 동지가 유대치(柳大致)다. 여기에서 대원군·고종시대의 개화사상이 박규수를 원점으로 해서 오경석·유대치·이원회(李元會)·홍영식(洪英植)·민치상(閔致庠), 그리고 김홍집(金弘集)·김윤식(金允植)·어윤중(魚允中)의 조정 온건절충파와, 급진파 김옥균·박영효·서광범·서재필(徐載弼)과 신응희(申應熙)·이규완(李圭完)·윤경완(尹景完) 들의 소장 운동가 및 사관생도로 나뉘어진다. 박규수는 국가의 인재 양성에도 관심을 가져서 김옥균·박영효 들을 그의 사저로 불러들여 개화의식을 고취한다.

한편 척사권이나 집권층 중심의 북촌(北村) 개화권과는 달리 중인사회의 유대치가 오경석과 함께 김옥균·박영효를 비롯, 중인 출신의 이상적(李尙迪)·이용숙(李容肅)·이응준(李應俊)·김경수(金景遂)와 강위(姜緯)·탁정식(卓挺植)과 개화승 이동인(李東仁)의 출몰로 그의 광교(廣橋) 한약방은 불교에 의한 개화실천 방안이나 서구 문물에 대한 그칠 새 없는 토론·강론들을 베푼다. 특히 유대치는 김옥균을 개화 후계자로 삼고 그들의 동지적 결속으로 이동인·김옥균·박영효와 함께 생사 결의까지 하는 것이다. 유대치는 척족 수구파에게 이동인이 암살된 뒤 갑신정변과 함께 행방불명이 되는데 그도 살해당한 것 같다.

백의정승(白衣政丞)으로 불리는 그는 그만큼 학식과 경륜이 높고 민족의식이 강한 탁월한 불교 지식인이었다. 그들 급진적 개화 지식인들은 청나라의 양무운동과는 달리 일본의 개항에 큰 영향을 받고 형해화한 유교를 불교의 국익이론으로 대체하고 사회개혁을 유교 봉건체제 전복에 목적을 두는 급진주의로 전개한다.

그들에게 있어서는 무엇보다도 원세개(袁世凱)의 청으로부터의 구체적인 간섭과 탄압을 받는 것으로부터 나라를 해방시키는 일이 시급했다. 그리하여 김옥균들은 이미 연경(燕京) 북학의 서구 문물보다 일본의 명치유신에 의존한다. 그것은 김옥균이 박영효와 함께 수신사로 건너갔을 때 현지의 외국 공사들이 한국은 청의 주장대로 청의 속방(屬邦)인가 물었을때 김옥균은 단호하게 그것을 부인하고 민영익(閔泳翊)은 그의 척족과 청의 주종관계 때문에 그것을 수긍하여 서로 불화를 이룬 것으로도 짐작한다.

그러나 김옥균은 앞서 말한 것처럼 그의 일본 의존의 개화운동을 이용하려는 의도를 모르고 청이 안남에서 프랑스와의 대결에 여념이 없어서 한국에서의 청세가 퇴장하리라는 착각 때문에 그의 개화운동은 정치적 단계에 이르지 못한다. 갑신정변의 즉흥적인 좌절과 개화당 망명은 그런 정치 이전의 충동이 정치 현실을 극복하지 못한 패배인 것이다. 특히 그가 대원군의 힘을 이용하려고 한 것이나 민비와 민씨 척족의 힘을 제거하려고 한 과정에서 무계획성이 드러난다.

심지어 젊은 김옥균의 성급한 혁명 기질이 쉽사리 노출되어 미국 공사 푸트로부터 개화당 동지가 소수인 것, 시기가 아니므로 경솔하게 과격한 행동을 하지 말 것 등의 충고까지 받는다.

임오군란으로 일본의 세력을 꺾고 궁성과 조정을 탄압·지배하는 청과 친청(親淸) 사대당의 척족정치를 타도하기 위해서 김옥균·박영호는 몇 가지 쿠데타 계획을 내세우지만 결국 우정국 개설 피로연을 이용하기로 했다.

1884년 고종 21년 10월 미국공사, 영국 총영사, 청국 영사, 일본 대사 간부들이 초청되고, 사대주의 각료와 개화당 관리들이 합석한 이 우정국 개설기념 잔치는 민영익을 중상을 입히고 이어서 궁성 주위에서 사대주의 거물들 이조연(李祖淵)·윤태준(尹泰駿)·한규직(韓圭稷)· 민영목(閔泳穆)· 조영하(趙寧夏)·민태호(閔台鎬) 들을 참살하고 이른바 3일 천하의 혁신내각(革新內閣)을 조직한다.

1. 대원군은 돌아오게 하고 청에 조공을 폐지할 것
2. 문벌 폐지, 인민 평등의 권리를 부여, 인재 등용
3. 조세(租稅) 개혁으로 궁민(窮民)을 보호할 것
4. 내시부(內侍府) 폐지
5. 부패 악질 관리 엄벌
6. 백성의 고리채를 징수하지 않을 것

등의 14개 조항의 혁명 공약이 선포되고 그들은 그것으로 이 땅의 오랜 속방체제로부터의 결별, 민본주의, 관기 숙청, 경찰제도 개혁 등의 자주적 개화정치를 구현하려는 열정에 부풀었다.

그러나 청군의 궁성 난입으로 이런 개화당 혁명은 3일 만에 무산되고 사대주의 보수체제와 민중까지도 그들의 혁명을 타도하기에 이른다. 김옥균, 박영효 등 9명의 망명으로 인하여 개화당 청년동지 30여 명이 일가족 멸살의 박해를 당한다.

그리하여 다시 한말의 국내 상황은 양계초(梁啓初)가 말한 것처럼 청·일 두 나라의 것이 되고 거기에 러시아가 틈입하기 시작

한다.

갑신혁명의 좌절은 일단 자주적 개항을 불가능하게 만들었다. 또한 일방적인 침략 외교에 의해서 국가의 문호개방은 강제되었다. 아무런 대비도 없이 개화 또는 개국은 열강의 식민지적 과정을 거쳐서 일제 식민지로 끝장이 난다.

유대치·이동인·김옥균·박영효 들의 개화운동은 처음부터 일본의 세력을 배경으로 삼는다. 이동인이 일본을 왕래하여 김옥균들의 혁명을 자극한다. 갑신정변 쿠데타 암호가 '요로시(좋다)'라는 일본어 한 마디라는 것이 퍽 상징적이다. 만약 그들의 혁명이 성공해서 혁명 공약에서 주장한 내정 개혁으로 자주 국가를 만든다 하더라도 그것은 일본의 힘이 크게 예상된다. 우선 쿠데타가 일본군을 동원시킨 사실이나 쿠데타 직후 국가 재정이 없어서 일본의 돈을 구걸해야 할 형편이었다. 그렇다면 혁명정부가 실현되었다면 좀더 빨리 일제 식민지가 되었을 것이 틀림없다.

10년 뒤의 갑오경장이 김홍집 내각을 좌우한 일본의 힘으로 가능했다는 것도 갑신정변이 무엇인가를 알게 한다. 김옥균들이 망명한 뒤 그들을 매국노로 규정하고 오랜 시일을 걸려서 암살하려한 사실처럼 그들이 친일 매국노는 아니라 하더라도 어떤 의미에서 무능한 고종 정권의 각료들이 이등박문에게 굴복한 이완용, 박제순 일당과 결과적으로는 크게 다르지 않을 듯하다. 바로 이점이 개화 지식인에 대한 정치 실현자로서의 회의를 씻어낼 수 없게 한다.

그들은 청의 일반적인 군사적 탄압에 대하여 일본 세력으로 위안을 삼았다. 그리하여 이런 탄압·유린의 왕조가 얼마나 취약한가를 자각했다. 그런 자각은 또한 사대보수주의 정권의 취약성을 그들 자신이 개혁할 수 있다는 환상으로 전환된다. 20세 안팎으로 국왕을 만날 수 있었던 김옥균에게는 당장 이상적인 정부를 꿈꾸게 된 것이다.

또한 거기에는 노후한 사대권보다 훨씬 젊은 개화당 중인계층들이 양반·척족에 대한 정치적 반감이 작용했다. 이런 일련의 개화운동 배경은 너무나 즉흥적인 감정으로 메워져 있었던 것도 사실이다. 그들은 어떤 혁명이 혁명 자체로만 성공하지 않고 민중과의 일치, 오랜 혁명 가능성의 시간과 계획에 의한다는 사실에 앞서서 푸트 공사의 말대로 과격했을 뿐이다.

그러나 개화운동 자체는 최근세사에 있어서 불가결한 의미를 가지고 쇄국의 자기폐쇄를 개방하려는 민족의 고민을 대표하고 있다. 그러한 운동이 중인계층에서 주도된 사실은 천주교가 남인계층, 기독교가 서북 소외계층에서 점화된 사실과 함께 민간문화의 자생과 연결되는 한국 개항사의 동인(動因)이 된다.

갑신정변의 젊은 개화 지식인은 그들이 정권을 장악했거나 사실대로 놓쳤다 해도 똑같이 민족 정통성의 주제에 부응하지는 못했을 것이다. 왜냐하면 혁신이나 진보주의는 그것이 어느 정도 보수적인 과정을 밟아서 기존가치로 공인될 때 성공한다. 그런 과정을 개화독립당은 가질 기회가 없었다. 그리하여 이 땅의 자주적 개화운동은 갑신정변으로 망명한 서재필이 미국에서 돌아온 뒤 독립협회·만민공동회(萬民共同會) 따위가 그의 '독립신문'과 함께 민중 중심으로 전개되는 반성을 얻게 된다.

송건호(宋建鎬)는 《개항사론(開港史論)》에서 다음과 같이 말한다. 그는 독립협회나 만민공동회의 민중운동이 정치적으로 성공하지 못한 것을 개탄하면서 '독립협회·만민공동회 운동에서 제일 아쉽게 느껴지는 것은 무엇보다도 강렬한 리더십이었다. 갑신정변 때 이 나라를 근대화로 이끌고 갈 만한 정치역량 있는 젊은 엘리트가 거의 몰락하거나 죽어 없어지고 각성한 민중을 이끌고 나갈 만한 지도층이 빈곤했다. 갑신정변 때의 엘리트들은 모두 정치적이었으나 독립협회 지도층은 그렇지가 못했다. 서재필이 이 운동을 주도하기는 했으나 그는 이미 미국시민권을 가진 이른바 외신(外臣)으로서 그의 활동에는 한계가 있었고, 그밖에 윤치호(尹致昊)·이상재(李商在)·남궁억(南宮檍)은 교육자에 가깝고 종교가였으며 생명을 내걸고 운동에 헌신할 만한 인물이 없었다' 라고 말하면서 그때는 갑신정변의 상황과 달리 민중의 자각이 있

어서 그런 민중을 동원할 수 있는 상태였으며, 위정척사론 그룹의
젊은 지식인들이 거기에 호응한 상태, 이를테면 박은식(朴
殷植)·신채호(申采浩)·장지연(張志淵) 들이 독립협회 후기운
동에 헌신한 상태였는데 거기에 정치적 지도력이 없었던 사실을
지적한다.

이미 갑신정변 이후 한국 지식인은 사상의 시대를 지나서 행동
의 시대를 만난다. 거기서는 이기사칠(理氣四七)이나 기년설(朞年
說) 따위는 침전된다. 위정척사론과 많은 접왜(接倭) 납양(納洋)
들의 강화(講和)를 배척하는 척소들은 행동의 시대를 개막한다.
이와 함께 개화당의 혁명도 정치 중심권에서의 행동의 시대를 개
방한 것이다.

그들의 의식은 의식으로만 끝날 수 없다. 의식의 충진(充塡)은
반드시 행동을 낳는다. 여기에서 북학 계보의 도시 지식인인 개화
당 집단이 먼저 정치행동을 한 것은 일단 자연스럽다. 이러한 도
시 지식인의 개화운동과 함께 의병운동은 농촌 지식인과 민중에
의해서 폭발한다.

갑신정변으로 북학 계열의 정치 지망자들이 제거되고 척사파
선비들의 정치적 자각이 그뒤의 의병운동으로 발달할 때의 정치
사회에는 새로운 정치 가능성이 배양될 기회가 없었던 것이다. 여
기에서 우리는 위정척사론과 개화사상이 적대되지 않고 오도서기
(吾道西器)로 결합되었다면 약극화의 실패는 피할 수 있었다는 사
실을 가정한다. 그러나 그런 일이 독립협회·만민공동회 후기에야
가능했던 것이다. 이미 거기에는 정치로부터 격리된 사회운동밖
에는 없었고 그것이 고종의 왕실을 움직일 정도가 될 때 일본 세
력에 의해서 탄압당하고 만다. 그러나 이 운동은 일본 세력의 입
장에서는 김옥균들의 개화운동과 상반된다. 김옥균은 그가 정치
권력층의 체험을 했고 일본적 발상법에 의한 일본적인 의식과 일
본의존의 수단으로 개화체제를 달성하려 했다. 그런 점에서 이광
린(李光麟)이 지적한 것처럼 대부분의 개화사상가에게서조차 호
응을 받지 못한 것이다.

그가 독립협회나 만민공동회 운동까지 기다렸다면 그동안 그는 너무 황급하게 만들어진 개화 지성의 회의 과정이나 자기 성숙을 성취함으로써 개화를 개화의식과 운동을 통틀어서 완성했을지도 모른다. 우리는 식민지시대의 지식인이 식민지시대를 부정할 때에도 식민지시대의 분위기를 벗어나지 못하는 실례에서 김옥균의 일본적 개화의식이 아무리 봉건주의 사회 질서나 의식에 대한 혁명적인 도전이었다는 것, 전환기의 사회를 대변했다는 것이라는 김옥균론은 수긍하기 어렵다. 어떤 의미에서 그것은 척사파의 홍재학(洪在鶴)이 만언소(萬言疎)에서 '이승훈(李承薰)이나 이가환(李家煥)은 우리의 양이(洋夷)이고 예수는 서양의 양이이며 화방의질(花房義質＝일본 공사)은 일본의 양이'라고 말한 것이나 똑같이 비창조적이다. 왜냐하면 창조란 자발적인 주체에 의한 문화 획득이기 때문이다.

지식인의 정치적 판타지가 현실에 대한 인식을 강요할 때 거기에 드러난 혁신적인 지배자의식 때문에 김옥균·박영효 들의 지성이 유대치의 이성에도 불구하고 고립된 것이다. 그들은 유대치 문화를 너무 빨리 정치에 결부시켰기 때문에 개화 지성이 역사의 활력 주체로서 성립되지 못했다.

그렇다면 우리는 한말의 열강 특히 일본의 침략적 정책 밑에서 진행된 지식인의 위상을 어느 쪽에서 승인할 것인가. 조선 후기의 위대한 실학은 이제 더이상 어디에서도 기대할 수 없게 된다. 그렇다고 해서 민족 정통성 지지를 위한 일차적 위정척사론의 지식인들에게만 한말의 시련 전체를 맡겨 버릴 수도 없는 것이다.

이황의 종손 이만손을 대표 소두(疎頭)로 한 유림 만언소는 민씨 정권이 어떤 정책도 없이 열강의 입김에 조종되면서 그들 자신의 정권 유지에만 급급할 때 척사론도 개화론도 임시로 받아들이는 그 정권에 대한 적극적 비판이었다. 앞서 말한 홍재학이 강원도 유림을 대표해서 심지어 국왕까지 신랄하게 비판한 것이다.

그러나 이러한 상소(上疎) 지식인의 행동은 민비가 시해(弑害)되어 도막나고 단발령이 왕으로부터 대머리로 되면서 시행되자 위정척사파는 을미의병(乙未義兵)의 저항으로 급전한다. 물론 의병 창의 역시 상소 행위와 함께 병행되지만 이미 그때는 구체적으로 저항 대상이 일본이 된다는 사실, 서양 문물, 천주교, 일본 그리고 부패정권을 대상으로 삼던 다양한 저항 논리를 하나로 압축시킨 사실이 큰 폭발력을 발휘할 수 있었다. 거기에서 척사 지식인 계층은 민중이 필요했다. 그들이 민중에게 잠재된 동원 의지와 진실에 자극을 주었을 때 국가의 모든 고난이 결국 민중에게 돌아온다는 것을 안 민중의 자각이 행동으로 발전한 것이다. 이 점이 개화당이 민중 없이 혁명을 일으킨 귀족적 독선과 대조된다.

  최소한 양반이나 양민 상노도 단발령에는 똑같이 충격을 받는다. 이러한 공동의 충격 때문에 농촌 또는 재야 지식인의 권위와 민중의 자기 동일성이 부딪쳐서 그들이 짓밟히고 빼앗기고 억눌린 공간으로부터 일어선 것이다. 그것은 어떤 민란이나 반란보다도 일어서는 자랑을 그들에게 부여했다. '……선유사(宣諭使)가 사방으로 출동하여 군사로써 육박하여 비도(匪徒)라 지목하고 죽음으로써 위협하니 원통하고 원통하나이다'라고 유인석(柳麟錫)의 〈토왜소(討倭疎)〉는 말하고 있기는 하지만 그런 비도 비적떼라고 지칭하는 것은 일본 침략자나 친일 내각이지 왕의 뜻이나 사회의 뜻이 아님을 그들은 알고 있었다. 최익현·유인석·노응규(盧應奎)·기삼연(奇參衍)·기우만(奇宇萬)·김도현(金道鉉) 들의 을미의병 상소문의 그뒤로 국치의 자진상소(自盡上疏), 토적결(討賊訣), 청토오적소(請討五賊疎) 들의 조병세(趙秉世)·최익현·이남규(李南珪)·이설(李偰)·이상설(李相卨)·이승희(李承熙) 들과 함께 왕을 잃은 뒤의 여러 고문(告文)들은 곽종석·김복환·민영환(閔泳煥)·이석용(李錫庸) 들에 의해서 세계와 국내 각계 사회를 대상으로 하면서 벽위론→위정척사→의병→독립운동의 과정을 나타내고 있다.

  물론 이런 과정에 유교 지식인의 척사파 계보가 완전히 흡수된 것은 아니다. 그들의 비타협적 봉건의식은 현실의 여러 모순과 갈등에 대한 해결 없이 도리어 전환기를 역행(逆行)한 사실이나 일제의 지주회유책(地主懷柔策)에 흡수되어 일제시대의 지주계급으로서의 봉건 잔재를 이룬다.

그러나 의병운동은 임진·정유왜란의 7년 동안의 의병 전쟁을 전통으로 삼고 왜란 당시의 그것에는 버금하지 못하나 조헌·곽재우·서산·사명의 정신은 을미의병의 기우만·김복환·허위(許蔿)·노응규·권세연(權世淵)·이소응(李昭應)·민용호(閔龍鎬)·유진덕(兪鎭德)·유인석·이강년(李康秊)·이춘영(李春永)·안승우(安承禹)·김백선(金百善)·김하락(金河洛) 들이 계승하여 전국 각 지역에서 기의한다.

을사조약에 대한 의병운동 역시 관동의 원용팔(元容八), 경북의 정환직(鄭煥直)·정용기(鄭鏞基) 부자와 홍주의 민종식(閔宗植)·순창의 최익현, 영해의 신돌석(申乭石) 들이 구국의병 운동을 대표하고, 거기에 군대 해산으로 다수의 관군들이 의병에 참가한다.

여기에서 1910년 망국과 함께 의병운동은 만주로 이동함으로써 노령(露領)·연해주·동북만·북간도·남만 일대의 무장 독립운동, 유격전 그밖의 개개인의 의열투쟁으로 민족정기를 침략자와 국제사회에 떨친다.

나라를 잃은 다음 위정척사의 실천운동은 사실상 폐막된다. 거기에서 민족이 그 정통성의 계보를 이어주는 신념이 된다. 민족은 그때부터 개념이나 윤곽이 아니라 주자학 이상의 정신 체계가 된다. 그리하여 잃어버린 자국에 대한 항일전선은 다극화하여 만주·중국·미국으로 확산되면서 독립운동사로 발전·정리된다.

이러한 한말 대정황(大情況)의 풍운 가운데서 어떤 타자로부터도 침해받지 않으려는 역사 보존의 투쟁이 그 복잡다단한 상황의 복수로부터 민족이라는 단일 주제를 얻어내기까지 지식인의 시련과 고민이 얼마나 많이 동원되었는가에서 수구계층이나 개화계층의 진정한 이상은 합치되지 않으면 안 된다. 민족의 자주의식과 민족 사회의 근대적 개혁이 일치하지 못하는 비극에 대한 철학적 타협이다.

그러나 그것은 그들의 상반된 의식 출발점을 화석화(化石化)해서는 안 된다. 민족의식의 지성과 근대 지향적 지성이 처음부터 상충 관계로 발단한 것 자체에 한국 지성의 원초적인 자기 해석이 내재하기 때문이다.

아마도 이런 두 가지 양태의 편향은 근대사 전개에서도 그대로 일관되며 어떤 의미에서는 어느 현실에서도 그것들은 이 땅의 역사 조건의 원상(原像)으로서 지속되고 있을 것이다.

그렇다면 우리는 최근세사를 통해서 그들의 서로 다른 궤적은 아마도 조선 성리학이나 그것에 대응하는 실학 이전부터 민족사 전체의 보편 가치로서 두 가지의 문화 양태로 존재하는 것인지도 모른다.

이런 점에서는 임진왜란 직전의 동·서인 양쪽이 일본 시찰의 복명(復命)에서 상반된 인식을 한 사실이나 인조반정 때의 지식인이 주전(主戰)·주화(主和)로 갈라진 것 또는 북벌론과 현실론의 상반된 정론도 그러한 선례가 된다.

그뿐 아니라 고대사회가 새로운 문화를 받아들일 때마다 경험한 찬·반의 이론이 있어 온 것이다.

이러한 양극 관계가 민족사를 발전시켜 온 지성의 운동인지도 모른다. 그런 양극 운동이 역사가 가장 시련받을 때 최대한으로 확대된 것 가운데서 한말 척사론과 개화론이 놓여 있는 것이라고 할 수 있다.

그러므로 우리는 한말 지식인이 그들의 최선으로 표현한 이 두 가지의 행동을 분석할 때 거기에서 어느 편에도 강한 조명을 더 주지 않는 지성의 형평을 실현하지 않으면 안 된다. 고려 멸망 이후 지사형(志士型) 지식인의 소재를 역사가 담고 있다면 척사파 계보가 그것을 맡고 개화파가 그것을 보완한 것이다. 이러한 상호 대립에 의한 상호 보완 관계의 가치 설정은 위정척사사상에 기울어질 때의 보수 반동의 국수주의나 민족 공리주의의 위험이 따르고 개화사상과 그 운동에 사로잡힐 때 민족상실의 개방주의에 떨어질 요인이 생기기 때문에 더욱 중요하다. 다만 그것들이 다같이 민족사 과정의 창조적 대립 관계이며 그 때문에 민족사 안에서 민족이 살아 있는 사실을 우리는 확인하고 있다.

지성은 이러한 민족의 역사를 통해서만 모든 지적 노력의 패배를 지성의 승리로 귀속시킬 수 있다. 그런 힘이 곧 민족 안의 지성이다.

35. 천주교 순교자의 의미망(意味網)

불교나 유교는 상층의 종교로서 지배자의 이념과 그들이 달성하려는 정치적 목적에 대한 수단으로 발달했다. 말하자면 그것들은 정치 신앙으로 한국사를 담당했다. 그러나 천주교는 이러한 상층의 종교에 대한 최대의 반동으로 하층으로부터 시작한다. 불교의 미륵신앙이나 극락발원의 신앙이 없는 것도 아니고, 유교의 가례(家禮)가 민중의 추원보본(追遠報本)의 조상숭배열을 이룩한 것은 사실이지만 그것들은 지배문화에 예속된 현상이다. 이럴 경우 우리는 지나치게 지배계층과 민중의 간극을 주장할 우려도 없지 않다.

그러나 정치란 피지배자의 진실과 화해하는 일은 쉽지 않다. 그것은 이성계나 홍경래가 그들의 의지를 관철하기 위하여 민중을 동원하고 민중적 호응을 목적으로 하는 사탕발림의 구두선에 불과한 것이다.

이런 사실을 가장 잘 체험하면서 희생과 수난의 역사로 이룬 천주교가 하층의 현실에서 시작한다는 것은 마땅하다. 고려 시대 또는 조선 중기까지 한국엔 몇 번인가 그러한 천주교가 들어 올 뻔했으나 그것들은 주자학이 좀더 완강해진 다음 그 배척을 통해서 순교자의 피를 이 땅에 적신 다음에야 역사에 대한 정당한 질문으로 이 땅에 정착한다. 조선조 지식인 사회의 3대 당역(黨域) 서인·북인·남인 가운데서 이따금 행운의 정권에 접근하기도 했지만 가장 오랫동안 소외된 남인사회에서 그것이 자생된 것은 큰 의미를 던져준다.

그렇다. 한국 천주교는 자생한 것이다. 어떤 것을 받아들인다는 태도는 자생의 의지 없이는 굴욕적인 것이다. 한국 천주교의 첫걸음은 바로 이 점을 극복한다. 아무튼 바로 이런 사실이 남인사회의 오랜 현실비판 체험의 여지에 그들의 지하적(地下的) 형이상학의 특색으로 일관되고 있다.

그 당시로서는 사회의 표면에 알려져서는 안 되는 초기 기독교 지식인들은 천주교를 먼저 지식인의 대상으로 삼지 않을 수 없었다. 왜냐하면 그들은 기독교 문서를 통해서 그것에 귀의했기 때문이다. 또한 그것이 지배 계급이 아닌 한강 유역의 농촌에서 일어났기 때문에 농촌 지식인이나 하층사회의 신앙 구조를 형성한다.

처음부터 그들은 천주교를 믿지 않았다. 그들은 천주교를 지식인의 입장에서 토의하고 탐구한 다음 그것을 신봉하는 세대를 준비한다. 이런 점에서 세계 교회사상 자발적으로 신도가 생기고 교회가 생긴 일은 한국밖에 없다는 자랑보다 그것이 지성에 의해서 수용된 특수성을 강조할 필요가 있다. 서구 종교의 선교 활동 세력은 그것이 동방지역을 대상으로 삼을 경우 으레 군사적으로 침략한 다음 또 하나의 침략 행위로서 십자가를 가지고 들어오는 것이 상례였지만, 최소한 한국 천주교의 출발은 그와 반대인 것이다.

유교는 공론화(空論化)・당론화(黨論化)하고 민중은 도참설을 정치문화로 발전시켜서 그들의 항구적인 피압박 사회를 자위하는 미신이나 정감록에 사로잡혀 있을 때 이런 문화적 타락을 지적(知的) 중간 계층에서 천주교를 통하여 개혁하려는 변수(變數)를 얻은 일은 절실한 바 있다.

초기 천주교 지식인들은 실지로 주자학 예교(禮敎)보다 더 몸가짐이나 언행을 엄격하게 자계(自戒)했다. 남인사회가 가지는 현실부정적 비판의식은 동시에 자기자신에 대한 대내적 성찰을 자학에 가깝도록 추진한다. 그것이 남인적 지성의 쓸모없이 버려져 있던 측면이었다. 바로 그 자제력을 가진 지성에 의해서 침착하고 냉철하게 그리고 정밀한 불온(不穩)으로써 기독교 사상의 근간을 맞이한 것이다.

정통사회의 문맥에 이질적인 가치가 침윤될 때는 이러한 심연의 진실 없이는 그 현실 가치가 드러나지 않는다. 한강 기슭의 권철신・권일신・정약전・정약종・정약용 들과 이벽들이 그렇게 천주교의 섭리를 접촉하기 시작한다.

그 이전의 선조・광해・인조 3대의 이수광(李晬光)은 마테오

리치 신부가 쓴 《만국여도(萬國與圖)》《천주실의(天主實義)》를 읽는다. 그의 후손들이 그것을 믿게 된다. 또한 허균의 접촉을 지나서 남인사회의 이익이 제자 안정복과 천주교를 논의한다. 안정복의 사위 권일신이 믿고 이익의 제자 정씨 형제들이 그것을 믿게 된다. 거기에는 전도자가 온 일이 없다. 그들 자신이 기독교적 신념을 새로운 가치로 구성한 것이다.

안정복의 경우 천주학을 긍정적으로 접촉했으나 도학 쪽의 화(禍)를 배려하여 그의 사위 권일신의 천주교 신앙을 등지면서 천주교 비판의 논술을 남긴다. 이런 점은 정약전·정약용이 신유사옥(辛酉邪獄)의 악형에 못이겨서 천주교로부터 이탈, 배교선언(背敎宣言)을 하고 사형에서 유형으로 감등(減等)되어서 살아남는 일과 함께 불가피한 사정을 알려준다.

남인 천주교는 실학의 계보와 함께 그들의 인척 관계에 중심을 두고 번지기 시작한다. 안정복의 사위 권일신이 이벽의 매부이며, 이벽에게는 또 하나의 매부 정약전이 있다. 정약전은 이승훈의 매부이며 황사영이 정약전의 조카사위다. 정약전의 아우 정약종의 아들이 정하상(丁夏祥)이다. 또한 정약용 형제들의 외종이 전라도 진산(珍山)의 윤지충(尹持忠)이다. 이승훈은 이벽의 제자이며 이벽을 대세(代洗)한다. 또한 이익의 문인으로서 안정복과 함께 수학한 충청도 예산 홍유한(洪儒漢)이 있다. 정약전 삼형제의 외종인 윤지충의 외종 권상연(權尙然)이 윤지충과 함께 진산사건(珍山事件)의 순교자가 된다. 권상학(權相學)은 바로 권일신의 아들이다.

이러한 인척 관계의 신임을 통해서 천주교 초기의 형세는 정밀하게 이루어진 것이다. 그것은 대조적으로 마치 신유사옥 때 천주교도를 검거하는 오가작통법(五家作統法)의 민간조직과 유사한 대내적 결합과 외부에 대한 철저한 경계 때문이다.

그들의 이러한 신앙집단은 1777년 경기도 광주·여주 사이의 앵자산(鴬子山) 기슭 주어사(走魚寺)에서 만든 교회 연구회에서 구체화되었다. 그 이전은 여행이나 방문에 의해서 개별 접촉으로 교리를 토의한 것에 지나지 않는다. 그 교리 연구회에 김원성(金源星)·권상학·이총억(李寵億)과 함께 정약전·권철신 형제들이 참가하고 권철신이 지도하게 된다. 여기에 이벽이 1백리의 눈길을 걸어서 참가한다.

천국의 섭리, 영혼 불멸, 7악(惡)의 극복을 말하는 《천주실의》 《성리진전(性理眞詮)》 《칠극(七克)》 들의 서적을 연구하고 조석기도, 매월 7, 14, 21, 28일의 재계(齋戒) 묵상 수덕(修德)의 신행을 지속하기 시작한다.

이와 함께 충청도 예산 홍유한이 이익으로부터 천주교 서적을 얻어 읽고 그길로 소백산 기슭으로 들어가서 죽을 때까지 복음과 신앙으로 살았다.

정약전의 매부 이승훈도 서울에서 교도 3백 인을 망라한다. 이들은 한 덩어리의 교회 연구 집단이 되어 기본 학습 과정의 의문들을 풀기 위하여 교회 연구원을 북경에 보내기로 결의한다. 이승훈이 거기에 뽑혀서 북경의 파리 외방전교회(外邦傳敎會) 신부들과 필담(筆談)으로 교리를 배우고 귀국 직전에 예수회 그라몽 신부로부터 세례를 받는다. 그가 최초의 한국 세례교도 이승훈이다. 이승훈이 가지고 온 많은 서적과 성화(聖畵)·성물(聖物)을 이벽에게 넘겨준다. 이승훈이 이벽에게 대세(代洗)하고 권철신·권일신 형제에게 대세한다.

정약전 삼형제, 권철신 형제와 아들 그 인척들이 모인 남인 양반층과 서울의 중인계층 김범우(金範禹)·최인길(崔仁吉), 전주의 양반 유황검 형제, 김대건(金大建)이 태어난 충청도 내포의 상민 이단원(李端源)들이 조선 교회의 첫 구성원이 되고, 이승훈·이벽·권씨 형제·정씨 형제 들이 주도하여 김범우의 집에서 이벽을 임시 신부로 삼고 주일 행사를 시작한다. 이것이 명동 천주교회의 첫걸음이며 조선교회의 창설인 것이다.

그들의 교회 행동규범은 유교의 사제례(師弟禮)보다 더 엄격했다고 유홍렬(柳洪烈)은 말하고 있다. 이들의 활동이 중국인 신부 주문모(周文謨)가 입국하기까지 10년 동안 단속적인 박해를 받아가면서 김범우의 순교와 교세의 유동적인 확장이 병행된다. 이어서 정약용의 외종 윤지충과 권상연이 순교하고 권일신이 순교하기에 이른다. 그밖의 박해받은 교도들도 적지않아서 혹은 유배, 혹은 옥사의 비운을 만난다. 이러한 진산 사건의 희생 이후에 주문모가 비밀리에 입국한다.

그동안의 전교 활동이나 교회 발전은 남인 시파(時派) 채제공(蔡濟恭) 정권이 남인계층의 이런 서학을 어느 정도 묵인했기 때문에 가능했다. 그 정권이 바뀌자 이른바 신유사옥의 대박해를 일으켜 최창현(崔昌顯) · 최필공(崔必恭) · 이단원 · 이가환 · 이승훈 · 정약용 · 홍낙민(洪樂敏) · 권철신 · 정약종 · 강완숙(姜完淑) · 황사영(黃嗣永)들이 처형 또는 유배된다. 신부 주문모도 도망치다가 돌아와 의금부에 자수, 새남터에서 효수형으로 죽는다. 서울 이외에도 전주와 호서지방, 서해안 지방에서 잡혀 온 지방 교도는 2백여 명이 된다. 그리하여 신유사옥은 서울의 교도까지 합해서 3백여 명의 순교자를 내고 있다.

여기에서 조선교회의 주역들이 말살되고 아직 남은 그들의 자녀와 숨은 몇백 명의 교인이 박해를 면하여 산중으로 들어갔다. 그런 입산 신앙생활에 의해서 태백산을 타고 경상도 · 강원도의 교세가 이루어진 것이다. 그들은 황무지 개간으로 화전(火田)을 경작하고 옷도 입지 못하는 곤핍에서도 신앙을 심화시켜 나갈 수 있었다.

김조순의 세도정치가 시파(時派)를 중심으로 바뀌자 신대보(申大甫) · 권요안─권일신의 아들─들이 교회 재건을 도모한다. 다시 한번 대검거가 있어서 충청도 경상도 강원도에 걸쳐서 헤아릴 수 없는 순교자를 낸다.

이런 과정을 밟으면서 정하상의 7회 북경 왕복으로 신부 영입(迎入)에 진력한다. 그러나 교세가 번지면 번질수록 다시 박해를 만난다. 1827년 전국 5백여 명의 교인이 검거되었다가 몇 순교자를 내고 풀려난다.

기해사옥(己亥邪獄)은 신유사옥 이후의 대박해로서 프랑스 신부 2명과 200명의 순교자를 낸다. 그런 미증유의 희생을 지나면 김대건(金大建) 시대가 나타난다. 이때부터 프랑스 함대가 서해에 나타나면서 천주교 탄압이 국제 정치에 관련된다. 김대건의 극적인 순교 이후 외세는 한반도 서해안에서 점점 그 위력을 보인다. 이에 대한 김씨 정권은 외세에 자극을 주지 않기 위해서 국내외 천주교 탄압의 고삐를 늦춘다. 1855년의 천주교 인구가 1만4천 명을 육박하는 것도 그런 동안의 일이다. 그리하여 1866년 대원군의 천주교 숙청의 대옥(大獄)까지는 외국인 주교 신부들이 본격적인 교회 활동을 정착시킬 수 있었다.

대원군은 주교를 통해서 외세 방지를 꾀하기도 한 일이 있고, 특별히 천주교를 탄압할 계획은 없었다. 그러나 그는 경복궁 재건의 재정 때문에 주교의 재산을 빼앗으려 한 것과 유신들의 천주교 탄핵·음모로 한국 천주교사를 순교로 충당한 병인교난(丙寅敎難)이 일어난 것이다. 순교자 추정 1만 명의 희생이 신미양요(辛未洋擾) 때까지 계속되다가 1886년 한·불 수호조약으로 천주교 신교(信敎)가 우선 서울과 인천 등지에서 자유를 얻는다.

이상과 같은 천주교가 이 땅에 와서 교세 확장과 순교를 되풀이하면서 천주교라는 이질문화를 수용하는 과정은 어떤 의미에서 천주교가 요청하고 있는 그대로의 양상이다. 교세가 일어나면 박해가 있고 박해 뒤에 다시 교세가 이어진다. 이런 일이 지속되면서 천주 귀의의 절대주의 주제가 점점 극대화되면서 교회는 죽음의 역사를 누적하고 있는 것이다.

남인 지식인들의 현실부정적 가치관과 현실 개혁의 의지가 천주교와 해후함으로써 시작된 천주교는 실학이 유교로부터 기독교로 이행하는 변수를 보이고 있다. 그렇기 때문에 이조 말기의 천주교 지식인들은 이념으로서의 교회와 방법으로서의 서구 문명을 동시에 정착시킴으로써 유교의 형해화(形骸化)가 벽위론이나 위정척사사상으로 위기를 모면하는 자극을 준다.

또한 그들의 순교는 기독교 자체가 순교자의 종교임과 아울러 유교의 의리학이나 충의사상에서 비롯한 지사적지성(志士的知性)

을 그들의 순교 의지가 내포하고 있는 열정의 승리로 육화시킨 사
실이다. 그것은 최남선의 말을 빌면 고대 낭가(郎家)의 국가를 위
한 순국과 무관하지도 않다.

또한 천주교의 순교사는 사람의 평등사상을 사상이 아니라 실
천으로 표현한 것이다. 불교가 일체중생 개유불성(一切衆生皆有佛
性)이라 하여 심지어 개에게까지 불성을 인정하면서도 왕권의 자
문기관으로 신분사회를 강화하기에 여념이 없었던 사실, 민심이
천심이라는 유교사상이 귀천의 신분제로 피지배자를 도구화하고
중화에 대한 화이론으로 변방 사회를 오랑캐라 하며 심지어는 한
반도조차 동이(東夷) → 소중화(小中華)로 자청할 때 그러한 원초
적인 모순과 인류애가 없는 사회에서 천주교는 만민평등을 주장
하고 모든 사람이 귀천없이 사는 권리를 가지게 한 것이다.

명문 거족의 파멸도 불사하고 처녀가 결혼도 잊을 만큼 진지한
신앙, 천주교를 믿지 않겠다는 한 마디만 하면 석방되는데 '귀천
유무식 남녀노유 할 것 없이 하나도 구생(苟生)을 위하여 압박에
굴한 이가 없고 심지어 학어습보(學語習步)의 어린아이까지 부모
의 시신(屍身) 위에서 웃고 순교하는 사실'이나 '사형 선고를 받
은 채 몇 년 혹은 몇십 년의 구수(久囚) 노릇을 하되 무서운 고초
속에서 신앙이 더욱 견고하여 다른 죄수나 옥리(獄吏)까지 감화
입신(感化入信)케 한 예' 들은 천주교가 모든 사람들에게 평등권
을 부여했을 때 그 권리에 대한 자기 상환을 실현한 것이다.

여기에서 전통적인 지식인은 신분의식으로 민중을 위압한 것과
달리 남인 지식인들이 그들의 실학과 천주교를 통해서 자발적으
로 상층·하층의 평등사상을 온몸으로 실천한 실적이 드러난다.
18세기의 초기 천주교도 홍유한이 불쌍한 사람을 만나면 그 사람
을 타고 가던 말에 태우고 걸어가는 일이나 팔아버린 논이 수해로
망쳐지면 그 논값을 돌려줄 수 있었던 것도 이러한 천주교의 평등
·사랑의 힘이었다. 천주교는 이 땅의 오랜 모순, 아니 한국사가
시작될 때부터 시작된 모순을 신분 타파로써 사랑의 영역을 무한
대로 넓힌 역할로서도 위대하다.

또한 그것은 사람에게, 특히 지식인에게 죽음을 무서워하지 않는 지성을 이념과 신념에 끊임없이 공급한 것이다. 지식인이란 쓰는 사람이며 생각하고 비판하는 사람이다. 그러나 지식이란 궁극적으로 죽음을 무서워하지 않고 그 죽음에 의미를 부여할 수 있는 사람이어야 한다. 바로 이것을 역사 속의 여러 순교적 죽음과 함께 천주교가 극대화시킨 것이다.

역사는 죽음으로 구성된다. 그러나 사람의 진실이야말로 그런 역사 속의 죽음과 등가(等價)한 죽음으로 이루어진다. 순교는 살해당한 것이 아니라 죽음을 선택한 것이다. 그것은 한강 유역의 젊은 비판 지식인들이 천주교를 자생시킨 선택행위와도 깊이 관련되고 있다. 죽음 없는 지성, 죽음으로부터 도피한 지식인은 끝내 조선조 군소 기능자로밖에는 그 계보가 이어지지 않는다.

그러나 천주교 자체에만 그런 고귀한 순교의 의미를 흡수당할 수 없다. 다만 불교와 유교가 그것을 지속하지 않고 정체 분열되었을 때 바로 불교·유교의 많은 지식인들이 죽음을 걸고 외세와 싸운 일과 함께 역사에 필요한 제단을 천주교 순교자들이 맡은 것이다. 베드로 대성당의 한국 복자(福者) 1백 3위는 천주교의 것이며 동시에 이 땅의 역사의 것이다.

36. 동학과 동학혁명

한 지방의 우울한 평민 지식인에 의해서 만들어진 동학이 조선 말기의 근대사회 개막의 세력으로 황급하게 발전한 것은 그것이 사회정의를 민중의 신앙적 차원에 일치시켰기 때문이다. 실학이나 개화운동이 사회개혁을 표방했다면 동학은 그것에 상응하는 민중적 삶의 종교적 구제의식을 떠맡는다. 이미 그런 사회 전반에 대한 구제의식은 천주교의 사회세력화가 주도하고 있었다. 동학은 그러한 천주교와 함께 표리 관계로 일치하면서 그러나 천주교에 대한 민족 전통성 위에 동학사상을 민족사상으로 발전시킨다. 여기에서 천주교가 외세를 배경으로 자기 희생과 자기 활력을 동시에 진행시켜 왔음에도 불구하고 동학혁명과 같은 한반도를 둘러싼 국제 정세를 지배할 만한 정치 운동이나 조선 말기의 농민 및 농민 지식인 전체의 충동을 이끄는 힘을 발휘하지 못하고 그런 역사의 추진력을 동학에 양도한 것으로도 설명된다. 그것은 천주교가 하층사회에 대한 무서운 설득력은 가졌으나 동시에 수난을 좀더 적극적인 도전으로 이행시키지 못한 사실과, 동학과 같은 민중 호응의 자주성이 결핍되었기 때문이다.

우리는 동학을 역사단계로 또는 상황의식으로 파악하지 않으면 한낱 유사 종교에 지나지 않는다는 사실에 주의해야 한다.

첫째, 동학의 발생 분위기는 이미 유교가 정치적 권위의 계기를 잃어버린 데서 생긴다. 성리학이 존명(尊明)의식을 청나라에 이식해 왔지만 청 자체가 아편전쟁 이전에도 이미 천하 대국의 권위를 잃기 시작한다. 여기에서 위정척사운동이 종주(宗主)를 잃고 화이론이 없어진 독립운동으로 이론을 수정하는 매듭이 생기는 것이다. 물론 척사운동 자체가 조선왕조가 그렇게 살아온 자국의 독립운동이기는 하다. 그러나 이미 임진왜란 이후 명나라 정권이 금(金)·청(淸)의 정권에 멸망했을 때 조선 주자학 체제는 심각한 타격을 받은 것이다. 그때부터 성리학 정치집단은 명분과 현실 사이에서 방황하기 시작한다.

이런 정세 변화의 징후가 국내의 민중적 자각에도 오랜 불안을 통해서 자극을 줄 때 이미 지배 원리가 없는 정치나 정신적 동요를 민중이 자생시킨 운동에 의해서 방어하지 않으면 안 되었다. 조선조 집권층은 재야 지식인보다 훨씬 비루한 기능집단이나, 이욕 계층이 되면서 임진왜란 때 이산해(李山海)가 일단 겁을 먹고 왕도 버리고 도망친 사건은 많은 공경 사대부나 관인의 실상을 대표하고 있다. 그렇다면 민중은 당연히 동요되는 것이다. 여기서 동학과 같은 자주적 발상법이 필요했던 것이다.

둘째, 사회는 지배계층의 정당한 힘의 부재로 기존질서가 해체될 뿐만 아니라 그 계층 자체가 지도력을 잃고 민중을 탄압하고 착취하는 악덕과 폭력을 자행할 때 거기에서 오랜 민중의 보편화된 분노와 정의에 대한 신념이 사회 표면에 폭발하게 된다. 그것이 많은 민란(民亂)이나 민소(民搔)로 산재하다가 하나의 사상에 귀속되어 동학이 생긴다.

셋째, 이러한 상층 또는 지방관리나 호족의 가렴주구뿐 아니라 자연의 폭력에 민중은 이중 삼중으로 절망 가운데 있게 된다. 되풀이되는 이조 말의 흉년으로 농민이 이산하고 굶주리고 거지와 도둑이 격증한다. 또한 거기에 콜레라와 같은 전염병이나 그밖의 질환들이 겹쳐서 한말 사회는 인적(人的) 폐허가 되고 만다. 여기에서 유교의 현실 이론이 무너진다.

넷째, 유교 체제는 정치 질서와 윤리를 통해서만 사는 규범이다. 맹자는 의리와 윤리를 천명(天命)보다 더 중요한 명제로 삼기 때문에 그것을 율법화(律法化)시킨 주자학은 천(天)에 대한 외경보다 의리를 해석하고 따지는 궁리(窮理)를 중요시한다. 거기서 당쟁의 원인이 이미 만들어진다. 이런 윤리체계가 파괴되어 갈 때 현실가치 또는 현실적 자력(自力)에 더 이상 의존할 수 없다. 여기에서 타력사상(他力思想)의 시대적 요청이 생겨난다. 오랜 지배층 의존의 민중사회는 그런대로 지배 문화의 주변을 경험하고 농촌 지식인이 생겨날 때 그들의 자각과 함께 자력이나 자율의 질서에 깊은 회의를 낳는 것은 필연적이다.

거기에서 천(天)으로 돌아가려는 타력의 욕구가 생겨서 천도(天道)를 하늘로부터 받는다. 그것은 유교의 천이·천지·자연의 이법이나 우주 운행의 질서를 뜻함으로써 그것을 허실의 질서로 이행하는 정치윤리가 아니라 그런 철학을 넘어서 타력 종교의 주제를 갖게 된다.

물론 단군사상이나 고신도의 천사상(天思想)이 없는 것도 아니고 불교의 종교적 타력본원(他力本願)이 있기는 하지만 그런 것으로부터 동학은 새로운 시대가 창조한 사회 종교인 것이다. 아무리 완전한 사상이나 신앙도 그것이 오랜 시대를 지나오면 진부한 허상이 된다. 신흥 종교나 새로운 사상적 해석은 여기에서 불안하게 뿌리를 내리는 것이다.

다섯째, 동학은 하층사회의 다양하고 잡다한 민속적 자위(自慰)의 미신문화를 규합한다. 이 미신 문화의 특징은 예언에 있다. 유교사회의 표면에서는 이런 예언이나 참(讖) 사상이 허용되지 않는다. 한말의 각료 어윤중(魚允中)이 풍수도참에 사로잡혀 있다해서 비판받을 정도라면 더 말할 나위없다. 그러므로 예언이나 참이 민중 저변에 정당성을 표현하지 못하고 은닉되어서 지하문화를 형성한 것이다. 민중은 그들의 희망이 헛된 것을 알았다. 정치는 질서를 유지하지 못하고 정치 담당자는 아집에 사로잡힌다. 그런 정치체제는 민중을 착취하고 혹사할 뿐이다.

그러한 집권층에 대한 신뢰심이 그들 자신의 노예의식에서 생긴 것을 알게 된 것은 바로 집권층에 대한 가치 부정을 전제한다. 지배자들은 민중에게 희망과 미래에 대한 비전은커녕 그들이 다스리는 사회에서 초근목피의 삶도 어렵게 만든 것이다. 거기에는 암담한 정서밖에는 없다. 오늘도 내일도 없다. 또한 사대주의의 철학이 역사를 통해서 추악하게 그 정체를 드러낼 때 당장 살아갈 일과 함께 민족사 지속의 역사 의지조차 절단되는 실감을 가진다. 나라는 언제 망할지 모른다. 이런 생존의 위기와 민족의 위기는 그것이 확대됨에 따라 민중의 요청에 의해서 민족은 정권이 교체될 뿐 영구히 지속된다는 사실을 약속하는 희망과 위안이 정체불

명의 예언이나 참(讖)으로 나타난 것이다. 그러면서 역사와 민족 자위의식의 쓰레기들이 사회저변의 앙금을 이루어서 그것을 사회 동태의 파행성으로 발전시킨다. 그러므로 이런 민중적 예언들은 사회를 불온한 단편(斷片)으로 가득하게 한다. 정감록(鄭鑑錄)이 그것이다. 그밖의 유언비어도 풍속 사회를 뒤흔들어 버린다.

그런 예언은 현실의 정치적 표면에 나서서 정치 현실의 여러 모순에 도전하는 예언자적 기능을 발휘하지 않고 민간사회의 미신 문화에만 기여한다. 고조선의 신지 비사(秘史), 신라 말기의 도선(道詵), 고려 말기의 무학(無學)과 조선 초기의 남사고(南師古), 이지함(李之菡) 들의 예시와 임진왜란을 전후해서 민족의 미래를 예언하는 정감록이 여러 예언문서(豫言文書)를 모은 것이다. 그것은 정여립의 반란에도 이용되고 홍경래란에도 이용되면서 이른바 '남조선(南朝鮮)' 사상을 낳는다. 그것은 종교나 상상문학이 내거는 낙원설이지만 남조선설은 한반도의 앞(南 : 未來)에서 현전하는 이상향이다. 동학은 곧 이런 민간 계층의 이상을 집성 현실화한다.

그것이 천주교로 오해받을 때는 서학에 대한 동학으로 표현되고 천주교의 세력이 탄압을 이겨내고 팽창할 때는 천주(天主)의 원리로 동학이 천주교와 동질성을 표현하면서 교조 최제우(崔濟愚)의 대구 장대(將臺) 순교 이후에는 최시형(崔時亨)에 의해서 교세 확대를 잠행시킨다. 경주 지역의 최자원(崔自元)·강원포(姜元浦)·백원수(白源洙)·최신오(崔愼五)·최경오(崔敬悟＝時亨) 들이 손병희(孫秉熙)에 이르러서는 양한묵(梁漢默)·이돈화(李敦化)와 같은 탁월한 천도교 이론가를 얻는다.

교조 최제우는 6대에 내려오도록 출사하지 못한 몰락 토반(土班)으로 경주 지역의 평민이다. 그는 기구하게 서얼 출신으로 규정되었고 가난했다. 또한 그의 어머니는 그의 《용담유사(龍潭遺詞)》에서도 언급이 되지 않을 만큼 일종의 불륜관계로 그가 출생한 것이다.

어쩌면 최제우는 아버지의 학문과 7대조 최진립(崔震立)이 정유재란·병자호란에서 무훈을 남기고 전사한 그러한 무반적 기상을 아울러 타고난듯 하다. 그는 아버지에 이은 지방 독서인으로서 많은 책을 읽었다. 또 기상이 높은 강골이었다. 그가 지은 가사체의 《용담가사》나 《동경대전(東經大全)》들을 보면 그가 뛰어난 문장가이며 시인이고 동시에 이론가라는 것을 알 수 있다.

그는 방랑하면서 장사도 하고 서당 훈장도 하고 또 잡술을 익히기도 하지만 그러한 것에 만족하지 못한다. 이를테면 그는 권력을 담당할 사람이 그것을 가질 기회를 빼앗긴 비탄으로 일관된다. 아버지의 불우한 삶이나 그 자신의 불우와 함께 그는 민중사회 전체의 절망을 인식할 때 거기서 입산한다. 그는 사회가 말세(末世)라고 판단하고 그것은 사람이 하늘의 의지에 거역했기 때문이라는 타력 의식에 이른다. 그것은 동시에 고대인들의 하늘을 회복하는 일이 되기도 한다. 하늘을 '한울님(天主)'으로 섬기기 시작하여 역사가 잃어버린 하늘을 지향한다. 그러한 하늘에 대한 수행이 고신도(古神道) 지역의 산속에서 또 유일한 유산인 구미산 용담정(龍潭亭)에서 2년 동안 진행되다가 마지막 6개월 동안 두문불출의 고행으로 하늘의 고행으로 하늘의 계시를 받는다. 그것이 '천수(天受)'다. 이러한 결정적인 종교 체험의 황홀경은 이윽고 그의 모든 세속적 불만 회한들을 이겨내고 그에게 몰려들기 시작하는 민중과 종교적 교섭을 가지게 한다.

그가 깨달은 바, 하늘로부터 응답받는 바는 곧 민중이 바라던 민중 구원(救援)의 종교인 것이다.

그의 동학은 처음부터 동학이라고 불리지 않는다. 그의 종교적 전개가 지방 관헌에게 서학―천주교―으로 알려지자 그가 도망친 다음 그것에 대비한 이름이다. 이런 도피 기간에 그의 종교 전개의 구상이 포교 활동을 하기에 이른다. 신도들의 조직화를 위해서 접주제(接主制)의 교회제도를 설치하여 그 세력은 이미 한 지역을 넘어서서 확대된다. 동학세력을 다루는 일이 서울 조정으로 옮겨진 것도 그 때문이다. 대원군 정권이 개막하는 고종 1년 봄 그는 효수형으로 순교한다.

제2세 최시형은 제1세의 개교 5년 만에 그리고 그 자신이 입교한 3년 만에 교조를 잃고 지하에서 동학을 구조적으로 확립한다. 그는 사상보다 실천종교로 동학을 발전시킨다. 그 뒤로 35년 동안 그는 지나가다가 처녀가 베 짜는 소리 또는 새소리 따위를 응용하는 예수와 같은 즉흥 설법을 하여 동학 지식인들에게 종교적으로 감동을 준다. 그것은 민중에게는 더욱 감동되기 쉬운 전도 활동이다. 거기서 최제우의 '시천주(侍天主)'가 범신론적 '이천식천(以天食天)'으로 확대되며 '시천주'는 '양천주(養天主)'로 발전하여 인즉천(人卽天 : 人乃天)으로써 3경(敬)의 경천·경인·경물사상을 확립한다. 최시형에 이르러 교조 최제우가 창시한 동학은 완성된다. 손병희는 그것을 사회에 응용하는 역할을 맡는 것이다.

동학은 그러나 천주교와 달리 전통·민속·민중의 산물이다. 그것은 또한 유·불·선의 통합이라고 주장하기에 이른다. 그것이 여러 차례의 탄압에도 불구하고 교조 신원 운동, 동학 혁명, 그리고 3·1운동의 주역까지 맡는다. 동학이 한반도 전역의 사회세력을 이루자 포(包)·장(帳)·접(接)의 교회 조직으로 교도들을 단합시킴으로써 고종 29년 참례(參禮) 신원 운동과 고종 30년 박광호(朴光浩)를 소두(疏頭)로 한 대한문 앞 신원의 복합상소(伏閤上疏) 시위를 지나면 보은장 내에서 교도 2만여 명이 척왜양창의(斥倭洋倡義)의 정치운동으로 발전한다.

조정은 그것을 가까스로 해산시키지만 그 세력은 이미 국제정치에 큰 영향을 미칠 만큼 컸으며 대원군은 민씨정권 타도에 동학을 이용하려고 한다. 대원군이 전봉준을 운현궁에서 만난다는 전설은 그러한 사실을 밑받침한다. 그러나 최시형은 동학 집단을 신중하게 보호하며 정치적 직접 행동을 억제하는 일을 주입시킨다. 그의 오랜 지하 활동으로 인한 교세 발전이 퇴화될 것을 걱정하기 때문이다.

그리하여 최시형에 대한 접주 전봉준의 불화가 생긴 것이다. 전봉준은 동학의 천지개벽을 최제우가 양요(洋擾)를 통해서 실감한 것처럼 외세가 육박해 오는 현실을 천지개벽의 기회로 인식한다.

그리하여 그의 대변혁 운동은 지방 부패 관리에 대한 농민반란으로 점화된다.

남·북 접주와 교도들이 모인 보은 장내에서 전봉준은 혁명적인 농촌 지식인들이 속속 입교하는 것을 목격했다. 그는 그런 혁명 분위기가 동학 세력에 확대될 때 아버지 전창혁(全彰赫)이 이미 고부 군수 조병갑에 장살된 원한과 함께 혁명적 열정에 불타오른다. 동학혁명이 동학 남접(南接) 지역을 중심으로 선도된 것은 정여립의 흔적이 남아있고 그러한 흔적의 정감록설이 동학 농민의 절망 가운데 개입된 것도 주의해야 한다.

아무튼 한국 사상 최대의 조직적 농민반란이 도출한 동학혁명이 호남 전역을 혁명의 공간으로 채우는 데 성공한다. 그것은 조선 후기의 많은 민란, 민요 그리고 반란의 역사를 통해서 완성한 근대 민족주의를 전개한다.

《매천야록(梅泉野錄)》은 조병갑의 탐학으로 시작한 민란을 묘사하고 있다. 이 농민 반란은 전봉준이 조병갑에게 장살된 아버지의 소상일에 시작된다. 이것을 이용태가 동학 교도의 반란으로 규정, 교도들을 검거한다.

여기에서 동도대장 전봉준은 김개남(金開南)·김덕명(金德明)·손화중(孫化中)·성두한(成斗漢)·최경선(崔慶善)·정익서(鄭益瑞)·최업선(崔業善)·송두호(宋斗浩)·김도삼(金道三) 들과 보국안민(輔國安民)·광제창생(廣濟蒼生)의 백산(白山) 기포(起包)를 실현하여 황토현에서 관군을 격퇴한다.

1842년 아편전쟁으로 굴욕적 개국을 강요당한 청에서 외세 침략에 대항하는 양자강 유역의 '태평천국(太平天國)' 혁명이 14년 동안이나 계속한 것과 함께 동학혁명은 동아시아의 민중적 주체의식의 절정을 이룬다. 또한 그것은 이러한 주체의식과 함께 반봉건 민족주의를 도전적으로 표현하고 있다.

그러나 동학혁명은 그들의 창의문이나 강령, 통문(通文), 포고문들을 동학의 '후천개벽(後天開闢)' 사상을 배경으로 삼은 운동으로서는 너무 유교적이다. 그들이 낸 휴전 조건에서도 동학도인과 정부와의 화해, 노비문서 소각, 천민대우 개선, 과부재혼 허용, 토지균배 이외는 특이한 동학적 성격은 나타나지 않는다.

그들은 휴전 기간에 전라도 53군에 민정자치기관(民政自治機關)으로서 집강소(執綱所)를 두고 폐정개혁을 서둘렀다. 이런 기관은 충청·경상도로 확대된다. 그러나 공주에서 일본군과 관군에 대항 패잔하는 것으로 동학혁명은 끝난다.

남북접 통합 농민군은 손병희(孫秉熙)의 북접 주력 부대가 해산하면서 아주 없어진다. 북접 최시형은 이러한 전봉준의 농민혁명을 국가의 역적, 사문(師門)의 난적(亂賊)이라고 비난하여 무장봉기를 반대했던 것이다.

동학혁명은 위에서 말한 대로 농민혁명이었다는 사실과 함께 평민 지식인이 양반사회의 권위를 부정했다는 것이 중요하다.

첫째, 그로 말미암아 경사(京師)의 양반사회 사류(士類)사회는 막대한 충격을 받는다. 심지어 위정척사파의 정당성조차 현실적으로 탈색되고 의병 활동도 동학 혁명의 대세에 좌우되기에 이르렀다. 실지로 호서 지방에선 어느 것이 의병이고 어느 것이 동학인지 분별할 수 없었던 것이다.

동학 혁명군이 일어난 직후 전라 감사로 임명된 김학진(金鶴鎭)은 부인과 작별할 때 두려워하며 눈물까지 흘렸던 것이다. 전주성(全州城)이 함락되고 이태조의 화상이 경기전(慶基殿)에서 피난한 것은 조선 왕조 종막을 상징한다. 전주가 함락되었을 때 서울 장안이 텅 빌 만큼 동요된 것이다. 청·일 그리고 러시아들이 동학혁명을 주시하고 고종이 "장안은 어떠한가", "어떠한가" 하고 초조해 할 정도라면 말할 나위도 없다.

청나라에 구원병을 청했다. 이때에 난민의 형세가 날로 전파되어 성읍(城邑)이 연이어 함락되어도 백성들은 도리어 흔연히 기뻐하는 기색을 띠고 동학 교도가 패했다는 말이 있어도 사람들은 믿지 않고 그럴 리가 없다 하였으며 오직 관군이 패한 것만 말했다. 중앙의 대관들은 시골사람들을 만나 반민들의 소식을 듣고 모두들 크게 탄식하며 "어찌 그렇지 않겠느냐" 하였다. …… 서울 장안에는 와언이 퍼져 서로 놀랐다. 혹은 전주가 이미 함락되었느니 벌써 금강을 건넜느니 하여 사방으로 피난하느라 법석이었다.

라고 《매천야록》 권 2 는 서술한다. 이같은 비상 사태에서 척족 세도정치와 외세를 영합하기까지 하는 이른바 지배계층은 그들의 권위가 한낱 피난자의 그것으로 전락하는 경험을 한다. 또한 이러한 사대부 사회 밖에서도 재야 수구 지식인이나 잔존한 개화 사상가들에게도 그들이 민중의 의미 앞에 압도당하는 충격을 받는다. 그리퓌스가 말한 것처럼 '동학교문(東學敎門)이 정치 운동을 시작하게 되자 관헌의 끝없는 부패와 억압의 암흑 속에 유린당하고 신음하던 농민들에게 희망과 새로운 활력을 제공해 주었다'는 사실에 상대적으로 사대부나 지방 서원의 지식인들은 처음으로 그들 자신의 명분론 허상(虛像)을 발견하고 현실에 대한 진정한 인식이 없었다는 자책을 받는다.

이것은 분명히 농촌 지식인에 의한 서원 사족이나 정권 사대부들의 패배를 뜻한다. 이러한 자기 발견의 양심 밖에서 많은 경사(京師) 지식인 사회는 전혀 아무런 의미도 찾지 못하는 피난민에 지나지 않았다. 막대한 권력자 김씨·민씨 척족들이 백성이 굶주릴 때 쌀로 비밀무역을 할 정도의 상류계층이었다면 그들이 불안한 피난민이 되는 것은 당연한 것이다.

둘째로 동학혁명은 체제로부터 소외당한 잔반(殘班)계층의 지방 지식인들이나 대원군에 의해서 해체된 서원 지식인들의 양심을 자극하고 심지어 지방 관리들이 동학에 전향하는 일까지도 이룬다. 거기에는 소수의 비겁자를 제외하면 혁명의 필요성이 오랫동안 잠재되었다가 동학 혁명에 그런 의식이 귀속하는 과정이 보여진다.

셋째로 동학은 조화론(造和論)의 시운사상(時運思想)이 민중저변을 설득한다. 그것은 전습되어 온 운명론과 일치된 이론적 배경이다. 천지 조화에 의한 시운으로 천지가 개벽하는 것을 주장함으로써 거기에 질병이나 기아 속의 민중을 정감록을 내세워 동학 집단으로 흡수하는 설득력을 갖춘다.

그러나 재야 지식인에게는 보은 장내에서는 척왜양을 비폭력 시위로 외치다가 동학혁명에서는 척왜(斥倭)와 함께 척화(斥華)를 주장함으로써 반화론(反華論)의 민족 자주성을 옹호할 때 존화론 체제에서 소외된 지식인 사회가 호응케 만든다.

실지로 민족 사회 전반은 한반도 침략자들을 통해서 약소국가 지역의 민족 단일성의 독립 의식으로 의식기층을 이룬다. 이에 대하여 동학혁명은 정치사상으로서의 주체 원리를 표현한 것이다. 그러므로 동학혁명이 의병운동과 그 이후의 3·1운동의 비폭력 시위에 힘의 원천을 만들어 준 것이다.

그러나 이러한 동학혁명의 사회사상적 측면과 함께 최시형의 호교적(護敎的)인 입장이나 폭력 배제 및 시운 대망의 소극적인 종교의식도 간과해서는 안 된다. 말하자면 동학은 조선조 국가사회적 지배질서에 진리로서 군림한 유교를 그 이전의 불교나 도교와 함께 지양하고 역사상 최초로 민중의 사상으로 그것들을 극복하려는 집단을 완성한 것이다. 그것은 최시형의 완벽한 조직 기교와 조직체 지도력에 의한 성과였다. 어떤 의미에서 최제우는 동학의 선사(先史)에 지나지 않는다. 그것을 동학과 민족사의 희망을 하나로 만들어서 거기에 민중 전체를 포괄한 것이다.

이런 조직체에 의해서 중세 교회에서 개신교를 발전시킨 루터를 최시형으로 삼고 독일 농민혁명을 전봉준이 맡는 비교가 가능하다. 신라 귀족의 유·불·선 낭가사상이 근대 개막에 이르러 민중의 동학사상과 그것의 정치혁명까지의 역사 단계에서 우리는 많은 혁명 가능성의 시련을 체험한다.

그러나 그것이 한 번도 성공하지 못하고 지역주의적 반란으로 끝났다.

물론 동학혁명 역시 혁명 자체가 가장 배척한 외세에 의해서 패배했다. 그러나 그 패배는 역사 안에서 또는 그 이후의 자기상실 가운데서 자기 자신을 끝내 복원(復元)하는 정치적 문화적 의지가 될 때 그 혁명은 승리한 것이다.

　동학은 단군신화가 하늘과 땅을 연결시킨 신화적 체험을 역사가 더 이상 하늘 없이 진행될 수 없을 때 하늘과 이 땅을 연결시킨 것이다. 그들의 죽창과 낫, 칼 따위의 농구(農具)로써 그 무기가 하늘의 강림(降臨)임을 나타냈으며 사람의 값을 하늘의 값으로 높여서 하늘과 이 땅의 사람들을 이념의 최고위에 놓은 것은 동학과 동학혁명이 민족 정통성의 소산임을 밝힌다. 이로써 동학은 외세의 배경을 가진 천주교를 초극할 수 있었던 것이다.

　이러한 동학은 한국 사상사가 특기하지 않으면 안 된다. 그것은 불교·유교가 불국토의식(佛國土意識), 사직의식(社稷意識)으로 전생화(轉生化)·특권화하여 왕권이나 귀족지배 계층의 영역으로부터 떠나서 민족 전체가 평등하게 귀속하는 국가 의식을 형성한 사실이다.

　오랫동안 상층 지식인들이 담당한 지배 문화를, 전체로서의 문화야말로 민중보편성이 자생(自生)시킨다는 신념으로 수정한 일은 그러나 더 이상 발전하지 못하고 민족의 힘이 타자의 힘에 억압당하는 일과 함께 쇠잔한다.

37. 한말 재야운동의 근대의식

지식인의 무장화(武裝化)는 권력을 갖는 일 또는 군대와의 일차적 연결이 아니다. 그것은 지성과 민중의 정의가 만나서 집단을 이룰 때에만 가능하다. 근대 지식인의 힘은 그들의 비판의식 이상으로 이러한 민중과의 일체화에 의해서 폭력이나 권위의 비리에 도전할 수 있었던 것이다. 한말의 독립협회운동 그리고 그것의 정치적 발전인 만민공동회(萬民共同會) 운동은 이러한 지식인의 얼굴을 통해서 민족 근대화의 자주적 노력을 보여준다. 강만길(姜萬吉)이 동학혁명 실패로서 근대사의 실패를 말하는 것에 대해서 신용하(愼鏞夏)는 독립협회, 만민공동회의 개혁운동 실패로 국제세력 균형에 의한 자주독립이 성취되지 못했다는 중요성을 말할 만큼 그것은 광무(光武) 연호(年號)와 새로운 대한제국(大韓帝國)의 사회적 긍지가 되고 있다.

그러나 우리는 이런 재야 지식인 중심의 사회운동이 진행되는 동안 한말의 온갖 상황의 측면들이 서로 가해하면서 특정한 운동 세력으로 정치사회를 주도할 기회를 주지 못하는 사실을 잊어서는 안 된다. 먼저 그들의 운동은 정권의 변동에 영향을 받으며, 반대로 유인석(柳麟錫)의 의병 때문에 직접 왕실이나 사회가 변동을 받는다. 사회 안의 여러 사건은 서로 사건들과 적대되는 양태로 특히 위기의 시대를 다각화한다. 아마도 한말이라면 그 사회에서 사는 사람조차도 어디에 동시대의 시각을 둘지 당황했을 것이다. 중국과의 단일 관계가 다변화된 국제 관계에 부딪친 자기 분열에도 그 이유가 없지 않다. 관제(官制)도 임시고 관직 임면(任免)도 분별할 수 없게 바뀌었다. 법령도 사회 동향도 악순환을 되풀이한다.

그럼에도 불구하고 서재필(徐載弼)들의 독립협회, 만민공동회 운동은 대원군·민비가 사라진 뒤의 정치 현실에서 근대 민족사의 자각과 근대의식의 사회화에 있어서 한일합방 이전의 개화 주체를 이룩한 것이다. 갑오경장(甲午更張) 이후에도 조씨·민씨의 척족 잔류 계층이나 유림출신의 고식적인 수구세력은 청나라 대신 친로파(親露派)·친미파로 바뀌어지며, 춘생문(春生門) 사건 이후 고종의 겁에 질린 아관파천에도 작용한다. 또한 지역 사류는 척사파로 고집된다. 거기에 개화 체제가 강제로 이루어졌기 때문에 개화 정권 역시 자율적 활력을 가지지 못한다.

이런 과도 시대에 미국 망명 10년을 지낸 뒤 1896년 1월 서재필은 미국 민주주의와 근대적 의식 체험을 한몸에 지니고 돌아온다. 그러나 그는 개회 내각 김홍집(金弘集), 유길준(兪吉濬) 들이 국내 각 계층과 적대하여 왜성대(倭城臺)에 의존하고 있는 실정을 목격한다. 왜세를 배경으로 '…조야를 막론하고 서로 모해하고 서로 살해하는 옛날이나 다름없는' 현실에 환멸을 느끼고 다시 도미하려 한다.

그때 유길준이 이미 미국 시민이 된 서재필을 잡는다. 김홍집 내각은 다시 박정양(朴定陽) 내각이 된다. 이런 변동은 의병이나 민중이 개화를 배척하는 상황과 외세의 부침(浮沈)을 만들어 낸다. 서재필은 박정양으로부터 이미 유길준과 약속된 5천 환의 재정을 얻는다.

그리하여 그해 '독립신문'이 창간된다. 김옥균들의 개화사상이 이제야 실현되기 시작한 것이다. 독립신문의 초창기적 역할은 서재필의 온몸이 거기에 기울인 상황대로 엄청난 것이었다. 모화관(慕華館)을 독립관으로 만들고 독립공원도 만든다. 독립신문을 통해서 영은문을 헐고 파리의 개선문을 본뜬 독립문을 창건한다. 그런 일은 정동구락부(貞洞俱樂部)나 김윤식(金允植)이 주도했던 건양협회(建陽協會)와 사회유지, 서울의 민중으로 구성되기 시작한다. 개화 정책을 지지하는 관료세력도 거기에 호응한다.

협회가 생긴 지 3개월만에 회원 1만 명에 이르게 되는 이 독립협회는 각계를 망라한다. 안경수·이완용·김가진·이윤용·김종한·권재형·고영희·민상호·민영환·이채연·이상재·현흥택·김각현·오세창·이건호·남궁억 들의 30여 명이 그렇다.

독립신문과 독립협회의 힘은 내각경질, 법제개혁, 사회계몽 운동의 성과들로 개화 체제의 정치·경제·사회·문화에 걸쳐서 실로 크나큰 힘을 발휘했다.

그러다가 이완용들은 제명 처분하고 상해에서 돌아온 윤치호 (尹致昊)들을 영입하여 사회운동은 재야 주도로 본격화된다.

이상과 같이 독립협회는 고위 관료 주도기(主導期)를 지나면 창립 다음해까지는 민중 진출기를 맞아 관·민 토론회 또는 청년 학생의 토론회 활동으로 사회 각처에 영향을 미친다. 이러한 협회 세력이 강화되면서 러시아 세력 등의 외세에 대항하는 민중 대집 회의 정치활동을 하게 된다. 그것이 곧 만민공동회 운동이다. 여 기서부터 이상재·이원극·이승만·안국선·유성준·김정식·양홍 묵·홍정후·장지연·박은식·신채호·안창호·서재필 들이 외세 각축의 책동으로 다시 미국에 추방된 다음 독립협회를 발전시킨다.

서재필의 러시아와 일본들의 본국 정부에서까지 추방을 요구한 것은 그의 독립협회, 만민공동회의 민간 정치세력이 정부에 강력 한 영향을 미치고 정권에 직접 참가하는 세력이 되자 외세는 그들 의 중심 인물 서재필을 제거시키기에 이른 것이다. 말하자면 서울 의 민중 지식층을 정치화시키고 신제(新制) 교육을 받는 청년· 학생층이 계몽 지도로 편성될 때 왕실이 쇠미하여 외세에 좌우되 는 상태에서는 상대적으로 독립협회의 주체 세력이 커진다.

독립협회는 고위 공경 대부와 관리, 유지, 신사 그리고 장사꾼, 중, 소경 심지어 백정까지도 귀·천을 가리지 않고 한군데서 모인 다. 거기서 윤치호가 연설하고 백정 박성춘(朴成春)이 연설할 정 도로 근대 민주주의 분위기를 떨친다.

종로 네거리의 시민 대회인 만민공동회는 인산인해의 청중이 일체화되어 대회가 결의한 것이 그대로 정부에 반영된다. 이미 그 들은 민선대의정치(民選代議政治)를 실현한 것이다. 그러므로 만 민공동회의 힘은 입법기관·탄핵기관의 정당성을 가지게 된 셈이 다. 이것이 윤치호 회장·이상재 부회장 시대의 자유 민권 투쟁기 가 된다.

그러나 외세는 이런 정치 집단을 해체시키려고 어용 깡패 단체를 만들어 모략·습격 따위의 계략을 쓴다. 거기서 몇천 명 단위의 테러가 자행된다. 따라서 쌍방에 불행한 사태와 사상자를 내기에 이른다. 정권은 없는 것과 다름이 없다. 외세와 수구파의 책동만이 있었다.

칭제건원(稱帝建元)으로 청나라 속박으로부터 영구히 독립을 선포하고 사대주의와 외세를 몰아내는 독립협회 세력은 그러나 1898년 3월에 강제 해산되고 만다. 그것은 윤치호 대통령설을 퍼뜨린 일에 이어서 박영효 대통령설을 조작한 반대파의 모함에 왕실이 편승했기 때문이다.

이러한 독립협회, 만민공동회가 혁파령(革罷令)을 받고 협회 지도자는 투옥 또는 망명했다. 독립신문도 폐간된다. 그로부터 몇 년 뒤에 을사보호 조약과 그 다음의 한일 합방으로 대한제국은 멸망한다.

우리는 이러한 한말의 대형화된 독립협회에 참가·지도한 개화 독립운동의 지식인들을 살펴 볼 필요가 있다.

첫째, 서재필·윤치호 그리고 유길준·이상재 들은 외국에서 학위까지 받은 지식인, 견문을 넓힌 지식인, 시찰 여행으로 근대 문명에 대한 감동을 받은 지식인이다. 그들은 상대적으로 초라한 봉건제 약소국가에서 갑자기 대형의 국가사회에 대한 위압과 선망을 경험하게 된다. 그들이 본 지역은 이상적이었다.

그러한 근대 민주주의 또는 근대 문명을 본 한말 지식인으로서는 마땅히 그것을 자국에 이식시키려는 의욕을 갖게 되는 것이다. 이미 갑신정변이 그러한 이상으로 추구했던 선각자적 의미를 그대로 강화한다. 거기서 이상적인 체제를 하루 속히 한반도에서도 실현해야 한다는 급진적인 구국적 지성이 자극을 받는다.

그러나 현실은 그런 개화 이상주의를 받아들이기에는 너무 혼돈 상태였다. 그들의 사회운동이 정치적 측면을 포기하고 계몽·교육·훈련으로 전향한 것은 그러한 정치적 혼돈과 보수 반동의 세력 때문이다. 서재필 역시 귀국할 때는 각료를 희망했다. 그러나 갑신정변의 타격을 잊지 않은 정권은 그들이 아무리 개화 내각이라 하더라도 그를 정치 제일선에 나타나기를 기휘(忌諱)한 것이다. 그러나 그의 실천력이나 포부·인격을 놓치기 싫어서 정권 쪽에서는 붙잡아 놓는다. 그가 사회운동으로 돌린 것은 이런 사정이 작용하기 때문이다.

아무튼 서재필들의 이상은 그 이상에 대한 정열만큼 실현되는 것 같으나 현실의 정치 문화에 좌절될 수밖에 없었다. 또한 그것은 미국의 근대적 위대성이 어떻게 이루어졌는가에 대한 완전한 이해가 없었기 때문이다. 그런 위대성의 과정이 생략된 이상 실현을 기대한 의도는 그것의 절실함과 함께 너무 비현실적이었다는 결론도 없지 않다. 이상 실현은 그것이 실현되기 위해서 겪는 많은 시련 극복의 귀결이다. 한말의 사회 정세는 그런 시련을 부당하게 거절했던 것이다.

둘째, 독립협회는 조직 집단이라고 할 수 없다. 그것은 자발적인 민간인이나 타협자들의 임시적 집단이다. 그들 지식인의 힘은 조직의 진정한 명제를 소홀하게 생각했다. 만민공동회의 방대한 대중은 조직 대중이 아닌 즉흥적인 감동의 민중에 지나지 않는다. 그것을 철저하게 조직화했어야 했던 것이다.

그뿐 아니라 독립협회 주역들은 동학 세력이나 동학혁명에 대한 계승적 평가를 하지 않았다. 마치 갑신정변 주동자들이 북학(北學)의 도시 지식인들이었던 것처럼 독립협회 지식인들도 도시 중심의 자발적인 비조직 세력이었다.

여기에서 한말 인구의 대부분인 농민을 협회에서 흡수하지 못한 결함이 발견된다. 서울 중심의 회원을 확대해서 농민 계층까지 발전시켰다면 이미 농민은 동학 혁명군의 집강소(執綱所)나 동학 조직 단위 포(包)와 접(接)들의 조직체 체험이 있으므로 커다란 호응을 얻었을 것이다.

물론 그 당시 동학혁명의 의미가 이미 죄악으로 규정되기 때문에 독립협회가 그런 동학의 잔해 사회에 적극적으로 세력을 확장시킬 여건은 되지 못했다. 그럼에도 불구하고 동학의 잔해를 독립협회로 흡수시키지 못한 것은 큰 손실이었다. 대다수 농민사회를 저버린 독립협회가 도시의 특권화 현상을 이룬 것은 반대파가 농민 세력이나 지방 유림의 힘을 이용해서 협회를 방해한 사실을 초래한다.

외국의 근대 문명의 도시적 문화가 자칫해서 국내 현실의 중요한 영역인 농민 계층을 염두에 두지 못한 것은 일단 당연하다 하더라도 그것은 개화운동의 지식인의 함정이 된다.

셋째, 서재필들이 돌아오기는 했지만 개화당의 정치 역량을 가진 혁명지도자가 갑신정변으로 말살되었다. 서재필의 부모와 동생 그리고 아내까지 살해된 정도라면 개화독립당의 잔재는 아주 없어질 수밖에 없었다.

여기에서 정치적 지도자가 없다는 독립협회의 결함이 있다. 서재필의 가능성은 그가 미국 시민권을 가지고 미국 여자와 결혼한 사실 때문에 끝내 그것으로 추방된다. 그의 정치적 지도 역량이 없어지자 윤치호·이상재·남궁억·이승만으로는 그들의 한계가 드러난다. 이상재의 여러 개화파 통합이나 세력 확대는 그것이 정치적 지도력보다 겸허한 친화력에 기인한 효과였다. 윤치호는 전형적인 도시 지식인이다. 남궁억들은 이상재와 함께 교육자 종교가에 가깝다. 이승만은 투옥될 때 탈옥을 기도할 정도로 과감하지만 아직 젊다. 협회 후기의 박은식이나 신채호들은 온강한 우국 지식인이다. 박은식이 훨씬 뒤에 이승만을 징계 탄핵하고 임시정부 대통령이 된 일이 있으나 그의 정치적 지도 역량은 이승만의 정치 기술에 뒤떨어져서 곧 사임했던 일로 미루어 볼 수 있다. 그는 학자였던 것이다. 그리하여 혁명 지도자 김구의 시대가 온 것이다. 또한 그들은 이미 의병에 흡수된 동학 농민군이나 의병 세력과 접촉한 일이 없다. 만약 나라가 위기에 봉착했다는 대명제 아래 척사파와 개화운동이 결합했다면 그것은 주권 국가를 수호할 수 있었을지도 모른다. 그런 일을 이상재들의 기독교나 언론인들이 하지 않은 것이다.

이런 사실로 본다면 독립협회의 사회운동이 정치운동으로 발전할 때 필요한 지도력이 결핍된 것을 알 수 있다. 그것이 한말 개화

운동을 정치적으로 성공시키지 못하고 그 운동이 시작하던 재야 사회운동의 차원으로 추락한 이유가 된다. 이런 점에서 독립협회·만민공동회 운동이 비판받을 수 있는 것이다.

그러나 그들이 끼친 개화운동은 비록 그 뒤로 잠재하기는 했으나 한국 근대사에 있어서 중요한 부분을 이룬다. 특히 그들로부터 계몽문화·언론문화가 시작되어서 최초의 신체시(新體詩)가 독립신문에 발표되고 언론이 정권의 암흑과 전횡을 민중에게 밝혀서 강한 감시자의 힘을 가지는 민주적 풍토를 실현한 것이다.

그동안 방(榜)·통보·사발통문과 같은 보도 형식이 없었던 것은 아니지만 독립협회 이전의 개화 내각에서 발행한 한성순보에서 강위(姜瑋)·장박(張博)·여규형(呂圭亨)·오용묵(吳容默)·추백엽(秋栢燁)·주우남(朱雨南)·박영선(朴永善)·현영운(玄映運)·정만조(鄭萬朝)·오세창(吳世昌) 들의 언론 지식인이나 독립신문의 서재필을 지나서 윤치호·주시경(周時經), 황성신문(皇城新聞)의 장지연·남궁억·나수연(羅壽淵)·유근(柳瑾)·박은식 들이나 대한매일신보(大韓每日新報)의 양기택(梁起鐸)·신채호·최익(崔益)·옥관빈(玉觀彬) 들과, 훨씬 뒤의 만세보(萬歲報)의 오세창·권동진(權東鎭)·장효근(張孝根) 들은 한말 언론 지식인으로서 자주의식, 민권의식, 초당파의식, 반계급·자유의식을 고취하여 민족의 각성을 도모한 것으로 민중의 정치 사회의식을 높여서 3·1운동의 원동력을 키웠던 것이다.

이러한 언론 운동은 독립협회에서 크게 자극을 받고 한글 전용 또는 국한문 혼용으로 현대 사회의 문자기능에 대한 전형을 이룬다. 특히 한글은 신소설·신문학의 기본을 이룬 것이다. 그것으로 한자권(漢字圈)의 사대주의를 탈피하고 세종 이래의 국문을 사회에 토착화시킴으로써 한글이 언문으로 핍박받은 것처럼 민중이 양반으로부터 억압받은 일을 동시에 극복하기에 이른다.

이러한 언론 지식인의 공로와 함께 각종 사학(私學)이 개화 시대의 근대적 신교육을 지향함으로써 한반도의 문맹사회(文盲社會)를 지식층의 대중 사회로 개조하기에 이른 것이다.

이러한 한말 재야 지식인의 눈부신 사회 계몽·개척운동에 의해서 정치 지배를 받는 계층에게 필요 없던 지식의 암흑 사회를 계몽함으로써 사회의 정당성을 인식하게 만든 사실은 한말의 개화사에 큰 자리를 차지한다.

38. 자결과 망명(亡命)의 의지

우리는 근대 국가 및 근대 민족주의를 멸망을 통해서 체험한다. 역사 삼분법(三分法)의 오랜 시대를 살아오면서 이 땅이 우리 나라다, 이 사람들이 우리 민족이다 라고 의식하는 일을 그 의식의 극치와 멸망이 동의어(同義語)로서 충돌한 것이다. 국가의 종언(終焉)은 그 국가 안의 전체가 필사적으로 방지하려 한다. 그리하여 사람이 만든 집단 규범으로서의 국가가 멸망하지 않을 수 없을 때 그것을 거부하려는 모든 민족 이기주의의 결합은 신성하다. 나라를 이롭게 하고 해로운 것을 막는 일은 동시에 한 사람의 이기주의까지도 신성한 것을 깨닫게 한다.

절망은 이제까지의 온갖 희망이 축적되어서 만든 배반이다. 일본 침략자는 우리에게 그런 절망을 발생시킨 것이다. 그것은 물어볼 것 없이 나라와 민족을 비로소 자기 주체로서 수호하려는 의지 활동이 최근 세계사의 주제라고 할 때 그 주제를 현실에서 부정하는 것이 침략이다.

노·일 전쟁 이후 그들은 포츠머스 조약으로 일본은 한국의 침략을 정당화했다. 이는 미국의 필리핀 지배, 영국의 인도 점령과 함께 강대국 사이의 외교적 상호 협약에 의한다. 일본의 한반도 점유권을 인정한 루스벨트 정권이 제1차 대전 직후의 윌슨에 의한 민족자결주의 선언으로 변한 것도 일본의 대륙 침략에 대한 위구심에 지나지 않는다. 윌슨 역시 그들의 식민지 정책을 포기한 것은 아니다.

아무튼 을사조약은 일본에게 제1 단계의 한반도 주권 점령을 실현한다. 그것은 조약 문서가 아니라 강제 문서의 결말이다. 여기에서 장지연의 논설 〈이날에 소리 높여 울부짖노라(是日也放聲大哭)〉는 전국 지식인의 뜨거운 감동을 일으킨다.

아아 가슴 아프도다. 노예가 되어 버린 우리 2천만 동포여, 살것이냐, 죽을 것이냐. 단군기자 이래 4천년 국민 정신이 하룻밤

사이에 갑자기 멸망한단 말이냐. 아프고 아프도다. 동포여 동포
여.

嗚呼 痛哉라 我二千萬 爲人奴隸之同胞아. 生乎아 死乎아 檀箕
以來 四千年 國民精神이 一夜之間에 猝然滅亡而止乎아. 痛哉 痛
哉라 同胞아 同胞아.

이 비통한 황성신문 논설은 을사조약 때 이등박문이 늘 지껄이
던 동양 3국의 안녕이 아니라 분열을 가져온다는 것과 내각 친일
파를 척청파 김상헌(金尙憲), 정온(鄭蘊)의 청에 대한 척화를 환
기하며 규탄하고 왕조와 2천만 민족에 대한 그들의 비양심을 분
노로 질타한다. 그는 검열을 피하여 제작한 신문이 바로 배포되는
밤 술을 마시면서 철야했다. 태연히 일제 관헌을 대기했다가 체포
된다. 이와 함께 이상설(李相卨)의 을사오적(乙巳五賊) 참살하라
는 상소, 이유승(李裕承)·안병찬(安秉讚) 들도 조약 거부를 비통
하게 상주하고 조병세(趙秉世)·민영환·최익현·이근명(李根命)
·윤태홍(尹泰興) 들과 모든 관료층도 상소·항쟁을 결행한다. 서
울 장안의 민중은 비분 통곡으로 일제와 역적들을 규탄하고 국권
회복을 외쳤다.
　민영환의 할복 자결을 뒤따라 80세 조병세의 음독, 그리고 홍
만식(洪萬植)·이상철(李相哲)과 같은 고급 관리나 김봉학(金奉
學)과 같은 1등병 병사, 주영공사 이한응(李漢應)과 이석종(李奭
鍾) 들의 순국은 민영환의 그것과 함께 민족 전체의 울분을 일으
켜 준다.
　특히 민영환은 한규설(韓圭卨)과 함께 그 한말 정부에서 지식
인 사회나 민중 사회에 깊은 신망의 대상이었던 사람이다. 정작
일제에 좌우되는 주권 이양에 대한 집권층의 자책이 없을 때 정부
일선에서 척족이면서 척족에 밀려난 민영환이 정부를 대표해서
자결한 것이다. 그의 순국은 그의 인력거꾼까지도 자살하게 할 만
큼 민족 구국 선언에 지대한 자극이 된다. 김구도 그를 조문하고

간 다음부터 민족 운동을 시작할 정도였다. 민영환의 죽음은 의병 운동에 불을 질러서 1910년대까지의 장기 투쟁의 원천을 이룬다. 그는 국치 민욕의 현실을 통탄하고 민족 장래에 절망하여 국민에게 어떤 것이 진정한 삶이고 죽음인가를 절규한 다음 '영환은 한 번 죽음으로 황은에 보답하고 2천만 동포 형제에 사죄하려 하노라. 그러나 영환은 죽어도 죽지 않고 구천지하에서 제공을 기어이 도우리니 다행히 동포 형제는 천만갑절 분려하여 지기를 굳게 하고 학문에 힘쓰며 한마음으로 힘을 합하여 우리 자유독립을 회복하면 죽은 몸도 마땅히 저 세상에서 기뻐 웃으리라. 아아 조금도 실망하지 말라. 우리 대한제국 2천만 동포에게 이별을 고하노라. (원문생략)'라고 외침으로써 하나의 죽음으로 민족 전체의 주체의식을 일으켜 세운다.

이러한 숭고한 순국은 청나라 지식인 반종례(潘宗禮)까지도 감동시켜서 인천 앞바다에서 한국이 망하면 중화도 위태하다, 우리 국민이 아직도 깨닫지 못하니 죽음으로 경각해야 한다고 투신 자살하게 만든다.

여기에서 민종식(閔宗植)·김복한(金福漢)의 홍주의병이 기의하고 최익현이 순창에서 기의하고 신돌석이 영남에서 궐기하게 된다.

고종은 출옥한 독립협회의 이승만을 미국 루스벨트에게 보내고 헐버트에게 대미 호소를 부탁하며 이상설, 이준(李儁) 그리고 러시아 주재 참사관 이위종(李瑋鍾)을 만국평화회의에 보내는 등의 마지막 수단을 펴지만 그것들은 실패한다. 그뿐 아니라 그 때문에 이등(伊藤)의 통감부는 다시 한번 강제한다. 그러나 1905년 이래의 의병은 1907년에 다시 전국적으로 확대된다. 미국에서는 친일 미국인이 전명운(田明雲)·장인환(張仁煥)에게 살해되고 안중근(安重根)은 드디어 이등박문을 북만주에서 쓰러뜨린다. 이재명(李在明)은 이완용에게 중상을 입힌다.

국내의 의병은 유생·농민·관군 그리고 광부들까지 동원되어 정예화된 무기를 가진 일본군과 대항한 것이다. 1908년 의병은

9만 명에 가깝고 일제와 대전한 것이 1천8백 회에 이른다. 경기·충청·전라·경상도의 이러한 의병은 그러나 일군과 장기전을 지속할 수 없었다. 여기에서 1909년 이후의 만주 의병 시대로 옮겨진다.

민영환·조병세·김봉학·홍만식·이상철 그리고 이한응·이석종 들의 순국은 그들이 국가가 기울어지는 비극적인 과정을 가장 정확하게 목격했고, 거기에서 한 시대를 살아가는 결정적인 자책을 깨닫게 될 때의 민족에 대한 표현이다. 한 민족 개별체가 민족과의 정사(情死)를 실현한다는 것은 모든 민족 안의 개별체들이 곧 민족 자체의 의미를 획득하는 일이다.

이미 민영환들의 상황은 지식인과 민중이나 권력 집단과 피압박 계층의 구별이 없어진다. 모든 것은 민족사의 중심으로만 귀결한다. 그런 귀결점을 그들의 민족적 정사로서 민족에게 민족의식을 공급한 것이다.

'죽어도 죽지 않는다'는 민영환의 말은 민족사에 대한 확신이다. 이 확신이 곧 정체된 의병운동을 다시 그 운동의 절정으로 끌어올린 것이다. 이런 순국의 의사(義死)는 그대로 한일합방 직후의 수많은 순국 지식인을 약속한다.

한말 사회는 언론·집회·결사 그리고 근대 교육의 학생활동, 종교활동, 신문학들의 성황의 근대사 전개의 기층을 이루었다. 거기에 근대 민족주의의 동심원(同心圓)이 이루어지는 것은 당연하다. 이같은 근대 지향의 사회에 부딪친 것이 1910년 8월의 한일합방이다. 이 비극은 장지연의 통탄이나 민영환의 순국이 침략자에 대한 더 많은 절망과 민족의 의지를 요구한다.

사실상 이항로 계열의 위정척사론도 지방 유생의 전근대적인 배타주의도 그와 반대로 개국을 주장하여 자기 주체를 균형의 상황에 놓으려던 개화주의와 급진파·온건파도 무위로 돌아갔다. 남접의 동학혁명이나 남북접 최후의 결전도 무위였다. 동학·기독교·척사사상들이 부분적으로 포함되고 개신유학(改新儒學) 계보도 가담하며 한글을 주장하고 애국가를 제정하며 민주주의 실천이나 교육·산업 개발, 관습 개혁까지, 가로등을 달아야 도둑을 막을 수 있다는 것까지 토론한 독립협회 운동도 끝내 무위로 돌아갔다.

그것들이 상충하고 서로 적대하며 사회를 지식인 중심으로 분열시키면서도 하나같이 그들이 지향한 궁극의 목적은 나라와 민족으로 돌아가서 일치한 것이다. 그것이 멸망을 통하여 그때에야 절실한 대명제로서 하나가 될 수 있었던 것이다.

그러나 민족의 구조적 실체가 없어진 곳, 국가가 국가의 모든 권리를 빼앗긴 곳에 민족은 명명(命名)되지 않는다. 또한 2천리 산하는 다만 일제의 부동산이 된 것이다. 5백년 조선 왕조는 한말에 이르러서 당쟁·외척·열강의 외세와 심지어는 국내의 모든 민족자위(民族自衛)의 운동으로부터도 사사화(私事化)되었다. 왕실은 고립되고 왕실의 결재권은 어디에 있는지 모를 지경이었다. 거기에 이완용이 옥쇄를 훔쳐다가 찍어서 합병늑약(合倂勒約)이 선포된 것이다.

다 끝났다. 그것은 한국사 최대의 파멸이다. 고구려·백제가 망하고 신라가 망하고 고려가 망한 것은 민족 내부의 자기 변동이다. 고려가 원에게 굴욕을 체험하고 조선이 명·청에 사대를 했다 하더라도 그러나 국가의 윤곽이나 민족의 정당한 표상은 지속되었다. 경술국치의 비극은 그런 것과 다르다. 그것은 4천년 민족사에 대한 완전한 파멸이었던 것이다.

그렇게도 나라와 민족의 이름으로 일어섰으나 한국 정부는 정작 아무도 없는 곳에 온 것처럼 침략자를 오게 한 것이다. 여기에서 조선조 모든 지식인이 그들의 호(號)를 자연속의 정적이나 한가(閑暇) 그리고 무위에 두었던 문약(文弱)의 자기 도취를 청산한 것이다. 박은식의 《한국통사(韓國痛史)》가 '……나라가 망하는 것을 구해내지 못했다 함은 우리 민족 전체가 문약해서 저들의 힘을 대적하지 못한 것이니 그렇다면 우리의 무력이 약해진 것은 어느 때부터란 말인가!'라고 개탄할 때 여기에서 김종서가 숙청당하고 이순신을 모함에 빠지게 한 권력 지식인을 단죄하게 되는 것이다.

그러나 이런 단죄는 민족 전체의 이름으로 귀환시켜야 한다. 그러한 오랜 사대부 사상의 단죄를 민족에 돌려보내면서 자기 자신이 전담한 망국 자결자들이 있다. 《한국통사》는 그런 선비들을 일제의 관작(官爵)을 받는 무리 76명, 회유(懷柔)당한 양반 유생 9천명과 대조하면서 그 일부분만을 표기하고 있다. '금산 군수 홍범식(洪範植), 주아 공사 이범진(李範晋), 승지 이만도(李晚燾), 진사 황현(黃玹), 환관 반학영(潘學榮), 승지 이재윤(李載允), 승지 송종규(宋鍾奎), 참판 송도순(宋道淳), 판서 김석진(金奭鎭), 참판 정모(鄭某:金溝人), 의관 백모(白某＝興德人), 의관 송익만(宋益晚), 정언 정재건(鄭在楗), 감역 김지수(金智洙), 감찰 이모(李某:報恩人), 영양 유생 김도현(金道賢), 동복의 송완명(宋完命), 태인의 김천술(金天述)·김영세(金永世), 익산의 정동식(鄭東植), 선산의 허모, 문의의 이모, 충주의 박모, 공주의 조장하(趙章夏), 연산의 이학순(李學淳), 전의의 오강표(吳剛杓), 태인의 김영상(金永相), 공주의 이근주(李根周) 등 29인이며 그 나머지 죽은 사람들도 또한 전하는 바가 있으나 모두 그 성명을 잃어버렸다'고 그 책은 기억을 가까스로 더듬어 말한다.

國破君亡不死何爲

나라가 망하고 임금이 없어졌으니 죽지 않고 어쩌란 말인가.

이것은 벽초의 아버지 홍범식의 유서다.

我生五百末　赤血滿空腸
中間十九歲　鬚髮老秋霜
國亡淚未已　親沒心空傷
萬里欲觀海　七日當復陽
獨立故山碧　百計無一方
白白千丈水　足吾一身藏

내 조선 끝에 태어나서 붉은 피 텅빈 창자에 가득하구나.

중간 열 아홉에 수염과 머리터럭이 가을 서리를 맞은 것 같네.

나라 망하여 눈물이 채 그치지도 않았는데 어버이마저 가시니 허한 마음 아프기만 하구나.

만리 밖 달이 넓은 바다 바라보니 이날이 동지인데

홀로 고산에 올라서서 백 가지 생각해도 막막할 따름

희고 흰 천길 물속에 내 한몸 감출 수는 있겠구나.

이것은 젊은 선비 김도현이 남긴 유시다.

亂離滾到白頭年　　幾合捐生却不然
今日眞成無可奈　　輝輝風燭照蒼天

楚氛掩翳帝星移　　九闕沉沉晝漏遲
詔勅從今無復有　　琳琅一紙淚千絲

鳥獸哀鳴海岳嚬　　槿花世界已沉淪
秋燈掩卷懷千古　　難作人間識字人

曾無支厦半椽功　　只是成仁不是忠
止竟僅能追尹穀　　當年愧未躡陳東

난리 겪다보니 백두년이 되고

몇 번이나 이 목숨 끊으려다 그렇지 못했구나

오늘 참으로 어이할 수 없게 되어

가물거리는 촛불 창천에 비치는 구나

요망한 기운이 가려서 제성(帝星)이 옮겨지니

구궐은 침침하여 주루(晝漏)가 더디구나

임금의 조칙 이제 받을 길 없으니

구슬 같은 눈물이 주룩주룩 조칙에 얽히는구나
새와 짐승도 슬피 울며 해악(海岳)도 찡그리는데
근역(槿域) 삼천리 강산은 이미 가라앉았구나
가을 등잔 아래 책 덮고 옛일을 생각하니
사람 가운데 글자 아는 사람 되기 어려워라
일찍이 나라 지탱할 조그마한 공도 없었으니
다만 인을 이룰 뿐 충이 아니며
겨우 능히 윤곡을 따르는데 그칠 뿐이요
그때의 진동을 밟지 못함이 부끄러워라

이것은 황현의 절명시다. 홍범식은 목을 매고 김도현은 바다에
투신하고 황현은 아편을 먹고 자결했다. 그들에게 있어서 죽음은
민족에 대한 최대의 헌납이다. 그리하여 이 땅에 태어난 선비로서
나라를 잃은 절망으로 자기 자신을 없앤 곳에 나라를 세운 것이
다. 지식인이 민족과 결부될 때 이러한 순절(殉節) 없이는 민족의
의식층을 선택하지 못한다. 지식인이란 그 사회의 의식자인 것이
다. 의식은 의지와 심상(心象) 그리고 신념을 아울러서 현실과 사
물에 대한 지각을 행동의 차원에 놓는 것이다. 황현이 관직 따위
를 포기하고 심지어 친구 이건창(李建昌), 강위(姜瑋) 들과도 왕래
하지 않고 일생을 지리산 밑의 구안실(苟安室)에서 지내다가 단
식·음독을 한 것에서 우리는 지식인의 국가의식, 민족의식을 절
망적으로 발견한다.
　이러한 죽음들은 현실적으로는 손실이다. 그러나 역사를 창조
하는 의지는 그런 손실을 토대로 추진된다. 민영환의 자결이 커다
란 의병운동을 자극하고 망국의 자살들이 그뒤의 식민지시대 민족
운동의 밀교(密敎)가 된 것이다. 더구나 유교에 있어서는 신명(身
命)은 천명과 조상으로부터 받은 존귀한 조상의 표현이다. 그것
을 스스로 끊어 버린다는 것은 머리터럭 한오리도 손대지 못해야
한다고 궐기했다가 대마도에서 단식으로 자살한 최익현의 자기
모순에서 그러한 죽음은 절실한 것이다.

이같은 자결자의 절의(節義)와 함께 우리는 망명 지식인들의 단면을 통해서 나라 없는 지식인들이 어떻게 지사화(志士化)하는가를 알고자 한다.

한일 합방 이후 일본 육·해군은 두 가지 목적을 가진다. 해군 함정으로 인천·부산 등지에서 초계하고 육군은 서울·평양·나남에 사단을 배치하여 만주 지방의 의병 토벌·방어와 함께 대륙 정복의 바탕을 이룬다. 헌병 경찰의 권한은 군사적인 것 이외에도 형사령(刑事令), 보안법 집회 취체령, 총포 화약류 취체령과 즉결 처분·집달리 사무, 도로·임야·우편물·세관 감시·세금 독려·일본어 보급까지의 광범위한 권한을 가진다.

이러한 상황에서 국내 의병의 일부 세력이 만주로 이동했으나 일제의 병력 때문에 통일된 의병 집단으로 조직되지 못하고 각 지역의 작전권으로 산재하게 된다. 그들은 고토(故土) 의식과 오랜 북벌론의 현장인 그곳에서 자기 위안을 획득함으로써 일제의 만주 침략 때까지 해외·국내와 연결되면서 각 군정서(軍政署)의 유격전이나 지역 행정이나 언론·교육까지 담당하게 된다. 그러나 의병 지식인 일부는 상해 임시 정부의 운동으로 전환한다.

그러기 때문에 임시 정부가 구성 계보로 보면 다양해진다. 이승만이 대통령직에서 숙청당하고 박은식이 좌절한 것은 임정(臨政) 구조가 집단의식이 결여된 것과 함께 만주 지방의 의병 지도자들이나 공산주의 세력과의 불화 때문이다. 여기에서 임정의 위기를 가까스로 극복한 김구의 농촌 혁명가적 단순성이 임정 지식인들의 분열을 수습하기에 이른다. 실지로 임정권(臨政圈)은 애국 투사로만 충당되어 있지 않다. 그 가운데는 독립운동이라는 이름 아래 분열·책동을 일삼고 사욕만 채우려드는 자도 없지 않았다. 임정 자체가 현실적으로 정치 권력을 구사하는 기구가 아니기 때문에 일종의 정치적 대외적 정체성은 불가피하더라도 국내에서 만주·연해주 그리고 미국의 동포 사회에서 걸고 있는 기대에 어긋나는 일이 적지 않았다.

상해 임시 정부를 중심으로 지식인 계층이 지도력을 가지지 못하고 농촌적 혁명가 계층의 테러리즘에 넘겨준 것은 조선 왕조 이래의 지식인 굴절을 아직도 예증하는 것이 된다. 김구가 나석주(羅錫疇)·이봉창(李奉昌)·윤봉길(尹奉吉) 같은 젊은 열혈한(熱血漢)들의 의열단(義烈團)을 만들고 그들에게 독립 의식을 고취한 이면에는 이러한 사정이 놓여 있다. 이승만과 김규식(金奎植)의 불화, 이동휘(李東輝)의 세력을 비롯해서 이동녕(李東寧)은 기질적 파벌이나 좌·우파의 파벌 때문에 고심하다가 끝내 박은식에 주도권을 넘긴다. 박은식은 김구에게 넘기게 된다. 처음 상해·프랑스 조계(租界)에 모인 이들은 대동단결이라는 말대로 국내·해외 각계가 임시로 규합된 것이기 때문에 파벌화 현상이 쉽사리 노출된 것이다.

그러나 그렇다고 하더라도 임시정부를 임시로 만들었다는 비난의 대상을 뛰어넘어서 그것을 발전시켰더라면 해방 이후 그들이 귀국해서 그와 같은 정치적 혼란을 보이지는 않았으리라.

오랫동안 외부로부터 재난을 받은 현실은 일단 그 외부의 재난과 멀어졌을 때는 내분으로 고난을 받을 법하다. 임정은 그것을 이겨내지 못하고 다시 미국·만주·시베리아로 흩어진다. 그리하여 임정을 김구의 단일체제로만 축소시킨 사실은 망명 정치가들의 민족의식이나 정치적 발상법 자체에 대한 큰 회의를 낳는다. 지식인이 정치나 사회에서 민족 명제의 순정(純情)을 잃는다는 것은 원천적으로 지성의 파산을 초래한다. 여기에서 망명자들의 의미가 저하되는 것이다. 동시에 그것은 식민지 체제 안의 신간회(新幹會) 분열·해체의 비애에도 그대로 연결되면서 한국 정치가 좌·우로 나뉘어지는 연원이 된다.

그러므로 안창호(安昌浩)의 〈거국가(去國歌)〉의 진실이 그 기상에도 불구하고 비애를 담고 있다.

(전략)
　　간다 간다 나는 간다 너를 두고 나는 간다
　　지금 너와 작별한 후 태평양과 대서양을

건널 때도 있을지요 시베리아 만주 들로
다닐 때도 있을지라 나의 몸은 부평같이
어느 곳에 가 있든지 너를 생각할 터이니
너도 나를 생각하라 나의 사랑 한반도야

간다 간다 나는 간다 너를 두고 나는 간다.
지금 이별할 때에는 빈주먹만 들고 가나
이후 성공하는 날엔 기를 들고 올 것이니
악풍 풍우 심한 이때 부디부디 잘 있거라
훗날 다시 만나보자 나의 사랑 한반도야.

39. 3·1 운동의 지성과 그 허상

　3·1운동은 임진왜란의 의병 그리고 여러 민란까지도 현재화시켜서 포함한다. 특히 한말 이래의 위정척사론 운동이나 사회 상층으로서의 갑신정변, 하층으로서의 동학혁명과 여러 의병운동, 독립협회의 만민공동회 운동까지도 그 운동 정신을 총합해서 하나로 만든다. 또한 그것은 식민시대 민족의 항쟁과 의지에도 활력을 지시한다.

　3·1운동은 부정된 민족의 부활이다. 또한 그 부정과 싸우는 민족의 근대적 전개인 것이다. 민족은 민족사 위에서 고정된 것이 아니라 역사 활동에 의해서 끊임없이 계기(繼起)되는 삶의 주체다. 아마도 그것은 일본 제국주의 침략에 대한 주체뿐이 아니라 모든 민족적 비아(非我)에 대한 주체의 표현일 것이다.

　그러므로 그것은 모든 민족이 주체적 자기 혁명의 분위기가 성숙한 시대, 주체가 침략의 위기에 싸인 시대의 환상황(環狀況)의 자기 표현이다. 따라서 민족이 민족적 비아·타아에 대한 전민족적 입장을 가질 수 있었던 것이다.

　한반도 역사가 처음으로 세계에 민족의 소재를 인식시킨 일을 3·1운동은 완수한다. 그것 자체가 오랜 종주국 체제를 탈피한 자기 체험을 통해서 이미 세계 인식을 한 것이다. 신채호의 사관이 '아(我)'와 '비아(非我)'와의 투쟁을 역사라고 본 것은 우연이 아니라 실로 이러한 민족사의 새 국면에서 인식된 역사 이해인 것이다.

　바로 이러한 역사 이해 계층에 의해서 근대적 자각의 지식인이 민족과 민족사를 복구하려는 운동의 기원(起源)이 된다. 그것은 3·1운동이나 중국의 5·4운동이 지식인의 민족적 고민과 행동의 소산임을 알게 될 때 민족은 민족 내부의 모든 의식을 총칭하는 데서 찾아진다. 3·1운동은 비록 그것이 정치적인 패배이기는 하지만 현대 한국사를 열었을 뿐 아니라 모든 역사 단계의 문화적 단층을 접속시키고 그것들을 동시적으로 현재 진행의 기반 위에 독립시킨 것이다. 그리하여 민족에게 민족사의 무한 개념인 미래를 보여준 것이다.

이 운동의 정치적 패배는 일제 자체만이 아니라 이른바 제1차 대전 후의 민족자결선언의 기만적 과정, 곧 입으로는 그렇게 말하면서 실지로는 전승국이나 강대국의 호혜적(互惠的)인 식민지 분배를 추진하는 과정과 무관하지 않다. 이미 일본 유학에서 돌아간 중국 유학생들은 5·4운동을 전후해서 이러한 민족자결주의에 깊은 의문을 제기한다.

그러나 그들과는 또다른 한반도 지식인은 이미 국가가 멸망한 상태이며 일제 군국주의의 무단 정치의 탄압 아래에 있었다. 여기에서 그런 윌슨 선언은 일단 크나큰 환상을 자극한다. 여기에 3·1운동의 대내적 한계가 있다. 동시에 그것은 이 한계를 뛰어넘으려는 민족의 의지를 총동원한다. 만약 우리에게 3·1운동이 없었다면 그것은 민족사 전체의 부재(不在)를 증명했을 것이다. 그것이 없었다면 한국 현대사는 민족에 대한 의식 장치로서의 민족 지성을 형성하지 못했을 것이다.

그러나 우리는 3·1운동에 관한 한 무조건 위대한 것은 아니다. 그 가운데서도 3·1운동에 관련된 지식인들의 실상과 허상은 후진국 지성의 비애까지도 떨쳐 버릴 수 없게 한다.

우리는 먼저 3·1운동을 그 독립선언문을 통해서 독립정신을 말할 필요가 있다. 이와 함께 동경의 2·8독립선언문에도 접근하지 않으면 안 된다. 그것은 선언문 기초자 최남선과 이광수에 대한 비교가 아니다. 여기서 결론으로 말한다면 민족 사회에 최대의 감명을 불러일으킨 3·1독립선언문이 실지에 있어서는 명문일 뿐 민족의 자기 주체를 정당하게 표현했다고 말할 수 없다. 이미 그것은 한일 합방 이래의 식민지적 오염이나 한말 이래의 일본 체험에서 생긴 현실 타협의 비굴성을 내재하고 있다. 안병직(安秉直)은 〈조선경제사〉를 배경으로 한 《3·1운동》에서 '최남선이 작성한 3·1선언서는 천도교 지도자의 주관하에 작성된 것으로서, 밖으로는 인도주의 특히 제국주의 간의 식민지 재분배를 목적으로 하는 민족

자결주의의 응원을 얻고 안으로는 일본 정부와 협의하여 독립을 달성하려는 독립 청원을 내용으로 하고 있다. 민족 대표 33인 중에는 천도교 지도자뿐만이 아니라 기독교 지도자와 불교 지도자도 있었으므로 선언서 작성에 있어서도 천도교 측의 주장만이 관철된 것이 아니라, 천도교 측이 원래 '독립 청원으로 하느냐 독립 간청(懇請)으로 하느냐'로 서로 시비가 많을 때 불교 측의 한용운이 분연히 일어나 독립선언서로 하기로 하고 또 최남선이 작성한 선언서의 내용을 일층 보강하였을 뿐만 아니라 공약(公約) 3장을 첨가함으로써 3·1선언서가 독립선언서로서의 외형을 갖추기는 하였으나 그 내용은 독립 청원서를 벗어나지 못하고 있다'고 말하면서 만주 지방의 비투항주의 독립 전선이 일제를 원수로 규정하고 그것에 대한 투쟁을 선언한 사실을 대비시키고 있다.

실지로 선언서는 국내의 3·1선언문 이외에도 동경 유학생들의 2·8선언문, 해외의 대한독립선언서, 연해주의 조선독립선언서, 그리고 대만 유학생들의 선언서 들이 있다.

국내에서 주로 배포된 3·1 선언서는 그것을 국내에서 선언한다는 사정에 의해서 일제에 대한 청원을 내용으로 한 것인지 모른다. 그러나 그런 국내 사정을 감안한다 하더라도 3·1운동의 발기 계층의 체질을 드러낸 것은 틀림없다. 말하자면 민족해방 또는 민족자주성을 투쟁이나 적극적인 획득 논리로 주장하지 않고 현실 수정주의로서 일본 총독·수상·의회에 대한 민원적(民願的) 진정형식(陳情形式)까지 구사한 것이다. 이런 내용은 3·1운동의 3대 원칙인 대중화·일원화와 함께 비폭력 원칙에 입각한다.

'조선의 독립국임과 조선인의 자주민(自主民)'임을 선언하고 그것을 '세계 만방'과 '자손 만대'에 알리며 이러한 자주·독립을 '민족 자존의 정당한 권리'로 강조한 독립선언서는 그러나 그 주제는 독립선언에 있다. 그럼에도 불구하고 그 운동을 지도한 일제 예속 계층의 현실 가치나 비폭력주의로서의 피해 방지를 의도한 사실이 끝내 명월관의 자기 도취적 집회와 총독부에 자청해서 그 집회를 통고하는 투항주의에 이른 것이다.

말하자면 국내 기성 지식인들은 행동의 적극화를 주저했다. 일제 침략 정책이 그런 화해의 행동으로 후퇴하리라는 어리석은 생각을 한 사람은 적어도 명월관 민족 대표들 가운데서 하나도 없었을 것이다. 한용운이 이러한 집회의 한계 안에서 가장 적극적인 분위기를 주도한 것도 그가 3·1독립선언서에 대한 극복으로 〈조선 독립 선언의 이유〉를 옥중에서 쓴 사실과 함께 그들의 진실에 틈입해 있는 위선을 혐오했기 때문이다. 일제의 폭력에 대한 타협은 그것이 그 당시의 여러 상황을 파악한 나머지라고 하더라도 국가 회복에 있어서 결코 용납되지 않는다. 그때는 흔히 말하는 '저돌적' '과격' 따위로 평가된 일도 있는 투쟁과 적대인식 밖에는 아무런 의미가 주어지지 않는다. 그러기 때문에 3·1운동 10년 전의 미국에서 대한인국민회(大韓人國民會)의 항일 독립 결의문이나 3·1운동 당시 만주 지방의 조선독립선언서, 2·8독립선언서들과 같은 혁명적 용기를 바탕으로 한 것들이 훨씬 일제와 일제 식민지 사회의 현실을 합리적으로 성찰한 것이다. 이성이란 언제나 극단적인 현상이나 '동양 평화의 적(敵)', '사기·강박·불법·무도·무력·폭행', '인류의 적', '역천(逆天)의 마도국적(魔盜國賊)을 일수(一手)로 도결(屠決)하라', '육탄 혈전으로써 독립을 완성해야 한다' 따위의 과격한 표현을 억제하는 것은 아니다. 이성이 민족의 현실을 그 이성에 합리화하는 일이 지식인의 몫이라면 그것이 현실에 대해서 어떤 행동을 낳는가는 자명해진다. 요컨대 3·1운동과 관련된 선언이라면 그 운동의 효과나 대중 선동을 목적으로 삼지 않는 경우에 있어서도 '과격'하지 않으면 안 되고 일제를 최악의 적으로 인식하지 않으면 안 된다. 여기에 3·1운동 지도 계층의 조심스러운 소극·타협주의의 '비폭력'이 깃들인다.

고종 인산(因山)의 장렬(葬列)이 보이는 백의민족의 평화 시위로 자주독립이 보장된다고 믿는다면 그런 치정(痴政)도 없을 것이다.

그리하여 3·1운동이 1년 동안 전국적으로 지속될 때 필연적으로 일제의 대학살이 감행된 것이다. 한 민족이 빼앗긴 주권을 되찾으려는 노력이 어떻게 평화적으로 달성되겠는가. 다시 한번 이 땅은 임진왜란의 재난이 재연될 것이다. 이런 상황에서 비폭력을 들고 나온 것은 민족대표들과 3·1운동의 청년 지식인이나 민중과의 단절을 노출한다.

민족이라는 대명제 아래에서 명월관 지도자와 일체화되었으나 현실에 있어서는 3·1운동의 중심 세력은 민중이었던 것이다.

민중은 폭력 앞에서 쓰러져간 비폭력 집단이 아니다. 마침내 그들은 비폭력적 폭력을 실현한다. 그리고 그러한 폭력 의지는 책임을 전가하지 않는 자기 희생에 도달한 것이다.

여기에서 우리는 3·1운동에 참가한 지도 계층의 유형으로서의 지식인들을 인상화(印像化)할 필요가 있다.

첫째, 최린(崔麟)을 중심으로 한 권동진(權東鎭)·오세창(吳世昌) 들의 천도교 계층이다.

둘째,·장로교의 서북 지역 이승훈(李昇勳)·길선주(吉善宙)와 서울 지역 함태영(咸台永) 들과 감리교 계층이다.

셋째, 중앙고보의 송진우(宋鎭禹)·김성수(金性洙)·현상윤(玄相允) 들의 배경 계층이다.

넷째, YMCA 박희도(朴熙道)를 주축으로 한 김원벽(金元璧)·강기덕(康基德) 들의 전문학생 계층이 있다.

다섯째, 한용운을 중심으로 한 불교 계층이 호응한다.

그러나 여기서는 유교와 천주교가 지도적 차원에서 제외된다. 천주교는 이조 후기로부터 이 땅에 많은 순교자와 종교적 피해를 내면서 정착한 뒤 정치 현실에서 분리되었다. 그것은 그들의 종교 집단에 대한 누적된 피해의식 때문이기도 하며 자위의식 때문이기도 한 것 같다. 이점에 있어서는 민족의 대승적 독립 운동에 그들이 참가하지 못한 교회사적 공동(空洞)이 되어 흔히 천주교는 고난을 받았을 뿐 투쟁하지 않았다는 속담을 감수하고 있다. 그들은 실지로 사회에 대한 소외 상태뿐 아니라 이조 말기 또는 대원군의 탄압·학살에 의해서 많은 의식 지도계층을 잃고 있었으며 그 때문에 서북의 활발한 개신교 운동보다 뒤떨어진 것도 사실이다. 3·1운동에서 그러한 천주교의 열세가 불가피하게 음각된 것이다.

유교의 경우 3·1운동의 주역권에 참가하기 어려운 입장에 놓여 있다. 그것은 위정척사론이 서학 및 서구 문명 또는 서양인 자체를 짐승으로 배척하고 천도교도 동비(東匪)로 가치 부정한 자존심이 있다. 또한 불교 역시 그들의 우종(右宗)이 될 수 없다. 여기에서 한용운이 유림 대표로 곽종석을 만나 설득했다는 말이 의심스럽다. 왜냐하면 이항로·최익현 이후의 유교지도자인 곽종석이 그 당시 형편으로 보아 천민이하의 불교 승려를 만날 만큼 현실화되지 않았기 때문이다.

이러한 실정으로 보아 유림이 유교적 전통에서 심화된 절대 귀족적 권위를 함부로 해제하고 천도교, 기독교, 불교도 들과 민족 구심점을 향해서 평균화되기는 어려웠던 것이 사실이다. 다만 김창숙(金昌淑)·김복한(金福漢) 들이 그러한 곽종석을 표상으로 삼아 유림 대표 1백 37인 서명의 파리장서(巴里長書)를 실현한 것만 해도 유교로서는 커다란 변모였다. 그들이 조선 후기 이래로 줄기차게 '척사(斥邪)'한 바로 그 짐승이 파리의 강화회의 참가국이기 때문이다.

곽종석이나 김창숙·김복한은 각각 개인적인 사정 때문에 민족 대표 응낙을 할 기회가 있었다 하지만 그렇지 않더라도 그들의 즉흥적인 참가는 불가능했을 것이다. 말하자면 독립선언서가 유교적인 왕정복고(王政復古)를 언급하지 않았기 때문이다.

그러나 유림 사회는 고종 인산에 대한 의무적인 국상(國喪) 참여 때문에 많은 서당 학생이나 훈장 향반·토반 그리고 양반과 사족들이 서울에 모여서 백의(白衣)·백립(白笠)·백혜(白鞋)로 망곡(望哭), 참예했을 때 그들이 귀향할 무렵의 남대문 역전 만세운동에 가담한 것은 3·1운동의 큰 성과를 이룬다. 다만 전우(田愚)만이 정식으로 참가를 거부했을 뿐 만주 지방의 의병 운동으로 유림의 지사가 국내에서 나갔으며 최익현·임병찬(林炳瓚)과 기정진·기우만 들이 의병 지도자로 순국한 것을 감안한다면 그 운동

이 지방에 확대되었을 때의 유교 사회에 가장 열렬한 만세운동이
벌어진 사실이 그런 골짜기를 메워 주고도 남는다.

이점은 한말 의병 운동이 지방 유림사회를 중심으로 산발한 것
이 유교 세력의 정당한 사회 지배를 뜻하는 데 대해서 3·1운동이
서울이나 평양을 중심으로 지방·도시·농촌으로 확대된 과정에
서 이미 유교사회가 민중화되었다는 증거도 낳게 한다.

이러한 유교·천주교가 독립 선언 대표 그룹이나 서울 중심의
운동을 방관한 것은 천주교의 예 이외에는 독자적인 운동까지 방
관한 것은 아니다. 실지로 유교사회의 힘은 표면적인 천도교보다
는 훨씬 많은 잠재력을 가지고 있었던 것이다. 일제 10년의 초기
무단정치는 천도교에 대한 탄압은 눈에 띄지 않는다. 그런 기회에
손병희의 교회 통솔력과 현실 편승의 재략(才略)은 교회 조직화
에 전염한다. 그렇다고 하더라도 그것은 아직 유교 문화의 풍속적
사회보다 우세한 것은 아니다. 무엇보다도 유교의 경우 항일전선
의 제일의적 주역을 확보하는 의병이 3·1운동의 충동적 배경이
되고 있다는 사실이다.

이러한 점에서 3·1운동을 한용운·이승훈·길선주·양전백
(梁甸伯)·최린·박희도 들의 적극성에도 불구하고 민족 대표 중
심으로 말하는 일은 크게 경계해야 한다. 적어도 이 운동에 관한
한 특정한 집단의 이기주의를 배제해야 한다. 그것은 이 운동 자
체가 특정한 계층간의 교류 관계가 없음에도 불구하고 민족적 과
제 안에서 균등한 민족 집단을 이루었기 때문이다.

첫째, 천도교 계층은 일진회(一進會)의 이용구(李容九)를 축출
시키고 천도교로 정비하는 한편 교회 재정을 장차 현세에서 얻어
지는 관작을 위한 성미(誠米) 갹출로 확보하며 교회 인구 점검과
조직을 시도한다. 한말 이래로 유교사회가 신분 질서의 해체로 동
요되자 사실상 민간조직체로서는 천도교의 역량은 큰 것이다. 3·1
운동의 계획이나 재정을 주도한 것도 그런 역량에 의존한다. 그
러나 그들의 신중한 계획은 일단 송병준(宋秉畯)·박영효·윤치
호 들과 독립 청원에 관한 교섭을 통해서 현실적으로 가능한 조선

318

자치권(自治權)을 말한다. 그런 다음 최린과 중앙고보 계층이 박영효·한규설(韓圭卨)·김윤식(金允植)·윤용구(尹用求) 등의 한말 귀족 요직자를 3·1운동에 흡수하여 일제에 대한 유화화(柔和化)를 시도하고 백성들의 구왕조 호응 정서를 배려하는 일에서도 그들의 조심스러운 타협의 단면이 나타난다.

최린의 비폭력 원칙은 실로 이러한 사정에서 평화의 이론으로 주창된다.

그러나 여기에 비해서 서북 기독교 계층은 기독교 토착화가 아직 완성되지 않은 과정의 발생 분위기이므로 도리어 그들의 사회의식은 청년적인 열정을 수반한다. 특히 그들이 인식한 세계는 기독교 문명 국가들이므로 거기에 자극을 주는 일에 쉽게 참가할 수 있다. 따라서 오랜 시대를 중앙집권체제에서 소외되고 지역적 저항의식이 강한 서북 지역은 일제에 대한 주체적 투지가 이미 역사 단계에서 축적되어 왔다. 그들에게 있어서 고려·조선의 왕조에 대한 지역적 불만은 일제에 대하여 도전적으로 전사(轉寫)된다. 거기에 신흥 세력으로서의 기독교가 가지는 적극성이 크게 활용된다.

안창호(安昌浩)의 자기 반성적 계몽 운동, 사회 운동에서 연원된 길선주·이승훈 들의 광범위한 교회 조직망을 자발적으로 강화한다.

한동안 천도교 측의 소강 상태로 기독교와의 규합이 어렵게 된 일도 없지 않으나 교회 자체의 배타주의가 이교(異敎)들과 일체화되어 3·1운동을 추진한 것은 한국 기독교사상 발전적 기회가 된다.

천도교와 함께 민족 대표의 2대 주류가 되는 기독교 사회는 이미 근대적 각성을 경험한 저항 집단이다. 그들은 이미 안창호·전덕기(全德基)·안태국(安泰國)·이동녕(李東寧)·이동휘(李東輝)의 기독교 정치 결사인 신민회나 해서지방(海西地方)의 해서교육총회의 기독교 중심의 집단을 지나서 1백 5인 사건을 이겨낸다. 그들은 한국 사회에서 가장 잘 단합되는 신념을 가짐으로써 교회 대중을 움직이는 힘을 발휘한다. 종교가 아직 전체 민중의 의식에 대한 매개체가 되어 민족적 자각에 작용하지 못한 점은 홍이섭이 지적한 대로지만 민족 대표 세력에서는 중요한 역할을 확대시킨다.

중앙고보 계층은 앞장서서 독립 운동의 필요성을 환기시키지만 배경으로 후퇴한다. 그것은 천도교 지도 계층과 똑같은 근신 때문이다. 그들이 유교의 근대적 해석자이며 또는 일본 유학에서 돌아온 근대 지식인이며 당대의 사회 지도자이기는 하지만 미덕보다 정치적 용기가 발달하지 않는다. 김성수는 거사 당일 일경(日警)에게 알리바이를 성립시키기 위해서 송진우·현상윤 들의 권유로 고향에 내려간다. 이점은 의병사나 혁명 전선에서는 찬성하지 못할 일이기는 하지만 그들이 남긴 사회적·문화적 지도력이 가지는 한계인 것이다. 실지로 이론 위에서는 그들은 뛰어난 민족 주체의식을 가진다. 그러나 그것을 2백만 만세 시위 참가자의 대부분을 차지하는 민중의 행동역량에는 지극히 간접화되고 만다. 3·1운동의 여러 요인 중에서도 전민족적 보편화로서의 그것이 가장 큰 것이라면 이들은 그러한 보편요인의 민중 역량에 대한 계급적 특권을 누리고 있다.

이러한 문제는 박희도를 정점으로 한 학생층이 극복한다. 사실상 독립 운동이 각 집단이나 인적(人的) 세력에 파급된 원인은 학생층의 조직적인 활동에 있다.

대표자들의 독립선언서 낭독이 파고다 공원을 포기하고 손병희 단골의 명월관 별관으로 옮긴 것은 그들의 치명상이다. 군중에게 피해자가 발생하는 일을 방지하려는 의도라고 하지만 그것은 진의가 그렇다 하더라도 더욱 비열하다. 그리하여 경신학교 정재용(鄭載鏞)이 파고다 공원의 민중과 학생들 앞에서 과감하게 독립선언서를 낭독한 것은 3·1운동=학생 운동의 의미를 시사한다.

이에 대해서 명월관에서는 겨우 투지를 가진 한용운이 개최사를 한 뒤 선언서 및 글을 읽고 해설할 정도였다. 그것 하나도 완독(完讀)할 수 없는 분위기였던 것이다.

독립협회를 전후해서 이미 근대식 초기 교육은 많은 학생을 양성했다. 종교의 교육 사업이나 여러 사회 유지의 사학(私學)은 도리어 관학 기피증까지 유발하면서 반일 사상을 고취받는다. 특히 기독교 학생들의 민족적 저항의식은 망국 사회에 있어서 독립의지의 미래를 개척할 만큼 집요했다. 그들은 현실을 판단하는 비평 의식을 가짐으로써 지식인의 존재 방식을 터득한다. 모든 본능적 이기주의가 민족에 대한 이념적 이기주의로 제고될 때의 신성한 주권 옹호는 그들에게 있어서 아직 미비한 것이기는 하나 뜨거운 과제였다. 3월 5일의 제2차 만세 시위는 강기덕·김원벽과 김종현(金宗鉉)·최강윤(崔康潤)·채순병(蔡順秉)·한위건(韓偉健)·장기욱(張基郁)·한창식(韓昌植)·전옥쾌(全玉快) 들의 주도 아래 학생 수천 명과 고종 조상을 본 뒤 귀향하는 지방 유생·양반 그리고 각 계층을 망라한 민중 수만 명이 3·1운동을 본격화시킨 것이다. 그러기 전의 운동 준비를 전국적으로 완료한 것도 학생층이다.

이러한 3·1운동의 학생 활동이 유관순의 신화를 낳은 것이다. 박희도는 이미 구속되었으나 그가 지도한 학생 운동은 운동을 본격화시킨다.

이런 3·1운동 이전의 학생 운동 역시 중요하다. 동경 유학생들이 결사한 조선청년독립단 송계백(宋繼白)·최팔용(崔八鏞)·윤창석(尹昌錫)·김도연(金度演)·이종근(李琮根)·이광수(李光洙)·김철수(金喆壽)·최근우(崔謹愚)·백관수(白寬洙)·김상덕(金尙德)·서춘(徐椿) 들의 2백 명 독립선언은 국내의 독립 운동에 자극을 준다.

송계백이 국내의 현상윤·정노식(鄭魯湜) 그리고 최린·송진우에게 연결되어 그 자극이 구체화된다.

이들은 몇 사람을 제외하고는 대체로 국내 유력자 계층에 속한다. 그들이 동경 유학을 통해서 세계의 정세나 문명 또는 민족 의식이 반영되는 여러 상황을 이해할 때 거기에서 폐호독서(閉戶讀書)의 서생 기질을 뛰어넘고 학생이 현실에 참가하는 적극적 지식인의 기능을 발휘한다.

우리 나라가 오랜 민족 국가였다는 사실, 청·일 전쟁 이후 각 국이 독립을 승인한 사실, 러·일 전쟁의 협력에도 불구하고 일본은 불의로 합방조약을 체결한 사실, 그것이 조선 민족의 의사가 아니라 일제 군국주의의 소치라는 사실, 합방 이후 무단·전제·불평등 정책으로 일관한 사실, 생존권 상실, 평화를 위하여 정의·자유를 기초로 한 독립의 필요성을 역설하고 결의문에서 결의문이 실천되지 않을 때는 '오족(吾族)은 영원히 대일혈전(對日血戰)'을 벌일 것을 강조했다. 여기에서 근대 한국의 정치 사상이나 학생 운동의 표기 단어가 되는 자유·민주·정의가 발상한 것이다.

이러한 학생의 비기성적인 행동이 민중의 폭발력을 가세시켜서 노비는 물론 노동자·농민 그리고 여성까지도 민족 운동의 극대화를 실현한다. 여기에서 독립 청원적 운동의 오도(誤導)를 방지하고 민중이 자발적으로 혁명의 전역화(全域化)를 실현한다. 그리하여 한용운이 검찰 진술에서 말한 바 "국가는 모든 물질 문명이 완전히 구비된 후에라야 꼭 독립되는 것은 아니다. 독립할 만한 자존(自存)의 기운과 정신적 준비만 있으면 충분한 것으로서 문명의 형식을 물질에서만 찾음은 칼을 들어 대나무를 쪼개는 것과 같으니 그 무엇이 어려운 일이라 하겠는가"라는 독립 정신을 민족사 최대의 불행을 통해서 보편화한다.

40. 오산문화(五山文化)의 민족의식

중세 이후 한반도 서북 지방은 정치적 국외 지역이 된다. 그 때문에 항상 정치적 야성이 자생한 것이다. 묘청과 홍경래 역시 그러한 서북 지방의 도전적 야성이다. 그러나 이러한 야성이 개국과 함께 급속도로 문명화한다. 그것은 전통적인 불교·유교 문화가 지역적 실익이 되지 못할 때 연경의 기독교를 거의 자발적으로 영입하고 봉건적인 사회 체제에 대한 저항 요인이 상대적으로 근대의식을 점화시킨 것이다. 이조 말기의 관료 시찰이나 관비 유학생 이외에는 이 지역의 유학생 망명자들의 격증은 그들에게 세계 체험의 선각적 계몽 지식인의 역할을 맡게 한다.

이것이 한말 이후의 한반도 근대화 과정에서 큰 몫을 차지하는 근대적 자각을 통한 계몽 운동의 주력을 확보하는 서북 지방의 기독교 문화인 것이다. 그러나 그것은 기독교 자체로 그들이 경사된다기보다 기독교가 그들에게 와서 한국화한다고 말할 수 있다. 그것은 서북 사회가 오랜 시대의 정치적·문화적 소외 요인을 누적하고 있는 반면 그들의 강직하고 자기 주장을 타당하게 하는 삶의 의지 때문이다.

조선 말기 이래로 한국적 사회 사상의 흐름은 크게 삼분된다. 첫째 위정척사론 운동과 그 계보의 의병 저항, 둘째 개화 운동과 독립협회 운동, 셋째 동학운동과 그것을 대조시키는 갑오경장이다. 독립협회에는 직접 서북사회의 청년 지도자였던 안창호(安昌浩)가 참가했지만 그러나 서북지역은 다른 지역과 달리 위정척사론 운동과는 사실상 절연된다.

그들의 개화의식과 자아의식의 생성은 척사론과 같은 봉건질서 복구운동과는 상극을 이루는 근대화 운동의 주제가 된다. 특히 안창호의 대성학교를 중심으로 한 평양 사회와 이승훈의 오산 학교를 그것과 일치시킨 서북 사회의 근대적 사회 계몽·교육·인격 수양·독립 의식 주입의 운동권을 여기에서는 오산문화라고 말한다.

　이들의 계몽·교육의 사회 문화 운동은 식민지 시대를 인내해 오면서 현대 한국의 계몽 사항을 집결시키고 거의 국내는 물론 국외의 한일 사회까지도 큰 영향을 주는 도산주의(島山主義)에 이른다. 실지로 안창호·이승훈·이갑(李甲)·길선주를 비롯, 양전백·유여대(劉如大)·조만식(曺晚植)·이광수·주요한(朱耀翰)·김교신(金敎臣)·오윤선(吳胤善)·김억(金億)·함석헌(咸錫憲)·김소월(金素月)·손창윤(孫昌潤) 들의 사회 운동, 종교 운동, 문학 운동, 민족기업 운동 들이 끼친 신문화 및 자주의식은 그 지역 출신이 아닌 윤치호·주기철(朱基徹) 들까지도 호응하게 만든 것이다. 이러한 사상 운동의 흐름이 이른바 〈사상계〉 문화에까지 그대로 계승되어 오늘의 기성 사회에 대한 지대한 계몽을 실현한다. 이러한 오산문화를 대표하는 것은 안창호의 삶이다. 그는 손병희와 같은 권력 추구자도 아니다. 이점이 안창호를 독립 운동의 체계화에 부응할 때 정치적 좌절을 가져오게 한다. 서부 미주(美洲)에서의 공립협회(共立協會) 운동은 독립협회를 재현한 것이다. 귀국한 그는 망국 직전까지의 신민회 운동, 대성학교 건립, 실업에까지 민족자각 운동으로 3·1운동의 기반을 만들어 놓고 다시 망명한다.

　그와 함께 망명하려던 옛 독립협회 동지 신채호는 배멀미 때문에 해상 망명을 하지 못하고 오산학교 경유 북경 상해로 간다. 안창호는 마포에서 제물포로, 거기서 상해로 직행한다. 시베리아·유립을 경유, 대서양을 횡단한다. 이런 체질의 차이로 하나는 대륙에 머물고 하나는 해외로 가게 된다. 신채호가 그의 배타적인 투쟁 사관에도 불구하고 만년에는 고국의 아이들을 미국 유학을 보내려고 간절히 생각했던 것도 안창호의 체험 때문인 듯하다.

　다시 미국에 나타난 안창호는 공립협회를 대한인국민회로 발전시키고 거기에서 이승만과 단절된다. 이승만은 상해 임정에서도 신규식(申圭植)·이동휘(李東輝)·이시영(李始榮) 들의 임정 기반을 임의로 이용하다가 축출되어서 미주 하와이를 중심으로 그의 세력을 강화한다.

안창호는 국민회에서 실패하자 도산주의의 위업인 흥사단(興士團)을 창설한다. 이 흥사단은 천도교가 소수의 지도 계층 이외에는 민중을 조종하는 종교 집단임에 대해서 지식인 중심의 청교도적인 애국 계몽의 운동 집단이 된다. 3·1운동이 일어나자 상해에 건너가서 임정에 참가한다. 그러나 임정 파벌로 환멸을 일으키며 후퇴한다. 그가 거기서 부딪친 첫 시련은 임정 각료로서 공산주의와의 대결이다. 그는 한용운의 급성화된 독립 의식과는 달리 장차 김구(金九)들에게 주도될 한국 독립당을 그곳에서 창립하나 현실에서는 독립 불가능을 깨닫는다. 말하자면 즉흥주의 독립사상을 지양하고 독립의 역량으로서의 산업 교육을 장려하며 점진주의 독립을 목표로 내세운다. 그것은 옳다. 흥사단의 대륙 지역 확대, 국내 확대 또는 흥사단의 국내 수양동지회(修養同志會) 사건으로 일제의 검거가 된다.

말하자면 그의 체험은 상해 임시정부나 미국 지역의 동포 운동 또는 만주 연해주의 독립 운동의 절실한 필요성은 인정하나 국제적 상황과 일제의 침략정책 팽창이나 그것들의 자체 안에서의 분열·도착 상태로서는 독립 실현의 활력이 없다는 것을 그의 성찰은 이미 깨닫고 있다.

여기에서 안창호의 정치가적 입장이 크게 변전하여 사회 운동가, 교육자로 돌아간다. 그러면서 그의 인격주의·수신교육(修身教育)은 독립 운동에 수요(需要)되는 적대 의식이나 분노를 해소시킨다. '나는 도산이 나라를 위해서 우는 것을 보았으나 노하는 것은 한번도 본 일이 없다'고 이광수가 상해 시대의 안창호를 섬긴 뒤에 말한 것은 그의 윤리적 체질을 밝히기도 하지만 도산주의의 극기력이 현실에 대한 갈등으로부터 벗어난 의식을 반영시킨다.

임정의 분열과 주도권 쟁탈의 파벌을 보고 임정의 재정적 기반이 된 이시영(李始榮)이 조선인은 무얼 만들어 놓으면 감투 싸움하기에 여념이 없다고 개탄하고 재정 조달만 하고 뒤로 물러난 사실은 안창호에 이르러서 항상 사업의 배후에 자리잡는 겸양과도 유사하다.

　물론 이러한 의식은 한국의 공동 사회가 오랜 정치 파벌화의 풍토를 다져온 것을 그 스스로 개탄할 때의 선택인 것이다.

　그리하여 식민지 시대에 들어서서 그는 민족 정의나 자주의식이 극도로 퇴폐화했을 때 거기에 대한 외설인 것처럼 난데없는 미소운동(微笑運動)으로 귀결된다. 그의 송태산장(松苔山莊) 정문에는 '방그레' '벙그레' '빙그레'의 스마일 표제를 붙이고 누구나 거기에 드나들 때는 미소를 권장했다. 이것은 그가 다년간 미국 생활에서의 평화와 즐거움에 대한 선망이 작용했다.

　정치적 동인회(同人會)이기는 하지만 상해 임정의 정치악 행태로부터 자퇴한 그의 이상촌(理想村) 의식은 이런 대사회적인 인격 함양에 큰 의미를 부여한다. 여기서 유명한 안창호의 거짓 배척이 일어난다. 이러한 정치적 소극화와 인도주의 노선은 그가 체험한 정치 지성의 허위 의식 때문이다. 안창호의 "어떠한 역경에서도 거짓이 없으라"는 교조는 민족개조론(民族改造論)의 주제가 되고 있지만 일제의 정치 사회의 군국화 현상에 대해서 그것은 일단 오도될 위험이 따른다. 그것은 거짓을 없애라는 사실 자체가 약자의 엘레지가 되기 때문이다.

　거기에는 대립도 아집(我執)도 없는 평화의 늪만이 있다. 그러한 늪으로서 어떻게 현실의 많은 악덕과 폭력을 이겨낸단 말인가. 이 역시 그의 미주 사회 표면이 보여주는 솔직·진실에 대한 자기 이식(自己移植)인지도 모른다.

　그의 민족 종교의 교화는 톨스토이 주의 및 간디 주의 그리고 미국인들의 일상 문화를 습득한 한민족 자아 완성을 목적으로 한다.

　문·(도산) 옳소, 그러면 우리 나라를 참나라로 만드는 길은 무엇이오.

　답·(춘원) 거짓을 버리는 것입니다.

　문·거짓을 버린다면 실제로 어떻게 한단 말이오.

　답·거짓말을 뚝 끊고 모든 거짓된 것을 일체 버리는 것입니다.

　문·누가?

326

답·우리 민족 모두.

문·우리 민족이 2천만이 넘는데 어떻게 그들이 거짓을 버릴 수가 있소. 또 누가 그들더러 거짓을 버리라고 명령을 하며 그 명령을 듣기는 누가 듣겠소.

답·어려운 일이지요, 그러나 해야지요.

문·어떻게? 무슨 방법으로? 누가?

답·(오랜 시간 말이 막힌다)

문·(말없이 쳐다보고 있다)

답·이제 알았어요.

문·말씀하시오.

답·내가 해야겠소. 내가 거짓을 버리고 참된 사람이 되어야겠소.

문·××군이?

답·네.

문·×× 군이 혼자서 오늘부터 거짓을 버리고 참된 사람이 된단 말씀이오?

답·네. 그 길밖에 없다고 생각합니다.

이 문답은 이광수가 흥사단에 입단할 때의 입단 문답이다. 당대의 재사 이광수가 안창호의 질문에 진땀을 흘렸다는 것이 이 문답이다.

이것을 검토하면 안창호·이광수는 상호 유도적으로 나라 잃은 민족의 실질을 자기 반성으로 처리하고 있다. 그것은 안창호가 적은 침략자뿐이 아니라 자기 자신의 내부에 있다는 주장과 같다. 그러므로 여기서는 민족 현실을 기독교적 원죄를 도입함으로써 민족을 거짓투성이로 기정 사실화한다. 이점이 안창호의 권위주의적 인도주의의 특색이 된다.

그러나 이러한 민족 원죄 의식을 정치나 혁명적인 것으로 극복하려는 태도가 배제된 문화 또는 여성주의 실천의 수신(修身)에 근거를 두고 있다. 안창호의 거짓 없는 '참[誠]'은 철저한 자기 책임과 연결된다. 이것은 전혀 허위가 없는 실상으로서의 소극이다. 이광수의 체질이나 사회에 대한 논리가 많은 반향을 일으킴에도 불구하고 항상 여성적인 한계를 못 벗어나는 결과와도 그것은 관계된다. 그러므로 의병이나 일제에 대한 적의를 정리·반성할 때 어떤 의미에서 위선적인 비정치적 윤리 개념에 떨어지기 쉬운 함정에서 흥사단 및 오산문화의 구조적 신념은 지속된다고 할 수 있다.

위와 같은 초기 기독교 접합의 식민지 사회에서 그러나 이런 안창호의 노선은 민중의 하부로부터, 마치 간디가 불가촉천민(不可觸賤民)으로부터 그의 독립사상을 발생시키는 것처럼 강화되기 시작한다. 그는 특별히 공부한 일이 없다. 어린 시절의 변방 기초 한학과 서울의 구세학당(救世學堂)과 기독교 이외에는 상항(桑港)의 교육학 지망은 그의 동포 사회에 대한 사명감 때문에 포기된다. 그것은 이광수가 출세주의로 자라나서 학부대신, 내각총리대신 코스를 지망하다가 망국과 함께 할 수 없이 붓대를 잡는다는 고백과는 대조된다. 안창호의 첫 미국행이 그 당시의 당연한 목표인 정치나 사상에 대한 지망이 아니라 장래 민족 사회의 교사가 되기 위한 교육학을 목적으로 삼았던 것으로도 그의 사회적 체질이 암시되고 있다.

아무튼 그는 이러저러한 형세로 공부를 하거나 서재에 파묻히는 독서인이 될 수 없었던 반면 체험을 통해서 그의 지성은 계발되고 그 과정이 이른바 도산사상(島山思想)을 낳는다. 한말 이래 우리는 많은 지도자가 있었으나 제대로 사상을 갖춘 사람은 거의 없었다. 여기서 안창호는 사회 지식인의 조건으로서 민중사상, 민족개조사상을 발전시킨 것이다. 그 사상은 흥사단의 원리에 그대로 나타난다. 무실(務實)·역행(力行)·충의(忠義)·용감(勇敢)은 그대로 인격 완성을 전제로 한다. 그런 인격 개별체가 민족공동체를 구성할 때에야 그는 최종의 목적실현인 독립을 성취한다고 판단한다. 이 과정은 그대로 서북 장로교의 제한된 신앙 과정과도 밀착되고 있다. 한용운이 안창호와 언쟁한 것도 나라가 회복되면 그때는 서북인(西北人)들로 정권을 만들어야 한다고 말하면서 기호인(畿湖人)은 5백년 동안 나라를 망쳤기 때문이라는 말 때문이었다. 여기서 안창호의 묘청 이래의 지역주의가 보여진다.

그는 민족의 복원은 일제에 대한 민족의 자주 독립뿐 아니라 그것을 지속할 수 있는 민족 이상화에까지 외연(外延)시킨다. 그런 경우 그는 무엇보다도 장기적인 시야를 통해서 민족의 미래지향성을 예시하지 않을 수 없다. 여기에 민족 지도자 안창호·이승훈들의 애국계몽운동으로서의 오산문화가 있다.

그러나 개화 초기의 개화적 시련이 위선을 낳은 것과 함께 그들의 계몽문화는 식민지 시대를 이겨내면서 계몽 사상을 본격 사상으로 심화시키지 못한다. 이것이 오산·평양의 야성이 문명화되었을 때의 한계가 된다. 또한 이 운동의 어떤 부분은 일제 군국주의를 비정치적으로만 파악한 나머지 순응주의로 떨어지는 경우도 없지 않았다.

서북 사회 중심의 사회적 지성이 탄압·말살의 체제 안에서 민족의 최후적 구성자로서 이만큼 감당해 온 대중 지식인화 운동은 큰 거울에 반사될 만하다.

41. 식민지 지식인론 입문

식민지 시대는 한국사의 정지 상태를 이룬다. 주권을 가지지 못한 민족에게 민족의 활성(活性)으로서의 역사 진행이 포기된다. 그리하여 일제는 그들의 여자를 한국 남자에게 시집보내는 일이 없으면서 내선일체(內鮮一體)를 주장한다. 그것은 오직 한민족의 일본화에만 유효한 것이다. 3·1운동 이후 '일시동인(一視同仁)' 정책이나 그 뒤의 '황민화(皇民化)' 정책의 일방적인 강제에는 한민족에 대한 역사의 질문 없는 민족 및 민족사 말살에만 요구된 것이다. 말과 문자 그리고 성명까지도 빼앗기는 식민지 풍속이 그것들이다. 이는 프랑스의 월남, 영국의 인도보다도 포악한 군국 독재주의의 극치를 이룬다. 또한 그래도 약간은 신사적인 일본 해군이 총독 정치를 전담했던 대만(臺灣)보다 훨씬 난폭한 육군에 강점된 한반도의 고통으로 심화된다.

이같은 식민지 시대의 지식인이란 무엇인가. 특히 나라를 잃은 현실에서는 일제 식민지체제를 그대로 순응하지 않으면 안 된다. 그것은 지식인이란 사회덕 책임 계층에 있는 사람들에게는 이름 없는 민간 사회 계층과는 달리 크나큰 시련이다. 그들의 이름은 행도·거조(擧措) 하나하나가 사회로부터의 괄호 안에 표기되기 때문이다.

이미 합방 직후의 안악사건(安岳事件)이 검거 선풍을 일으키고 국내 잔류의 의병 지도자들은 속속 체포·처형된다. 상해 조계(租界)에서는 망명자들이 정치기구를 만들기 시작하여 3·1운동 직후의 상해 임정을 예수(豫修)하기 시작한다. 3·1운동 이전의 신소설들은 최남선·이광수의 신문학과 함께 현실과는 동떨어진 일본 신문학 번안이나 자료 이상의 가치가 되지 못하는 현대 문학의 첫걸음을 내디딘다.

민족사 연대기로 본다면 의병 운동의 말살과 정치 지식인들의 망명으로부터 식민지 문화는 시작되고 있다. 그것을 이식사적(移植史的)으로 보든 자생사(自生史)로 보든 창조적 교류사로 보든 민족의 중요성이 지시하는 정치적 현실로부터의 철저한 격리 상태에서 시작된 것은 부인할 수 없다. 신채호가 이런 문인사회(文人社會)를 타매한 사실도 타당하다.

3·1운동이 추진되고 있던 1919년 2월 김동인(金東仁)·주요한(朱耀翰) 들의 《창조(創造)》는 그들이 장차 부일(附日) 지식인이 될 수밖에 없다는 예감으로 동인회를 이루게 된다. 이미 식민지 10년 미만에 문학 지망 지식인들은 정치와 문학을 구분함으로써 무단체제 안의 문학 운동에 도취된다. 망국과 함께 민족의 열정적 의지로서 모든 인문·사회 과학의 초창기적 일체화 현상은 직능으로 분리된다.

3·1운동 직후의 조선·동아일보의 창간이나 《폐허(廢墟)》 동인들의 운동 역시 일제의 정책 전환에 의한 산물이라고 볼 경우 민족 사회의 지식인 계층에 대한 비애가 씻어지지 못한다. 그러나 모든 사람들이 의병으로 희생되거나 만주 지역으로 이동할 수는 없다. 또한 모든 사람들이 해외 독립 운동에 참가할 수 없는 것이다. 국가가 민족의 규범이라면 민족은 국가의 실질이다. 일제에 빼앗긴 국가라고 하더라도 민족은 규범 이전에 존속하지 않으면 안 된다. 국내 사회의 각계가 그들의 빈궁한 목가경제(牧歌經濟)를 몰수당하고 문화가 총독 정치의 국책문화(國策文化)를 강제하고 사회가 식민지 질서로 억압 당하더라도 거기에서 민족 최소한의 존속 기능을 발휘하지 않으면 안 된다. 여기에서 식민지 사회의 생태가 타당성을 갖추는 것이다.

그러나 한말 이후의 지식인이 쌓아올린 근대 정신사는 수구적인 측면에서나 근대화의 측면에서나 다같이 자아의 미확립(未確立)으로 식민지 사회에 부응하는 상실을 초래한다. 이러한 현상은 해방 이후 식민지 지식인들의 자기 속죄의 과정을 거치지 않은 채 해방 체제의 과도 사회에 파렴치하게 참가하는 일과 통시적(通時的)인 현실적 모순을 이룬다.

체제는 그것이 강력할수록 모든 반체제적 활동까지 예속화한다. 만약 근대 지식인들이 갑오경장과 같은 타력의 사회 변혁을 지배문화로 받지 않고 독립협회와 같은 자생 문화로 형성했다면 근대화 과정에서 전통의 형해화(形骸化)나 개화의 일변도적 발상법은 지양되었으리라. 불행히도 그런 과정이 차압 당한 채 식민지 피압박 사회에 접어들었을 때 지식인의 아일본화(亞日本化) 현상은 불가피한 것이다.

거의 풍토화·체질화된 유교적 윤리 일반과 의리는 그것이 일제에 대한 재래적 가치관의 습용(襲用)으로 나타나고 이런 유교적 관습 사회에서 유교 지식인은 근대적 의식의 경사(傾斜)를 휴대하지 못하고 고집으로 끝난다. 이와 함께 개화 지식인은 근대 문화 자체가 서구적 전통 가치의 한 양태라는 사실을 인식하지 않고 자신의 전통과의 단절에서 파생하는 자기 상실로서 그것을 투항주의로 영합해 버리는 혼란을 일으킨다. 어디에서나 자아는 손상되며 매몰되어 식민지 사회의 불쾌한 안정기에 접어들자 이러한 지식인의 문화 접점(接點)이 혼란을 극복했다고 낙관할 수 없다. 다만 이제까지의 지식인은 위정척사론의 조선조 지식인의 한계가 지성과 관료 계층을 일치로 단정되는 현상을 보인 것처럼 사대부였으나 식민지 사회에서는 사대부의 권력기능, 관료기능이 배제된다. 거기에서 지식인은 권력 지향성을 방임하고 '쓰는 사람' '아는 사람' '사회에 대한 책임자' '역사에 대한 해석자'로서의 근대적 지성을 갖춘다.

이런 현상은 일제가 회유책으로 많은 유림사회를 관직에 등용했으나 차츰 문화 주도권이 없는 지방의 중소 예속 자본가나 사회 유지 정도로 변질시킨 것에 의존한다. 그러기 때문에 권력 해임자로서의 지식인은 그들이 유배지에서나 낙향해서 경험하는 일을 처음으로 정상화시킬 수 있었다.

일제 식민지 직후 2, 3년 사이에 이미 안정복(安鼎福)의《순암선생문집(順庵先生文集)》, 유득공(柳得恭)의《발해고(渤海考)》, 홍양호(洪良浩)》의《북새기략(北塞記略)》, 한재염(韓在濂)의《고려고도징(高麗古都徵)》, 서긍(徐兢)의《고려도경(高麗圖經)》, 정약용(丁若鏞)의《아언각비(雅言覺非)》, 서거정의《찬인시화(撰人詩

話)》, 한치윤(韓致奫)의 《해동석사(海東釋史)》《용비어천가》, 이만운(李萬運)의 《기년아람(紀年兒覽)》《문헌촬요》, 홍석모(洪錫謨)의 《동국세시기》, 박지원의 《열하일기》, 원영의(元泳義)의 《조선산수도경》《조선사찰사료》, 박규수(朴珪壽)의 《헌재집(瓛齋集)》, 과 서거정의 《동국통감(東國通鑑)》, 그밖의 지리서, 문집들이 발간되고 조두순(趙斗淳)들의 《대전회통(大典會通)》, 이긍익(李肯翊)의 《연려실기술》, 유성룡의 《징비록》, 그밖의 조선조 문화들이 재정리되기 시작한다. 정도전에서 안정복·이익·이수광·정약용들의 주저(主著)도 쏟아져나온다. 그 이후는 더욱 치열하다. 이런 현상은 총독부가 고서적 정리를 정책적으로 관장하기 때문에 그것들의 대부분이 관찬(官撰) 또는 관변 후원이었던 것이 다시 한번 관찬화한 셈이다.

일제는 조선을 식민지로 침략했을 때 조선의 모든 문화·풍속 그밖에도 의식의 원천이 되는 문물을 과학적 체계적으로 정리·분석함으로써 조선인 착취·탄압을 철저화시킨 것이다. 한 나라를 삼키는 일을 그들은 이렇게 집요하게 완비했던 것이다. 김구(金九)가 일본의 한 보초 순사의 근면을 보고 감동하면서 독립 운동을 한다는 자신들의 나태를 자책한 것은 실로 이러한 문화 심층의 측면에서 식민지 현실을 파악한 일제에 대한 집념을 무섭게 인식한 것이다. 실지로 정인보(鄭寅普)·문일평(文一平)·안재홍(安在鴻) 들의 국학이나 최남선의 박람(博覽)을 제외하면 1930년대 사학이 이러한 일제의 조선 문화 연구에 힘입은 바 있고 1960년대의 이른바 자주사관의 사료(史料)들도 이미 식민지 초기 이래의 일제가 정리한 자료들이었던 것이다.

아무튼 이러한 체제 쪽의 문화와 함께 박은식의 《한국통사》《조선독립지혈사(朝鮮獨立之血史)》들이 나와서 민족을 역사 의식 위에 투사시키는 민족의식화를 촉진한다. 이런 것들은 몇 개의 발금(發禁) 처분을 받은 것 이외에는 식민지 전 기간에 걸치는 조선학 사업으로 발전한다. 그것은 동시에 신문화의 업적과 함께 식민지 문화의 크나큰 성과인 것이다. 어떤 의미에서 제2의 영·정 시대

규장각이 재현된 느낌이다.

식민지 지식인은 이러한 제한된 또는 서로 다른 목적 아래에서 이루어진 문화에 의해서라도 점차 자기 모순의 근대화 수용을 수정하기 시작한 것이다.

유교가 통치 이론이 아니라 사상의 원형으로 이해되고 거기에 불교 사상도 일제의 비준 아래 정당화된다. 또한 문학도 육당·춘원의 2인 시대가 감수한 계몽 문학을 경험한 다음 1920년대의 동인지 백화 난방의 시대를 지나서는 자아를 발견한다. 여기서 1930년대의 이른바 조선 문학 본격화가 실현되는 것이다.

그뿐 아니라 종교·산업·과학이 현실 사회의 실제와 함께 문명의 틀을 획득한다. 그러나 이런 문화의 귀결은 언제나 식민지 문화라는 사실이다. 이상(李箱)이 일본어로 시를 쓰기 시작하고 그것을 국역 형식을 통해서 발표하는 일은 식민지 지식인의 문화를 표상하는 좋은 예다. 모든 사람들은 불가피하게 식민지 문화에 침윤되고 만다. 심지어 오늘의 냉철한 안목으로 본다면 그렇게도 일제를 타도한 신채호·한용운에게서조차 일본적 오염이 전혀 없다고 말할 수 없다. 현대 사학이 이러한 흔적을 지우기 위해서 차라리 유교 체제의 한계 안에 머무는 안정복의 역사의식으로 돌아가자는 논의가 있는 것은 무엇을 뜻하는가.

그러나 식민지 안의 지성 또는 지식인의 의식을 너무 가학적으로 분해하지 않을 경우 1930년대에 들어서면서 시도된 기성 지도자들의 신간회는 어떤 의미로나 한국의 자주의식이 그것으로 분수령을 이루어서 식민지적 성격이 정착하는 것 같다. 그때까지만 해도 해외의 지사(志士)와 정신사 추진으로 연대되며, 자국(自國)의 기억을 놓치지 않는다. 신간회가 좌·우로 갈라지는 일은 이미 상해 임시정부가 그것으로 분열을 치른 것과 함께 민족 본분의 순정을 상실한다. 거기에서 정치 문화의 기능이 이동점(異同點)을 드러내면서 민족이념이 아니라 정치이념으로 향배(向背)하는 것이다. 한용운이 그것에 마지막 행동의 기대를 걸었다가 좌절된 것은 실로 그러한 민족의식의 침몰 때문이다.

신간회 운동이 일제 체제 안에서 '정치적 경제적 각성을 촉구한다' '우리는 기회주의를 일체 부인한다'는 정치 사회적 집단으로 구성될 때는 이미 자작회(自作會), 조선 물산장려회, 토산애용부인회(土産愛用婦人會)들이 보인 국내적 자력경제 추진으로 인한 주권 지향화를 거친 뒤였으며 신채호의 폭력 혁명론에 대해서 박은식은 비폭력·무저항 투쟁을 주장한다. 그것은 《조선독립지혈사》 결론에서 의병 운동을 간접적으로 비판하고 '아인(我人)으로 저들의 관리된 자가 모두 퇴직하면 저들의 행정이 손을 쓸 수 없을 것'을 환기하고 납세 거부도 소수인이 아니고 1천만 인이 동맹하여 거부하면 일제가 속수무책일 것이라고 강조하여 일제 통치력 허무화를 무저항 투쟁으로 감행하여 독립을 쟁취하자는 간디적 경제투쟁을 이론화한다.

이런 일이 평양의 물산장려 운동과도 연결되며 신간회의 정치 현실화, 경제적 자기의식 그리고 제2의 만민공동회를 지향하는 외재적 충동군(衝動群)을 이룬다.

그러나 그것은 이미 사회주의 세력과 민족 운동 계층 사이의 불화 관계를 내포하고 있으며 크게는 일제 총독 정치의 정치적 기교에 의한 분열 책동도 배경의 압력이 되었던 것이다. 식민지 지식인의 고민과 한계가 실로 이런 구석에서 찾아진다. 비록 저자가 국내에 있건 없건 식민지 안에서의 민족 문화를 대표하고 있는 것은 홍이섭이 선별해 놓은 박은식의 《한국통사》 《조선독립지혈사》, 최남선의 《심춘순례(尋春巡禮)》 《금강산 예찬》 《백팔번뇌》 《조선역사》, 최현배(崔鉉培)의 《조선 민족 갱생의 도》, 이광수의 역사소설들과 민족론, 민족 개조론들과 신채호의 《조선상고사》, 정인보(鄭寅普)의 《5천년간 조선의 얼》들이 1920년대~1930년대 사아의 정신사를 충당하고 있다.

이와 함께 민족 신문들의 의식 대중화나 조선어학회의 민족 의식 운동 또는 민족 문학이라고 크게 묶어 버려도 되는 여러 문학적 성과들은 민족 문화의 체계화나 민족 지성의 역사적 자기 성찰을 향도한 것은 식민지 사회에서의 최선의 역할이 된다.

이런 바탕에서 신간회는 체제 안에서의 체제 극복의 지식인 집단을 시도한다. 그것은 만주 연해주의 산만하고 즉흥적인 의병 운동이 군정서(軍政署) · 군정부(軍政府)의 정착화로 정리되고 나철(羅喆)의 대종교(大倧敎)가 민족의식의 신앙화로 단군을 표방할 때 이산자(離散者) 사회의 대중이 거기에 호응하는 현상을 나타낼 때의 정리 단계는 국내의 신간회에 큰 여건이 되고 있다. 그것은 대한인국민회나 흥사단이 미주나 만주 국내와 즉각 연결 확대되는 현상에 따르면 국외의 사정은 곧 국내에 영향을 미친다는 사실을 알 수 있다.

그러나 러시아 혁명 이후 일련의 약소국가 사회주의 운동은 침략자에 대한 현실의 과제와 이념의 과제에 한꺼번에 직면하게 만든다. 그러므로 지식인이 민족에 대한 민족 즉자화(卽自化)를 이념적 방해물의 돌출에 의해서 단순 논리로 실현할 수 없게 되는 것이다. 우리에게 있어서 근대화란 '식민지적 근대화'일 때 그안에서 근대적 자각은 쉽사리 가능하지 않게 된다.

이러한 여러 갈등을 포함하면서 신간회 지식인 집단의 환상은 파괴되고 마는 것이다.

3·1운동 직전에 상해의 신규식에 의한 첫 사회주의 운동이나 이동휘의 고려공산당 운동은 3·1운동 직후에는 변희용(卞熙鎔) · 조봉암(曺奉岩) 들의 동인회 수준에서 1920년대 초에는 국내의 조선공산당의 김재봉(金在鳳) · 박헌영(朴憲永) 들과 이에 대립한 ML당의 안광천(安光泉) · 김준연(金俊淵) 들의 활동으로 전개된다. 그들 가운데서 6·10 만세 운동을 주도한다. 이런 국내 사회주의 운동의 팽대는 상대적으로 보수적 민족주의자들을 긴장시킨다. 동아일보 그룹은 이광수를 내세워 '조선에서 허(許)하는 범위에서 ……' 일본 법률을 거부한 비밀 결사를 지양, 현실적인 정치 · 산업 · 교육의 집단 운동으로 단결하자는 〈민족적 경륜〉을 발표하게 한다. 그것은 패배했다. 이광수는 동아일보 편집국장을 사임할 만큼 급진 민족주의 진영과 좌익계층의 반발을 크게 산 것이다. 그뒤 민족주의자들은 좌 · 우 합작의 민족 운동을 위하여 조선

사정연구회를 설치한다. 그런가 하면 YMCA의 태평양문제연구소도 탄생한다. 그러나 이러한 여러 결사는 안창호의 이론인 참정권·자치권 획득→ 실력 양성 → 미래의 독립의 비전에 의해서 본격적인 좌·우 통일의 신간회가 발족한다.

여기에서 좌·우파는 자신들의 입장이 독자적으로 지속되기 어려운 여건 때문에 투합한 미봉책이 드러난다. 이상재·권동진·신석우(申錫雨)·홍명희(洪命熹)·김명동(金明東)·김준연·김택(金澤)·문일평(文一平)·박동완(朴東完)·박래홍(朴來洪)·백관수(白寬洙)·신채호·안재홍·유억겸(俞億兼)·이갑성·이관용(李灌鎔)·이순택(李順澤)·이승복(李昇馥)·이석훈(李錫勳)·이정(李淨)·이창섭(李昌燮)·이종린(李鍾麟)·이종목(李種穆)·장길상(張吉相)·장지영(張志映)·정재룡(鄭在龍)·정태석(鄭泰奭)·조만식(曺晚植)·최익선(崔益善)·최원순(崔元淳)·한기악(韓基嶽)·한용운(韓龍雲)·한위건(韓偉鍵)·홍성희(洪性喜) 들이 발기인이다. 여기에 3백여 명의 회원이 모여 창립된다. 이 회는 발족 2년 뒤에는 4만 명에 가까운 회원 세력으로 황급하게 발전한다. 전국 1백 34개 지회(支會), 일본의 주요 도시에도 지회가 만들어지고 광주학생 사건 이후에는 10만 명에 육박한다.

여기서는 합법적 단체, 일제의 묵인된 단체이므로 독립 운동은 이면화되고 한국인을 위한 교육, 한국어 사용, 식민지 교육의 반대, 학원의 자유, 악법 철폐와 고문제 폐지, 공개 재판, 일본 이민의 반대, 동척(東拓) 철폐, 남녀 평등, 여자 인신매매 금지, 노동자 단결권·파업권·단체 계약권 등의 노조기능 확립, 최고 소작료 책정, 시간 노동제·최저 임금·최저 봉급제 실시, 공장법·광업법·해원법(海員法) 개정, 언론·출판·결사의 자유 등의 광범위한 체제내 투쟁을 전개한다.

그러나 신간회 운동의 확대 발전에 총독부와 좌익 계층에서 동시에 당황한다. 광주학생 사건과 관련되어 정치 운동을 개시했기 때문이다. 사회주의자는 이 운동이 그들의 목적을 어느 정도 달성하기는 했으나 사회주의 발전을 둔화시켰기 때문이다. 그들은 이상재 후임의 회장과 간부직을 점유하려다가 분열된다. 조병옥의 민족주의 편의 분열 방지의 노력이나 한용운의 중도적 노력이 실패한다. 임화(林和)·김혁(金爀) 들의 상정으로〈신간회 해산에 관한 건〉은 해산을 결의한다. 5년 동안의 식민지체제 최대 결사는 이렇게 끝나면서 독립협회의 운명을 답습한다.

이 신간회 운동의 폐막, 사회주의자 운동 및 카프의 1, 2차 검거를 지나면서 한반도는 일제가 3·1운동 이후에 보인 문화 정치의 회유책은 닫힌다. 또한 여기에서 민족주의 지식인들의 친일 변절(變節)이 생기기 시작한다. 3·1운동의 대표는 물론 이제까지의 지사적(志士的) 지성은 하나 둘 식민지 예속 지식인으로 탈락한다. 여기에 최남선·이광수의 치부가 놓여 있고 한용운·정인보·문일평 들의 지조가 대조를 이루는 것이다.

이를테면 이광수의 경우 식민지 전시대를 대표할 만한 지식인이다. 그는 2·8 독립선언서의 기초자이며 민족론과 많은 역사소설·근대소설로 식민지 민중과 지식인 사회를 크게 지배한다. 그러나 동아일보 그룹의 민족주의 노선을 발표한 뒤 조선일보를 경유, 상해로 간다. 거기서 애인의 계략에 의해서 다시 귀국한다. 그때부터 민족 지상론(至上論)은 후퇴하여 민족 회의론을 보이다가 그것도 폐기하고 마는 것이다. 이런 민족 가치의 부정 단계를 밟고 드디어 그는 또 하나의 일진회를 재현하는 것이다.

그러나 우리는 이광수를 지나치게 개별사적으로 탄핵할 수 없다. 왜냐하면 그는 식민지 문화의 제물이기 때문이다. 그를 비판하는 것은 식민지 시대를 현대사의 첫머리에 전치(前置)한 민족 자체에 대한 자기 비판이지 않으면 안 된다. 그것은 이광수를 식민지 지성의 카리스마로 추앙할 의도 때문이 아니다.

요컨대 얼마나 많은 지식인들이 식민지 연대기를 통해서 이같은 민족적 오직(汚職)을 증가시켰는가를 물어볼 때 그 해답의 저쪽에 최남선·이광수 들의 희생이 있는 것이다. ‘……그러나 이렇게 비판할 자격을 갖기 위해서는 비판하는 사람 스스로가 수난의 각오를 지닌 지식인이 되어야 한다. 물론 낙향과 절필(絕筆)과 침묵의 길이 없는 것은 아니다. 일제 말기에 깨끗했노라고 자처하는 사람들이 걸었던 길이다. 그러나 정의의 실현과 민족의 해방을 한 개인의 양심의 차원에서 생각하지 않고 그것을 통해서만 삶의 길이 있다고 생각하는 사람에게 있어서 그것은 결코 용납될 수 없을 것이다'라고 염무웅(廉武雄)은 〈일제하 지식인의 고뇌〉에서 말하면서 양심이 지켜지느냐 못하느냐가 아니라 양심의 실체를 자기가 속한 공동체의 운명 속에서 발견할 것을 촉구하고 있다.

그런데 우리는 식민지 시대의 사학자와 작가를 유비(類比)할 때 커다란 지식인의 특징을 포착할 수 있다. 역사에 대한 직접적 의식을 가질 경우 거기에는 민족적 실체에 대한 사상의 회심(回心)이 있다. 역사의식은 그러므로 민족의식의 방법적 탐험이다. 최남선의 성격이 일제에 부용(附庸)하는 과정을 제외하면 박은식 신채호의 비극이나 정인보·문일평의 의지는 그러한 민족사 외경의 엄숙한 극기력이 발견된다. 그것은 어떤 뜻에서는 위정척사론자들의 수구적 분위기에 접근한다. 역사를 왕조로 바꿔놓을 경우 그것은 수구파다.

이에 대하여 비역사적인 상상력을 가진 작가나 현실을 사회의식의 입장으로 인식하지 않는 문학 지식인들은 그들의 체제에 대한 탈아상태(脫我狀態) 때문에 민족의식의 제약을 받지 못한다. 그들은 구도자적 문학이나 비윤리적 문학을 막론하고 본질 또는 미(美) 자체에만 국한된다. 근대적인 기능으로 글을 쓰고 술을 마시기는 하나 일종의 이방인 내지 방랑자로서 현실에 대한 책임을 회피한다.

이런 작가들은 필연적으로 친체제적이다. 마치 개화론자의 분위기가 민족에 대한 전통적 관심이나 역사 해석을 등한하고 개화 자체를 맹신한 것과 대등하다. 그러므로 그들에게 있어서 현실은 어느 현실이나 마찬가지로 이해되며 민족이나 역사로부터 무거운 짐을 지는 일을 선택하지 않는다. 그러므로 사학자가 선비라고 한다면 작가는 사회적 국외자 또는 무뢰한일지도 모른다.

그러기 때문에 일제 말기의 작가 전체가 일제의 어용(御用)에 속하게 된다.

극소수의 젊은 작가들이나 자기자신을 현실로부터 빼돌린 중견 작가들이 친일 행위를 하지 않았다는 사실도 그것을 민족의식으로 도호한다면 감상에 지나지 않는다. 그들 역시 정치적 정적주의(靜寂主義)에 지나지 않기 때문이다. 그들은 하늘·별·구름 그리고 산과 바다에 그들의 이미지원(源)을 두고 그 때문에 현실의 고민이나 민족의 참상에 대한 뜨거운 의식을 명명(命名)하지 못한 것이다. 풍속적인 로맨티시즘 역시 민족과 공동체 사회의 구원을 목적으로 한 로맨티시즘이 아니라 개인의 자유분방한 일탈(逸脫)이나 감성의 한계에 머물고 있었다.

이상이 동경에서 검거되고 윤동주(尹東柱)가 옥사한 사실도 냉철하게 말한다면 너무 결과론적으로 과장되어 있다. 그들의 비극은 일제 식민지 시대를 사는 많은 지식인들이 일상적으로 감시·검색을 받는 범위 안에 있는 것이다.

그러나 이에 대립되는 경향문학(傾向文學)은 일정한 의식화 과정 없이 사회주의를 받아들임으로써 자기 논리를 가지지 못하고 피상적인 혁명 분위기에 부화(附和)하는 군소영웅주의적 정치 제스처 때문에 어느 시대나 그 시대의 모순과 갈등을 용해시키는 인간성 자체를 파손함으로써 억압받는 계층에 대한 무한한 윤리를 폐허화시킨 사실도 잊을 수 없다. 카프 검거 이후의 임화가 보인 사생활은 지식인의 비애에 다름아니다.

그럼에도 불구하고 식민지 시대의 문학은 도저히 부정될 수 없다. 만약 그 시대의 문학 본격화, 한국어 개발, 사물과 만나는 체험과 상상의 문법 또는 작가 자신의 보편적 고뇌가 없었다면 문학사는 폐쇄되었을 것이다. 그러기 때문에 홍명희의 《임꺽정》, 염상섭의 《삼대(三代)》, 아니 이광수의 신연애주의 문학 《무정》이나 주요한·한용운·김소월의 서정시들이 민족 문학이며 김유정(金裕貞)이 폐결핵으로 살모사 한 마리만 잡아 먹기를 원하다가 병사한 일생이 민족의 수난과 결부되는 것이다.

그러나 우리는 이상화(李相和)의 〈빼앗긴 들에도 봄은 오는가〉

가 노래하는 민족 엘레지에 더 큰 식민지 문학의 자주적 성과를
두게 된다. 아무리 세계와 존재 또는 애인의 죽음만을 노래하는
시인이어야 하더라도, 아무리 좋은 자연 풍광에 사로잡혀야 한다
하더라도 그 이상으로 민족 최대의 비극 과정에서 그 민족의 아픔
을 노래하지 못한다면 그런 문학은 허위 또는 자독(自瀆)인 것이
다.

식민지 지식인에 대한 이해는 그것이 현대 한국 문학사의 출발
인 만큼 어느 시대의 문학 지식인도 그 원상(原傷)으로 이해된다.
이것은 이 땅에서 살면서 글을 알고 글을 쓴다는 사람들의 앞에서
슬픔의 표지(標識)가 되고 있다. 글을 쓰는 사람에게 사실상 일제
반 세기 서술주체(敍述主體)가 말살된 사실을 깨달을 때 그런 시
대에 쓴 것이 과연 민족주체의 문학일 수 있는가. 그것은 잘 모르
겠다. 그러나 민족과 민족 문화는 반민족적인 이반자(李反者)도
그 커다란 의미망(意味網) 안에 함유한다. 민족을 경직된 의(義)
의 공간으로만 볼 수 없는 점이 거기에 있다. 그렇다면 식민지 지
식인의 굴절을 다 용인한단 말인가. 그런 뜻은 남겨 두어야 한다.

물처럼 흘려 보냈노라.
구름처럼 띄워 보냈노라.

서른 해의 나의 세월 *!*

멀미나는 어둠 속에서
지리한 밤이 지새어 가고

젖빛 새벽이 보오얀 제 품안에
불꽃 햇살을 안고 올 때마다

항상 나는 피보다도 붉은 마음으로
소리 높여 외쳤노라. 자랑했노라.

이 하늘 밑에 태어난 슬픔을 !
이 하늘 밑에 태어난 기쁨을 !

윤곤강(尹崑崗)의 시 〈세월〉은 이렇게 노래한다. 또한 많은 시
인들이 노래한다.

結　語

이제까지 우리는 고대사회로부터 현대에 이르는 역사 공간을 거의 통시적(通時的)으로 추체험(追體驗)하면서 한국 지식인의 얼굴과 그들이 남긴 흔적으로 이 땅의 삶이 지니는 지성의 발견을 목적으로 삼아 왔다. 그러나 여기서 먼저 분명히 할 것은 아무리 우리가 살고 있는 현장이라고는 하지만 이 오랜 삶의 현장의 역사를 미화해서는 안 된다. 이 책은 그런 의도를 우울하게 주장하지 않을 수 없다.

또한 역사 안의 여러 모양의 지식인을 하나의 규범 모델로 귀일(歸一)시킬 경우, 지식인이란 순수하다는 사실이 드러난다. 그러나 그 순수성은 지식인이 그가 살고 있는 시대 및 사회에 대해서 정치적·사회적 정적주의(靜寂主義)로 일관함으로써 '그저 저 혼자 쓰고 저 혼자 사는 삶'이 된다는 뜻이 결코 아니다. 그것은 또 하나의 자폐적 기능이며 소승적아집(小乘的我執)일 따름이다. 지식인의 순수성은 그의 상황을 방기(放棄)한 것이 아니라 그 상황의 모순과 힘으로부터 꿈의 해석자로서의 독립성 여부에 달려 있는 것이다.

그저 아무 불행도 없이 사는 안락·안이로서의 행복을 착각한다면 그것은 많은 지식인이 걸어온 역사에 대한 염치가 없는 일이다.

지식인이란 일차적으로 고난을 전제(前提)하는 책임 있는 자유주의자인 것이다. 또한 현실이 아무리 통제하더라도 그들의 소재(所在)는 이상과 미래지향의 뜻에 있는 것이다.

그런 뜻을 위해서 지식인은 미래학적 좌표의 점자(點字)를 연결하기보다 도리어 과거의 지성이 걸어온 발자취의 고귀한 값을 찾는 것이다.

언제나 어려운 시대에 사는 것이지만 그것의 극(極)에 우리가 살고 있는 동시대(同時代)가 가장 어려운 시대인 것이다. 더구나 이런 어려운 시대를 이 시대의, 때로는 비겁하고 때로는 우매하고

때로는 수치와 환희가 교차하는 심정으로 사는 지식인들이야말로
그 모든 지식인의 삶 하나하나가 서로 구별되는 것이 아니라 다같
이 하나의 얼굴임을 깨달아야 한다.

우리는 상황의 아픔을 다른 사람에게 골고루 나누어 주려는 강
요도 부도덕하지만 그렇다고 그 아픔과 상관없는 이기주의적 방
관도 용납하지 못한다. 그러나 그런 것이 하나의 큰 사랑에 용해
되기를 바라면서 너와 나는 하나의 얼굴, 바람직하지 못한 사람까
지도 하나의 뜻이 만든 얼굴이라는 사랑의 신념을 길러야 하는 성
싶다.

나는 자라난 시대나 환경 때문이기도 하지만 우리 역사를 배우
는 기회가 없었다. 사람이 그가 사는 땅에서 가장 불명예스럽게
가난한 것은 그 땅의 역사를 모르는 일이다. 물론 한 시인이 굳이
역사 없이도 그가 살고 있는 삶과 꿈이 역사의 크기보다 못하다는
법은 없는 듯하다. 그러나 역사를 모른다는 것은 내가 나의 동시
대가 발견해야 할 가치의 보편성을 얻지 못하게 하는 벽이다. 나
는 눈물겨운 내 40대의 초라한 행색으로 그런 벽을 파괴하기 위해
서 이 책의 여러 군데를 다져온 셈이다. 그러나 나는 슬프다. 그리
고 풀 한 포기 앞에서도 부끄럽기 짝이 없다. 왜냐하면 지식인이
란 어떤 논리의 명석한 전개나 의식의 심층에 자리잡는 것이 아니
라 사랑의 엘리트라는 사실을 주장할 때 나는 거기에 미치려면 너
무 멀리 떨어져 있기 때문이다.

지식인은 그가 속해 있는 사회에서 행이든 불행이든 살 수밖에
없다는 원초적 절망이야말로 그들이 살고 있는 시대의 양식 위에
떠도는 희망을 잡게 한다. 이 책을 그런 희망으로 완료하는 것이
다.

한국의 지식인

1976년 12월 25일 초판발행
1982년 10월 15일 중판발행
1993년 7월 1일 삼판발행
저　자·고　은
발행자·김동구
발행처·명문당
서울시 종로구 안국동 17-8 (우)110-240
전화·733-3039(영업부), 733-4748(편집부)
대체구좌·010041-31-0516013
등록번호·제1-148호(1977.11.19.)

값 5,000원

✽ 잘못 만들어진 책은 바꾸어 드립니다.